CB028257

DR. DANIEL J. SIEGEL

O PODER DA VISÃO MENTAL

4ª Edição

Tradução
Fátima Santos

BestSeller

CIP-BRASIL. CATALOGAÇÃO-NA-FONTE
SINDICATO NACIONAL DOS EDITORES DE LIVROS, RJ.

Siegel, Daniel J., 1957-
S573p   O poder da visão mental: o caminho para o bem-estar /
4ª ed.   Daniel J. Siegel; tradução: Fátima Santos. – 4ª ed. – Rio de
Janeiro: *BestSeller*, 2022.

Tradução de: Mindsight : the new science of personal
transformation
ISBN 978-85-7684-467-9

1. Corpo e mente (terapia). 2. Corpo e mente. I. Título.

10-6534.   CDD: 158.1
CDU: 159.947

Texto revisado segundo o novo Acordo Ortográfico da Língua Portuguesa.

Título original norte-americano
MINDSIGHT: THE NEW SCIENCE OF PERSONAL TRANSFORMATION
Copyright © 2010 by Mind your Brain, Inc
Copyright da tradução © 2012 by Editora Best Seller Ltda.

Publicado mediante acordo com Bantam Books, um selo da The Random House
Publishing Group, uma divisão da Random House, Inc, New York.

Capa: Estúdio Insólito
Editoração eletrônica: Abreu's System

Todos os direitos reservados. Proibida a reprodução,
no todo ou em parte, sem autorização prévia por escrito da editora,
sejam quais forem os meios empregados.

Direitos exclusivos de publicação em língua portuguesa para o Brasil
adquiridos pela
EDITORA BEST SELLER LTDA.
Rua Argentina, 171, parte, São Cristóvão
Rio de Janeiro, RJ – 20921-380
que se reserva a propriedade literária desta tradução

Impresso no Brasil

ISBN 978-85-7684-467-9

Seja um leitor preferencial Record.
Cadastre-se e receba informações sobre nossos lançamentos e nossas promoções.

Atendimento e venda direta ao leitor
sac@record.com.br

Para os dois fantásticos indivíduos que me chamam de pai

e

Para meus pacientes, antigos e atuais,
que me ensinaram tanto sobre coragem e transformação.

SUMÁRIO

Prefácio de Daniel Goleman   9

Introdução: *Mergulhando no oceano interno*   13

PARTE I – O CAMINHO PARA O BEM-ESTAR: *a visão mental iluminada*

1. **Um cérebro quebrado, uma alma perdida:** *o triângulo do bem-estar*   25
   Pensando o cérebro: *o cérebro na palma da mão*   37

2. **O crepe da ira:** *a visão mental perdida e encontrada*   48
   Pensando o cérebro: *a neuroplasticidade em poucas palavras*   65

3. **Abandonando a cúpula do éter:** *onde está a mente?*   73
   Pensando o cérebro: *circulando pelos circuitos de ressonância*   89

4. **O coro da complexidade:** *descobrindo a harmonia da saúde*   95

PARTE II – O PODER DE MUDAR: *a visão mental em ação*

5. **Uma mente montanha-russa:** *fortalecendo o eixo da consciência*   113

6. **A metade oculta do cérebro:** *equilibrando os lados esquerdo e direito*   140

7. **Cortada do pescoço para baixo:** *reconectando a mente e o corpo*   161

8. **Prisioneiros do passado:** *memória, trauma e recuperação*   189

9. **Entendendo nossas vidas:** *o apego e o cérebro contador de histórias* 213

10. **Nossos múltiplos "eus":** *entrando em contato com o centro* 241

11. **A neurobiologia do "nós":** *tornando-nos advogados uns dos outros* 265

12. **Tempo e marés:** *confrontando a incerteza e a mortalidade* 292

Epílogo – Ampliando o ciclo: *expandindo o "eu"* 319

Agradecimentos 329

Apêndice 333

Notas 339

PREFÁCIO

OS GRANDES AVANÇOS DA PSICOLOGIA surgiram a partir de insights originais, que rapidamente esclarecem nossa experiência de um ângulo novo, revelando conexões ocultas. A teoria do inconsciente de Freud e o modelo evolucionista de Darwin continuam nos ajudando a entender os resultados das pesquisas atuais sobre o comportamento humano e alguns dos mistérios de nossa vida cotidiana. A teoria da visão mental de Daniel Siegel — a capacidade do cérebro de ter insights e empatia — oferece um "eureca!" semelhante. Ele esclarece as confusões intrincadas de nossas emoções, por vezes enlouquecedoras e desordenadas.

A aptidão para conhecer a própria mente, assim como para sentir o mundo interno dos outros, pode ser um talento humano singular, a chave para fomentar mentalidade e corações saudáveis. Explorei esse terreno em meu trabalho sobre inteligência emocional e social. O autoconhecimento e a empatia são (ao lado do autocontrole e das habilidades sociais) campos da aptidão humana essenciais para atingirmos sucesso na vida. A excelência nessas capacidades ajuda as pessoas a melhorarem seus relacionamentos na vida familiar e no casamento, assim como no trabalho e na liderança.

Dentre essas quatro importantes capacidades da vida, o autoconhecimento estabelece as bases para as restantes. Se carecemos da capacidade de monitorar nossas emoções, por exemplo, estaremos despreparados para administrá-las ou para aprender com elas. Se não estivermos sintonizados com a gama completa de nossas experiências, teremos ainda mais dificuldade em sintonizar as mesmas experiências nos outros. Interações eficazes dependem da integração estável do autoconhecimento, do autocontrole e da empatia, como venho afirmando. O Dr. Siegel aborda o debate a partir de um ângulo novo, colocando essa dinâmica em termos de visão mental, e reúne provas convincentes para seu papel crucial em nossa vida.

Um clínico talentoso e sensível, assim como o principal sintetizador de resultados de pesquisas em neurociência e desenvolvimento infantil, o Dr. Siegel nos fornece um mapa para nos orientarmos. Ao longo dos anos, ele tem apresentado um trabalho pioneiro em seus ensaios sobre o cérebro, a psicoterapia e a educação de crianças; seus seminários para profissionais são imensamente populares.

O cérebro, ele nos lembra, é um órgão social. A visão mental é o conceito central da "neurobiologia interpessoal", um campo em que o Dr. Siegel tem sido pioneiro. Essa visão interpessoal do que acontece no cérebro nos permite entender como nossas interações diárias são importantes do ponto de vista neurológico e dão forma aos circuitos neurais. Todos os pais ajudam a esculpir o cérebro em crescimento de seus filhos; os ingredientes de uma mente saudável incluem uma mãe ou um pai sintonizado e empático — e com visão mental. Tais cuidados parentais promovem essa mesma capacidade crucial na criança.

A visão mental desempenha um papel de integração no triângulo que liga os relacionamentos, a mente e o cérebro. À medida que a energia e as informações fluem entre esses elementos da experiência humana, padrões emergem e os moldam (e quando digo cérebro, incluo também suas extensões, através do sistema nervoso, pelo corpo inteiro). Essa visão é holística no sentido pleno da palavra, inclusive de todo nosso ser. Com a visão mental, podemos conhecer e administrar melhor esse fluxo vital da existência.

Os dados biográficos do Dr. Siegel são impressionantes. Formado em Harvard, professor clínico de psiquiatria da UCLA e codiretor do Mindful Awareness Research Center daquela instituição, ele também fundou e dirige o Mindsight Institute. Porém, ainda mais impressionante é seu verdadeiro ser, uma presença cuidadosa, sintonizada e educadora que é substancial em si mesmo. O Dr. Siegel é aquilo que ensina.

Para aqueles profissionais que desejam se aprofundar nessa nova ciência, recomendo o texto de 1999 do Dr. Siegel sobre neurobiologia interpessoal, *The Developing Mind: Towards a Neurobiology of Interpersonal Experience* [*A mente em desenvolvimento: neurobiologia de experiência interpessoal*]. Para os pais, seu livro escrito com Mary Hartzell é inestimável: *Parenting from the Inside Out: How a Deeper Self-Understanding Can Help You Raise Children Who Thrive* [*Criando filhos de dentro para fora: como um maior entendimento de si mesmo pode ajudá-lo a criar crianças*]. Mas para qualquer pessoa que busque uma vida mais recompensadora, o livro que você tem em mãos possui respostas convincentes e práticas.

DANIEL GOLEMAN

INTRODUÇÃO

Mergulhando no oceano interno

DENTRO DE CADA UM DE nós, existe um mundo mental que chamo de oceano interno: um lugar maravilhosamente rico, repleto de pensamentos e sentimentos, memórias e sonhos, esperanças e desejos. É claro que ele também pode ser um lugar turbulento, onde vivenciamos o lado negro de todos esses sentimentos e pensamentos maravilhosos — medos, tristezas, temores, arrependimentos, pesadelos. Quando esse oceano interno parece cair sobre nós, ameaçando nos arrastar para as profundezas escuras, podemos nos sentir como se estivéssemos nos afogando. Quem de nós, em algum momento na vida, não se sentiu assolado por sensações vindas da mente? Às vezes, esses sentimentos são passageiros — um dia ruim no trabalho, uma briga com alguém que amamos, um ataque de nervos por causa de uma prova ou uma apresentação que precisamos fazer; ou apenas um caso inexplicável de tristeza durante um dia ou dois. Porém, outras vezes, eles parecem ser algo muito mais intratável, uma parte da própria essência de quem somos a ponto de sequer nos ocorrer que podemos mudá-los. É aí que a capacidade que chamo de "visão mental" entra, e ela, uma vez dominada, constitui uma ferramenta verdadeiramente transformadora. A visão mental tem o potencial para nos libertar dos padrões mentais que nos impedem de viver plenamente.

O QUE É A VISÃO MENTAL?

A visão mental é um tipo de atenção focada que nos permite ver o funcionamento interno da mente. Ela nos auxilia a ficarmos conscientes dos processos mentais sem sermos levados por eles, nos capacita a sair do piloto automático de comportamentos fixos e respostas habituais e nos empurra para além dos circuitos emocionais reativos nos quais todos tendemos a ficar presos. Ela nos permite "nomear e dominar" as emoções que vivenciamos, em vez de sermos dominados por elas. Considere a diferença entre dizer "sou triste" e "sinto-me triste". Por mais semelhantes que essas afirmações sejam, há, na verdade, uma profunda diferença entre elas. "Sou triste" é um tipo de autodefinição muito limitadora. "Sinto-me triste" sugere a capacidade de reconhecer e admitir um sentimento, sem ser consumido por ele. A capacidade de focar, que constitui parte da visão mental, torna possível ver o que está dentro, aceitá-lo e, ao fazê-lo, abrir mão dele e, por fim, transformá-lo.

Você também pode entender a visão mental como uma lente que nos dá a capacidade de perceber a mente com mais clareza do que antes. Essa lente é algo que quase todo mundo pode desenvolver e, uma vez com ela, podemos mergulhar profundamente no oceano interno mental, explorando nossa própria vida e a alheia. Por ser uma aptidão singularmente humana, a visão mental nos permite examinar de perto, em detalhes e em profundidade, os processos por meio dos quais pensamos, sentimos e nos comportamos. E ela nos permite remodelar e redirecionar nossas experiências íntimas para termos mais liberdade de escolha em ações cotidianas, mais poder para construir o futuro e nos tornarmos autores de nossa própria história. Em outras palavras, a visão mental é a capacidade básica que fundamenta tudo que queremos dizer quando falamos de ter inteligência social e emocional.

O interessante é que, em função das pesquisas da neurociência, sabemos, agora, que as mudanças mentais e emocionais que podemos realizar através do aprimoramento da visão mental são capazes de transformar a arquitetura do cérebro. Ao desenvolver a capacidade para focar a atenção em nosso mundo interno, estamos escolhendo um "bisturi" que podemos usar para reesculpir nossos circuitos neurais, estimulando o crescimento de áreas do cérebro cruciais para a saúde mental. Falarei muito sobre isso nos capítulos seguintes, porque acredito que um entendimento básico de como o cérebro funciona ajuda as pessoas a verem como é grande o potencial para a mudança.

Porém, a mudança nunca acontece espontaneamente. É algo em que temos de trabalhar. Embora a capacidade para navegar o oceano de nossa mente — ou seja, ter visão mental — seja inata, e alguns de nós, por razões que se tornarão claras mais adiante, têm mais dela do que outros, ela não surge automaticamente, da mesma forma que nascer com músculos não nos transforma em atletas. A realidade científica é que precisamos de determinadas experiências para desenvolver essa aptidão humana essencial. Gosto de falar que os pais e outras pessoas que cuidam de bebês nos oferecem as primeiras aulas de natação naquele oceano interno, e se tivermos relacionamentos afetuosos no início da vida, desenvolveremos as bases da visão mental sobre as quais poderemos construir alicerces maiores depois. Porém, mesmo se tal apoio inicial não tiver acontecido, há atividades e experiências específicas que podem promover a visão mental pela vida inteira. Como você verá, a visão mental é uma habilidade que pode ser aprimorada em cada um de nós, não obstante o começo de nossa história de vida.

Quando comecei a explorar profissionalmente a natureza da mente pela primeira vez, não havia nenhum termo na linguagem cotidiana que capturasse a forma como percebemos nossos pensamentos, sensações, memórias, crenças, atitudes, esperanças, sonhos e fantasias. Certamente, essas atividades mentais preenchem nosso dia a dia — não precisamos aprender uma habilidade para experimentá-las. Mas como, na prática, desenvolvemos a capacidade para perceber um pensamento — não apenas ter um — e conhecê-lo como uma atividade de nossa mente para que não sejamos controlados por ele? Como podemos ser receptivos às riquezas do cérebro e não apenas reativos a seus reflexos? Como podemos dirigir nossos pensamentos e sentimentos em vez de sermos dirigidos por eles? E como podemos conhecer as mentes alheias para verdadeiramente entendermos "o que está por trás" e podermos responder mais efetivamente e com compaixão?

Quando eu era um jovem psiquiatra, não havia muitos termos científicos ou até mesmo clínicos disponíveis para descrever essa capacidade como um todo. Para poder ajudar meus pacientes, cunhei o termo *visão mental* para que juntos pudéssemos discutir essa aptidão importante que nos permite ver e moldar as operações da mente.

Os primeiros cinco sentidos nos permitem perceber o mundo externo — ouvir o canto dos pássaros ou o chacoalhar da serpente, descer uma rua movimentada ou sentir o cheiro da terra aquecida na primavera. Aquilo que foi chamado de sexto sentido nos permite perceber nossos estados corporais internos — as batidas aceleradas do coração, que sinalizam medo ou excitação, a sensação de frio na barriga, a dor que demanda nossa atenção. A visão mental, a capacidade de olhar para dentro, perceber a mente e refletir sobre nossa experiência, é essencial para nosso bem-estar. A visão mental é nosso sétimo sentido.

Como espero lhe mostrar neste livro, essa habilidade fundamental pode nos ajudar a construir o poder social e emocional do cérebro, afastar nossa vida da desordem e levá-la ao bem-estar, criando relacionamentos satisfatórios e repletos de sentimento e compaixão. Líderes governamentais e empresariais nos disseram que entender como a mente funciona em grupo os ajudou a se tornarem mais eficazes e suas organizações, mais produtivas. Profissionais das áreas médicas e de saúde psicológica disseram que a visão mental mudou a forma como eles abordam seus pacientes e que colocar a mente no cerne de seu trabalho de cura os ajudou a criar intervenções novas e úteis. Os professores apresentados à visão mental aprenderam a "lecionar com o cérebro em mente" e estão atingindo e ensinando seus alunos de formas mais profundas e duradouras.

Em nossa vida particular, a visão mental oferece a oportunidade de explorar a essência subjetiva de quem somos para criar uma vida de significados profundos com um mundo mais rico e compreensível. Com a visão mental, somos capazes de controlar nossas emoções, atingindo um equilíbrio interno que nos capacita a lidar com os estresses pequenos e grandes de nossa vida. Por meio da capacidade de focar a atenção, a visão mental também ajuda o corpo e o cérebro a atingirem a homeostase — o equilíbrio interior, a coordenação e a capacidade de adaptação que constitui o cerne da saúde. Finalmente, ela também pode melhorar os relacionamentos com os amigos, colegas, cônjuges e filhos — e até consigo mesmo.

UMA NOVA ABORDAGEM PARA O BEM-ESTAR

Tudo que exponho a seguir se apoia em três princípios fundamentais. O primeiro é que a visão mental pode ser aprimorada através de passos muito práticos. Isso significa dizer que criar bem-estar — em nossa vida mental, em nossas relações íntimas e até mesmo em nosso corpo — é uma habilidade passível de ser aprendida. Cada capítulo deste livro explora essas habilidades, das básicas às avançadas, para navegar nesse oceano interno.

O segundo princípio, conforme mencionado, afirma que, quando desenvolvemos a habilidade da visão mental, mudamos de fato a arquitetura do cérebro. O desenvolvimento da lente, que nos capacita a ver a mente com mais clareza, estimula o cérebro a criar conexões novas e importantes. Essa revelação se baseia em uma das descobertas científicas mais instigantes dos últimos vinte anos: a forma como focamos nossa atenção molda a estrutura do cérebro. A neurociência apoia a ideia de que desenvolver as capacidades reflexivas da visão mental ativa os próprios circuitos que criam resiliência e bem-estar e que também fundamentam a empatia e a compaixão. Da mesma forma, a neurociência mostrou, definitivamente, que podemos criar essas novas conexões pela vida inteira, não apenas na infância. As seções curtas intituladas "Pensando o cérebro", intercaladas por toda a Parte 1, constituem um guia do viajante por esse novo território.

O terceiro princípio está no cerne de meu trabalho como psicoterapeuta, educador e cientista. O bem-estar surge quando criamos conexões em nossa vida — quando aprendemos a usar a visão mental para ajudar o cérebro a atingir e manter a *integração*, um processo pelo qual os elementos separados são interligados em um conjunto prático. Sei que isso pode soar estranho e abstrato a princípio, mas espero que você logo descubra que ela é uma forma natural e útil de pensar a vida. Por exemplo, a integração está no centro de como nos ligamos uns aos outros de maneira saudável, respeitando as diferenças e, ao mesmo tempo, mantendo os canais de comunicação abertos. Ligar entidades separadas umas às outras — integração — também é importante para liberar a criatividade que surge quando os lados direito e esquerdo do cérebro funcionam juntos.

A integração nos capacita a ser flexíveis e livres; a falta de tais conexões promove uma vida rígida ou caótica, prejudicada e maçante, por um lado, ou explosiva e imprevisível, por outro. Juntamente com a liberdade da integração conectora surge uma sensação de vitalidade e a tranquilidade do bem-estar. Sem a integração, podemos ficar prisioneiros de rotinas comportamentais — angústia e depressão, mesquinharia, obsessão e vício.

Ao adquirir a habilidade da visão mental, podemos alterar a forma como a mente funciona e direcionar nossa vida para a integração, para longe desses extremos de caos ou rigidez. Com a visão mental, somos capazes de focar nossa mente em formas que, literalmente, integram o cérebro e o levam à resiliência e saúde.

A VISÃO MENTAL MAL-ENTENDIDA

É maravilhoso receber um e-mail de uma pessoa do público ou de um paciente dizendo: "Minha visão da realidade mudou por completo." Porém, nem todos os recém-apresentados à visão mental a entendem imediatamente. Algumas pessoas acham que se trata apenas de outra maneira de se tornar mais egocêntrico — uma forma de introspecção excessiva, de se tornar preocupado com a "reflexão" em vez de viver plenamente. Talvez você também tenha lido algumas pesquisas recentes (ou a sabedoria antiga) que nos diz que a felicidade depende de "sair de si mesmo". A visão mental nos afasta desse bem maior? Embora seja verdade que ser egocêntrico diminui a felicidade, a visão mental nos liberta para nos tornarmos menos egocêntricos, e não mais.

Quando não somos reféns de pensamentos e sentimentos, podemos nos tornar mais esclarecidos acerca de nosso mundo interno como também mais receptivos ao mundo interior alheio. Os estudos científicos apoiam essa ideia ao revelarem que os indivíduos com maior capacidade de visão mental mostram mais empatia e interesse por seus semelhantes. As pesquisas também revelam com clareza que a visão mental promove não apenas o bem-estar interno e interpessoal, como também mais eficiência e sucesso escolar e profissional.

Outra preocupação bastante comovente com relação à visão mental surgiu um dia quando eu conversava com um grupo de professores. "Como você pode nos pedir para fazer crianças refletirem sobre as próprias mentes?", um professor me perguntou. "Isso não significa abrir uma caixa de Pandora?" Lembre-se de que quando a caixa de Pandora foi aberta, todos os problemas da humanidade escaparam dela. É assim que imaginamos nossa vida íntima ou as vidas de nossos filhos? Em minha experiência, uma grande transformação começa quando olhamos para nossa mente com curiosidade e respeito em vez de medo e afastamento. Levar pensamentos e sentimentos para o nível da consciência nos permite aprender com eles em vez de sermos guiados por eles. Podemos acalmá-los sem ignorá-los, podemos ouvir sua sabedoria sem sermos aterrorizados por suas vozes berrantes. E, como você verá em algumas das histórias deste livro, até mesmo crianças muito pequenas surpreendentemente conseguem desenvolver a capacidade de parar e fazer escolhas sobre como agir quando estão mais conscientes de seus impulsos.

COMO APRIMORAR A VISÃO MENTAL?

A visão mental não é uma capacidade do tipo "tudo ou nada", algo que você tem ou não tem. Como qualquer forma de perícia, a visão mental pode ser desenvolvida quando investimos esforço, tempo e prática.

A maioria das pessoas vem ao mundo com o potencial cerebral para desenvolver a visão mental, mas os circuitos neurais subjacentes precisam de experiências para evoluir apropriadamente. Para alguns

— aqueles com autismo e condições neurológicas afins —, os circuitos neurais da visão mental podem não se desenvolver completamente, mesmo que eles tenham sido muito bem-cuidados. A maioria das crianças, no entanto, desenvolve a capacidade de ver a mente através das interações cotidianas com outros, sobretudo através da comunicação atenciosa com os pais e outras pessoas responsáveis por elas. Quando adultos estão em sintonia com uma criança, quando devolvem a ela um quadro preciso de seu mundo interno, a criança percebe a própria mente com clareza. Essa é a base da visão mental. Hoje, os neurocientistas estão identificando os circuitos cerebrais que participam dessa dança íntima e explorando a forma como a sintonia do responsável com o mundo interno da criança estimula o desenvolvimento desses circuitos neurais.

No entanto, se os pais são indiferentes, distantes ou confusos em suas respostas, a falta de sintonia impede que eles devolvam à criança um quadro preciso do mundo íntimo dela. Nesse caso, as pesquisas sugerem que a lente da visão mental da criança pode ficar embaçada ou distorcida. Ela pode, portanto, conseguir ver apenas parte do oceano interno ou enxergá-lo turvo. Ou ela pode desenvolver uma lente que vê bem, mas é frágil, facilmente desfocada pelo estresse e pelas intensas emoções.

A boa notícia é que, independente de nossa história inicial, nunca é tarde para estimularmos o crescimento das fibras neurais que possibilitam a expansão da visão mental. Você encontrará, em breve, um homem de 92 anos que conseguiu superar uma infância dolorosa e indesejável para emergir como um perito da visão mental. Vemos aqui a prova viva de outra descoberta instigante da neurociência moderna: o cérebro nunca para de crescer em resposta às experiências. E isso também é válido para as pessoas com infâncias felizes. Mesmo com relacionamentos positivos com nossos tutores e pais no início de nossas vidas — e mesmo se escrevermos livros sobre o assunto — enquanto vivermos, poderemos continuar a desenvolver nosso sétimo sentido vital e promover as conexões e a integração que estão no cerne do bem-estar.

Começaremos nossa viagem na Parte 1, explorando situações em que as capacidades vitais da visão mental estão ausentes. Essas histórias revelam que enxergar a mente de maneira clara e ser capaz de alterar sua forma de funcionamento são elementos essenciais no caminho para o bem-estar. A Parte 1 é a seção mais teórica do livro, onde explico os conceitos básicos, forneço aos leitores uma introdução à ciência do cérebro e apresento definições funcionais da mente e da saúde mental. Sabendo que meus leitores têm histórias de vida e interesses variados, entendo que alguns de vocês possam querer filtrar ou até mesmo saltar um bom trecho dessa seção e ir diretamente para a Parte 2. Na Parte 2, mergulharemos profundamente em histórias extraídas de minha prática que ilustram os passos necessários ao desenvolvimento das habilidades da visão mental. Essa é a seção do livro na qual compartilho os conhecimentos teóricos e práticos que ajudarão as pessoas a entender como moldar suas mentes para adquirir saúde. No fim do livro, há um apêndice que delineia os conceitos fundamentais e um conjunto de notas com referências bibliográficas científicas que apoiam essas ideias.

Nossa investigação da visão mental começa com a história de uma família que mudou minha vida e minha abordagem da psicoterapia por completo. A procura por formas de ajudar essas pessoas me inspirou a buscar novas respostas para algumas das questões mais dolorosas acerca do que acontece quando perdemos a visão mental. Fui levado, também, a buscar as técnicas que podem nos capacitar a recuperar e recriar a visão mental em nós mesmos, nossos filhos e nossas comunidades. Espero que você me acompanhe nessa viagem pelo oceano interno. Um vasto mundo de possibilidades nos espera nessas profundezas.

PARTE 1

O CAMINHO PARA O BEM-ESTAR:
A VISÃO MENTAL ILUMINADA

1

UM CÉREBRO QUEBRADO, UMA ALMA PERDIDA
O triângulo do bem-estar

A família de Barbara talvez nunca tivesse começado a fazer terapia se Leanne, aos 7 anos, não tivesse parado de falar na escola. Leanne era a filha do meio de Barbara, entre Amy (que estava com 14) e Tommy (com 3). Todos haviam ficado muito abalados com o acidente de automóvel quase fatal sofrido pela mãe. Porém, somente quando Barbara deixou o hospital e o centro de reabilitação e voltou para casa foi que Leanne se tornou "voluntariamente muda". Ela se recusava a falar com qualquer pessoa que não fosse da família — inclusive eu.

Em nossas primeiras sessões terapêuticas, passamos o tempo todo em silêncio, jogando, brincando com marionetes, desenhando e apenas ficando juntos. Leanne tinha cabelos escuros que viviam presos em um rabo de cavalo desarrumado, e seus tristes olhos castanhos rapidamente se desviavam sempre que eu olhava diretamente para ela. Nossas sessões não pareciam progredir, sua tristeza seguia imutável, nossos jogos se tornaram repetitivos. Porém, um dia, a bola com que brincávamos rolou para o outro lado do divã e Leanne descobriu o aparelho de vídeo e a tela. Ela não disse nada, mas sua expressão repentina de atenção me disse que algo despertara em sua mente.

Na semana seguinte, Leanne trouxe uma fita de vídeo, dirigiu-se ao aparelho e a colocou. Liguei-o, e seu sorriso iluminou a sala enquanto assistíamos sua mãe suavemente levantar, acima da cabeça, repetidas vezes, uma Leanne mais jovem, e depois abraçá-la, ambas sacudindo o corpo inteiro de tanto rirem. O pai de Leanne, Ben, filmara a dança da comunicação entre mãe e filha, que é a marca registrada do amor:

nos conectamos uns com os outros através de uma troca de sinais que nos ligam de dentro para fora. Essa é a forma repleta de alegria por meio da qual compartilhamos as mentes uns dos outros.

Em seguida, as duas giraram pelo gramado, chutando as brilhantes folhas amarelas e laranjas do outono. O dueto mãe-filha se aproximou da câmera, jogando beijos para a lente e depois caindo na gargalhada. Leanne, com 5 anos, gritava "Feliz aniversário, papai!", e podíamos ver a câmera tremer enquanto o pai ria junto com as duas mulheres de sua vida. Ao fundo, o irmãozinho de Leanne, Tommy, tirava uma soneca no carrinho, aninhado sob um cobertor e cercado por brinquedos de pelúcia. A irmã mais velha, Amy, estava em um canto, entretida com um livro.

— Minha mãe era assim quando vivíamos em Boston — disse Leanne, de repente, o sorriso desaparecendo de seu rosto. Era a primeira vez que ela falava diretamente para mim, mas parecia como se eu estivesse, por acaso, ouvindo-a falar para si mesma. Por que Leanne parara de falar?

Passaram-se dois anos desde aquela celebração de aniversário, 18 meses desde que a família se mudara para Los Angeles e 12 meses desde que Barbara sofrera uma lesão cerebral grave em um acidente — uma batida frontal. Barbara não usava cinto de segurança naquela noite enquanto dirigia seu velho Mustang até uma loja local para comprar leite para os filhos. Quando o motorista bêbado bateu no carro dela, ela enfiou a testa no volante. Ficou em coma por semanas após o acidente.

Depois de sair do coma, Barbara mudou, de forma dramática. Na gravação, vi a pessoa entusiasmada, ligada e cuidadosa que Barbara fora. Porém, agora, Ben me disse que ela "simplesmente não era mais a mesma Barbara". O corpo voltara para casa, mas a Barbara como eles a conheceram, não existia mais.

Durante a consulta seguinte, pedi para ficar um tempo sozinho com os pais de Leanne. Estava claro que aquilo que fora uma relação íntima entre Barbara e Ben era, agora, uma relação profundamente estressante e distante. Ben tratava Barbara com paciência e carinho e parecia gostar muito dela, mas eu sentia seu desespero. Barbara simplesmente mantinha o olhar fixo enquanto falávamos, fazia pouco contato visual com qualquer um de nós e parecia desinteressada pela conversa. O dano à sua testa fora reparado com cirurgia plástica e, embora ela tivesse ficado com as capacidades motoras, de alguma forma, lentas e atrapalhadas, de fato, ela parecia muito semelhante, em termos de aparência, à sua imagem no vídeo. Entretanto, algo imenso mudara por dentro.

Curioso para saber como ela vivenciava sua nova forma de ser, perguntei a Barbara o que ela pensava ter mudado. Nunca esquecerei sua resposta:

— Bem, acho que se eu tivesse que colocar em palavras, diria que perdi minha alma.

Ben e eu continuamos sentados, estupefatos. Após algum tempo, me recompus o suficiente para perguntar como era perder a alma.

— Não sei se posso dizer mais do que isso — disse ela sem rodeios. — Está tudo bem, acho. Não há diferença. Quer dizer, as coisas são apenas assim. Simplesmente vazias. Está tudo bem.

Passamos para questões práticas sobre como cuidar das crianças, e a sessão terminou.

UM CÉREBRO DANIFICADO

Ainda não estava muito claro se Barbara poderia ou iria se recuperar. Uma vez que o acidente ocorrera há apenas um ano, ainda era possível muito reparo neural. Após uma lesão, o cérebro pode recuperar algumas de suas funções e até mesmo criar novos neurônios e conexões, mas, no caso de danos extensos, pode ser difícil resgatar as capacidades complexas e os traços de personalidade que dependiam das estruturas cerebrais agora destruídas.

Neuroplasticidade é o termo usado para descrever essa capacidade para criar novas conexões neurais e novos neurônios em resposta a experiências. A neuroplasticidade não está disponível para nós apenas na juventude: hoje sabemos que ela pode ocorrer a vida inteira. Os esforços de reabilitação de Barbara precisavam utilizar o poder da neuroplasticidade para criar novas conexões capazes de restabelecer antigas funções mentais. Porém, teríamos que esperar pelos efeitos curadores do tempo e da reabilitação para ver quanta recuperação neurológica seria possível obter.

Minha tarefa imediata era ajudar Leanne e sua família a entender como alguém poderia estar vivo e parecer a mesma pessoa e, no entanto, sua forma de funcionamento mental ter se tornado tão radicalmente diferente. Ben me dissera que não sabia como ajudar os filhos a lidar com a nova forma de agir de Barbara; disse que ele mesmo não conseguia entender muito bem. Ele tinha uma jornada dupla, trabalhando, administrando os programas dos filhos e compensando o que Barbara não conseguia mais fazer. Ela fora uma mãe que se deliciava em fazer fantasias para festas de Halloween e bolinhos para o Dia dos Namorados. Agora, passava a maior parte do dia assistindo TV ou perambulando pela vizinhança. Ela podia ir à mercearia, mas, até mesmo com uma lista, frequentemente voltava para casa de mãos vazias. Amy e Leanne não se importavam muito com as poucas refeições simples que ela preparava repetidamente, mas ficavam aborrecidas quando a mãe esquecia seus pedidos especiais, o que tinham dito que gostavam ou precisavam para a escola. Era como se o que dissessem não fosse registrado de verdade por ela.

À medida que nossas sessões continuaram, em geral, Barbara sentava em silêncio, mesmo quando ficava sozinha comigo, embora sua fala estivesse intacta. De vez em quando, ela subitamente se agitava com um comentário inocente de Ben, ou gritava se Tommy estivesse inquieto ou se Leanne girasse seu rabo de cavalo entre os dedos. Por vezes, ela inclusive intervinha após um silêncio, como se algum processo interno a motivasse. Porém, na maior parte do tempo, sua expressão parecia congelada, mais como um vazio do que depressão, mais vácuo do que tristeza. Ela parecia distante e indiferente, e percebi que nunca se referia espontaneamente ao marido ou aos filhos. Uma vez, quando Tommy, com 3 anos, subiu em seu colo, ela colocou a mão rapidamente na perna dele como se repetindo algum padrão de comportamento anterior, mas já não havia mais carinho no gesto.

Quando conversei com os filhos sem a mãe por perto, eles me contaram como se sentiam.

— Ela não gosta mais de nós como antigamente — disse Leanne.

— E ela nunca pergunta nada a nosso respeito — acrescentou Amy com tristeza e irritação. — Ela é simplesmente muito egoísta. Não quer mais falar com ninguém.

Tommy permanecia em silêncio. Ele se sentava perto do pai com uma expressão desanimada.

A perda de alguém que amamos não pode ser adequadamente expressa em palavras. Enfrentar essa perda e lidar com a desconexão e o desespero nos enche de angústia e dor. Na verdade, as partes de nosso cérebro que processam a dor física coincidem com os centros neurais que gravam rupturas e rejeições sociais. A perda nos rasga em pedacinhos.

O pesar nos permite desistir de algo que perdemos somente quando começamos a aceitar o que agora temos em seu lugar. Como nossa mente se apega ao familiar, às nossas expectativas pré-concebidas, podemos ficar reféns de decepções, confusão e raiva, as quais enchem nosso mundo interno de sofrimento. No entanto, do que Ben e os filhos estavam realmente desistindo? Barbara poderia recuperar sua forma interativa de ser? Como a família poderia aprender a viver com uma pessoa cujo corpo ainda estava vivo, mas a personalidade e a "alma" — pelo menos como eles as conheceram — já não estavam mais lá?

"MAPAS DO OUTRO" E "MAPAS PRÓPRIOS"

Nenhuma parte de minha formação profissional formal — seja na faculdade de medicina, na pediatria ou na psiquiatria — me preparara para a situação que agora eu enfrentava no consultório. Havia cursado matérias sobre a anatomia e os comportamentos do cérebro, mas quando atendi a família de Barbara, no início da década de 1990, sabia-se relativamente pouco sobre como aplicar o conhecimento de tais assuntos na prática clínica da psicoterapia. Buscando outra forma de explicar Barbara para sua família, fui até a biblioteca médica e revi a literatura clínica e científica mais recente que tratava das regiões do cérebro danificadas pelo acidente dela.

Os exames radiológicos do cérebro de Barbara revelaram um trauma substancial na área logo atrás da testa; as lesões acompanhavam o formato da curva superior do volante. Essa área, descobri, facilita funções muito importantes da personalidade. Ela também liga áreas cerebrais amplamente separadas umas das outras — é uma região do cérebro que promove a integração.

A área por trás da testa é uma parte do lobo frontal do córtex cerebral, a seção mais externa do cérebro. O lobo frontal está associado à maioria dos pensamentos e planejamentos complexos. A atividade nessa parte do cérebro dispara neurônios em padrões que nos permitem formar representações neurais — "mapas" de vários aspectos do mundo. Os mapas resultantes desses agrupamentos de atividade neural servem para criar uma imagem em nossa mente. Por exemplo, quando absorvemos a luz refletida de um pássaro em uma árvore, nossos olhos enviam sinais para o cérebro, e os neurônios disparam em determinados padrões que nos permitem ter um quadro visual do pássaro.

De alguma maneira, e de formas ainda a serem descobertas, as propriedades físicas dos disparos dos neurônios ajudam a criar nossa experiência subjetiva — os pensamentos, os sentimentos e as associações evocadas ao vermos aquele pássaro, por exemplo. Essa visão pode nos fazer sentir determinadas emoções, ouvir ou lembrar seu canto e até mesmo associá-lo a conceitos, tais como natureza, esperança, liberdade e paz. Quanto mais abstrata e simbólica a representação, mais alto no sistema nervoso ela é criada e mais adiante no córtex ela se localiza.

O córtex pré-frontal — a parte mais danificada do lobo frontal do cérebro de Barbara — produz representações complexas que nos permitem criar conceitos no presente, pensar sobre experiências no passado e planejar e criar imagens sobre o futuro. Essa área também é responsável pelas representações neurais que nos permitem elaborar imagens de nossa mente. Eu chamo essas representações de nosso mundo mental de "mapas de visão mental". E consegui identificar vários tipos de mapas de visão mental feitos por nossos cérebros.

O cérebro constrói o que chamo de um "mapa próprio", que nos fornece entendimento sobre nós mesmos, e um "mapa do outro" para entendermos os outros. Parece também que criamos "mapas de nós", representações de nossos relacionamentos. Sem tais mapas, não somos capazes de perceber nem nossa mente nem a alheia. Sem um "mapa próprio", por exemplo, podemos ser arrebatados por pensamentos ou inundados por sentimentos. Sem um "mapa do outro", vemos apenas os comportamentos alheios, o aspecto físico da realidade, sem sentir o centro subjetivo, o oceano mental dos outros. É o mapa do outro que nos permite ter empatia. Em essência, o dano ao cérebro de Barbara criara um mundo desprovido de visão mental. Ela tinha sentimentos e pensamentos, mas não conseguia representá-los para si mesma como atividades mentais. Mesmo quando disse que "perdera sua alma", essa afirmação tinha uma qualidade inócua, factual, era mais uma observação científica do que uma expressão profundamente sentida de identidade pessoal. (Fiquei intrigado com aquela desconexão entre a observação e a emoção até que descobri, em estudos posteriores, que as partes do cérebro que criam os mapas da mente são distintas daquelas que nos capacitam a observar e comentar sobre as características do eu, tais como vergonha ou angústia — ou, no caso de Barbara, a falta daquela qualidade que ela chamou de "alma".)

Nos anos seguintes, após ter levado os exames radiológicos do cérebro de Barbara à biblioteca, muito mais foi descoberto sobre as funções interligadas do córtex pré-frontal. Por exemplo, a lateral dessa região é crucial na forma como prestamos atenção; ela nos habilita a colocar coisas na "frente de nossa mente" e a nos conscientizarmos dela. A porção central da área pré-frontal, a parte danificada em Barbara, coordena um número surpreendente de funções essenciais, inclusive o controle do corpo, a sintonia com os outros, o equilíbrio das emoções, a flexibilidade de nossas respostas, o abrandamento do medo e a criação de empatia, insights, consciência moral e intuição. Essas eram as habilidades às quais Barbara não tinha mais como recorrer em suas interações com a família.

Farei referência a — e expandirei — essa lista de nove funções do córtex pré-frontal central ao longo de toda a discussão sobre visão mental. Porém, em uma primeira análise, você pode ver que essas funções são ingredientes essenciais para o bem-estar, abrangendo de processos corporais, tais como o controle de nossos corações, a funções sociais, como a empatia e o raciocínio moral.

Após Barbara sair do coma, os danos sofridos pareciam ter criado uma nova personalidade. Alguns de seus hábitos, como o que ela gostava de comer e o modo como escovava os dentes, permaneceram inalterados. Nada importante mudara na forma como seu cérebro mapeava essas funções comportamentais básicas. Porém, as formas como ela pensava, sentia, se comportava e interagia com outras pessoas foram profundamente alteradas. Isso afetou todos os detalhes de sua vida cotidiana — até o rabo de cavalo desleixado de Leanne. Barbara ainda possuía os movimentos comportamentais necessários para pentear o cabelo da filha, mas não se importava mais em fazê-lo direito.

Acima de tudo, Barbara parecia ter perdido a capacidade de fazer o mapa que a habilitaria a entender a realidade e a importância de sua vida subjetiva ou a dos outros. Seus mapas da visão mental não mais se formavam entre os agora confusos circuitos pré-frontais centrais, dos quais sua criação dependia. O trauma na região pré-frontal central também rompera a comunicação entre Barbara e sua família — ela não conseguia enviar ou receber os sinais de conexão que a capacitariam a unir sua mente às das pessoas que mais amava.

Ben resumiu a mudança: "Ela se foi. A pessoa com quem vivemos simplesmente não é mais Barbara."

UM TRIÂNGULO DE BEM-ESTAR: MENTE, CÉREBRO E RELACIONAMENTOS

O vídeo do aniversário de Ben revelara uma dança de comunicação vibrante entre Barbara e Leanne. No entanto, agora não havia mais dança, nem música mantendo o ritmo de duas mentes que fluem em uma sensação de "nós". Tal junção acontece quando nos sintonizamos com as mudanças internas em outra pessoa, à medida que elas se sintonizam conosco, e nossos dois mundos se tornam um só. Através de expressões faciais e tons de voz, gestos e posturas — alguns tão fugazes que podem ser capturados apenas em uma gravação em câmera lenta —, acabamos "ecoando" uns aos outros. O todo que criamos juntos é verdadeiramente maior do que nossas identidades individuais. Sentimos essa ressonância como uma sensação palpável de conexão e vitalidade. Isso é o que acontece quando nossas mentes se encontram.

Uma vez, um paciente meu descreveu essa conexão vital como "sentir-se sentido" por outra pessoa: sentimos que nossos mundos internos são compartilhados, que nossa mente está *dentro* do outro. Porém, Leanne não mais "sentia-se sentida" pela mãe.

A forma como Barbara se comportava com a família me lembrou de uma ferramenta de pesquisa clássica usada para estudar a comunicação e apego entre pais e filhos. Chamada de experiência do "rosto impassível", ela é dolorosa tanto para quem participa como para quem observa.

Uma mãe é solicitada a sentar na frente de seu bebê de 4 meses e instruída a parar de interagir com ele. Essa fase "impassível" na qual nenhum sinal verbal ou não verbal é compartilhado com a criança é extremamente aflitiva. Por até três minutos, a criança tenta se envolver com a mãe, que agora não responde com tentativas de conexão. A princípio, a criança tende a amplificar seus sinais, aumentando os sorrisos, os balbucios, o contato visual. No entanto, após um período prolongado de falta de resposta, ela fica agitada e nervosa, suas tentativas de conexão organizadas se desmancham em sinais de angústia e sofrimento. Ela pode, então, tentar se acalmar colocando a mão na boca ou puxando as próprias roupas. Às vezes, os pesquisadores ou pais terminam a experiência nesse momento, mas, em outras vezes, ela continua até que a criança se recolha, desistindo e caindo em uma espécie de estupor desesperançado parecido com uma depressão melancólica. Essas etapas de protesto, autoconsolação e desespero revelam o quanto a criança depende das respostas sintonizadas de um dos pais para manter seu mundo interior em equilíbrio.

Nós chegamos ao mundo estruturados para construir conexões com os outros, e a formação neural subsequente de nosso cérebro, a base da sensação do "eu", é construída a partir dessas trocas íntimas entre a criança e as pessoas com quem ela vive. Nos primeiros anos, esse ajuste interpessoal é essencial para a sobrevivência, mas ao longo de nossa vida, continuamos a precisar de tais conexões para manter uma sensação de vitalidade e bem-estar.

No passado, Leanne teve uma mãe sintonizada, e a presença anterior de Barbara em sua vida estava agora, literalmente, incrustada na estrutura cerebral de fabricação de mapas de visão mental de Leanne. Mas Barbara não conseguia mais mapear a mente de Leanne, ela não conseguia sentir os filhos dentro dela nem fazê-los "sentirem-se sentidos". A falta de interesse por eles, a indiferença aparente com relação a seus sentimentos e necessidades e a retirada do que eles vivenciaram uma vez como amor eram sinais externos dessa tragédia interior.

Tratar a família de Barbara deixou claro para mim que a mente, o cérebro e os relacionamentos não são elementos separados da vida — são aspectos irredutíveis de um triângulo interconectado de bem-estar. Aos 7 anos, Leanne respondera ao afastamento da mãe ficando muda. O triângulo fora rompido.

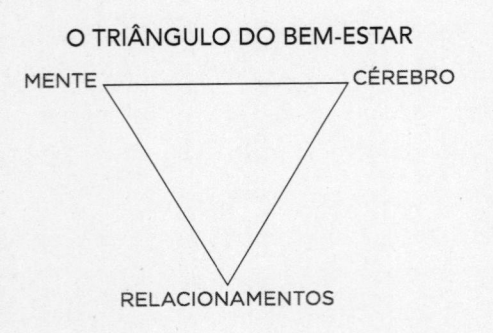

VENDO COM CLAREZA, DESISTINDO, ABSORVENDO

Atendi Leanne, Amy, Tommy e Ben muitas vezes para lhes dar a oportunidade de falarem abertamente comigo e uns com os outros sobre como suas vidas haviam mudado desde o acidente de Barbara. Então, um dia, levei os exames radiológicos do cérebro dela e mostrei as áreas que haviam sido lesionadas. Fiz desenhos simplificados em um quadro para que eles pudessem visualizar as variadas conexões do córtex pré-frontal e os informei que o dano à essa região importante poderia explicar quase todas as maneiras em que Barbara mudara. Esse esclarecimento me parecia particularmente importante porque as crianças, muitas vezes, se sentem culpadas quando algo de ruim acontece em suas famílias. Lá estava a prova concreta de que a irritabilidade da mãe e sua falta de carinho com eles não eram causadas por nada que tivessem feito, e que essa atitude não poderia ser alterada mesmo que eles se comportassem "bem". Eu esperava que, em vez de ficarem paralisados com a autorrecriminação ou a confusão, eles pudessem entender a mudança em suas vidas e vivenciar diretamente a dor da perda.

As crianças ouviram tão atentamente quanto Ben, e até Tommy parecia perceber que sua mãe tinha um "cérebro quebrado". Leanne já se tornara mais falante durante nossos encontros e agora fazia muitas perguntas sobre a razão por que o amor de sua mãe precisava de um cérebro para se tornar "vivo".

— Pensei que o amor viesse do coração — disse ela.

E tinha razão: as redes de células nervosas ao redor do coração e por todo o corpo se comunicam diretamente com as partes sociais de nosso cérebro e enviam aquela sensação profunda diretamente para nossas áreas pré-frontais centrais. Disse a Leanne que, a não ser que o cérebro de sua mãe estivesse trabalhando da forma certa, ela não conseguiria captar os sinais que, tenho certeza, ainda estavam em seu coração. Essa imagem pareceu acalmar Leanne, que a utilizou repetidas vezes. Isso renovou a paciência e a tolerância dela para com a maneira de ser distante e irritável da mãe, e fiquei emocionado ao ver seus pequenos atos de gentileza dirigidos à Barbara. Leanne começou a falar novamente na escola, reconectando-se com os amigos e encontrando apoio na professora, que prestou especial atenção a ela após tomar conhecimento do que acontecera em casa.

Tive apenas uma sessão com Ben e o encorajei a expressar seus sentimentos mais abertamente. Isso não aconteceu naturalmente para ele, pois trabalhava muito para manter a vida familiar o mais "normal" possível. Porém, é claro, a vida deles não era normal, e os filhos precisavam saber que não estavam sozinhos em seu pesar, que era bom para eles expressarem seus medos, preocupações e incertezas. Ben e eu também discutimos as necessidades específicas de Tommy. Essencialmente, ele perdera a mãe aos 2 anos, antes que sua região pré-frontal começasse a se desenvolver. Como não desenvolvera ainda os circuitos cerebrais para expressar seus sentimentos plenamente, Tommy precisaria de muita ajuda para entender a história de sua vida. Por enquanto, aos 3 anos, sua tristeza, angústia e confusão eram quase inexpressíveis verbalmente.

Amy continuava a lutar com a raiva que sentia da mãe. Estava furiosa por Barbara não ter usado o cinto de segurança naquele dia e frustrada porque a mãe que admirava não existia mais. Além disso, no momento exato em que estava começando a se afastar da família e encontrar a própria identidade com os amigos, era preciso que ela cuidasse de Leanne e Tommy. Ouvi suas frustrações e ajudei Ben a reconhecer a necessidade de ela ter tempo para si mesma, embora sua colaboração em casa ainda fosse necessária. Gradualmente, ela começou a tratar a mãe com mais carinho, embora Barbara não conseguisse retribuir e tratar Amy da mesma forma. Essa era a nova realidade delas.

Com o passar do tempo, a coordenação motora de Barbara melhorou um pouco, mas a lesão à parte frontal do cérebro fora muito grave, e ela não mostrava sinais de recuperação da sua forma conectada de ser. Apesar de tudo, Leanne e sua família continuaram a fortalecer suas conexões uns com os outros. A visão mental permitiu que eles entendessem sua experiência e facilitou um processo de luto saudável. A visão mental era o que Barbara perdera — e a visão mental era o que a família precisava para vivenciar o luto pela perda da antiga Barbara e para permitir que a nova Barbara entrasse em suas vidas.

Com tudo isso, aprendi que conhecer as diferentes funções do cérebro, de alguma forma, nos torna capazes de nos distanciarmos de um relacionamento abalado ou doloroso e que podemos desenvolver mais compaixão e compreensão, tanto com relação a outra pessoa quanto conosco mesmos. Como você verá ao longo deste livro, essa lição tem orientado meu trabalho como terapeuta deste então.

·················

PENSANDO O CÉREBRO

O cérebro na palma da mão

A VISÃO MENTAL DEPENDE DA integração de grandes conjuntos de informações neurais — provenientes do corpo inteiro, das múltiplas regiões do cérebro e até mesmo dos sinais que recebemos de outras pessoas. Para entender como essa integração ocorre, é útil visualizar o cérebro como um sistema de partes interconectadas.

Desde a época em que esbocei pela primeira vez as regiões pré-frontais de Barbara para Leanne e o restante da família, experimentei vários modelos que mostram o cérebro em três dimensões. A seguir, apresento um que nunca esqueço de levar comigo para uma palestra. Você pode usá-lo enquanto estiver lendo este livro sem nem mesmo precisar levantar da cadeira. É claro que sua simplificação deixa alguns neurologistas ansiosos para obterem mais detalhes, mas o modelo tem ajudado muitos pacientes meus a desenvolver a visão mental necessária para compreender suas experiências.

O MODELO DA MÃO PARA REPRESENTAR O CÉREBRO

Se você colocar o polegar no meio da palma da mão e depois dobrar os outros dedos sobre ele, terá um modelo bem à mão do cérebro. (Meus filhos não suportam esse trocadilho.) O rosto da pessoa fica na frente dos nós dos dedos e a parte posterior da cabeça fica na parte detrás da mão. O pulso representa a medula espinhal, que sai da coluna vertebral, onde o cérebro se apoia. Se você abrir os dedos e levantar o polegar, verá o tronco encefálico interno representado pela palma da mão. Abaixe o polegar novamente e você terá a localização aproximada do sistema límbico (para ser mais preciso, precisaríamos de dois polegares, esquerdo e direito, para tornar simétrico este modelo). Agora, dobre os dedos novamente sobre o polegar e seu córtex está localizado.

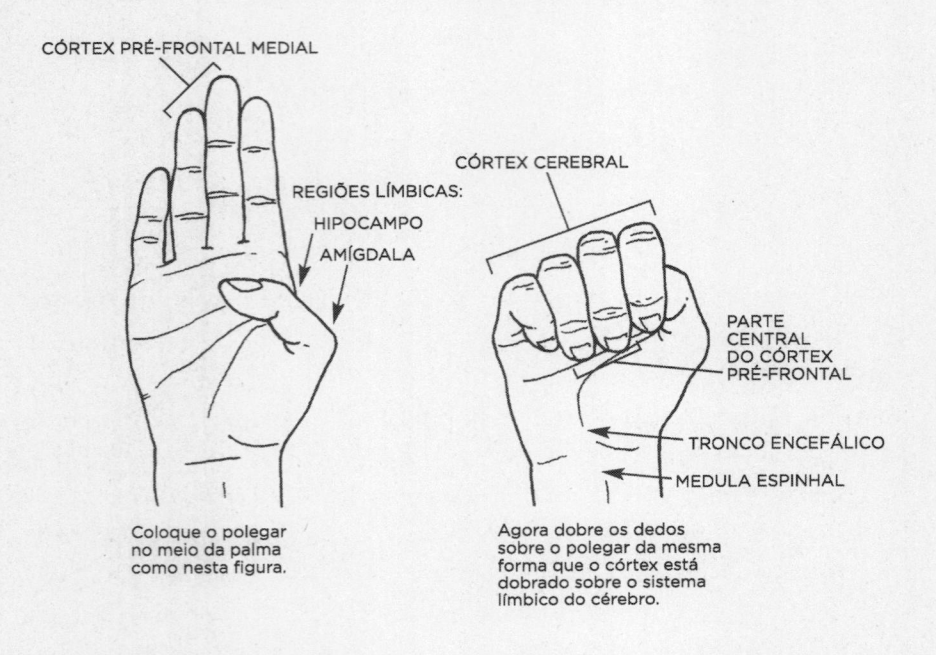

Essas três regiões — o tronco encefálico, o sistema límbico e o córtex — compreendem o que viemos a chamar de cérebro trino, que se desenvolveu em camadas ao longo da evolução de nossa espécie. No mínimo, integrar o cérebro envolve ligar as atividades dessas três regiões. Uma vez que elas estão distribuídas de baixo para cima — da região do tronco encefálico inferior e interior para o sistema límbico e para o córtex superior e exterior —, podemos chamar a isso de "integração vertical". O cérebro também está dividido em duas metades, esquerda e direita, portanto, a integração neural também precisa envolver a ligação das funções dos dois lados do cérebro. A isso podemos chamar de "integração bilateral" ou "horizontal". (Discutirei a bilateralidade no Capítulo 6.) Conhecer as funções das principais regiões do cérebro pode nos ajudar a focar a atenção de forma a criar a ligação desejada entre elas. Portanto, permita-me lhe dar uma breve visão geral das camadas do cérebro trino.

38

O TRONCO ENCEFÁLICO

Há centenas de milhões de anos, o tronco encefálico formava o que alguns chamam de "cérebro reptiliano". O tronco encefálico recebe informações do corpo e as envia de volta para regular os processos básicos, tais como o funcionamento do coração e dos pulmões. Além de controlar os níveis de energia corporal, através da regulação dos batimentos cardíacos e da respiração, o tronco encefálico também molda os níveis de energia das áreas cerebrais acima dele, as regiões límbica e cortical. Ele controla diretamente nossos estímulos, determinando, por exemplo, se estamos com fome ou satisfeitos, sexualmente excitados ou relaxados pela satisfação sexual, acordados ou adormecidos.

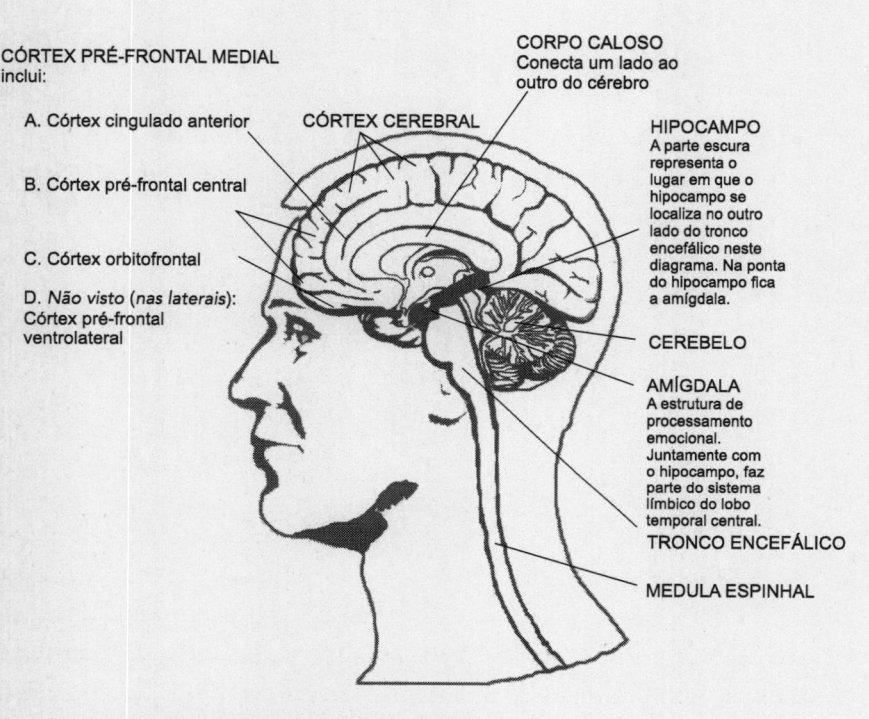

Um diagrama do cérebro humano observado do meio para o lado direito. Algumas das principais áreas do cérebro estão indicadas, incluindo o tronco encefálico, o sistema límbico (com a amígdala e o hipocampo) e o córtex cerebral (com as regiões pré-frontais centrais). O córtex pré-frontal ventrolateral não é visto.

Os agrupamentos de neurônios localizados no tronco encefálico também entram em ação quando determinadas condições parecem exigir uma mobilização rápida da distribuição de energia por todo o corpo e cérebro. Essa assim chamada gama de respostas de luta, fuga ou congelamento é responsável por nossa sobrevivência em momentos de perigo. Trabalhando em conjunto com os processos avaliadores tanto do sistema límbico quanto das regiões corticais superiores, o tronco encefálico é o árbitro que decide se respondemos às ameaças mobilizando nossas energias para o combate, ou se ficamos paralisados pelo desamparo, desmaiando diante de uma situação avassaladora. Porém, seja qual for a resposta escolhida, quando estamos no modo sobrevivência, nossa reatividade torna bastante difícil, se não completamente impossível, ficarmos abertos e receptivos aos outros. Portanto, parte do processo de desenvolvimento da visão mental envolve reduzir a reatividade quando ela não for realmente necessária, como será visto mais adiante.

O tronco encefálico também é parte fundamental daquilo que chamamos de "sistemas motivacionais", que nos ajudam a satisfazer nossas necessidades básicas por comida, abrigo, reprodução e segurança. Quando sentimos um "estímulo" profundo para nos comportar de uma determinada maneira, é possível que nosso tronco encefálico esteja trabalhando em estreita harmonia com a região imediatamente superior, o sistema límbico, para fazê-lo agir.

OS SISTEMAS LÍMBICOS

O sistema límbico está localizado nas profundezas do cérebro, aproximadamente onde fica seu polegar no modelo da mão para representar o cérebro. Ele se desenvolveu quando os pequenos mamíferos apareceram pela primeira vez, há cerca de 200 milhões de anos. Esse "antigo cérebro mamífero" trabalha intimamente com o tronco encefálico e o próprio corpo para criar não apenas nossos instintos básicos, mas também nossas emoções. Esses estados sentimentais são plenos de sensação de significado porque os sistemas límbicos avaliam nossa situação atual. "Isso é bom ou ruim?" é a questão mais básica com que o sistema límbico se defronta. Direcionamo-nos para o bom e nos afastamos do ruim. Dessa forma, os sistemas límbicos ajudam a criar as emoções que despertam respostas, que nos estimulam a agir diante do significado que atribuímos àquilo que nos afeta naquele momento.

O sistema límbico também é crucial para formarmos relacionamentos e nos tornarmos emocionalmente ligados uns aos outros. Se você já criou peixes, sapos ou lagartos, sabe que estes não mamíferos não formam laços afetivos com você — nem uns com os outros. Por outro lado, ratos, gatos e cães possuem um sistema límbico mamífero. Laços são o que eles — e nós — formamos. Estamos equipados para nos conectar uns com os outros graças à nossa herança mamífera.

O sistema límbico exerce importante papel regulatório através do hipotálamo, o principal centro de controle endócrino. Por meio da glândula pituitária, o hipotálamo envia e recebe hormônios do corpo todo — influenciando, sobretudo, nossos órgãos sexuais e as glândulas tiroide e suprarrenal. Por exemplo, quando estamos estressados, secretamos um hormônio que estimula as suprarrenais a liberarem o cortisol, que mobiliza energia ao colocar nosso metabolismo inteiro em extremo estado de alerta para enfrentar o desafio. Essa resposta é extremamente adaptativa frente a um estresse de curto prazo, mas pode se tornar um problema a longo prazo. Se enfrentamos uma situação avassaladora, com a qual não conseguimos lidar adequadamente, os níveis de cortisol podem se tornar cronicamente elevados. As experiências traumáticas, em particular, podem sensibilizar a reatividade límbica de modo que até estresses menores podem provocar a liberação de cortisol, tornando a vida cotidiana mais desafiadora para a pessoa traumatizada. Esses altos níveis de cortisol também podem ser tóxicos para o cérebro em crescimento e interferir no próprio crescimento e no funcionamento corretos do tecido neural. Encontrar uma forma de reduzir os disparos límbicos reativos excessivos é crucial para reequilibrar as emoções e diminuir os efeitos maléficos do estresse crônico. Como veremos, a visão mental pode nos ajudar a convocar as áreas superiores do cérebro para criar um "controle cortical" dessas reatividades límbicas.

A área límbica também nos ajuda a criar várias formas diferentes de memória — de fatos, de experiências específicas, de emoções que dão cor e textura às experiências. Localizada de ambos os lados do hipotálamo central e da pituitária, dois aglomerados específicos de neurônios responsáveis por essa atividade foram intensamente estudados: a amígdala e o hipocampo. No formato de uma amêndoa, a amígdala é considerada especialmente importante para a resposta ao medo. (Embora alguns autores atribuam todas as emoções à amígdala, pesquisas mais recentes sugerem que nossos sentimentos gerais, na verdade, originam-se de áreas da zona límbica mais amplamente distribuídas, do tronco encefálico e do próprio corpo, e estão imbricados em nosso funcionamento cortical também.)

A amígdala pode despertar uma resposta instantânea de sobrevivência. Uma vez, quando meu filho e eu estávamos caminhando nas montanhas de Serra Nevada, uma sensação repentina de medo me paralisou e gritei para ele: "Pare!" Somente após gritar percebi a razão — minha amígdala, em constante vigília, tivera uma percepção visual, sob minha consciência, de um objeto enrolado em nosso caminho. Felizmente, meu filho parou (ele ainda não era um "aborrecente") e conseguiu escapar da cobra cascavel que, posicionada para o ataque, compartilhava a trilha conosco. Nessa circunstância, vemos que os estados emocionais podem ser criados sem consciência, e podemos agir sobre eles, sem estarmos conscientes deles. Isso pode salvar nossas vidas — ou pode nos fazer agir de determinadas formas das quais nos arrependemos profundamente mais tarde. Para nos tornarmos conscientes dos sentimentos dentro de nós — ou seja, para conscientemente percebê-los e entendê-los — precisamos ligar esses estados emocionais criados no subcórtex ao nosso córtex.

Finalmente, chegamos ao hipocampo, um conjunto de neurônios no formato de um cavalo-marinho que funciona como um "montador de quebra-cabeça" profissional, ligando áreas do cérebro amplamente separadas — desde as regiões perceptivas ao repositório de fatos e a nossos centros linguísticos. Essa integração dos padrões de disparos neurais converte nossas experiências do momento em memórias. Posso narrar a história da cobra para você porque meu hipocampo ligou vários aspectos daquela experiência — sensações em meu corpo, emoções, pensamentos, fatos, reflexões —, formando um conjunto de lembranças de fatos vividos.

O hipocampo se desenvolve gradualmente durante os primeiros anos e continua a criar novas conexões e até mesmo novos neurônios ao longo de nossa vida. À medida que amadurecemos, o hipocampo integra as formas básicas da memória emocional e perceptiva em lembranças factuais e autobiográficas, estabelecendo as fundações para minha capacidade de contar a você sobre o encontro, há muito tempo, com a cobra, em Serra Nevada. No entanto, essa capacidade singularmente humana de contar histórias também depende do desenvolvimento da parte superior do cérebro, o córtex.

O CÓRTEX

A camada mais externa, ou "casco", do cérebro é o córtex. Às vezes, ele é chamado de cérebro "neomamífero", ou neocórtex, porque se expandiu muito com o surgimento dos primatas — e, sobretudo, com o aparecimento dos seres humanos. O córtex cria mais padrões de disparos intrincados que representam o mundo tridimensional, além das funções corporais e das reações de sobrevivência mediadas pelas regiões subcorticais inferiores. Nos seres humanos, a porção frontal mais elaborada do córtex permite ter ideias e conceitos, além de desenvolver os mapas de visão mental que dão um insight do mundo interior. Na verdade, o córtex frontal controla padrões de disparos neurais que representam suas próprias representações. Em outras palavras, ele nos permite pensar sobre pensar. A boa notícia é que isso nos dá novas aptidões para pensar — para imaginar, para recombinar fatos e experiências, para criar. O problema é que, às vezes, essas novas habilidades nos deixam pensar demais. Tanto quanto sabemos, nenhuma outra espécie representa suas próprias representações neurais — essa é a provável razão por que, muitas vezes, nos autodenominamos de "neuróticos".

O córtex é formado por montanhas e vales, os quais os cientistas do cérebro dividiram em regiões que chamam de lobos. No modelo da mão para representar o cérebro, o córtex traseiro ou posterior se estende dos segundos nós dos dedos (contando a partir das pontas dos dedos) até a parte posterior da mão e inclui os lobos occipital, parietal e temporal. O córtex posterior é o mestre criador de mapas de nossas experiências físicas, gerando nossas percepções do mundo externo — através dos cinco sentidos — e também seguindo a localização e o movimento de nosso corpo por meio do tato e da percepção dos movimentos. Se você aprendeu a usar uma ferramenta — seja um martelo, um taco de beisebol ou até mesmo um carro —, pode lembrar-se daquele momento mágico em que a estranheza inicial desapareceu. As maravilhosas funções perceptivas adaptativas da parte posterior do córtex embutiram aquele objeto em seu mapa corporal, de modo que ele seja vivenciado no nível neural como uma extensão de seu corpo. É por isso que conseguimos dirigir rapidamente em uma estrada, estacionar em uma vaga apertada, usar um bisturi com precisão ou atingir um índice alto de rebatidas no beisebol.

Examinando novamente o modelo da mão para representar o cérebro, a parte anterior do córtex, ou lobo frontal, se estende das pontas de seus dedos até o segundo nó. Essa região se desenvolveu durante nossa história primata e é mais evoluída em nossa espécie. À medida que passamos da parte posterior para a anterior, encontramos, primeiro, uma "faixa motora" que controla os músculos voluntários. Grupos distintos de neurônios controlam nossas pernas, braços, mãos, dedos e músculos faciais. Esses grupos neurais se estendem até a medula espinhal, onde se cruzam, de forma que fazemos os músculos do lado direito trabalharem ao ativar nossa área motora esquerda. (O mesmo cruzamento se aplica ao tato, que é representado mais para trás no cérebro, em uma zona do lobo parietal denominada "córtex somatossensorial".) Voltando à área frontal e indo um pouco mais à frente, encontramos uma região chamada "pré-motora" que nos permite planejar ações motoras. Você pode ver que essa parte do lobo frontal ainda está profundamente conectada ao mundo físico, capacitando-nos a interagir com o ambiente externo.

O CÓRTEX PRÉ-FRONTAL

À medida que subimos e avançamos no cérebro, finalmente chegamos à área que se estende dos primeiros nós até as pontas dos dedos no modelo da mão para representar o órgão. Aqui, bem atrás da testa, fica o córtex pré-frontal, que se desenvolveu em tal magnitude apenas nos seres humanos. Agora, fomos além das preocupações neurais relativas ao mundo físico e aos movimentos corporais e passamos para dentro da esfera da realidade construída através dos neurônios. Além das preocupações do tronco encefálico com o corpo e a sobrevivência, das funções límbicas de avaliação e emoção, além mesmo dos processos perceptivos do córtex posterior e das funções motoras da porção posterior do lobo frontal, chegamos às formas mais abstratas e simbólicas do fluxo de informações que parece nos distinguir como espécie. Nesse domínio pré-frontal, criamos representações de conceitos, tais como o tempo, a sensação do "eu" e os julgamentos morais. É aí também que criamos nossos mapas da visão mental.

Olhe novamente para o modelo da mão para representar o cérebro. As duas pontas de dedos exteriores representam o córtex pré-frontal lateral, que participa na geração do foco de atenção consciente. Quando você coloca algo na "frente do cérebro", está ligando atividades nessa região a atividades de outras áreas do órgão, tais como as percepções visuais contínuas oriundas do lobo occipital. (Mesmo quando geramos uma imagem a partir de uma memória, ativamos uma porção semelhante daquele lobo occipital.) Quando minha amígdala percebeu a cobra cascavel sem atenção consciente, esse "atalho" perceptivo provavelmente ocorreu sem o envolvimento de minha região pré-frontal. Apenas mais tarde, após ter gritado para meu filho parar e sentir meu coração disparado, é que a região pré-frontal lateral se envolveu e me permitiu entender, conscientemente, que eu tivera medo de uma cobra.

Agora, foque nas áreas das duas unhas centrais. Chegamos à área pré-frontal central que foi tão severamente lesionada no acidente de Barbara. Como já descrevi neste capítulo, essa área tem funções regulatórias importantes que abrangem da moldagem dos processos corporais — através da supervisão da atividade do tronco encefálico — à capacitação para pararmos antes de agir, ter insight e empatia e fazer julgamentos morais.

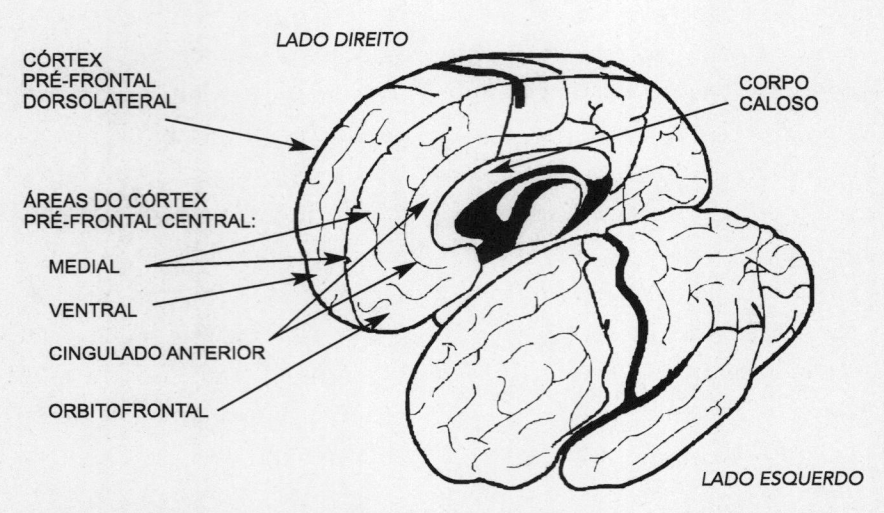

As duas partes do cérebro. A figura revela as localizações das áreas do córtex pré-frontal central, as quais incluem as regiões medial e ventral do córtex pré-frontal, o córtex orbitofrontal e o córtex cingulado anterior, nos dois lados do cérebro. O corpo caloso liga as duas partes.

O que torna essa região pré-frontal central tão importante para realizar essas funções essenciais de uma vida saudável? Se você levantar os dedos e os dobrar novamente, terá uma ideia da singularidade anatômica dessa região: ela conecta tudo. Observe como as duas pontas dos dedos centrais repousam sobre o topo do polegar-límbico e tocam a palma-tronco encefálico e também se ligam diretamente aos dedos-córtex. Portanto, a área pré-frontal central está, literalmente, a uma sinapse de distância dos neurônios no córtex, do sistema límbico e do tronco encefálico. E, como discutirei mais adiante, ela até possui circuitos funcionais que nos conectam ao mundo social de outros cérebros.

A região pré-frontal central cria ligações entre as seguintes regiões neurais bastante separadas e diferenciadas: o córtex, o sistema límbico e o tronco encefálico dentro do crânio e o sistema nervoso internamente distribuído no corpo em si. Ele também liga sinais de todas aquelas áreas aos sinais que enviamos e recebemos em nosso mundo social. Como o córtex pré-frontal ajuda a coordenar e equilibrar os padrões de disparo oriundos dessas várias regiões, ele é profundamente integrador.

No capítulo seguinte, exploraremos o que acontece quando essa área integradora sai do ar. Levante os dedos e você terá uma imagem de como "piramos" e, às vezes, "jogamos sujo" em nossas interações com os outros.

2

O CREPE DA IRA
A visão mental perdida e encontrada

QUANDO A MENTE FUNCIONA BEM, quando o cérebro funciona como um todo integrado, nossos relacionamentos se fortalecem. No entanto, às vezes, "perdemos a cabeça" e agimos de maneiras que não escolhemos. A história que compartilharei com você neste capítulo foi uma lição de visão mental fraca — e um lembrete de que não importa o quanto tentamos, somos apenas humanos, e nossa mente permanecerá sempre vulnerável e com arestas a serem aparadas.

Em um dia quente de primavera, eu caminhava com minha filha de 9 anos em uma área de pedestres ao ar livre para encontrar meu filho. Ela e eu acabáramos de ver um filme deliciosamente divertido e ela saltitava pela calçada enquanto eu olhava a rua movimentada. Meu esbelto filho, de 13 anos, fora com uns colegas a outro cinema, mas agora ele nos vira, acenara e deixara os amigos para se juntar a nós. Na volta para o carro, passamos numa creperia e ele me pediu para darmos uma paradinha. Tínhamos tempo antes de voltar para casa e, então, entramos no restaurante para fazer um lanche.

Meu filho pediu um crepe pequeno para ele, mas minha filha disse que não estava com fome. O crepe chegou, e aromas deliciosos saíam da porta da cozinha atrás do balcão onde meu filho tinha feito o pedido. Sentamos e ele deu uma primeira garfada. Então, minha filha perguntou se podia experimentar um pedacinho. Meu filho olhou para o pequeno crepe e respondeu que estava com fome e que ela poderia ter pedido um para si. O argumento era razoável, pensei, e me ofereci para pedir outro crepe — mas ela disse que só queria uma

48

mordidinha para provar. Isso também parecia razoável, então, sugeri que meu filho desse um pedaço para a irmã.

Se você tem mais de um filho ou se cresceu com um irmão ou irmã, deve estar bem familiarizado com este tipo de "jogo de xadrez" fraternal, interações estratégicas cheias de conjuntos de movimentos repetidos cujo objetivo é afirmar o poder e obter o reconhecimento e a aprovação dos pais. Porém, ainda que esse não fosse um jogo de afirmação fraternal, o pequeno custo de comprar um segundo crepe teria sido muito mais simples de arcar do que evitar o que você pode adivinhar que estava para acontecer. Em vez de fazer o pedido de outro crepe, cometi o erro crasso de tomar partido. Firmemente, afirmei que meu filho deveria dividir o crepe com a irmã. Se aquilo ainda não era um jogo de xadrez fraternal, certamente assumiu essa forma após minha intervenção.

— Por que você simplesmente não dá um pedacinho para ela provar? — encorajei.

Ele me olhou, olhou para o crepe e depois, com um suspiro, cedeu. Mesmo sendo um adolescente, ele ainda me ouvia. Então, usando a faca como um bisturi, cortou o menor pedaço de crepe que você pode imaginar, um que você quase precisaria de pinças para pegar. Em outras circunstâncias, eu teria rido e visto isso como um movimento criativo do xadrez fraternal.

Minha filha pegou a amostra, colocou-a em seu guardanapo e disse que era pequena demais. Outra grande jogada.

Em apenas segundos, ele respondeu, sem tirar os olhos do prato, que ela não podia exigir nada. O jogo de xadrez se iniciara com força total, e eu não conseguia percebê-lo.

Embora soubesse que os adolescentes e seus irmãos mais novos não se dão bem o tempo inteiro e que frequentemente se envolvem em jogos de xadrez criativos e variados, em formas sutis ou não, a interação deles começava a me irritar.

Então, minha cabeça ferveu.

— Dá para você dar um pedaço de verdade, um que ela realmente consiga enxergar?

Ele cortou outro pedaço, maior, e me senti aliviado.

Então, minha filha reclamou que era a parte queimada — e, certamente, ele cortara aquele canto queimado do crepe que esfarela sem gosto na boca. Jogadas de xadrez bem-executadas.

Uma pessoa vendo a cena de fora talvez não percebesse nada de extraordinário: um pai e seus dois filhos comendo fora. No entanto, por dentro, eu estava prestes a explodir. Quando a provocação continuou, algo dentro de mim mudou. Minha cabeça começou a rodar, mas jurei para mim mesmo que ficaria calmo e apelaria para a razão. Sentia o rosto tenso, os punhos cerraram e o coração começando a disparar, mas tentei ignorar esses sinais. Era demais para mim. Sentindo-me estupefato pelo ridículo de tudo aquilo, levantei, peguei a mão de minha filha e saí, para esperar na calçada, em frente à creperia, até que meu filho tivesse terminado de comer. Poucos minutos depois, ele surgiu e perguntou por que havíamos saído. Enquanto eu andava furioso para o carro, minha filha a reboque e meu filho correndo para nos alcançar, disse-lhes que eles deveriam aprender a compartilhar a comida um com o outro. Ele disse, num tom bem banal, que tinha dado um pedaço a ela, mas eu já fervia de frustração e, naquele ponto, não havia mais retorno para o aquecimento da chaleira. Chegamos ao carro e, de cabeça quente, liguei o motor e fomos para casa. Eles tinham sido irmãos normais que saíram para ir ao cinema e fazer um lanche. Eu me tornara um pai que perdera a cabeça.

Não conseguia esquecer o ocorrido. Sentado ao meu lado, no assento do carona, meu filho simplesmente refutava tudo que eu sugeria com respostas calculadas e racionais, como qualquer adolescente faria. Na realidade, ele parecia ser muito capaz de permanecer calmo enquanto lidava com o pai, agora, irracional. Então, simplesmente fiquei mais irritado e tratei-o de uma forma inapropriada por algo que ele sequer fez.

QUANDO PERDEMOS A CABEÇA

Não sinto nenhum orgulho em contar isso a você. Mas penso que, uma vez que tais episódios explosivos são muito comuns, é essencial que reconheçamos sua existência e ajudemos uns aos outros a entender como a visão mental pode diminuir seu impacto negativo em nossos relacionamentos e no mundo. Por vergonha, muitas vezes, tentamos ignorar que uma crise ocorreu. Entretanto, se reconhecermos o que realmente aconteceu, não apenas podemos começar a reparar os danos — que podem ser bastante tóxicos para nós mesmos e para outros —, mas podemos também diminuir a intensidade e a frequência de tais eventos.

Vamos examinar novamente essa crise em termos de como minha mente administrava as ondas de minha (des)carga cerebral. Uma explicação provável é que vivenciei uma disfunção cerebral temporária, parecida com a que descrevi no Capítulo 1 quando discuti as erupções emocionais irracionais repentinas que Barbara vivenciava após o acidente. Nesse tipo de disfunção, sob determinadas condições, como as do crepe, a "lava límbica" oriunda dos centros emocionais fogosos abaixo do córtex, logo abaixo da área pré-frontal central, pode explodir em uma atividade descontrolada. Muitos fatores podem contribuir para tal crise, incluindo a falta de sono e a fome — que eram ambas relevantes em meu caso naquele dia —, e para o significado específico de um evento, como logo descobriremos. O córtex pré-frontal central — a região que acalma as camadas emocionalmente reativas do sistema límbico inferior e do tronco encefálico — deixa de ser capaz de regular toda a energia que está sendo trazida à tona, perturbando a coordenação e o equilíbrio do cérebro. Esse é o meu entendimento do que acontece quando nos descontrolamos, indo diretamente do impulso límbico à fala e à ação, e saímos do ponto alto pré-frontal, onde somos flexíveis e receptivos em vez de inflexíveis e reativos. "Piramos."

Sem a capacidade do córtex pré-frontal para criar os mapas do outro, fui incapaz de ver o comportamento de meus filhos como jogadas de xadrez fraternal em uma sequência crescente de tentativas para obter reconhecimento e poder. Nada fora do normal, se você enxerga a mente por trás do comportamento. Sem os mapas próprios, eu não conseguia ver o significado da interação para minha mente criadora de símbolos, ecos de um passado, como descobriremos em breve. E, sem os mapas de nós, não conseguia ver como era inapropriada a resposta parental de intervir na negociação que um adolescente e uma pré-adolescente faziam dentro de sua relação fraternal. Essa intervenção realmente intensificou a provocação a ponto de torná-la uma discussão, reforçada por minhas reações emocionais. Sem querer, tornei-me um participante negligente, talvez não intencional, do jogo de xadrez fraternal.

O MECANISMO DA FALTA DE ATENÇÃO

Deixe-me explicar brevemente a crise que tive em termos das nove funções pré-frontais que apresentei no Capítulo 1. Para resumir, elas são: 1) regulagem do corpo, 2) comunicação sintonizada, 3) equilíbrio emocional, 4) flexibilidade de resposta, 5) modulação do medo, 6) empatia, 7) insight, 8) consciência moral e 9) intuição. As nove estariam no topo das listas de elementos do bem-estar emocional de muitos pesquisadores e terapeutas. Esta também é uma lista do que esqueci quando fiquei nervoso.

Regulagem do corpo. A região pré-frontal central coordena a atividade de uma parte do sistema nervoso que controla as funções corporais, tais como os batimentos cardíacos, a respiração e a digestão. Esse sistema nervoso "automático" tem dois ramos: o *simpático*, que é frequentemente comparado com o acelerador de um carro, e o *parassimpático* — os freios. O equilíbrio dos dois nos permite dirigir o carro do corpo suavemente, de forma que soltamos o freio quando pressionamos o acelerador e vice-versa. Sem tal coordenação podemos nos dar mal, acelerando enquanto tentamos diminuir a velocidade.

Durante minha crise, meu coração batia descontroladamente e meus intestinos se reviravam — como se me confrontasse com uma ameaça física.

Comunicação sintonizada. Quando estamos em sintonia com os outros, permitimos que nosso estado interno se altere, de modo a ecoar o mundo interior de outra pessoa. Essa ressonância está no cerne da importante sensação de "sentir-se sentido" que surge nas relações íntimas. As crianças precisam de sintonia para se sentirem seguras e se desenvolverem bem, e, ao longo da vida, precisamos nos sintonizar para nos sentirmos próximos e conectados.

Quando perdi a cabeça, não consegui mais me sintonizar com meus filhos; era incapaz de alinhar meu estado com o deles.

Equilíbrio emocional. Quando há equilíbrio emocional, nos sentimos vivos e calmos. Nossos sentimentos são suficientemente estimulados para que a vida tenha significado e vitalidade, mas não ao ponto de nos sentirmos sufocados ou descontrolados. Quando falta equilíbrio, ficamos em alerta máximo, um estado caótico, ou em um nível baixo de alerta, um estado de rigidez ou depressão. Ambos os extremos drenam nossa vitalidade. Frente aos desafios da vida, até mesmo a pessoa mais saudável pode ficar temporariamente "confusa" e se sentir desequilibrada, mas a região pré-frontal central funciona para nos trazer de volta o equilíbrio. Essa é a base cerebral da tranquilidade: a capacidade de ficar concentrado e focado em meio a tempestades dentro e fora de nós.

Perdi a tranquilidade em algum lugar entre a terceira e a quarta rodada de provocações sobre compartilhar o crepe.

Flexibilidade de resposta. Ela usa o poder da região pré-frontal central para colocar um espaço temporal entre as informações recebidas e a ação. Essa capacidade para parar antes de responder é parte importante da inteligência emocional e social. Ela possibilita ficarmos plenamente conscientes do que está acontecendo e reprimirmos os impulsos até avaliarmos as várias opções de resposta. Trabalhamos muito para modelar e ensinar isso a nossos filhos e podemos continuar a fortalecer essa capacidade durante a vida inteira.

No início do episódio do crepe, eu me sentia bem. Mas depois percebi que algo mudara dentro de mim, e um estado caótico de agitação surgiu relativamente rápido e me tornou inflexível. Capturado por minha fúria crescente, fui incapaz de parar antes de falar ou agir.

Modulação do medo. Após passar por um evento assustador, podemos sentir medo ao enfrentar uma situação semelhante. Porém, a região pré-frontal central tem conexões diretas que passam através do sistema límbico e tornam possível inibir e modular os disparos da amígdala criadora de medo. Estudos demonstraram que podemos usar conscientemente essa conexão para superar o medo — podemos usar o "controle superior" do córtex para acalmar a agitação do sistema límbico inferior. (Após discutirmos o papel do cérebro em seu tratamento, uma de minhas jovens pacientes anunciou: "Estou tentando fazer meu córtex pré-frontal jorrar GABA em minha amígdala." O GABA, ou ácido gama-aminobutírico, é um neurotransmissor que exerce importante papel nas inibições pré-frontais dos disparos subcorticais, e ela o imaginara como um tipo de gel para aliviar as erupções límbicas.)

Como percebi mais tarde, minha irritação e consequente fúria eram, na verdade, motivadas por um medo antigo — que trabalhei muito para entender e dominar (falarei mais sobre isso quando a história for novamente retomada). Porém, todos esses ganhos foram suspensos temporariamente, e o GABA não estava disponível para mim, secara com o calor de minha raiva.

Empatia. É a capacidade de criar imagens de visão mental das mentes alheias. Esses mapas do outro nos capacitam a sentir a posição mental interna de outra pessoa, não apenas a sintonizar seus estados mentais. A sintonia é importante, mas o córtex pré-frontal central também nos leva dessa ressonância e sentimento de afinidade à capacidade perceptiva mais complexa de "ver" do ponto de vista de outra pessoa: sentimos as intenções alheias e imaginamos o que os eventos significam em sua mente.

Insight. Ele nos permite fazer mapas próprios que nos ajudam a perceber nossa mente. Isso cria o que um pesquisador denominou "viagem mental no tempo", na qual conectamos o passado com o presente e antecipamos o futuro. A região pré-frontal central exerce um papel crucial na viagem mental no tempo, nos permitindo sentir como um centro de gravidade subjetiva, como o autor da nossa própria história de vida em desenvolvimento.

Tanto a empatia quanto o insight foram desprezados durante minha crise. Perdi o insight da mente e não consegui me colocar no lugar de meus filhos, ou até mesmo parar para me perguntar o que eles podiam estar pensando e sentindo. Sem esses mapas, como vimos, não consegui colocar em perspectiva as mentes por trás dos comportamentos.

Consciência moral. Da forma como a estou usando aqui, denoto as formas nas quais pensamos sobre os comportamentos e os realizamos para o bem social, e há provas de que ela exige uma região pré-frontal central intacta. Os exames de ressonância magnética funcional mostraram que a região se torna extremamente ativa quando imaginamos ações para o bem maior social. Outras pesquisas mostraram que quando a região pré-frontal central está lesionada, podemos nos tornar seres sem moral. O raciocínio moral parece exigir a capacidade integradora dessa região do cérebro tanto para sentir o significado emocional de desafios presentes quanto para controlar impulsos imediatos e, assim, criar uma ação moral em resposta a esses desafios. É dessa forma que os mapas de nós criados pelo córtex pré-frontal central possivelmente nos tornam capazes de ir além das necessidades imediatas de sobrevivência individualmente focadas, e até mesmo além da versão atual de nossos mapas de relacionamentos, até uma visão de um todo maior e interconectado.

De uma perspectiva moral, minha crise incluiu um foco injusto em meu filho e a imposição de consequências pouco razoáveis, e até mesmo ridículas, que nada tinham a ver com o "bem maior" de todos os envolvidos. Fui levado por meus sentimentos pessoais e pela reatividade, não por um sentimento do que era certo ou justo.

Finalmente, a *intuição* pode ser vista como a maneira como o córtex pré-frontal central nos dá acesso à sabedoria do corpo. Essa região recebe informações que partem de todas as partes internas do corpo, incluindo as vísceras — tais como o coração e os intestinos —, e as usa para nos dar uma "sensação profunda" do que fazer ou uma "intuição" sobre a escolha certa. Essa função integradora esclarece como a razão, outrora considerada como um modo "puramente lógico" de pensar, é, na verdade, dependente do processamento ilógico de nossos corpos. Tal intuição nos ajuda a tomar decisões não apenas lógicas, mas também sábias.

Porém, com minha bola de fogo límbica queimando, não tive acesso algum à intuição — à sabedoria do meu corpo e à sensação profunda de saber o que era verdade, o que realmente acontecia. De forma paradoxal, no entanto, podia ter dito que me senti desculpado pelo que fiz, que "no fundo" sentia que era o certo. Essas afirmações teriam sido racionalizações orientadas por minha irritação crescente, compatíveis com minha ira cada vez maior e com minha voz agitada.

Embora tudo isso seja constrangedor, relato essa história como prova de que estamos todos potencialmente propensos a tais desintegrações inescrupulosas. O segredo é reconhecer quando coisas assim acontecem, colocar um ponto final nelas tão rápido quanto possível para minimizar a dor que causam e, depois, fazer reparos. Precisamos recuperar o que foi verdadeiramente perdido — a visão mental — e, em seguida, usá-la para nos reconectar conosco mesmos e com aqueles de quem gostamos tanto.

ENTENDENDO UMA CRISE

No dia do crepe, ainda estava irritado com meu filho quando entramos em casa. Fui para outro cômodo, longe dele, respirei fundo, me along uei e tentei me acalmar. Sabia que reparar o ocorrido era crucial, mas meus sinais vitais estavam extremamente alterados, e eu precisava normalizá-los antes de qualquer coisa.

Sabia que sair ao ar livre e fazer alguma atividade física ajudaria, então, fui com minha filha até um rinque de patinação na vizinhança, uma das nossas atividades favoritas juntos desde que ela tinha 6 anos. Patinamos algum tempo em silêncio, de mãos dadas. Eu senti o ritmo de nossos movimentos conjuntos e o ar contra meu corpo enquanto deslizávamos pela rua. Eu começava, literalmente, a voltar a mim.

Após certo tempo, minha filha me perguntou por que eu gritara com o irmão só por causa de um crepe.

Boa pergunta. Falei que achava que compartilhar era importante (desculpa esfarrapada, eu sei, mas isso foi o que pensei na hora).

Naquele momento, senti um fluxo de associações surgirem em minha mente, como as páginas de um álbum de fotografias de minha infância, as fotografias passando rapidamente na frente de meus olhos. Consegui perceber que o que acontecera é que vira minha filha como um símbolo de mim mesmo quando criança e meu filho como um símbolo de meu irmão mais velho quando adolescente. Vira, mentalmente, meu irmão brincando comigo quando éramos jovens e até me protegendo de outros meninos quando estávamos no ensino fundamental. Mas quando ele se tornou adolescente, não nos dávamos mais tão bem e raramente passávamos algum tempo juntos. Embora hoje, já adultos, estejamos próximos um do outro e sempre nos divertimos ao recordar daqueles tempos, na época foi doloroso para mim. Disse para minha filha, enquanto patinávamos, que eu decidira que se tivesse filhos me asseguraria de que eles se entenderiam bem.

Então — com uma profunda percepção —, minha filha disse que aquilo era uma questão minha, não dela ou do irmão. Ela, inclusive, disse que eu já deveria ter resolvido isso, e não usá-los para tal.

Ela estava certa, claro. Enquanto patinávamos juntos, com minha mente agora calma e minha região pré-frontal novamente ativa, consegui começar a refletir sobre o que acontecera. Conseguia olhar para dentro de mim, para as emoções que irromperam, e ver as questões que contribuíram para minha crise.

O que acontecera durante o tempo em que patinei que permitiu que eu recuperasse a visão mental?

O TRIPÉ DA REFLEXÃO: ABERTURA, OBSERVAÇÃO, OBJETIVIDADE

Para recuperar o controle da mente após tê-lo perdido, precisamos do poder da reflexão que está no centro da visão mental. Esta emerge enquanto nossa comunicação — com outros e conosco mesmos — nos ajuda a refletir sobre quem realmente somos e o que está acontecendo dentro de nós. Aqui, explorarei três componentes muito específicos da reflexão que estão no centro das capacidades da visão mental: abertura, observação e objetividade.

Gosto de encarar esses três componentes fundamentais como as três pernas de um tripé que estabiliza a lente de nossa visão mental. Sem o tripé, a mente pode ser visível para nós apenas como uma colmeia movimentada e embaçada de atividades cujos detalhes mínimos estão perdidos em imagens instáveis e sentimentos fugazes. Porém, quando a lente da câmera da visão mental está estabilizada, os detalhes entram em foco. Vemos com mais profundidade e precisão. Dessa estabilização ganhamos todos os dons da acuidade: agudeza, insight, percepção e, em última instância, sabedoria.

Abertura implica em ser receptivo ao que vier à consciência e não agarrar-se a ideias preconcebidas sobre como tudo "deve" ser. Deixamos de lado as expectativas e recebemos as coisas como elas são, em vez de tentarmos fazê-las como desejamos que fossem. A abertura nos possibilita sentir tudo claramente. Ela nos dá o poder de reconhecer julgamentos restritivos e nos libertar das garras da mente.

Observação é a capacidade para perceber o "eu" mesmo enquanto estamos vivenciando um evento. Ela nos coloca em um quadro de referências mais amplo e expande nossa perspectiva a cada momento. Em outras palavras, a auto-observação nos permite ver o contexto maior no qual vivemos. A observação oferece uma maneira poderosa de desligar os comportamentos automáticos e as respostas costumeiras; podemos sentir nosso papel nesses padrões e começar a encontrar formas de alterá-los.

A *objetividade* nos permite ter um pensamento ou sentimento, mas não sermos arrebatados por ele. Ela faz uso da capacidade cerebral de estar consciente de que suas atividades atuais — pensamentos, sentimentos, memórias, crenças e intenções — são temporárias e, além disso, que não representam nossa totalidade, nossa identidade. A objetividade nos permite desenvolver aquilo que é, por vezes, chamado de discernimento. Com ele podemos observar que um pensamento ou sentimento é apenas atividade mental, não a realidade absoluta. Mais adiante, exploraremos essa capacidade em mais detalhes; porém, deixe-me apenas mencionar que um aspecto do discernimento é a aptidão de estar consciente de como estamos sendo conscientes —

em oposição a se perder no objetivo de nossa atenção. Essa "meta-consciência", ou consciência da consciência, é uma habilidade poderosa, que pode nos libertar da prisão das reações automáticas.

Portanto, a essência da reflexão relevante para a visão mental é que permaneçamos abertos, observadores e objetivos com relação ao que está acontecendo dentro de nós e dos outros. Sem qualquer uma das três pernas do tripé, a visão mental torna-se instável e nossa capacidade de ver a mente — a nossa e a alheia — com clareza fica comprometida.

Quando perdi o controle por causa do crepe, estava sendo reativo em vez de receptivo. Tivesse permanecido aberto e reflexivo, poderia ter sido capaz de transformar nossa interação em um momento de aprendizagem para todos nós. Em vez disso, fui arrebatado pela intensidade de minhas emoções, meus sentimentos dominaram minha consciência, uma tempestade subcortical incapacitou a integração pré-frontal e meus impulsos comportamentais entraram em piloto automático.

Vamos examinar outro exemplo mais neutro: ouvir uma música. Naturalmente, há momentos em que "apenas ouvimos" música, nos perdemos nela e entramos no "ritmo" da melodia. Ficamos imersos, a autoconsciência desaparece e as fronteiras entre nós e o foco de nossa atenção — a música — fundem-se. O fluxo pode ser fabuloso. Porém, às vezes, precisamos incondicionalmente de reflexão e não de fluxo. De muitas maneiras, eu estava no "fluxo" da fúria com meu filho; perdera a autoconsciência e me deixei "afundar" na fúria. Isso não é bom, obviamente. E, portanto, é importante distinguir a reflexão inerente à visão mental da experiência de fluxo. A reflexão é crucial para sairmos do caminho que leva a uma experiência lamentável do crepe e também, mais tarde, fazer uma reparação. Se tentarmos reconectar sem reflexão, se simplesmente revisitarmos o que aconteceu, poderemos evocar o mesmo fluxo reativo e termos, novamente, outra crise.

Entretanto, ao refletir, podemos "achar" a abertura e a objetividade dentro de nós. Podemos sentir a descarga de emoções descontroladas como uma mera parte da história de quem somos. Ganhamos a capacidade crucial de lidar com uma emoção intensa sem nos perdermos nela. Isso pode fazer toda a diferença entre explosão e expressão.

Sem dúvida, quando estamos no meio de uma crise, é difícil fazer uso de nossas habilidades reflexivas. No entanto, quando abandonamos esse estado desconectado e explosivo, a reflexão nos ajuda a olhar para trás e para dentro, para o que aconteceu. Ao reconhecer que o evento não representa nosso verdadeiro eu, ganhamos a distância reflexiva e a liberdade para assumirmos a responsabilidade por nossas ações e nossos sentimentos. Podemos olhar para nossos comportamentos automáticos e chegar a um entendimento mais profundo que pode nos permitir agir de forma diferente no futuro.

REFLEXÃO E RECONHECIMENTO

Após o episódio do crepe, minha filha e eu nos conectamos novamente ao patinarmos e conversarmos. Desculpei-me com ela por ter ficado tão irritado. Agora, o necessário a fazer era me reconectar com meu filho.

Quando estamos cheios de raiva descontrolada, não podemos esperar que os outros digam com empatia: "Ah, me fale mais sobre o quanto você está furioso." Raiva cria raiva, e acalmar-se é essencial antes de iniciar o processo de reparação. Até mesmo um pequeno intervalo pode fazer toda a diferença. Então, se você valoriza seu relacionamento, é crucial tomar a iniciativa e fazer um esforço para se reconectar. Isso é especialmente verdade com relação a pais. Espera-se que nós, os pais, sejamos pessoas mais sábias, carinhosas e maduras, e mesmo quando reconhecemos que esse nem sempre é o caso, é, pelo menos, um objetivo ao qual podemos almejar alcançar. Por outro lado, não nos repreendermos é crucial para superar a vergonha e a culpa que podemos sentir após termos abandonado momentaneamente nossa sanidade. Ser gentil consigo mesmo ajuda bastante a tomar as providências necessárias para reparar e reconectar. Ajuda também a preparar para ser inicialmente rechaçado, uma vez que isso frequentemente ocorre quando tentamos, primeiro, fazer uma reparação. Sem tal preparação, podemos, rapidamente, reentrar no estado desintegrado, reforçando e endurecendo as desconexões que estamos tentando desfazer.

Antes de nos reconectarmos aos outros, precisamos ter certeza de que estamos ligados a nós mesmos. Para me reconectar comigo mesmo, precisei verificar os componentes essenciais da vida mental — refletir sobre as sensações internas, imagens, sentimentos e pensamentos que tive. Fazer essa reflexão é como conferir uma lista de verificação antes de sairmos de casa. Você está levando carteira, chaves, agenda e telefone? Focar na vida interna da mente é frequentemente ignorado na correria da vida cotidiana.

Revendo o episódio do crepe, me perguntei: quais foram as sensações corporais que tive? Que imagem eu tinha diante de meu olho mental? Quais eram os sentimentos — as emoções — que passavam por minha cabeça? Que pensamentos ocorriam então? E eles ainda estão comigo? Durante minha crise fiquei repleto de sensações de tensão corporal e batimentos cardíacos acelerados; imagens de meus filhos discutindo; sentimentos de raiva e frustração; pensamentos sobre como meu filho deveria se comportar. Agora, podia refletir sobre essas experiências com um distanciamento maior — com a abertura, a observação e a objetividade que perdera naquele momento. Conseguia também enxergar as questões mais profundas que ecoavam em minha memória e que levaram à crise.

Repito, teria sido fácil me repreender: "O que está errado com você, Dan? Você escreveu livros sobre esse assunto, refletiu sobre isso por anos... Por que não consegue manter a cabeça no lugar?" Mas a reflexão exige uma sintonia com o eu que é solidário e carinhoso, não uma postura crítica de interrogação e menosprezo. A reflexão é um estado mental misericordioso.

De muitas maneiras, percebi posteriormente, perdera aquelas nove funções pré-frontais centrais. Provavelmente, meu estado de fúria foi o resultado do desligamento temporário de minha área pré-frontal central. Não mais em um estado de integração, meu cérebro perdera o equilíbrio e a coordenação. O sistema límbico inferior, o tronco encefálico e as áreas corporais passaram a dominar quando meu córtex (em geral) mais razoável, empático e flexível desligou. Acalmar-me significava começar a reestabelecer a integração.

Ao entender o que acontecera durante a crise, o que acionara a ira e a mantivera, consegui também refletir sobre minha mente e determinar o momento em que me senti suficientemente firme em solo integrado e tive certeza de que conseguiria dialogar com meu filho. Com o córtex pré-frontal novamente funcionando, a empatia voltara e eu, agora, começava a focar na importância de reparar nossas conexões rompidas e no que era necessário fazer para tornar isso possível.

PREPARANDO O REPARO

Quando finalmente esfriei a cabeça após falar, patinar e refletir, fui até o quarto de meu filho e perguntei se podíamos conversar. Disse-lhe que achava que passara do limite e que seria útil para nós discutirmos o que acontecera. Ele me disse que achou que eu protegera demais a irmã. E ele estava absolutamente certo. Embora o constrangimento de ter me tornado irracional criasse uma compulsão para me defender e explicar minhas reações, simplesmente fiquei quieto (*observação*). Conseguia discernir que esse ímpeto e as sensações que o acompanhavam eram apenas atividades de minha mente, não a totalidade de quem eu era (*objetividade*). Não precisava falar apenas porque o impulso estava lá. Meu filho então me disse que meu "aborrecimento" fora desnecessário porque ele realmente não fizera nada de errado. Ele estava certo mais uma vez. Novamente, senti uma compulsão defensiva para lhe passar um sermão sobre a necessidade de compartilhar. Entretanto, lembrei-me de permanecer reflexivo e de focar na experiência dele e não na minha. A postura essencial aqui era não julgar quem estava certo, mas, em vez disso, ser compreensivo e receptivo a ele (*abertura*). Você pode imaginar que tudo isso exigiu visão mental, claro. Eu estava feliz por minha região pré-frontal estar funcionando novamente.

Com a pergunta feita por minha filha, eu já explorara o que pensava estar acontecendo comigo. Percebi que me deixara ser arrebatado por questões antigas residuais e não conseguira mais ver com clareza. Agora, eu podia apenas ouvir enquanto ele continuava a explicar seu ponto de vista, sem precisar de muita orientação. Mais tarde, disse-lhe que, durante o episódio do crepe, na verdade eu tinha tomado o partido da irmã dele, injustamente, que eu conseguia ver como isso soara injusto para ele e que minha explosão pareceu irracional — porque, na verdade, foi. Como uma explicação — não uma desculpa —, contei-lhe o que acontecera na minha cabeça, vi-o como um símbolo de meu irmão, para que ambos pudéssemos entender o evento por inteiro. Muito embora, provavelmente, eu parecesse estranho e desajeitado na mente adolescente dele, posso dizer que ele sabia que meu compromisso com nossa relação era profundo e que meu esforço para reparar o dano era genuíno. Minha visão mental retornara, nossas duas mentes se conectaram outra vez e nossa relação estava novamente de volta aos trilhos.

A chave para o diálogo reflexivo que tive com meu filho foi manter os três componentes: abertura, observação e objetividade. Cada um desses elementos possibilita o surgimento de uma fonte poderosa de cura após uma ruptura em nossos relacionamentos, e cada um deles é parte essencial da gentileza que precisamos mostrar após tais rupturas.

Hoje, quando penso nos eventos daquele dia, percebo mais uma vez quantas camadas de significado nosso cérebro contém e como memórias antigas, talvez esquecidas, podem surgir tão rapidamente e moldar o comportamento. Essas associações podem nos fazer agir automaticamente. No momento do crepe da ira, o tema de me sentir desconectado na minha infância foi como "botar o dedo na ferida" emocional residual em minha vida, e esse incidente me fez perceber que eu precisava refletir sobre ela com mais profundidade. Por meio da visão mental, fui capaz de usar as reflexões que surgiram daquele conflito para chegar a insights mais esclarecedores sobre minhas experiências infantis. Essa é a forma como os momentos mais desafiadores de nossas vidas podem se tornar oportunidades para aprofundarmos a autocompreensão e as conexões que temos com os outros.

Como um sábio professor certa vez me disse: "O desvelamento de memórias e significados nunca acaba até que a vida termine." Ele estava certo. Mesmo com entendimento intelectual e insights reflexivos, ainda somos falíveis, ainda somos humanos, ainda estamos refinando as habilidades da visão mental. Naquele dia do crepe, gritos, patins e insights tornaram-se parte de nossa história familiar compartilhada. O processo de reparação no qual nos envolvêramos após a confusão levou todos nós não apenas a uma reparação, mas também à obtenção de um entendimento mais profundo. Com a visão mental, nosso padrão é a honestidade e a humildade, não algum ideal falso de perfeição e invulnerabilidade. Somos todos humanos, e enxergar claramente nosso cérebro nos ajuda a abraçar a humanidade própria e a de outrem.

·················

PENSANDO O CÉREBRO

A neuroplasticidade em poucas palavras

É FÁCIL FICAR IMPRESSIONADO AO pensar sobre o cérebro. Com mais de 100 bilhões de neurônios interconectados recheando o pequeno espaço dentro do crânio, o cérebro é denso e complexo. E, como se isso não fosse suficientemente complicado, cada um de seus neurônios tem, em média, 10 mil conexões, ou sinapses, ligando-o a outros neurônios. Apenas na parte craniana do sistema nervoso, há centenas de trilhões de conexões ligando os vários agrupamentos neurais em uma vasta rede semelhante a uma teia de aranha. Mesmo se desejássemos, não teríamos tempo de vida suficiente para contar cada uma dessas ligações sinápticas.

Em função desse número de conexões sinápticas, as variações possíveis de padrões de disparo ligado-desligado do cérebro — seu potencial para diferentes estados de ativação — foram calculadas em dez elevado à milionésima potência, ou dez vezes dez um milhão de vezes. Acredita-se que esse número seja maior do que o número de átomos no universo conhecido. Ele também excede em muito nossa capacidade de experimentar, durante a vida, até mesmo uma pequena porcentagem dessas possibilidades de disparo. Como um neurocientista disse uma vez: "A complexidade do cérebro é difícil até de imaginar." Ela nos apresenta escolhas quase infinitas das maneiras como nossa mente usará esses padrões de disparos para se criar. Se ficarmos presos em um único padrão, estaremos limitando nosso potencial.

Os padrões de disparos neurais são o que procuramos quando vemos as imagens do tomógrafo "se iluminarem" enquanto uma determinada tarefa está sendo realizada. O que os exames medem com frequência é o fluxo sanguíneo. Uma vez que a atividade neural incrementa o consumo de oxigênio, um fluxo sanguíneo aumentado em uma determinada área do cérebro implica que os neurônios estão disparando lá. As pesquisas correlacionam esses disparos neurais inferidos com funções mentais específicas, tais como focar a atenção, lembrar um evento passado ou sentir dor.

Podemos imaginar como seria a tomografia de meu cérebro quando fiquei irado na batalha do crepe: uma abundância de disparos límbicos com fluxo sanguíneo aumentado na direção de minha amígdala irritada e um fluxo diminuído para minhas áreas pré-frontais à medida que começaram a se desligar. Às vezes, como aconteceu naquele dia, os disparos descontrolados de nosso cérebro determinam o que sentimos, como percebemos o que está acontecendo e como respondemos. Quando minha região pré-frontal foi desligada, os padrões de disparos em todas as regiões subcorticais dominaram minha experiência interna e minhas interações com meus filhos. Porém, também é verdade que quando não estamos com raiva, podemos usar o poder da mente para mudar os padrões de disparos do cérebro e, assim, alterar sentimentos, percepções e respostas.

Uma das lições práticas mais importantes da neurociência moderna é que o poder para direcionar nossa atenção possui em si o poder de moldar os padrões de disparos do cérebro, assim como a própria arquitetura cerebral.

À medida que ficamos mais familiarizados com as áreas do órgão discutidas no primeiro segmento de "Pensando o cérebro", poderemos facilmente perceber como a mente usa os padrões de disparos nessas várias partes para se criar. Vale a pena lembrar que, embora a propriedade física dos neurônios disparadores esteja correlacionada às experiências subjetivas que denominamos atividades mentais, ninguém sabe exatamente como isso realmente ocorre. Porém, mantenha o seguinte em mente: a atividade estimula os disparos cerebrais tanto quanto estes criam a atividade mental.

Quando você escolhe voluntariamente focar sua atenção, digamos, em lembrar o aspecto da ponte Golden Gate em um dia enevoado no último outono, sua mente simplesmente ativa as áreas visuais na parte posterior do córtex. Por outro lado, se seu cérebro estiver sendo operado, o cirurgião pode colocar uma sonda elétrica para estimular disparos neurais naquela área posterior, e você também experimentará uma imagem mental de algum tipo. As flechas causais entre cérebro e mente apontam em ambas as direções.

Manter o cérebro dessa forma é como aprender a se exercitar apropriadamente. Quando nos exercitamos, precisamos coordenar e equilibrar os diferentes grupos musculares para nos mantermos em boa condição física. Da mesma forma, podemos focar nossa mente para construirmos os "grupos musculares" específicos do cérebro, reforçando suas conexões, estabelecendo novos circuitos e ligando-os uns aos outros de formas inovadoras e úteis. Não há músculos no cérebro, claro, mas aglomerados um tanto diferenciados de neurônios que formam vários grupos denominados núcleos, partes, áreas, zonas, regiões, circuitos ou hemisférios. Do mesmo jeito que podemos ativar nossos músculos intencionalmente ao flexioná-los, podemos "flexionar" nossos circuitos ao focar a atenção para estimular disparos naqueles grupos neurais. Usar a visão mental para focar a atenção de maneiras que promovam a integração desses circuitos neurais pode ser visto como uma forma de "higiene cerebral".

O QUE DISPARA JUNTO PERMANECE LIGADO

Você pode ter ouvido isso antes: quando os neurônios disparam juntos, eles permanecem ligados uns aos outros. Mas vamos desmembrar essa afirmação em partes. Quando temos uma experiência, nossos neurônios ficam ativados. O que isso significa é que o prolongamento do neurônio — o axônio — possui um fluxo de íons dentro e fora da camada de mielina que funciona como uma corrente elétrica. Na extremidade do axônio, o fluxo elétrico provoca a liberação de um neurotransmissor químico para dentro do espaço sináptico que liga o neurônio disparador ao próximo neurônio pós-sináptico. Essa liberação química ativa ou desativa o segundo neurônio. Em circunstâncias corretas, os disparos neurais podem levar ao fortalecimento de conexões sinápticas. Essas condições incluem a repetição, o estímulo emocional, a novidade e o foco cuidadoso da atenção. Fortalecer as ligações sinápticas entre os neurônios é a forma como aprendemos com a experiência. E uma razão para sermos tão abertos a aprender com a experiência é que, desde os primeiros dias no útero e por toda a infância e adolescência, a arquitetura básica do cérebro está, em grande parte, em processo contínuo de construção.

Durante a gestação, o cérebro se forma de baixo para cima, sendo o tronco encefálico o primeiro a amadurecer. Quando nascemos, os sistemas límbicos estão parcialmente desenvolvidos, mas os neurônios do córtex não possuem conexões bem desenvolvidas entre eles. Essa imaturidade — a falta de conexões dentro e entre as diferentes regiões cerebrais — é o que nos dá essa abertura para a experiência que é tão crucial para a aprendizagem.

Uma proliferação expressiva de sinapses ocorre durante os primeiros anos de vida. Essas conexões são formadas pelos genes e pelo acaso, assim como por experiências, sendo alguns aspectos de nós mesmos menos vulneráveis à influência da experiência do que outros. Nosso temperamento, por exemplo, tem uma base não experiencial; ele é determinado, em grande parte, pelos genes e pelo acaso. Por exemplo, podemos ter uma receptividade saudável para as novidades e gostar de explorar o novo, ou podemos tender a hesitar frente a situações novas, precisando "aquecer" antes de superarmos nossa timidez inicial. Tais tendências neurais são estabelecidas antes do nascimento, moldando diretamente a forma como respondemos ao mundo — e como os outros respondem a nós.

Porém, desde os primeiros dias de vida, o cérebro imaturo também é diretamente moldado por nossas interações com o mundo e, sobretudo, pelos relacionamentos que temos. Nossas experiências estimulam os disparos neurais e esculpem as conexões sinápticas emergentes. É assim que a experiência muda a própria estrutura cerebral — e pode até acabar influenciando nosso temperamento inato.

À medida que crescemos, uma trama intrincada de informações genéticas, o acaso e a experiência no cérebro formam aquilo que chamamos de "personalidade", com todos os hábitos, gostos, desgostos e padrões de resposta. Se você sempre teve experiências positivas com cães e gostou de ser dono de um em algum momento da vida, pode sentir prazer e excitação quando um novo cão da vizinhança corre em sua direção. Mas se, alguma vez, você foi seriamente mordido, seus padrões de disparos neurais podem ajudar a criar uma sensação de temor e pânico, provocando um distanciamento do animal. Se, além da experiência ruim anterior com um cão, você também tiver um temperamento tímido, tal encontro pode ser ainda mais carregado de medo. Entretanto, seja qual for sua experiência e seu temperamento subliminar, uma transformação é possível. Aprender a focar a atenção de formas terapêuticas específicas pode ajudá-lo a superar a velha associação entre medo e cachorro. O foco de atenção intencional é, na verdade, uma forma de experiência autodirecionada: ela estimula novos padrões de disparos neurais para criar novas ligações sinápticas.

Você deve estar pensando: "Como a experiência, e até mesmo uma atividade mental tal como a atenção direcionada, pode moldar a estrutura cerebral?" Como vimos, a experiência significa disparos neurais. Quando os neurônios disparam juntos, os genes em seus núcleos — suas centrais de controle mestres — são ativados e se "expressam". A expressão genética significa que determinadas proteínas são produzidas. Essas proteínas tornam possível a construção de ligações sinápticas novas ou o fortalecimento delas. A experiência também estimula a produção de mielina, a camada gordurosa que recobre os axônios, resultando em um aumento de até cem vezes a velocidade de condução ao longo do neurônio. Como já sabemos, a experiência também pode estimular as células do tronco neural a se diferenciarem em neurônios inteiramente novos no cérebro. Essa neurogênese, juntamente com a formação de sinapses e o crescimento de mielina, pode ocorrer em resposta a experiências ao longo de nossas vidas. Conforme discutido anteriormente, a capacidade do cérebro para mudar é denominada neuroplasticidade. Agora, estamos discutindo como o foco cuidadoso da atenção amplia a neuroplasticidade ao estimular a liberação de neuroquímicos que aumentam o crescimento estrutural de ligações sinápticas entre os neurônios ativados.

Uma peça adicional do quebra-cabeça está surgindo. Os pesquisadores descobriram que as primeiras experiências podem mudar a regulagem a longo prazo da maquinaria genética dentro do núcleo de neurônios através de um processo denominado *epigênese*. Se as primeiras experiências são positivas, por exemplo, os controles químicos sobre a expressão genética em áreas específicas do cérebro podem alterar a regulagem de nosso sistema nervoso a ponto de reforçar a qualidade de resiliência emocional. No entanto, se as primeiras experiências forem negativas, foi demonstrado que alterações no controle dos genes que influenciam a resposta ao estresse podem diminuir a resiliência em crianças e comprometer sua capacidade de se ajustar a eventos estressantes no futuro. As mudanças efetuadas por meio da epigênese continuarão a aparecer no noticiário científico como parte de nossa exploração de como a experiência nos torna o que somos.

Em resumo, a experiência cria os disparos neurais repetidos que podem levar à expressão genética, à produção de proteínas e a mudanças tanto na regulagem genética dos neurônios quanto nas conexões estruturais do cérebro. Ao utilizar o poder da consciência para estimular estrategicamente os disparos cerebrais, a visão mental nos capacita a mudar voluntariamente um padrão de disparo que foi estabelecido involuntariamente. Como você verá ao longo deste livro, quando focamos nossa atenção em formas específicas, criamos padrões de disparo neural que permitem que as áreas previamente separadas se tornem ligadas e integradas. As ligações sinápticas são fortalecidas, o cérebro se torna mais interconectado e a mente, mais adaptável.

O CÉREBRO NO CORPO

É importante lembrar que as atividades daquilo que chamamos de "cérebro" não ocorrem apenas em nossa cabeça. Por exemplo, como mencionei no Capítulo 1, o coração tem uma rede extensa de nervos que processam informações complexas e enviam dados de baixo para cima, em direção ao cérebro. Da mesma forma que os intestinos e todos os outros sistemas de grandes órgãos do corpo. A dispersão de células nervosas ao longo do organismo ocorre no início de nosso desenvolvimento no útero, quando as células que formam a camada mais externa do embrião se dobram para dentro, resultando na origem da medula espinhal. Aglomerados dessas células errantes começam a se juntar na extremidade da medula espinhal, tornando-se, por fim, o cérebro encaixado no crânio. Porém, outros tecidos neurais se tornam intricadamente entrelaçados com a musculatura, a pele, o coração, os pulmões e os intestinos. Algumas dessas extensões neurais formam parte do sistema nervoso autônomo, o qual mantém o corpo funcionando em equilíbrio; outro circuito forma a porção voluntária do sistema nervoso, que nos permite mover intencionalmente nossos membros superiores e inferiores e controlar a respiração. A conexão simples de nervos sensoriais, desde a periferia de nossa medula espinhal e através das várias camadas do cérebro encaixado no crânio, permite que sinais oriundos do mundo externo atinjam o córtex, onde podemos nos conscientizar deles. Essa entrada de informações chega até nós através dos cinco sentidos que nos permitem perceber o mundo físico externo.

As redes neurais por todo o interior do corpo — incluindo aquelas ao redor dos órgãos ocos, tais como os intestinos e o coração — enviam informações sensoriais complexas para o cérebro encaixado no crânio. Esses dados formam a base dos mapas viscerais que nos ajudam a ter um "pressentimento" ou uma sensação "sincera". Tais informações oriundas do corpo formam uma fonte de intuição vital e influenciam fortemente nossa razão e a forma como criamos significados em nossa vida.

Outras informações corporais derivam do impacto de moléculas conhecidas como *hormônios*. Os hormônios corporais, juntamente com as substâncias químicas presentes nos alimentos e nas drogas que ingerimos, fluem para dentro de nossa circulação sanguínea e afetam diretamente os sinais enviados ao longo das rotas neurais. E, como agora sabemos, até mesmo o sistema imunológico interage com o sistema nervoso. Muitos desses efeitos influenciam os neurotransmissores que operam nas sinapses. Esses mensageiros químicos surgem em centenas de formas variadas, algumas delas — tais como a dopamina e a serotonina — se tornaram nomes conhecidos graças, em parte, à propaganda da indústria farmacêutica. Essas substâncias possuem efeitos específicos e complexos sobre regiões diferentes do sistema nervoso. Por exemplo, a dopamina está relacionada aos sistemas de gratificação do cérebro; comportamentos e substâncias podem se tornar viciantes por estimularem a liberação de dopamina. A serotonina ajuda a amenizar a angústia, a depressão e as alterações de humor. Outro mensageiro químico é a oxitocina, que é liberada quando nos sentimos próximos ou ligados a alguém.

Por todo este livro, uso o termo geral *cérebro* para abranger toda essa maravilhosa complexidade do corpo à medida que ele se entrelaça intimamente ao ambiente químico e à porção de tecidos neurais em nossa cabeça. Esse é o cérebro que tanto molda quanto é moldado pela mente. Esse também é o cérebro que forma um vértice do triângulo de bem-estar tão importante para a visão mental. Ao enxergar o cérebro como um sistema incorporado além da caixa craniana, podemos de fato entender essa dança íntima entre cérebro, mente e relacionamentos. Podemos também fazer uso do poder de neuroplasticidade para reparar as conexões danificadas e criar padrões novos e satisfatórios em nossa vida cotidiana.

3

ABANDONANDO A CÚPULA DO ÉTER
Onde está a mente?

SEM VISÃO MENTAL, A VIDA fica anestesiada. Quando nos encontramos em uma cultura na qual a visão mental está ausente, podemos ficar presos no plano físico, cegos para a realidade interna no centro de nossa vida. Se os líderes de uma cultura são desprovidos de visão mental, então as mentes jovens e emergentes dessa cultura estarão vivendo em um mundo onde cegos orientam cegos. Neste momento, eu gostaria de compartilhar com você a experiência de um aluno imerso em tal mundo sem visão mental, minha apresentação à cultura da medicina moderna.

Visitei a escola de medicina de Harvard pela primeira vez em um frio e cinzento dia de inverno, e, para um jovem do sul da Califórnia, o clima agregava mais autoridade ainda aos imensos prédios feitos de pedra. Rigorosa, exigente e desafiadora, Harvard era a montanha, e eu queria escalá-la.

Durante os primeiros dois anos, no entanto, fui repreendido dolorosa e repetidamente por ter um interesse peculiar: passar tempo aprendendo sobre as histórias de vida dos pacientes e investigando seus sentimentos durante as entrevistas com eles. Lembro de um relatório que fiz para uma orientadora clínica. Um jovem afro-americano de 16 anos parecia gravemente deprimido por ter sido diagnosticado com anemia falciforme, e descobri ao falar com ele que seu irmão mais velho morrera da doença, após um longo e excruciante declínio doloroso, apenas quatro anos antes. Por alguma razão, ninguém lhe disse que seu prognóstico era muito melhor — pois fora diagnosticado mais cedo do que o irmão e também porque o tratamento progredira. Ele e eu fôramos capazes de colocar em palavras as imagens terríveis da experiência do irmão ainda presente em sua mente, e juntos criamos uma visão mais esperançosa do futuro dele.

Minha orientadora era especialista em gastroenterologia e disse:

— Daniel — A cabeça dela se inclinou para um dos lados, como se pensasse que eu estivesse perdido ou confuso. — Você quer ser psiquiatra?

— Não — respondi. — Sou simplesmente um aluno do segundo ano e não faço a menor ideia do que quero fazer. — Na verdade, já vinha pensando sobre pediatria como meu campo de especialização, uma vez que adorava crianças, mas não ia mencionar isso para ela.

— Daniel — ela continuou, enquanto inclinava a cabeça para o outro lado. — Seu *pai* é psiquiatra?

— Não, ele é engenheiro. — Mas isso também não pareceu satisfazê-la.

— Sabe essas perguntas que você anda fazendo sobre os sentimentos dos pacientes, sobre suas vidas? Isso é trabalho para assistentes sociais, não para médicos. Se você quer saber isso, por que não se torna assistente social? Se você deseja ser um médico de verdade, precisa privilegiar o físico.

Minha orientadora me dizia que ela queria apenas os resultados do exame físico, mas, na realidade, ela prescrevia uma visão de mundo. Ela não estava sozinha: o sistema médico daquela época focava-se quase exclusivamente em dados e doenças. Talvez fosse essa a forma como meus professores lidavam com sentimentos avassaladores provocados pelo confronto diário com doenças e mortes; era como se sentiam, às vezes, impotentes, incompetentes ou sem controle. No entanto, para mim, seus ensinamentos pareciam equivocados e errados. Os sentimentos e pensamentos dos pacientes, suas esperanças, seus sonhos e medos, suas histórias de vida pareciam simplesmente tão reais e importantes para mim quanto seus rins, fígados ou corações. Entretanto, não havia ninguém — nem ciência alguma — para me mostrar um caminho diferente.

Para sobreviver aos primeiros anos de doutrinação médica, simplesmente aderi. Era jovem e ansioso para agradar meus professores, então fiz o melhor que podia para me encaixar no sistema. Estou certo de que haviam outros alunos — e professores — que não apoiavam essa visão de mundo sem visão mental, mas não consegui encontrá-los. Uma vez, até tentei me associar à organização das estudantes de medicina, dizendo que eu também precisava de modelos mais humanitários. Porém, me disseram que os homens mudavam a dinâmica na sala e, de forma educada, porém firme, me aconselharam a não me intrometer.

Durante o segundo ano, fiz minha residência no Massachusetts General Hospital, e algumas das aulas eram realizadas no anfiteatro, onde a anestesia fora introduzida na medicina moderna mais de um século antes. Lembro de olhar para cima, para a cúpula que cobria o salão e fitar inexpressivamente o espaço e depois olhar para baixo, para a parede oposta, onde um quadro daquele primeiro procedimento médico estava pendurado em um lugar de destaque para ser visto por todos os alunos. Nele, o paciente estava deitado em uma mesa fria, insensível às sensações internas e sem conhecimento da presença dos homens vestidos de preto reunidos ao seu redor. O salão era conhecido como a cúpula do éter, e me sentia como se também estivesse sendo anestesiado com éter — desconectado de meu mundo interno, amputado de alguma parte viva de mim e rapidamente perdendo a consciência. Até meu corpo estava ficando paralisado. Lembro-me de tomar uma chuveirada e de não sentir nada e de parar de ir às noites animadas de "Dança Grátis" todas as quartas-feiras à noite em uma igreja do outro lado do rio, algo que adorava fazer. Sentia-me desligado e perdido. Morto.

Sem entender muito as razões para minha decepção, liguei para a reitora de relações discentes e lhe disse que estava abandonando a faculdade. Ela me ouviu gentilmente e, quando perguntou por que eu queria parar, respondi que não sabia. Disse a ela que tinha de partir para "encontrar um rumo"; na verdade, era para encontrar minha mente. A reitora me convenceu a tirar um ano de licença e me instruiu a escrever a "solicitação de pesquisa", necessária para justificar a licença. Escrevi que estava indo "fazer pesquisa sobre quem eu era". Felizmente, havia uma vaga de emprego para aquele cargo.

Minha "pesquisa" me levou a viajar pelo continente, da Nova Inglaterra à British Columbia e ao sul da Califórnia. Tentei várias carreiras, inclusive a de dançarino e coreógrafo profissional, carpinteiro e (quase) a de pescador de salmão. Agora, imagino que a pesquisa que fizera na universidade estudando os mecanismos moleculares que os salmões usam para mudar da água fresca para a salgada simbolizava algum interesse profundo em como nos desenvolvemos e mudamos. Na ilha de Vancouver, enfrentando o Pacífico feroz na costa oeste da British Columbia, encontrei um homem que trabalhava com barcos. Pescar, ele me disse, significava "levantar às três horas da manhã, se debruçar na lateral de um barco gelado por horas, com suas costas doendo muito, atirando anzóis e puxando-os até suas mãos ficarem incapacitadas". Então, ele comentou que estava abandonando o ofício e voltando para o curso de graduação em psicologia. Esse encontro me enviou de volta à minha cidade natal, onde me liguei novamente a amigos e familiares e ajudei minha avó durante a doença e a morte de meu avô. Finalmente, consegui um trabalho com alguns produtores de documentários para cinema que gravavam o programa de artes performáticas da UCLA. Eles também me pediram para ajudar com um projeto de pesquisa sobre os lados direito e esquerdo do cérebro. Era isso! Não consegui parar de pensar sobre a mente, sobre a vida, sobre o que nos faz ser quem somos. Esse era um caminho que eu podia seguir. Podia me tornar um psiquiatra, afinal. Senti-me pronto para voltar à Harvard e determinado a permanecer — de alguma forma — tão claro e conectado comigo e com os outros quanto sentira durante o ano de afastamento.

NÃO HÁ TEMPO PARA LÁGRIMAS

O ponto culminante de meu terceiro ano na faculdade de medicina foi o curso intensivo em medicina interna. O desempenho nesse curso determina o futuro profissional do aluno. Assistia a uma palestra quando minha orientadora residente, alguns anos à minha frente em seus estudos, entrou na sala de aula com lágrimas nos olhos e sussurrou para mim que o Sr. Quinn, um paciente de quem eu cuidara, acabara de morrer. Levantei e fui com ela até a cama dele. Ficamos lá juntos por um longo tempo. Ele fora um marinheiro comercial mal-humorado, o rosto era endurecido pelos anos no mar. Eu costumava sentar com ele após aqueles longos dias no hospital, absorvendo suas histórias, ouvindo seus sentimentos sobre a morte iminente. Ele sabia que seus 70 anos no planeta estavam chegando ao fim, suas aventuras estavam quase terminando. Agora, sua história de vida estava completa, e minha orientadora e eu compartilhávamos nossas reflexões enquanto ficávamos ao lado do corpo que navegara seu barco no mar.

Naquela tarde, encontrei o médico sênior para a avaliação intermediária de meu progresso como aluno. Ele era uma figura muito imponente, alto, bonito e de barba negra, um oncologista, que me disse que eu estava fazendo um "bom trabalho" no curso intensivo — exceto por um quesito. Ele percebera que eu saíra da aula prática naquela manhã. Contei-lhe sobre a morte do Sr. Quinn e sobre como a residente e eu queríamos estar com ele até que os serventes levassem seu corpo. Então, o médico disse algo que eu nunca mais esquecerei:

— Daniel, você precisa entender que está aqui para aprender. Perder oportunidades de aprendizagem é um grande problema. Você precisa reprimir seus sentimentos, pois os pacientes simplesmente morrem. Não há tempo para lágrimas. Seu trabalho é aprender. Para ser um excelente médico, você deve lidar apenas com os fatos.

Não há tempo para lágrimas. Essa era a arte da medicina que eu deveria estar aprendendo?

No dia seguinte, fui ao antigo quarto do Sr. Quinn para receber um novo paciente. Lá, encontrei um de meus professores de ciências favoritos sentado na cama. Ele sorriu para mim e disse:

— Bem, acho que essas doenças podem acontecer com qualquer um de nós.

Ele desenvolvera uma leucemia aguda, e eu deveria começar a prepará-lo para um transplante de medula óssea. Meu rosto estava cheio de intensidade — primeiro, lágrimas, que contive; depois, medo, que não poderia suportar sentir; e, finalmente, um sentimento resoluto de concentração. Obriguei minha mente a "reprimir" meu medo e minha tristeza e simplesmente cuidar dos detalhes do que precisava ser feito. Solicitei os exames de laboratório necessários, administrei cuidadosamente a quimioterapia, procurei por efeitos colaterais e monitorei intensamente o progresso de meu professor/paciente. Fui à biblioteca e reuni os resultados de pesquisa disponíveis sobre sua forma de leucemia, o tratamento e o prognóstico. Apresentei esse material e o "caso clínico" à minha equipe de alunos colegas, residentes e médicos supervisores. Nas visitas periódicas ao quarto do paciente e ao lado de sua porta, discuti os detalhes técnicos do caso com o médico responsável e com os residentes: apenas os fatos, nenhum sentimento. Tive o cuidado de não passar muito tempo falando com meu paciente. Ele era o doente e eu, o médico. De qualquer maneira, sobre o que falaríamos?

Deixe-me ser claro: uma orientação intencional e temporária para "apenas os fatos" pode ser uma postura muito útil em momentos específicos. Porém, *temporária* é a palavra — não uma forma de vida, mas uma maneira de se adaptar, intencionalmente, naquele momento, a uma situação que exige ação incisiva e eficiente. Compartimentar desse jeito é, em si mesmo, uma forma rigorosa de treinamento mental. Se você está sendo empurrado em uma maca para a sala de operações, deseja encontrar lá um cirurgião confiante, calmo e orientado para a tarefa, não alguém aborrecido ou lacrimoso. Até mesmo como pais confrontados por uma crise, precisamos focar nossa mente claramente no problema à frente. A visão mental nos auxilia a verificar que, em tal situação, ficar aborrecido ou identificado demais com a outra pessoa não ajuda na adaptação e nos auxilia a direcionar nossa atenção para o que é preciso ser feito. Porém, ela também pode nos ajudar a ficar em contato com nossa vida interna, sintonizados com os outros e a reconhecer a mente repleta de sentimentos — parte "invisível" e ricamente subjetiva de nossa vida.

Quando meu curso intensivo de medicina finalmente terminou, a cobiçada nota final "excelente" foi acrescentada à minha ficha de estudante. E, por dentro, nada senti. Meu coração era feito de madeira, detrito de madeira flutuante, apodrecendo na praia, as ondas batendo na beira de um mar que eu não conhecia mais. O éter retornara.

A MENTE É REAL, POR QUE NÃO DEFINI-LA?

Exatamente 25 anos depois da semana seguinte à minha decisão de largar a faculdade de medicina, me encontrei novamente na cúpula do éter. A situação era um pouco diferente. Tinha, afinal, me formado em pediatria e psiquiatria e fora convidado, após todos aqueles anos, para dar uma palestra sobre a importância das emoções e das histórias de vida no desenvolvimento da doença. Meu filho de 15 anos, que viajava comigo nesse ciclo de palestras, estava na plateia, e eu estava tomado por sentimentos que quase não consigo descrever — de gratidão, alívio e apreciação por tanta mudança.

Ao longo dos últimos 25 anos, a ciência se abriu para examinar a natureza de nossa vida. Podemos afirmar sem ressalvas que a mente, embora não seja visível, é, inequivocamente, "real". A medicina também progredira desde aqueles dias. A faculdade de medicina de Harvard mudou, e muitos de seus programas hoje dão, ao menos, alguma atenção a noções como empatia e redução de estresse em estudantes de medicina e à importância de ver o paciente como uma pessoa. Eu teria tido uma experiência muito melhor em meu curso de faculdade com esse currículo internamente focado e bem abrangente.

Cada um dos campos por onde passei em minha vida profissional, a pediatria, a psiquiatria e a psicologia, me permitiu mergulhar profundamente no oceano mental. Após uma bolsa de estudos para pesquisa que me possibilitou estudar o apego, a memória e a narrativa e explorar as formas como a mente se desenvolve em famílias, tornei-me um educador no campo da saúde mental. Lá, na cúpula do éter, eu dava uma palestra sobre a natureza da mente e a importância da visão mental para a saúde. Pude também fazer uma pergunta à plateia —

que doravante faço em palestras com quase 80 mil profissionais de saúde mental, de psiquiatras a psicólogos, assistentes sociais a terapeutas ocupacionais.

Quando começo, peço que levantem as mãos: "Durante sua formação, quantos de vocês fizeram um curso ou assistiram a uma palestra que definisse a mente ou a saúde mental?" As respostas eram fáceis de contar. Em vários países de quatro continentes diferentes, nos corredores de palestras em todo o mundo, a mesma estatística surgiu repetidas vezes: apenas de 2% a 5% das pessoas nesses campos assistiram uma única palestra que definiu a própria base de sua especialidade — a mente. Para eles, exatamente como para mim durante minha formação, o foco sempre foi a doença mental, as categorias de sintomas e as técnicas de tratamento elaboradas para diminuir os transtornos. Sim, o mundo está cheio de dor mental, e, certamente, temos um importante papel a desempenhar ajudando as pessoas a aliviarem seu sofrimento. Mas, com demasiada frequência, estamos fazendo isso sem uma visão clara de nosso objetivo, sem explorar o que a mente saudável poderia realmente ser. É estranho. Eu logo descobriria, na verdade, que outros campos de pesquisa envolvidos com os processos mentais também pareciam ter feito investigações fascinantes sem definir a mente que tentavam estudar.

A definição da mente que agora uso com meus pacientes e alunos foi resultado de uma colaboração extraordinária. Em 1992, na UCLA, organizei um grupo interdepartamental para estudar as conexões entre o cérebro e a mente. Recrutei quarenta cientistas de diversas áreas, incluindo linguistas, engenheiros da computação, geneticistas, matemáticos, neurocientistas, sociólogos e, claro, psicólogos do desenvolvimento e experimentais. Era o início da Década do Cérebro, e estávamos motivados para abordar as questões sobre como a natureza física do cérebro estava, de alguma forma, relacionada com a natureza subjetiva da mente.

Rapidamente percebemos, no entanto, que cada uma das disciplinas tinha sua própria forma de ver a realidade, e embora pudéssemos facilmente concordar com o fato de que o cérebro era composto de um conjunto de neurônios protegidos pelo crânio e interconectados com o resto do corpo, não havia uma visão compartilhada da mente e nenhum vocabulário para discuti-la. Um engenheiro da computação se referia a ele como "um sistema operacional". Um neurobiólogo disse que "a mente é apenas a atividade cerebral". Um antropólogo falou sobre "um processo social compartilhado que atravessa gerações". Um psicólogo disse que a "mente são nossos pensamentos e sentimentos". E assim por diante, até que fiquei preocupado com o fato de que a tensão oriunda dessas perspectivas diferenciadas do grupo podia levar à dissolução dele. Precisava criar alguma definição funcional da mente a qual pudéssemos utilizar antes de abordar o tópico fundamental do seminário.

Eis a definição que por fim apresentei, um lugar a partir do qual podíamos começar nossas explorações conjuntas: "A mente humana é um processo relacional e incorporado que regula o fluxo de energia e informações." É isso. Surpreendentemente, todas as pessoas no grupo — dos mais variados campos envolvidos — afirmaram que essa definição era compatível com suas abordagens disciplinares.

A mente é real e ignorá-la não a faz desaparecer. Definir a mente possibilita, tanto em nossa vida cotidiana quanto nos diversos campos profissionais — da psicoterapia, medicina e educação à formação política e à advocacia pública —, o compartilhamento de uma linguagem comum sobre a natureza interna de nossas vidas.

Para nos assegurarmos de que você e eu compartilhamos o mesmo entendimento, vamos examinar em mais detalhes os elementos dessa definição funcional. Começarei pelo fim e, dele, partirei para o início.

A MENTE ENVOLVE UM FLUXO DE ENERGIA E INFORMAÇÕES

Energia é a capacidade de realizar uma ação — seja ela mexer os membros ou pensar. As diversas formas de energia são exploradas na física e podem ser descritas de várias maneiras, mas essa "capacidade essencial de fazer algo" permanece a mesma. Sentimos energia radiante quando nos sentamos ao sol, usamos energia cinética quando andamos na praia ou nadamos, utilizamos energia neurológica quando pensamos, falamos, ouvimos e lemos.

Informação é tudo que simboliza algo diferente de si mesmo. Essas palavras que você está lendo, ou as palavras que ouve, são pacotes de informações; os rabiscos na página não são o significado das palavras, e as que você ouve são apenas ondas de som movendo moléculas de ar em determinadas frequências. Inversamente, uma pedra em si não é informação. Uma pedra contém dados: podemos pesá-la e anotar sua cor, textura e composição química. Podemos imaginar a idade geológica de quando foi formada e as diversas forças que a moldaram. Porém, nossas mentes estão criando essa informação, e a menos que alguém tenha entalhado uma imagem ou uma palavra em sua superfície, a menos que pensemos sobre sua história ou falemos sobre ela uns com outros, uma pedra é apenas uma pedra. Por outro lado, a palavra *pedra* é um pacote de informações. Até mesmo a ideia de uma pedra pode ter significado para você — mas, repito, o significado é criado por sua mente, não pela própria pedra.

Energia e informação andam de mãos dadas no movimento de nossas mentes. Podemos vivenciar diretamente o momento — por exemplo, estarmos conscientes das sensações em nosso estômago quando estamos famintos, a torrente de emoções quando estamos aborrecidos. Podemos também construir sobre essas sensações e sentimentos cheios de energia, mapeando-os nas áreas superiores de nosso cérebro. Podemos "saber" que o roncar do estômago significa que "devemos" comer, então olhamos para o relógio e nos dizemos que vamos esperar por mais meia hora para almoçar. Podemos interpretar o significado de uma emoção — entendendo o surgimento da tristeza em nosso coração como uma resposta à perda de um ente querido, nos conscientizando do sentimento resultante do isolamento e da solidão — e, em seguida, ficarmos motivados a fazer algo com relação a isso, talvez buscando consolo com um amigo. É assim que nossas mentes criam informações a partir do fluxo de energia e de como a informação leva ao movimento e à aplicação da energia de formas novas e adaptáveis.

No Capítulo 1, apresentei o termo científico *representação* para transmitir essa noção de informação. Nossa capacidade de "representar" uma reação emocional para nós mesmos, de dar-lhe um nome e um significado, ajuda a nos libertar da imediação de uma experiência para que possamos responder a ela com eficiência.

Saber que nossas mentes regulam o fluxo tanto da energia quanto da informação nos capacita a sentir a realidade dessas duas formas de experiência mental — e, depois, a agir sobre elas em vez de nos perdermos nelas.

E o que significa dizer "fluxo" de energia e informação? Por elas mudarem com o tempo, podemos sentir seu movimento de um instante para o outro em um processo dinâmico, fluido e emocionante. Mas nós não apenas os observamos. Podemos entrar no rio do tempo para mudar a forma como os padrões se desvelam. A regulagem da mente cria novos padrões de fluxo de energia e informação, os quais continuamos a monitorar e a modificar. Esse processo é a essência de nossa experiência de vida subjetiva.

A MENTE É UM PROCESSO REGULATÓRIO: MONITORAÇÃO E MODIFICAÇÃO

Pense no ato de dirigir. Para dirigir um carro, você precisa estar consciente de seus movimentos e de sua posição no espaço, além de ser capaz de influenciar a forma como o carro se move. Se você tem as mãos no volante, mas os olhos estão fechados (ou focados em uma mensagem de texto), você pode fazer o carro se movimentar, mas não está dirigindo-o — uma vez que *dirigir* significa regular o movimento do veículo, ou seu fluxo, pelo tempo. Se você tem os olhos abertos, mas está sentado no banco de trás, pode monitorar o movimento dele (e fazer comentários, como um certo parente meu), mas não poderá movê-lo de fato. (Não importa o quanto tente. Desculpe.)

Se você estiver se perguntando o "que" está sendo monitorado e depois modificado pela mente, trata-se do fluxo de dois elementos pelo tempo: energia e informação. A mente observa o fluxo de energia e informação e depois molda as características, os padrões e a direção dele.

Cada um de nós possui uma mente única: pensamentos, sentimentos, percepções, memórias, crenças e atitudes singulares, e um conjunto de padrões regulatórios únicos. Esses padrões moldam o fluxo de energia e informação dentro de nós, e também os compartilhamos com outras mentes. A descoberta poderosa que discutiremos ao longo deste livro é que podemos aprender a moldar esses padrões, a alterar nossa mente e também nosso cérebro, ao ver, em primeiro lugar, a mente com clareza.

A MENTE É INCORPORADA E RELACIONAL

Chegamos agora ao início da definição. Quando eu digo que a mente é *incorporada*, quero dizer que a regulagem do fluxo de energia e informação acontece, em parte, no corpo. Isso ocorre no lugar, em geral, em que imaginamos que nossa vida mental acontece, nos circuitos e sinapses do cérebro, dentro do crânio. Porém, ela também ocorre por todo o corpo, no sistema nervoso distribuído, que monitora e influencia o fluxo de energia e da informação através do coração e dos intestinos, moldando até mesmo a atividade do sistema imunológico.

Finalmente, a mente é um processo *relacional*. A energia e a informação fluem entre as pessoas e são monitoradas e modificadas nessa troca compartilhada. Isso está acontecendo agora mesmo entre você e eu, através da minha escrita e da sua leitura. Esses pacotes de informação — palavras sobre uma página ou faladas em voz alta — emergem de minha mente e agora entram na sua. Se estivéssemos juntos na mesma sala, poderíamos trocar todo tipo de sinais um com o outro, símbolos que compartilharíamos na forma de palavras ou no domínio não verbal do contato visual, da expressão facial, do tom de voz, da postura e dos gestos. Os relacionamentos são a forma como compartilhamos o fluxo de energia e informação, e é esse compartilhamento que molda, em parte, como o fluxo é regulado. Nossa mente é criada dentro de relacionamentos — incluindo o nosso relacionamento conosco mesmos.

Oferecer essa definição fundamental de um aspecto central da mente como "um processo que regula o fluxo de energia e informação" foi um ponto de partida importante para nosso grupo de estudo interdisciplinar. Essa perspectiva criou uma base para explorarmos outras dimensões de nossa mente incorporada e relacional e o que significa ser humano.

NEUROBIOLOGIA INTERPESSOAL

Nosso grupo continuou a se encontrar por quatro anos e, desde essa época, um campo inteiro foi formado sobre essa abordagem à mente e à saúde mental. Hoje chamado de "neurobiologia interpessoal", ele tem organizações próprias, programas educacionais e uma biblioteca profissional de mais de uma dezena de livros didáticos. No centro da neurobiologia interpessoal está a proposta de que a visão mental nos permite dirigir o fluxo de energia e informação para a integração. E a integração — cujas muitas aplicações na vida real exploraremos mais adiante — é vista como o âmago do bem-estar.

Durante esse mesmo tempo, novas pesquisas sobre a conexão entre mente, cérebro e corpo mostraram como nossos estados internos subjetivos afetam diretamente a saúde fisiológica. O impacto negativo do hormônio do estresse, o cortisol, sobre a capacidade de nosso sistema imunológico de lutar contra infecções e até mesmo contra o câncer foi comprovado. Descobriu-se que as pessoas expostas a abuso emocional na infância correm um risco maior de desenvolverem doenças mais tarde na vida, possivelmente mediadas de novo por esses efeitos do estresse sobre as defesas do corpo. E estudos mostraram que práticas de atenção plena podem melhorar a resposta do sistema imunológico.

Devo reconhecer, no entanto, que trazer a ciência do cérebro para a prática cotidiana da psicoterapia, do ensino e da medicina não é para todos, nem todos estão preparados para ela.

Um clínico graduado me disse uma vez: "Dan, nunca vi um córtex pré-frontal em minha vida, então, por que eu deveria pensar sobre um agora?" Outro confessou: "Quando penso sobre o cérebro me sinto burro e incompetente, e não estou tão pronto assim para mudar minhas práticas habituais."

Estive também em encontros profissionais em que colegas clínicos me disseram ser essa abordagem "ruim". Uma vez que não sabemos *tudo* sobre o cérebro, por que os terapeutas deveriam saber *algo* sobre ele? Outra palestrante disse que ela achava estar "poluindo o espaço interpessoal da terapia ao trazer ideias da ciência sobre o cérebro". (Eu não entendia realmente essas preocupações. Por que não fazer um estudo, como fizemos com a neurobiologia interpessoal, que está solidamente baseada na ciência, mas reconhece profundamente a subjetividade e a importância do mundo interpessoal?)

Por outro lado, alguns neurocientistas relutam em aceitar a noção da "mente" como algo além do "resultado da atividade cerebral". O cérebro é uma entidade mensurável, tem peso, volume, propriedades físicas e uma localização. No entanto, onde "encontramos" a mente em um espaço físico? Como a pesamos ou lhe atribuímos um número para suas características? Em uma reunião, um cientista cerebral declarou: "Nunca deveríamos fazer uma pergunta que não pudesse ser quantificada." Ainda mais radical, um aluno dele contra-atacou: "Bem, então nunca deveríamos até mesmo ter um pensamento que não pudesse ser quantificado." Ao ouvir isso, um antropólogo amigo meu ficou estupefato, até que finalmente respirou fundo e expressou sua desaprovação radical. Muitos de nós, então, demos um suspiro de alívio não passível de ser quantificado.

Claro que exames sofisticados do cérebro nos permitem, agora, fazer algumas quantificações: podemos medir as taxas de fluxo sanguíneo no cérebro, a densidade das conexões neurais em uma área específica ou a amplitude da atividade elétrica em um determinado tempo. E, como você pode ver, nas seções *Pensando o cérebro* que coloquei entre os capítulos, há novidades científicas instigantes sobre o rastreamento da atividade cerebral correlacionada com algumas de nossas experiências mais íntimas. Porém, grande parte do mundo interno não é passível de ser quantificado em termos absolutos. Como medir significados? Como atribuir um valor numérico a um sentimento ou a uma intenção? Como podemos quantificar a sensação de conexão uns com os outros, de se "sentir sentido", de ser visto?

Essas discussões não são apenas acadêmicas, são cruciais para a forma como definimos a realidade. A ciência moderna se fundamenta na medição; é uma disciplina baseada em estatísticas e análises numéricas que podem ser replicadas e verificadas por observadores objetivos. O mundo subjetivo da mente, no entanto, é observável principalmente em termos qualitativos, muitas vezes baseados em relatos singulares em primeira pessoa feitos por quem realmente coloca a mente em questão. Se você se prender ao jogo dos números, a mente pode facilmente desaparecer. Quando estou nesses debates acadêmicos desafiadores, e às vezes frustrantes, não consigo deixar de lembrar de minhas experiências na cúpula do éter. Vários membros respeitados da faculdade de medicina e cirurgia pareciam viver como se a mente não existisse. E eram homens e mulheres sábios, brilhantes em seus campos de estudo. Como podia algo tão real quanto a mente se tornar tão invisível para... bem, suas mentes?

UMA VISÃO APURADA DA VISÃO MENTAL

A mente é mais ampla do que o cérebro, se revela nos relacionamentos e está cheia de possibilidades. Entretanto, esse centro subjetivo de experiência vivida não pode ser manipulado ou fotografado com até mesmo a câmera mais grandiosa. E a mente pode facilmente ser perdida se focarmos apenas no domínio do físico. Podemos enxugar nossas lágrimas e não deixar traço algum da mente que produziu sentido e sentimentos, que nos capacitou a saber que estávamos vivos e cheios de dor ou de alegria.

Ao percebermos a mente, sentimos algo além do nosso mundo interno ou das vidas interiores alheias: agora apuramos nosso conceito de visão mental além de nossa descrição inicial dela como uma combinação de insight e empatia. Embora isso seja um começo acessível e importante, é simplesmente o início de uma história mais completa.

O que a visão mental faz é nos capacitar a sentir e moldar o fluxo de energia e informação. Essa é a definição básica, a verdade profunda, o quadro mais completo. Com a visão mental, ganhamos percepção e conhecimento da regulagem (mente), da forma (relacionamentos) e dos mecanismos neurais de mediação (cérebro) no centro de nossa vida. "Nossa vida" significa a sua e a minha. A visão mental remove as fronteiras superficiais que nos separam e nos capacita a ver que somos parte de um fluxo interconectado, um todo maior.

Ao enxergarmos a mente, o cérebro e os relacionamentos fundamentalmente como três dimensões de uma realidade — de aspectos do fluxo de energia e informação —, vemos a experiência humana com olhos verdadeiramente novos.

··················
PENSANDO O CÉREBRO
Circulando pelos circuitos de ressonância

É DE CONHECIMENTO GERAL QUE os casais em relacionamentos longos e felizes vão ficando cada vez mais parecidos um com o outro ao longo dos anos. Olhe com atenção aquelas fotografias antigas e você verá que os casais realmente não possuem narizes ou queixos semelhantes. Em vez disso, eles imitaram as expressões um do outro com tanta frequência e precisão que as centenas de músculos minúsculos ligados a seus queixos transformaram seus rostos para refletir sua união. Como isso acontece nos ajuda a ver uma das descobertas mais fascinantes sobre o cérebro e sobre como viemos a nos "sentir sentidos" um pelo outro. Parte do que irei descrever aqui ainda é especulação, mas pode nos informar sobre as formas mais íntimas em que experimentamos a visão mental em nossas vidas cotidianas.

OS NEURÔNIOS QUE ESPELHAM NOSSAS MENTES

Em meados da década de 1990, um grupo de neurocientistas italianos estava estudando a área pré-motora do córtex de um macaco. Eles usavam eletrodos implantados para monitorar neurônios individuais, e quando o macaco comia um amendoim, um determinado eletrodo disparava. Nenhuma surpresa — era o esperado. Porém, o que aconteceu em seguida mudou substancialmente nosso conhecimento sobre a mente. Quando o macaco simplesmente *via* um dos pesquisadores comer um amendoim, esse mesmo neurônio motor disparava. Ainda mais assustador: os pesquisadores descobriram que isso acontecia apenas quando o movimento que estava sendo observado era dirigido para um objetivo. De alguma forma, os circuitos que eles descobriram foram ativados apenas por um ato intencional.

Esse sistema de neurônios espelho foi, desde então, identificado nos seres humanos e hoje é considerado a raiz da empatia. Começando a partir da percepção de uma intenção comportamental básica, o córtex pré-frontal humano mais elaborado nos capacita a mapear as mentes de outros. Nosso cérebro usa informações sensoriais para criar representações das mentes alheias, assim como as usa para criar imagens do mundo físico.

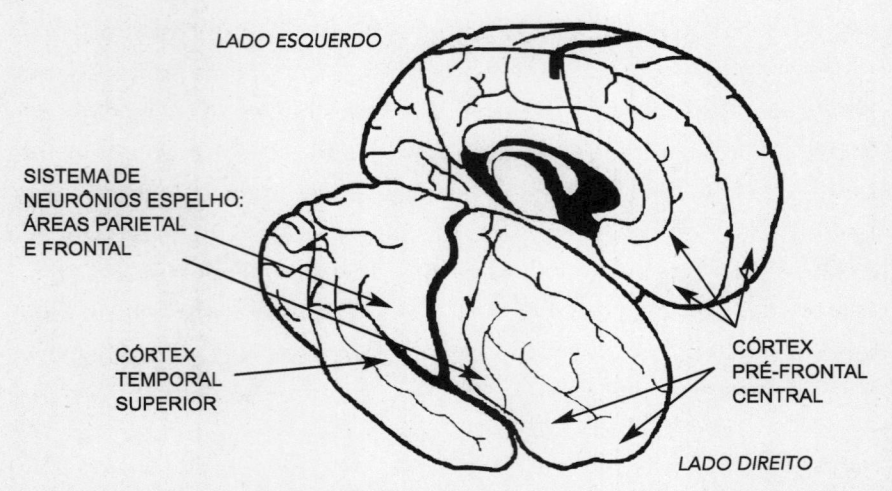

O "circuito de ressonância" inclui o sistema de neurônios espelho (MNS, na sigla em inglês), o córtex temporal superior, o córtex insular (não visível neste desenho, mas ligando essas áreas à região límbica interior) e o córtex pré-frontal central.

A chave é que os neurônios espelho respondem apenas a um ato intencional, com uma sequência previsível ou um propósito. Se eu simplesmente levantar a mão e acenar aleatoriamente, seus neurônios espelho não responderão. Mas se eu realizar qualquer ato que você possa prever por experiência própria, seus neurônios espelho "entenderão" o que pretendo fazer antes que eu mesmo o faça. Então, quando levanto a mão segurando uma xícara, você pode prever em um nível sináptico que pretendo beber dela. Não apenas isso, os neurônios espelho localizados na área pré-motora de seu córtex frontal o deixarão pronto para beber também. Vemos um ato e ficamos prontos para imitá-lo. No nível mais simples, isso ocorre porque ficamos com sede ao vermos outros beberem algo e bocejamos quando outros bocejam. No nível mais complexo, os neurônios espelho nos ajudam a entender a natureza da cultura e como nossos comportamentos compartilhados nos ligam uns aos outros, mente com mente.

Os mapas internos criados pelos neurônios espelho são automáticos — eles não exigem consciência ou esforço. Somos programados desde o nascimento para detectar sequências e mapear em nossos cérebros os estados internos — as posturas intencionais — alheios. E esse espelhamento é "multimodal" — ele opera em todos os canais sensoriais, não apenas na visão —, de modo que um som, um toque, um aroma podem nos indicar o estado interno e as intenções alheias. Ao incluir a mente do outro em nossos padrões de disparo, nossos neurônios espelho podem fornecer o fundamento para nosso mapa de visão mental.

Agora, vamos dar um passo adiante. Com base nessas informações sensoriais, podemos espelhar não apenas as intenções comportamentais do outro, mas também seus estados emocionais. Em outras palavras, essa é a forma como não apenas imitamos os comportamentos de terceiros, mas realmente ecoamos seus sentimentos — o fluxo mental interno de suas mentes. Sentimos não apenas que uma ação ocorrerá em seguida, mas também a energia emocional que subjaz ao comportamento.

Em termos do desenvolvimento, se os padrões de comportamento que vemos em nossos tutores são previsíveis, podemos, então, mapear as sequências com segurança, sabendo o que pode acontecer em seguida, incorporando intenções de carinho e cuidado e, portanto, criando em nós mesmos uma lente de visão mental focada e límpida. Se, por outro lado, temos pais confusos e difíceis de "ler", nossos circuitos de sequências podem criar mapas distorcidos. Então, desde nossos primeiros dias, o circuito básico de visão mental pode ser estabelecido com uma fundação sólida, ou criado em terreno instável.

SE CONHEÇO A MIM, CONHEÇO VOCÊ

Uma vez, organizei um encontro de reflexão interdisciplinar para pesquisadores, com o objetivo de explorar como a mente usaria o cérebro para perceber a si mesma. Uma ideia que discutimos é que formamos mapas de intenção usando nossos neurônios espelho baseados no córtex e, posteriormente, transferimos essas informações para as regiões subcorticais. Um circuito neural denominado ínsula transmite grande quantidade de informações entre os neurônios espelho e as áreas límbicas, que, por sua vez, enviam mensagens ao tronco encefálico e ao próprio corpo. Essa é a forma como podemos vir a ecoar fisiologicamente os outros — como até a respiração, a pressão sanguínea e os batimentos cardíacos podem aumentar e diminuir em sintonia com o estado interno de outra pessoa. Esses sinais de nosso corpo, do tronco encefálico e das áreas límbicas viajam de volta pela ínsula até as áreas pré-frontais centrais. Passei a chamar esse conjunto de circuitos — dos neurônios espelho até as regiões subcorticais e de volta para as áreas pré-frontais centrais — de "circuitos de ressonância". Esse é o caminho que nos conecta uns aos outros.

Observe o que acontece quando você está em uma festa com amigos. Se você se aproxima de um grupo que está rindo, provavelmente sorrirá ou dará risadas até mesmo antes de ouvir a piada. Ou talvez esteja jantando com pessoas que sofreram a perda recente de um ente querido. Sem que eles digam nada, você pode começar a sentir um aperto no peito, um nó na garganta, lágrimas nos olhos. Os cientistas chamam a isso de *contágio emocional*. Os estados emocionais dos outros — da alegria e brincadeira à tristeza e ao medo — afetam diretamente nossos próprios estados mentais. Esse contágio pode até mesmo nos fazer interpretar eventos não relacionados com um viés particular — de modo que, por exemplo, após estarmos perto de alguém que está deprimido interpretamos a seriedade de outra pessoa como tristeza. Para os terapeutas, é de suma importância manter esse viés em mente. De outra forma, a sessão anterior pode influenciar nosso estado interno de tal maneira que não ficamos abertos e receptivos à nova pessoa com quem precisamos estar em ressonância.

Nossa consciência do estado mental de outra pessoa depende do quanto conhecemos o nosso. A ínsula traz o estado ressonante para dentro de nós até o córtex pré-frontal central, onde fazemos um mapa de nosso mundo interno. Logo, percebemos os sentimentos dos outros ao realmente sentirmos os nossos — notamos a barriga doer de tanto rir na festa ou o peito arder de tristeza em um funeral. Todos os nossos dados subcorticais — batimentos cardíacos, respiração e tensão muscular, o colorido límbico da emoção — viajam até a ínsula para manter o córtex informado a respeito de nosso estado mental. Essa é a razão cerebral por que as pessoas que estão mais conscientes de seus corpos foram consideradas as mais empáticas. A ínsula é a chave: quando conseguimos sentir nosso estado mental, o caminho fundamental para a ressonância com outros também está aberto.

A primeira mente que vemos em nosso desenvolvimento é o estado interno de nossos tutores. Murmuramos e ela sorri, rimos e o rosto dele se ilumina. Assim, conhecemos, primeiro, a nós mesmos como refletidos no outro. Uma das ideias mais interessantes que discutimos no grupo de estudo é que nossa ressonância com os outros pode realmente preceder a consciência que temos de nós mesmos. Do ponto de vista do desenvolvimento e da evolução, o circuito de autoconsciência pode ser construído sobre circuitos de ressonância mais antigos que nos fixam ao nosso mundo social.

Como, então, discernimos quem sou "eu" e quem é "você"? Os cientistas do grupo sugeriram que podemos ajustar a localização e o padrão de disparo das imagens pré-frontais para percebermos nossa mente. O aumento dos registros de nossas sensações corporais, combinado com uma diminuição da resposta neurológica espelhar, pode nos ajudar a saber que essas lágrimas são minhas, não suas — ou que essa raiva vem, na verdade, de mim, não de você. Isso talvez pareça uma questão puramente filosófica e teórica até você se encontrar no meio de um conflito conjugal e discutindo sobre quem está zangado, você ou seu cônjuge. E, certamente, como terapeuta, se não controlo a distinção entre mim e o outro, posso ficar soterrado pelos sentimentos de meus pacientes, perder minha capacidade para ajudá-los e também esgotar-me rapidamente.

Quando a ressonância torna-se, literalmente, espelhada, quando nos confundimos um com o outro, então, perde-se a objetividade. A ressonância exige que permaneçamos diferenciados — que saibamos quem somos —, ainda que continuemos ligados. Deixamos nossos estados internos serem influenciados pelos de outra pessoa, mas não se tornarem idênticos. Serão necessárias mais pesquisas para elucidar a forma exata com que nossos mapas da visão mental fazem essa distinção, mas as questões básicas estão claras. O fluxo de energia e informação que sentimos em nós mesmos e nos outros progride pelos circuitos de ressonância para possibilitar a visão mental.

Ao considerar os circuitos de ressonância, duas lições mentais se destacam para mim. Uma é que nos tornarmos abertos para nossos estados corporais — para os sentimentos em nosso coração, as sensações em nosso estômago, o ritmo de nossa respiração — é uma fonte poderosa de conhecimento. O fluxo da ínsula que traz essas informações e energia influencia nossa consciência cortical, modelando a forma como pensamos e tomamos decisões. Não podemos ignorar ou anular com sucesso essas investidas subcorticais. Tornar-se aberto para elas é um caminho para atingir uma visão mental clara.

A segunda lição é que os relacionamentos estão entremeados no tecido de nosso mundo interno. Passamos a conhecer nossas mentes por meio das interações com os outros. As percepções dos neurônios espelho e a ressonância que eles criam agem rápida e frequentemente fora da consciência. A visão mental nos permite convidar essas fontes rápidas e automáticas de nossa vida mental para dentro do teatro da consciência. À medida que acolhemos a realidade neural de nossas vidas interconectadas, podemos perceber com mais clareza quem somos, o que nos molda e, por sua vez, como podemos moldar nossas vidas.

4

O CORO DA COMPLEXIDADE
Descobrindo a harmonia da saúde

O QUE SIGNIFICA UMA MENTE saudável? Simplesmente a ausência de sintomas e disfunções, ou uma vida boa inclui algo mais? Como podemos abraçar a diversidade de comportamentos, temperamentos, valores e orientação através de uma ampla gama de culturas e ainda estabelecer uma definição coerente de saúde? Assim como alguns cientistas relutam em definir a mente, algumas pessoas dizem que não devemos definir a saúde mental de forma alguma, porque é autoritário fazê-lo — não deveríamos dizer aos outros como eles devem ser saudáveis. Porém, de que maneira explicar a busca universal pela felicidade? Como entendemos a sensação tranquila de bem-estar reconhecível em todas as culturas? A psicologia positiva ofereceu uma retificação importante para o modelo de doença ao identificar as características das pessoas felizes, tais como a gratidão, a compaixão, a mente aberta e a curiosidade, mas existe alguma qualidade não nomeada que subjaz a todas essas forças individuais?

Ao longo dos últimos vinte anos, passei a acreditar que a integração é o mecanismo-chave por trás tanto da ausência de doenças quanto da presença de bem-estar. A integração — a ligação de elementos diferenciados de um sistema — ilumina um caminho reto na direção da saúde. É o caminho em que evitamos uma vida de rigidez insossa e enfadonha, por um lado; ou de caos explosivo, por outro. De maneiras que exploraremos profundamente na Parte 2, podemos aprender a detectar quando a integração está ausente ou é insuficiente e a desenvolver estratégias eficazes para promover a diferenciação e, depois, a ligação. O segredo para essa transformação é aprimorar a capacidade para a visão mental.

Em novas intervenções com base na abordagem da neurobiologia interpessoal, a visão mental ajudou muitas pessoas a direcionar o fluxo de energia e informação em suas vidas para a integração. Mas por que a integração é uma ferramenta tão poderosa para a transformação? Minha busca por uma resposta para essa questão levou a algumas percepções surpreendentes e práticas.

O CORO CANTA

Atualmente, quando dou uma palestra, antes de definir bem-estar mental, sempre peço para voluntários cantarem em um "coro da complexidade". Em geral, cantores experientes quebram o gelo e se dirigem à frente da sala, enquanto outros, a princípio mais hesitantes, gradualmente encontram uma forma de participar. Seja minha plateia composta por pais ou professores, terapeutas ou cientistas, sei que o melhor caminho para ajudá-los a compreender o poder da integração é através da imersão na experiência direta.

Meu primeiro pedido é que todos os membros do coro recémformado cantem a mesma nota ao mesmo tempo, simplesmente cantarolando em uníssono. Alguém surge com um tom de frequência média e eles rapidamente se organizam em um som uniforme. Após aproximadamente meio minuto, levanto a mão e os faço parar e, em seguida, faço outro pedido. Dessa vez, solicito que tapem os ouvidos para não ouvirem uns aos outros, e depois, a um sinal meu, se lancem individualmente em qualquer canção com qualquer letra que queiram cantar. De maneira geral, a plateia ri quando os cantores cantam, mas eles rapidamente se impacientam, e então levanto a mão de novo.

Finalmente, peço aos cantores que escolham uma música que a maioria provavelmente conheça e cantem juntos, harmonizando livremente de improviso. Essa assembleia pode ser o máximo em termos de grupos musicais informais, mas é impressionante ouvir o que acontece quando um grupo de professores ou psicoterapeutas canta "Oh!

Susanna", "Amazing Grace" ou "Row-Row-Row Your Boat". (E é fascinante para mim que, na maioria das vezes, o grupo escolha "Amazing Grace" — que, aparentemente, é uma das músicas mais harmoniosamente equilibradas da tradição ocidental.) Uma vez que a melodia esteja estabelecida, vozes individuais começam a surgir, tecendo suas harmonias acima e abaixo, interagindo uns com os outros, passando intuitivamente a um crescendo antes das notas finais. Os rostos se animam no coro e na plateia também; somos todos arrebatados pelo fluxo de energia e pela vivacidade dos cantores. Nesses momentos, as pessoas disseram — e eu vivenciei isso também — que há uma sensação palpável de vitalidade enchendo a sala.

Nesse momento, vivenciamos a integração da melhor forma possível em termos acústicos. Cada membro do coro tem sua voz singular e, ao mesmo tempo, está ligado em um todo complexo e harmônico. Nunca se tem certeza em que direção o coro levará a música, mas as surpresas simplesmente enfatizam o prazer de uma melodia familiar compartilhada. Esse equilíbrio entre vozes diferentes, por um lado, e sua ligação, por outro, é a materialização da integração.

E os dois primeiros exercícios? Como você certamente pode prever, o cantarolar em uma nota única é imutável, rígido — e, após algum tempo, insípido e entediante. A excitação inicial e o risco de se expor dão lugar à monotonia da tarefa. Os cantores podem estar ligados, mas não podem expressar sua singularidade, sua individualidade. Quando a diferenciação está bloqueada, a integração não ocorre. Sem o movimento na direção da integração, o sistema inteiro se afasta da complexidade — para longe da harmonia — e se encaminha para a rigidez.

Por outro lado, quando os cantores tampam os ouvidos e cantam o que desejam, o que surge é a cacofonia, uma efusão caótica de sons que frequentemente cria uma sensação de angústia e sofrimento nos ouvintes. Aí, não existe ligação alguma — apenas diferenciação. Quando a integração está bloqueada dessa forma, também nos afastamos da complexidade, nos afastamos da harmonia. Porém, dessa vez, nos dirigimos para o caos, não para a rigidez.

Quando os cantores se acomodam em seus lugares novamente, resumo o objetivo do exercício: é o meio caminho entre o caos e a rigidez

— o fluxo de vozes independentes unidas e em harmonia — que maximiza tanto a complexidade quanto a vitalidade. Essa é a essência da integração.

EM BUSCA DA INTEGRAÇÃO

Quando comecei a explorar a ideia de integração, intuitivamente me sentia confiante de que a integração seria importante para nosso bem-estar individual e em relação aos outros. No entanto, eu não conhecia nenhuma explicação científica para isso.

A integração é mencionada, quase como um aparte, em várias disciplinas, do estudo da emoção e das funções sociais às pesquisas do próprio cérebro. Entretanto, nenhum desses campos parece atribuir um papel central a ela, tampouco esclarecem por que a integração seria algo bom na vida. Considere, por exemplo, os vários campos científicos que estudam a emoção. Você pode se surpreender com o fato de que não haja uma definição universal de emoção, mesmo entre os pesquisadores da emoção. Quando fiz um levantamento bibliográfico sobre a ciência da emoção para escrever meu primeiro livro, descobri formulações como estas: a emoção é parte fundamental da pessoa ao longo de sua vida. A emoção conecta o corpo ao cérebro. As emoções ligam uma pessoa à outra. Cada uma dessas perspectivas descreve um processo integrador — no entanto, a própria integração não foi discutida diretamente. Talvez tenha sido minha condição de intruso no campo da pesquisa da emoção que me ajudou a ver a característica comum subjacente às definições bastante distintas do que é emoção, o que ela faz e como se manifesta em nossas vidas ao longo do tempo.

Que papel a integração e a emoção poderiam ter em nossa definição da mente como um processo incorporado e relacional? Por que as pessoas usam termos, tais como *bem-estar emocional, emocionalmente saudável* ou *emocionalmente próximo* para rotular estados mentalmente saudáveis? E expressões como *crise emocional* ou *transtorno emocional*?

Como psicoterapeuta, trabalhei de perto com muitas pessoas em agonia, os estados que, para mim, pareciam ser caracterizados como rigidez ou caos — ou ambos. Os indivíduos podem estar presos na depressão ou paralisados pelo medo. Eles se encontram enredados em tempestades maníacas ou inundados com memórias traumáticas. Às vezes, oscilam entre esses extremos, presos em um redemoinho de energia e informação, aterrorizados por mentes descontroladas.

No entanto, por que a rigidez ou o caos? Por que a disfunção se encaixaria nessas duas categorias ou em alguma combinação delas? E por que esses padrões são recorrentes?

Havia algo sobre esses estados que parecia a antítese da harmonia de um fluxo mais integrado. Essas mudanças emocionais em nossas vidas refletiriam mudanças nos estados de integração? Talvez o próprio termo *emoção* possa ser definido como "uma mudança em nosso estado de integração". Se for assim, os pesquisadores da emoção — seja qual forem suas abordagens — conseguiriam concordar que os danos ao bem-estar emocional são movimentos mentais que se afastam da integração. E, talvez — olhando ainda mais profundamente —, a integração possa ser o princípio subjacente à saúde em todos os níveis de nossa experiência, do microcosmo de nosso mundo interno aos relacionamentos interpessoais e à vida em nossas comunidades.

UMA MENTE SAUDÁVEL: COMPLEXIDADE E AUTO-ORGANIZAÇÃO

Mergulhando novamente na literatura científica, finalmente me deparei com uma disciplina improvável que podia ser relevante para nossa investigação da mente: um ramo da matemática que foca nos sistemas complexos. Eis uma fundação científica plausível para os benefícios da integração — uma razão pela qual a integração é algo bom em nossas vidas.

Em resumo, a teoria da complexidade examina sistemas que podem se tornar caóticos e que estão abertos a receber informações de seu exterior. Pensar em termos de sistemas exige que foquemos nas relações entre os elementos que interagem para compor o "sistema". Um exemplo clássico de um sistema complexo é uma nuvem — um conjunto de moléculas de água capazes de distribuição aleatória (ela pode ser caótica) e que recebe luz e energia, tal como vento e calor, de fora dela (ela é aberta). A teoria da complexidade explora os movimentos naturais desse sistema aberto e suscetível ao caos ao longo do tempo — explicando, por exemplo, por que as nuvens surgem, mudam de forma e se dissipam. Pareceu-me que as vidas humanas também atendem a esse critério — somos sistemas abertos de comportamentos caóticos —, então, continuei a ler.

Acredita-se que um sistema complexo regule seu próprio desenvolvimento. Isso significa que o próprio sistema tem certas propriedades que determinam como ele se desvela ao longo do tempo. Esse processo auto-organizacional, a forma como o sistema molda seu próprio desvelamento, é construído a partir da matemática dos sistemas complexos. Não há programador ou programa, nenhuma força externa governando o modo como o sistema fluirá ao longo do tempo. A auto-organização emerge das interações entre os elementos básicos que compõem o sistema. Repito, se a auto-organização aplica-se a nuvens, é provável que se aplique a outros sistemas abertos capazes de se tornarem caóticos. Certamente, somos capazes — às vezes, até demais — de nos tornarmos caóticos. E estamos bem abertos a influências externas — de pessoas com quem encontramos, de experiências que temos no mundo, de livros que lemos. Se essas ideias forem relevantes e verdadeiras, então talvez isso seja um argumento a favor da ideia de que também somos capazes de auto-organização. Parecia-me que nosso triângulo de bem-estar, o sistema da mente, o cérebro e os relacionamentos podem ser mais plenamente entendidos nesses termos, e podemos aplicar esses princípios de complexidade e integração para criarmos saúde através de cada um desses três aspectos de nossa vida.

O RIO DA INTEGRAÇÃO: RIGIDEZ OU CAOS CONTRA HARMONIA E FLEXIBILIDADE

Um sistema que tende à complexidade é mais estável e adaptável. Ao ler essa afirmação pela primeira vez na literatura sobre a matemática dos sistemas complexos, pensei, que definição clara de bem-estar!

Levantei de um pulo e tirei da prateleira minha bíblia da psiquiatria de 886 páginas, o *Diagnostic and Statistical Manual of Mental Disorders*. Decidi abri-la aleatoriamente, em uma página qualquer. Lá estava: em qualquer lugar em que colocasse o dedo, em qualquer sintoma de qualquer disfunção, havia um exemplo de caos, rigidez ou de ambos. Será que a saúde mental era, na verdade, uma função de integração? Quando nossas mentes se afastam da integração, da harmonia, ficamos mais propensos a viver no caos e/ou na rigidez?

Comecei a testar essa hipótese em meus colegas e alunos, e muito embora alguns deles a achassem nova e pouco estranha, ela parecia encaixar em suas experiências como clínicos. Então, comecei a aplicá-la em meu trabalho com pacientes, explorando formas de promover a integração como uma referência para ajudá-los a passar da doença ao bem-estar. Dessa forma simples, abordagens novas para tratamentos começaram a surgir, algumas assustadoramente eficazes. Essa noção do papel central da integração foi (e permanece sendo) uma perspectiva organizadora surpreendente que me tornou (e a meus colegas) capaz de promover o bem-estar de formas novas e poderosas.

Sou amante de acrônimos, sempre procuro maneiras de memorizar grupos de itens relacionados — e torná-los fáceis de ensinar. Um dia, em um seminário, pedi aos alunos que sugerissem como poderíamos lembrar o fluxo de um sistema de integração. "Ah, Dan, isso é fácil", uma jovem respondeu. "É só lembrar o bordão da loja de departamentos Saks Fifth Avenue: 'Seguro, flexível e adaptável.'" Pensei por um momento e depois apontei para minhas roupas. Havia indícios de que esse mnemônico não funcionaria comigo.

Eu também queria englobar a sensação de vitalidade e energia que surge do coro da complexidade quando ele está em seu auge harmônico. Mais tarde, naquele dia, um acrônimo me ocorreu: SAFE ["salvo", em inglês], como em Seguro, Adaptável, Flexível e Energizado. E algumas semanas depois, após ler outros livros sobre a matemática e algo chamado "coerência", percebi que esta era a quinta característica essencial da integração, que se encaixava divinamente em minha área de pesquisa, na qual eu encontrara aquelas "narrativas coerentes"

— a maneira como entendemos nossas vidas e nos libertamos das prisões do passado —, que são um preditivo importante da saúde relacional (como exploraremos na Parte 2).

Agora, as qualidades de um fluxo integrado soletraram uma palavra universalmente memorável: FACES ["rostos", em inglês], para Flexível, Adaptável, Coerente, Energizado e Seguro. Podemos dizer que qualquer sistema complexo saudável possui um fluxo FACES. Em outras palavras, quando o movimento auto-organizacional do sistema maximiza a complexidade, ele atinge um fluxo harmônico que é, ao mesmo tempo, flexível, adaptável, coerente, energizado e seguro. Este é o sentimento que se obtém de nosso coro da complexidade surpreendente e gracioso.

Gosto de imaginar o fluxo FACES como um rio. O canal central do rio é o fluxo sempre mutável de integração e harmonia. Um dos limites desse fluxo é o caos. O outro, a rigidez. Essas são as duas margens do rio da integração.

Às vezes, nos dirigimos para a margem da rigidez — nos sentimos fixados.

Outras vezes, tendemos para o caos — a vida parece imprevisível e descontrolada. Porém, em geral, quando estamos bem e relaxados, tomamos o caminho curvo da harmonia, o fluxo integrado de um sistema flexível. Sentimos o familiar, mas não estamos aprisionados por ele. Vivemos no limiar do desconhecido e temos a coragem de entrar em águas novas e inexploradas. Trata-se de viver uma vida enquanto ela se desenrola, cada momento, em uma jornada que flui entre a rigidez e o caos. Esse é o fluxo FACES. Um velho, querido e agora falecido amigo, o poeta, filósofo e maravilhosamente sábio John O'Donohue, captou a essência desse fluxo emergente quando disse que adoraria viver como um rio, carregado pela surpresa de sua fluidez.

OS OITO DOMÍNIOS DA INTEGRAÇÃO

Em minha prática psicoterápica, oito domínios de integração surgem como chaves para a transformação e o bem-estar pessoal. Esses domínios não se desenvolvem necessariamente de uma forma linear, e nos capítulos da Parte 2, você verá que eles, às vezes, emergem em combinação uns com os outros. Como experimentamos a "sensação do 'eu'" — um sentimento de quem somos ao longo do tempo e dos padrões de energia e informação que se desvelam em nossas vidas interiores — será diretamente moldada pelo grau de integração desses domínios.

Cada um de nós tem uma mente diferente, portanto, se você estiver cansado das visões gerais, sinta-se à vontade para ir diretamente para as histórias da Parte 2. Caso contrário, eis um breve mapa dos domínios que cada uma dessas histórias ilustrará e expandirá.

A INTEGRAÇÃO DA CONSCIÊNCIA

Como focamos nossa atenção é a chave para promover mudanças integradoras no cérebro. Com a integração da consciência, realmente construímos as habilidades para estabilizar a atenção a fim de que possamos usar o poder da consciência para criar opções e fazer mudanças. Essa é a razão por que a integração da consciência é a base para outros domínios. Criar o que chamarei de "eixo da consciência" nos torna capazes de reconhecer estados problemáticos sem sermos dominados por eles e a ver o mundo como ele é, em vez de ficarmos constrangidos por nossas expectativas de como ele "deveria ser". Esse eixo também nos abre a gama completa de nossas percepções — para informações oriundas do mundo externo, dos estados corporais, dos relacionamentos e da própria mente.

Exploraremos como a integração da consciência pode ajudar a regular o humor e as emoções, acalmar as tempestades internas e aprimorar uma mente mais flexível e estável. As lições aprendidas com a estabilização da mente através da integração da consciência serão aplicadas a todos os desafios da vida real que encontraremos ao longo deste livro.

INTEGRAÇÃO HORIZONTAL

Por milhões de anos, nossos cérebros esquerdo e direito tiveram funções separadas, mas complementares. O lado direito se desenvolve mais cedo e é o domínio da imaginação, do pensamento holístico, da linguagem não verbal, da memória autobiográfica e a sede de outros processos. Nosso cérebro esquerdo se desenvolve mais tarde na vida e é responsável pela linguagem lógica, falada e escrita, pela linearidade, por listas e pelo pensamento literal. Se a ligação entre os dois lados é bloqueada, um deles pode dominar, e podemos perder a criatividade, a riqueza e a complexidade que resultam de seu trabalho conjunto. Utilizar o poder da neuroplasticidade para integrar o cérebro pode nos dar uma nova sensação coerente de nossa história de vida e insights mais profundos de nosso mundo não verbal e do alheio.

No Capítulo 6, conheceremos um indivíduo que viveu uma vida que tendia para a esquerda por quase um século. Com estratégias específicas para ajudar a desenvolver seu hemisfério direito, ele foi capaz de chegar a experimentar a energia e a vitalidade de uma vida recém-integrada.

INTEGRAÇÃO VERTICAL

Nosso sistema nervoso é verticalmente distribuído, ascendendo do corpo, através do tronco encefálico e das áreas límbicas, e chegando, finalmente, ao córtex. Da cabeça aos dedos dos pés e de volta para a cabeça, a integração vertical liga essas áreas diferenciadas em um todo funcional. A integração vertical pode ser prejudicada por causa de um trauma ou pela necessidade de se adaptar a viver em um deserto emocional. Nesse estado isolado, ignoramos o que nossos sentidos e sensações corporais estão nos dizendo e vivemos uma vida de percepções e sentimentos embotados. Trazer nossas sensações para a consciência possibilita o florescimento da intuição e, às vezes, pode oferecer informações salvadoras.

Mesmo após anos de vida apenas "com a cabeça fora d'água", a mulher angustiada e "desconectada" que encontraremos no Capítulo 7 pode encontrar alívio ao aprender a se abrir para as sensações do corpo. Além de ser capaz de viver com mais vitalidade e prazer, ela também aprendeu a fazer uso da fonte profunda da intuição e da sabedoria que a integração vertical disponibiliza.

INTEGRAÇÃO DA MEMÓRIA

Processamos e codificamos nossas experiências em camadas de memória. A primeira, a memória implícita, começa no útero e predomina nos primeiros anos de vida. A partir de nossas emoções, percepções, ações e sensações corporais, criamos modelos mentais que moldam nossas expectativas sobre a forma como o mundo funciona. Tudo isso ocorre sem esforço ou intenção, e os modelos mentais implícitos podem continuar a moldar a maneira como agimos sem estarmos conscientes disso. As peças do quebra-cabeça da memória implícita são reunidas, mais tarde, em memórias explícitas — as informações factuais e autobiográficas das quais estamos conscientes. Quanto mais pudermos jogar a luz da visão mental sobre as peças do quebra-cabeça do passado, que flutuam livremente — as memórias implícitas —, e permitir que elas se tornem explícitas, mais poderemos nos libertar e viver plenamente no presente e ter novas escolhas de formas de viver nossas vidas.

Na Parte 2, encontraremos muitas pessoas cuja integração da memória está prejudicada, o que as impede de atingir uma coerência em suas vidas. Às vezes, um evento devastador, chamado trauma, pode fazer uma pessoa permanecer nesse estado não integrado, resultando em uma tendência para estados rígidos de evitação ou estados intrusivos de caos. Focar as lentes da visão mental nessas camadas de memória pode ser um passo essencial na resolução do trauma e na integração das funções da memória do cérebro.

INTEGRAÇÃO DA NARRATIVA

Entendemos nossas vidas quando criamos histórias que interligam a função narradora do hemisfério esquerdo com a armazenagem da memória autobiográfica do hemisfério direito. Pesquisas revelaram que o melhor preditivo da segurança do vínculo que temos com nossos filhos é a capacidade de narrar a história de nossa infância de uma forma coerente. Ao detectar os bloqueios na integração da narrativa e depois fazer o trabalho necessário para superá-los, podemos nos libertar e, por fim, nossos filhos, dos padrões intergeracionais, os quais não queremos criar.

Revisaremos a forma como os resultados das pesquisas e a experiência clínica com o apego iluminam as formas variadas de narrativas que temos, e como as estratégias para promover a integração podem levar essas histórias de vida coesas, mas constringentes, na direção da coerência e da flexibilidade. Quando conseguimos "entender" nossa vida de uma forma profunda e integradora, o que surge é uma narrativa coerente sobre ela.

INTEGRAÇÃO DE ESTADOS

Cada um de nós vivencia estados distintos de ser que materializam nossos impulsos e necessidades fundamentais: proximidade e solidão, autonomia e independência, cuidados e poder, entre outros. Esses estados podem também conflitar uns com os outros — às vezes, de forma dolorosa e confusa. A visão mental nos permite abraçá-los como dimensões saudáveis de uma vida em camadas, em vez de como partes de nós mesmos que precisamos rejeitar ou anular para poder atingir a estabilidade interna.

Com a integração dos estados, podemos ir além dos padrões de adaptação e negação do passado para nos tornarmos abertos a nossas necessidades e capazes de atendê-las de formas distintas em momentos diferentes. Explorar maneiras de enfrentar alguns de nossos muitos estados é o primeiro passo essencial para diferenciarmos nossos "múltiplos eus". A chave para a integração é, portanto, abraçar essas distinções, em vez de tentar negar sua existência. O poder da integração dos estados para nos libertar dos padrões de vergonha e terror que podem nos paralisar será revelado na jornada de transformação de um homem.

INTEGRAÇÃO INTERPESSOAL

Esse é o "nós" do bem-estar.* Na melhor das hipóteses, nossos circuitos de ressonância nos habilitam a sentir o mundo interno dos outros, enquanto eles, por sua vez, nos integram a seus mundos internos e nos carregam com eles, mesmo quando não estamos pessoalmente juntos. A visão mental pode nos ajudar a ver como as adaptações do passado restringem nossos relacionamentos na atualidade e, em seguida, permite nos abrirmos com segurança para os outros. Assim, podemos nos ligar mais intimamente nos relacionamentos, enquanto continuamos a manter a sensação de identidade e liberdade. Podemos amar e ser amados sem desistir de nossos "eus".

Veremos como os casais perdidos na confusão e nos mal-entendidos, lutando com padrões rígidos de defesa ou propensos a explosões caóticas por causa da decepção, podem aprender a detectar seus estados de reatividade controlados pelo tronco cerebral e a mudar seus sistemas nervosos para o estado receptivo, necessário à conexão verdadeira e duradoura. Após saberem como o passado formou o presente através de mudanças sinápticas no início da vida, os casais podem,

---

* O autor faz um jogo com as duas primeiras letras *we* [nós] da palavra *well being* [bem-estar]. (*N. da T.*)

então, diminuir o grau de hostilidade que frequentemente cerca seus relacionamentos disfuncionais. Veremos como as pessoas podem usar a visão mental para guiar seus caminhos de volta para uma vida de paixão e compaixão enquanto promovem a integração dentro delas mesmas e entre si.

INTEGRAÇÃO TEMPORAL

A incerteza, a impermanência e a mortalidade: estes são desafios profundos que nos são apresentados pelo córtex pré-frontal, o qual nos fornece tanto nossa sensação de tempo quanto nossa capacidade, aparentemente única entre os animais, de prever que a morte nos alcançará (e aos que amamos também). O transtorno obsessivo-compulsivo revela como o impulso de sobrevivência presente em todos os seres humanos busca o controle — às vezes, ao ponto de paralisar e aterrorizar. A integração temporal nos permite viver com mais tranquilidade e encontrar as conexões confortantes frente às incertezas.

Exploraremos como até mesmo os jovens atormentados pela angústia de morte e pela incerteza — manifestadas em obsessões ou na angústia existencial — podem encontrar uma forma de integrar essas questões temporais pré-frontais às suas vidas e se fortalecerem por causa delas.

A VISÃO MENTAL E A LIBERDADE

Dentro de cada um de nós encontra-se um impulso inato para a saúde — um impulso na direção da integração. Porém, a vida acontece, e podemos, por vezes, descobrir que a integração está bloqueada. Esse bloqueio pode ser oriundo de uma falha na *ligação*, como no trauma não resolvido. O bloqueio também pode surgir de deficiências na *diferenciação*, seja como uma consequência da falta de cuidados adequados na infância ou como o resultado de várias falhas de aprendizagem e de dificuldades no desenvolvimento. Ou tanto a diferenciação quanto a ligação podem estar danificadas.

A visão mental é a habilidade que pode nos levar de volta à integração. Diz-se que Michelangelo falou que sua grande tarefa como escultor era liberar a figura da pedra. Da mesma forma, nossa tarefa é encontrar os obstáculos nos oito domínios da integração e liberar o impulso natural da mente para curar-se — integrar a mente, o cérebro e os relacionamentos no triângulo de bem-estar.

À medida que esses oito domínios de integração são criados e desenvolvidos, uma nova dimensão de interconexão, que vim a descrever como "transpiração", ou "respirando através", parece surgir. Vi isso acontecer diversas vezes com pacientes que fizeram o trabalho da visão mental. Suas identidades se expandiram; e eles se tornaram conscientes de que são parte de um todo muito maior. Em várias pesquisas sobre felicidade e sabedoria, essa sensação de interconexão parece estar no centro da vivência com significado e propósito. Essa é a promessa da visão mental e da integração.

PARTE 2

·················

O PODER DE MUDAR:
A VISÃO MENTAL EM AÇÃO

5

UMA MENTE MONTANHA-RUSSA
Fortalecendo o eixo da consciência

JONATHON ERA UM ESTUDANTE DE ensino médio e acabara de completar 16 anos quando o conheci. Ele se arrastava pela sala, os jeans caíam perigosamente pelos quadris e o cabelo louro fino cobria os olhos. Contou-me que se sentia "mal" e "para baixo" nos últimos dois meses, com episódios de choro que pareciam surgir do nada. Ao responder às minhas perguntas, ele relatou que tinha um grupo de amigos íntimos na escola e, embora as aulas fossem exigentes, nada em particular mudara, tanto acadêmica quanto socialmente, que pudesse justificar seus humores sombrios. A vida em casa era "boa", ele disse em um tom sem emoção, quase indiferente. A irmã mais velha e o irmão mais novo "enchiam o saco dele como sempre" e os pais estavam sendo "tipicamente irritantes" — nada fora do comum para um garoto de 16 anos.

Porém, algo estava muito errado. Os episódios de ataques de choro e a sensação de tristeza de Jonathon eram acompanhados por explosões de raiva que ele não conseguia controlar. Incidentes cotidianos, como a irmã chegar atrasada para lhe dar uma carona ou o irmão usar sua guitarra sem sua permissão, poderiam levá-lo a gritar de raiva. Esse rebaixamento do patamar de reatividade não dizia respeito apenas a seus pais e a mim, mas a Jonathon também. Envergonhado, ele me disse que essas explosões de raiva, embora não fossem novidade, estavam ficando piores. Agora, elas começavam a apavorá-lo. Episódios semelhantes ocorreram várias vezes desde que ele começara o ensino médio, aos 13 anos, mas os pais de Jonathon atribuíam esses momentos de instabilidade emocional à adolescência — "é só uma fase" — e não lhe deram muita importância até então. Quando ele lhes disse que, às vezes, sentia que não poderia continuar vivendo, eles o trouxeram para que eu o avaliasse.

UMA MENTE NÃO CONFIÁVEL

O que molda as correntes de nosso oceano interno? Quando passamos por uma tempestade, há algo que podemos fazer para acalmar a tormenta? Neste capítulo, discutirei como usar a atenção focada e consciente para sentir e, em seguida, alterar o fluxo rebelde de energia e informação que atormenta nossas vidas. Essa atenção focada nos permite usar a consciência para criar possibilidades de escolha e mudança. Esse é o domínio da integração da consciência.

O termo *humor* se refere ao tom geral de nosso estado interno. Expressamos essa linha imaginária emocional através do afeto, sinais externos que revelam nossos sentimentos, e por meio de nossas ações e reações. Ao simplesmente sentar com Jonathon em meu consultório, pude captar seus sentimentos de desespero e vazio. Como ele admitiu prontamente, seu humor depressivo também incluía uma tendência ao choro, à irritabilidade, a uma dificuldade para dormir e à falta de apetite. Ele também admitia que seus sentimentos de inutilidade e desespero eram, por vezes, acompanhados por pensamentos suicidas, mas concluí que ele não fizera qualquer tentativa e não tinha planos, pelo menos no momento, de machucar a si mesmo.

Em um livro didático de psiquiatria, esse aglomerado de sintomas apontaria para um provável diagnóstico de depressão profunda, mas, como clínico, desejo manter a mente aberta para outras questões potencialmente relevantes. A história familiar de Jonathon incluía vício em drogas por parte de um tio materno e doença maníaco-depressiva (também conhecida como transtorno bipolar) no avô paterno. Isso me fez ficar cauteloso com relação a um diagnóstico prematuro de apenas depressão.

Em função da história familiar de uso de drogas, a família de Jonathon o testava periodicamente para ver se ele não estava usando tais substâncias. Os testes eram persistentemente negativos, e o próprio Jonathon perguntou: "Por que eu tomaria coisas que reforçariam meus altos e baixos? Eles só me deixariam mais confuso ainda." Fiquei impressionado com essa percepção, e acreditei nele.

As explosões abruptas que o levavam a perder a cabeça podiam apontar para uma irritabilidade que é a marca de uma grande depressão, sobretudo em crianças. No entanto, elas podiam também ser um sintoma de transtorno bipolar, que é frequentemente hereditário e pode surgir na infância e na adolescência. Em sua apresentação inicial, a bipolaridade pode ser indistinguível do que é chamado de depressão "unipolar", na qual os transtornos de humor tomam uma única direção: para baixo, para estados depressivos. No transtorno bipolar, no entanto, esses estados alternam-se com estados de mania "para cima" (ou, mais acuradamente, "ativados"). Adultos e adolescentes com mania podem ter pensamentos rápidos, uma sensação exagerada de autoimportância e poder, uma necessidade reduzida de sono, apetite aumentado (tanto por comida quanto por sexo), gastos em excesso e comportamentos irracionais.

Distinguir entre transtornos de humor unipolares e bipolares é crucial para o próprio tratamento, então, muitas vezes, obtenho uma segunda opinião de um colega sobre o diagnóstico. No caso de Jonathon, também obtivemos uma terceira. Ambos confirmaram minha preocupação de que a oscilação de humor de Jonathon poderia significar o início de um transtorno bipolar.

Descrito em termos cerebrais, o transtorno bipolar é uma condição caracterizada por "desregulagem", significando dificuldade em manter o equilíbrio na vida cotidiana. A sensação que se tem como clínico é que há um problema com a coordenação e o equilíbrio dos circuitos que regulam o humor no cérebro. Como você viu na primeira seção de *Pensando o cérebro*, as regiões subcorticais influenciam nossos estados emocionais, alterando os humores, influenciando os sentimentos e moldando as motivações e os comportamentos. O córtex pré-frontal, localizado acima das áreas subcorticais, regula a forma como equilibramos esses estados emocionais.

Os circuitos regulatórios do cérebro podem funcionar mal por várias razões, algumas delas relacionadas à genética ou a aspectos constitucionais (não aprendidos) de temperamento. Uma teoria atual é que as pessoas com transtorno bipolar podem ter uma diferença estrutural na forma como os circuitos pré-frontais regulatórios se conectam com as áreas límbicas inferiores, que criam as emoções e moldam os humores. Essa diferença anatômica, talvez estabelecida pela genética, por infecção ou por exposição a neurotoxinas, pode levar a um disparo desenfreado das áreas límbicas inferiores. Quando acelerados, esses circuitos subcorticais moldam o pensamento rápido, aumentam o apetite e a natureza geral orientada do estado maníaco. Embora a mania possa parecer atraente e agradável para um observador, e a pessoa que a vivencia possa, na verdade, desfrutar de alguns períodos de euforia, ela também, provavelmente, terá períodos de agitação, irritabilidade e inquietação que causam uma sensação de descontrole e desespero. E quando a disfunção nos circuitos subcorticais vai na direção oposta, o pensamento desacelera, o humor se torna deprimido, as funções vitais do sono e do apetite são perturbadas e a pessoa pode evitar quase inteiramente o contato social. Quando a regulagem pré-frontal defeituosa resulta no fracasso em equilibrar esses dois extremos do contínuo emocional, tanto os estados maníacos quanto os depressivos podem ser sentidos como extremamente dolorosos.

O tratamento padrão para o transtorno bipolar é a medicação, que traz benefícios claros para muitos pacientes. No entanto, os efeitos colaterais dos remédios — chamados "agentes estabilizadores do humor" — são muito mais significativos do que os de antidepressivos usados na depressão unipolar. Esses riscos levantam graves questões a serem consideradas pelos psiquiatras infantis, fazendo com que hesitemos em correr para receitar medicações compatíveis com um diagnóstico de bipolaridade por um tempo mais prolongado. Ademais, se alguém com distúrbio bipolar não diagnosticado apresenta, primeiro, sintomas de depressão e recebe medicação antidepressiva, esta intervenção clínica pode acionar o começo de episódios maníacos. Ela pode também tornar o indivíduo propenso a uma forma intensa de desordem com rápidas alternâncias entre a mania e a depressão e, por vezes, provocar a emergência de um "estado misto" desses dois extremos ao mesmo tempo.

Considerando todas essas preocupações, pedi aos pais de Jonathon para virem junto com ele para discutirmos as questões abertamente, incluindo o papel das medicações no tratamento de distúrbios psiquiátricos graves. Muitos clínicos focam principalmente no conceito de "desequilíbrio químico" e como os vários neurotransmissores, tais como a serotonina ou a noradrenalina, levam você para "cima" ou para "baixo" quando seus níveis sobem ou descem. No entanto, de fato, entendo que uma discussão mais profunda sobre a regulagem emocional no cérebro oferece aos pacientes uma visão mais abrangente do problema — e o que podemos fazer com relação a ele. Apresentei a Jonathon e à sua família o modelo da mão para representar o cérebro e descrevi o papel crucial da região pré-frontal. Eu disse a eles que não sabia *por que* esses circuitos não estavam trabalhando da forma prevista em Jonathon, sabia apenas que as tormentas mentais graves provavelmente estavam relacionadas com tal disfunção pré-frontal.

"O que pode ser feito para ajudar esses circuitos a funcionarem bem?", perguntou a mãe de Jonathon, preocupada. Uma teoria sobre a depressão, eu comentei, é que a capacidade do cérebro para mudar em resposta à experiência está desligada. (Em termos de nosso rio de integração, podemos ver isso como rigidez.) Os antidepressivos (tais como os medicamentos conhecidos, relacionados à serotonina), os inibidores de recaptação de serotonina, ou ISRSs (inibidores seletivos da recaptação de serotonina), e os estabilizadores do humor, como o lítio, parecem ajudar a acionar novamente a neuroplasticidade. Eles ajudam a mudar o cérebro alterando a forma como os neurotransmissores funcionam, assim como ampliando a capacidade cerebral para aprender com a experiência — como na terapia. As medicações e a psicoterapia combinadas frequentemente compõem uma excelente estratégia de tratamento para os grandes transtornos do humor. Já foi inclusive demonstrado que a psicoterapia por si só muda a forma como o cérebro funciona. "Na verdade", disse a eles, "algumas descobertas recentes revelaram que episódios de recaída na depressão crônicos, como os que Jonathon podia estar vivenciando, podem de fato ser evitados por uma forma de terapia baseada em uma antiga técnica denominada 'atenção plena'."

UMA ABORDAGEM ATENTA PARA MUDAR A MENTE

Na época em que Jonathon me procurou, eu estava no meio da produção de um livro que revisava as pesquisas existentes sobre a atenção plena no campo da neurociência. Ser atencioso, ter consciência atenta, é muitas vezes definido como uma forma de intencionalmente prestar atenção ao momento presente sem ser arrebatado por julgamentos. Praticada no Ocidente e no Oriente, na Antiguidade e nas sociedades modernas, as técnicas de consciência atenta ajudam as pessoas a atingir o bem-estar treinando a mente para focar na experiência do momento. Às vezes, as pessoas ouvem a expressão *atenção plena* e pensam em "religião". Porém, a realidade é que focar nossa atenção dessa forma é um processo biológico que promove saúde — uma forma de higiene cerebral — e não uma religião. Várias religiões podem também encorajar essa prática de promoção de saúde, mas aprender a capacidade da consciência atenta é apenas uma forma de aprimorar o que definimos como a integração da consciência.

Como disse a Jonathon e aos pais dele, as pesquisas demonstraram claramente que a terapia baseada na atenção plena pode ajudar a evitar recaídas em pessoas com depressão crônica. Não encontrei pesquisas publicadas comparáveis sobre o uso da atenção plena para quem tem transtornos bipolares. No entanto, tinha motivos para ser cautelosamente otimista. Estudos mostraram que a atenção plena pode ser uma parte potente do tratamento bem-sucedido para diversas doenças, inclusive a angústia, o vício em drogas (tanto tratamento quanto prevenção de recaída) e transtornos de personalidade limítrofe, cuja marca é a desregulagem crônica.

Na verdade, um dos primeiros estudos a revelar que a psicoterapia podia realmente mudar o cérebro — um estudo sobre o transtorno obsessivo-compulsivo feito pela UCLA — usou a atenção plena como um componente do tratamento. Além disso, em um estudo pioneiro no Mindful Awareness Research Center, também na UCLA, descobrimos que o treinamento da atenção plena foi extremamente eficaz para adultos e adolescentes que tinham problemas em prestar atenção no trabalho e na escola.

O transtorno do humor de Jonathon responderia a tal intervenção? A postura cooperativa da família, associada às suas preocupações com os efeitos colaterais da medicação, me fizeram pensar que valia a pena tentar. Busquei o consentimento de Jonathon e de seus pais, sempre levando em consideração os pensamentos suicidas recentes do rapaz e os riscos graves da depressão não tratada, seja unipolar ou bipolar. Decidimos fazer uma tentativa de treinamento com atenção plena, concordando que se não houvesse progresso dentro de poucas semanas na redução de seu sofrimento e na estabilização do humor, passaríamos para a fase seguinte do tratamento, que provavelmente incluiria medicação.

FOCANDO A ATENÇÃO, MUDANDO O CÉREBRO

Como explicara a Jonathon e a seus pais, o cérebro muda fisicamente em resposta às experiências, e novas capacidades mentais podem ser adquiridas com esforço intencional, consciência focada e concentração. A experiência aciona disparos neurais, que, por sua vez, levam à produção de proteínas que habilitam o surgimento de novas conexões entre os neurônios, no processo denominado neuroplasticidade. A neuroplasticidade é viável ao longo da vida, e não apenas na infância. Além da consciência focada, outros fatores que ampliam a neuroplasticidade incluem os exercícios aeróbicos, a novidade e o estímulo emocional.

Os exercícios aeróbicos parecem beneficiar não apenas nossos sistemas cardiovascular e locomotor, mas também nosso sistema nervoso.

Aprendemos com mais eficiência quando estamos fisicamente ativos. A novidade, ou a exposição a novas ideias e experiências, promove o crescimento de conexões entre os neurônios e parece estimular o crescimento da mielina, uma substância lipídica que acelera as transmissões nervosas. A novidade pode até mesmo estimular o crescimento de novos neurônios — uma descoberta que precisou de muito tempo para ganhar a aceitação da comunidade científica.

O lugar em que focamos nossa atenção canaliza nossas fontes cognitivas, ativando diretamente os disparos neurais em áreas associadas do cérebro. Por exemplo, as pesquisas também mostraram que os centros auditivos do cérebro se expandem muito em animais recompensados por perceberem sons, enquanto que naqueles recompensados por priorizarem os sinais visuais foi a área visual que cresceu. A implicação é que a neuroplasticidade é ativada pela própria atenção, não apenas pela entrada de informações sensoriais. O estímulo emocional também pode ser um fator na ativação que ocorre quando os animais são recompensados por perceberem sinais sonoros ou visuais, e o mesmo fator pode estar envolvido na ativação da neuroplasticidade quando participamos em uma atividade que é importante ou significativa para nós. Porém, quando não estamos envolvidos emocionalmente, a experiência é menos "memorável", e é menos provável que a estrutura do cérebro seja alterada.

Outras evidências da remodelação do cérebro como consequência da atenção derivam de exames radiológicos realizados nos cérebros de violinistas. Os exames mostram um crescimento e uma expansão dramática nas regiões do córtex que representam a mão esquerda, que precisa dedilhar as cordas com exatidão, muitas vezes em alta velocidade. Outros estudos mostraram que o hipocampo, vital para a memória espacial, é ampliado nos motoristas de táxi.

UMA MENTE ATENTA

A capacidade de focar a mente é o que eu desejava que Jonathon adquirisse através do treinamento da atenção plena. Porém, o que exatamente o treinamento da consciência atenta estimula? E por que a atenção plena ajudaria, uma vez que há uma variedade tão ampla de aflições, do humor à atenção, do vício a distúrbios de personalidade? Enfim, o treinamento da atenção plena poderia ajudar Jonathon a resolver seus graves problemas de desregulagem?

Em resumo, eis o que a pesquisa clínica moderna, 2.500 anos de prática contemplativa, pesquisas recentes no campo da neurociência e minha experiência pessoal sugerem: a atenção plena é uma forma de atividade mental que treina a mente para se tornar consciente da própria consciência e prestar atenção às próprias intenções. Conforme definida por pesquisadores, a atenção plena exige prestar atenção ao momento presente a partir de uma postura que não faz julgamentos e não é reativa. Ela ensina a auto-observação; os praticantes conseguem descrever com palavras o oceano visual mental. No centro desse processo, acredito, está uma forma de "sintonia" interna que habilita a pessoa a se tornar "o próprio melhor amigo". E assim como nossa sintonia com nossos filhos promove uma ligação saudável e segura, a sintonia com o "eu" também promove uma base para a resiliência e a flexibilidade.

A forma como a atenção plena pareceu se sobrepor aos processos de apego seguro e às funções importantes da região pré-frontal que discuti na Parte 1 me impressionou muito. Parecia que o ato de sintonizar — interno na atenção plena ou interpessoal no apego — podia levar ao crescimento saudável das fibras pré-frontais centrais. Logo após eu ter tido essa percepção, li um relatório sobre uma pesquisa em andamento que mostrava que as regiões pré-frontais centrais eram, na verdade, mais grossas nos praticantes da atenção plena.

Portanto, essa é a hipótese que me levou a oferecer a Jonathon o treinamento da atenção plena: de que essa prática ajudaria as partes de seu cérebro que regulam o humor a crescerem e se fortalecerem, estabilizando sua mente e o capacitando a atingir o equilíbrio e a resiliência emocional. Não estava em questão se eu acreditava que ele tinha uma história de apego inseguro, mas, ao contrário, que a consciência atenta poderia estimular diretamente o crescimento do agrupamento de neurônios chamado de circuitos de ressonância, os quais abordei no terceiro segmento *Pensando o cérebro*. Esses circuitos neurais, que incluem as áreas pré-frontais centrais, nos tornam capazes de ressoar os outros e a nos regular. É aqui que podemos ver a conexão entre sintonia e regulagem: formas internas e interpessoais de sintonia que levam ao crescimento dos circuitos regulatórios do cérebro. Quando nos sintonizamos — tanto no nível interpessoal quanto internamente —, nos tornamos mais equilibrados e regulados. Ajudar Jonathon a atingir essa forma de sintonia interna por meio da prática da atenção plena era nosso objetivo. Isso envolveria concentração, tempo e monitoramento cuidadoso para termos certeza de que a desregulagem subjacente não pioraria ou colocaria a ele ou a terceiros, em risco.

O CÉREBRO ADOLESCENTE E O CÓRTEX PRÉ-FRONTAL

Jonathon estava ansioso para encontrar uma maneira de diminuir seu sofrimento. A adolescência normal já é suficientemente difícil: o surgimento das mudanças físicas, o despontar da sexualidade, por vezes sentida de forma avassaladora; a transformação da identidade e dos relacionamentos; as exigências escolares; as incertezas com relação ao futuro e os estresses da vida familiar pela expectativa de sair de casa. O próprio cérebro adolescente está em fluxo. As regiões pré-frontais, incluindo as áreas centrais, não amadurecem completamente até os 25 anos. Não apenas o cérebro está exposto a expressivas mudanças hormonais, como também passa por "ciclos de podas neurais" geneticamente programados — a remoção de conexões neurais para aperfeiçoar diversos circuitos, preservando aqueles que são usados e descartando os que não são usados, para que o cérebro se torne mais especializado e eficiente. A remodelagem normal do cérebro é intensificada pelo estresse e pode ser desmascarada ou criar problemas durante esse período vulnerável. Isso torna as nove funções pré-frontais centrais — da modulação do medo à empatia e à consciência moral — um tanto imprevisíveis, de modo que a autorregulagem emocional pode ser desafiante para qualquer adolescente.

A desregulagem do humor de Jonathon foi muito além dos tumultos normais da adolescência. A maioria dos adolescentes não chega ao ponto de pensar em suicídio ou a um momento em que seus humores imprevisíveis criem caos significativo em suas vidas. Esses períodos eruptivos e dolorosos criaram, em Jonathon, dúvidas a respeito de si mesmo. Ele sentia que não conseguia mais confiar em sua mente, que ela o traía.

Parecia-me que se tornar "seu próprio melhor amigo" era exatamente o que ele precisava. Se pudéssemos ajudá-lo a criar fibras integradoras em seu córtex pré-frontal central, ele, talvez, fosse capaz de obter mais do fluxo FACES, que descrevi no Capítulo 4, e encontrar um caminho mais harmonioso entre as margens de rigidez e caos. A integração da consciência poderia ajudar a estabilizar sua mente.

Expliquei tudo isso para Jonathon e expliquei que, com exercícios regulares, uma boa dieta e descanso, ele conseguiria estabelecer uma base para promover a neuroplasticidade. Jonathon e eu fizemos um acordo verbal de que ele seguiria essa "receita" para ter saúde. É surpreendente a frequência com que esses procedimentos básicos para a saúde mental são ignorados. O exercício é um tratamento subestimado — e já sabemos que os exercícios aeróbicos não apenas liberam endorfinas que podem combater um humor depressivo, mas também promovem o crescimento do cérebro. Comer regularmente e bem, equilibrar os vários grupos de alimentos e evitar açúcar e estimulantes em excesso pode ajudar a reduzir as alterações de humor. E dormir (embora, no caso dele, fosse difícil pegar no sono) é um remédio que deve ser abordado de forma sistemática. A higiene do sono inclui o estabelecimento de uma rotina calmante antes de ir para a cama. Diminuir a ingestão de cafeína ou de outros estimulantes no início da noite, ou até antes; desligar qualquer fonte de estimulação digital uma hora ou duas antes de ir dormir e fazer atividades tranquilas, tais como tomar um banho, ouvir música suave ou ler um livro podem ajudar tanto o corpo quanto a mente a relaxarem. Com essa higiene mental simples no acordo que fiz com Jonathon, pudemos passar aos esforços específicos para promover a integração.

Agora, era hora de usar o foco mental de Jonathon para mudar seu cérebro. Começamos uma série de sessões de treinamento de capacidades para ajudá-lo a desenvolver a consciência atenta. A ideia era que as técnicas que eu lhe ensinaria criassem um estado temporário de ativação mental todas as vezes que elas fossem repetidas. Induzidos regularmente, esses estados temporários se tornariam traços duradouros por um longo tempo. Com a prática, um estado atento se torna um traço atento.

A RODA DA CONSCIÊNCIA: ARO, RAIO E EIXO

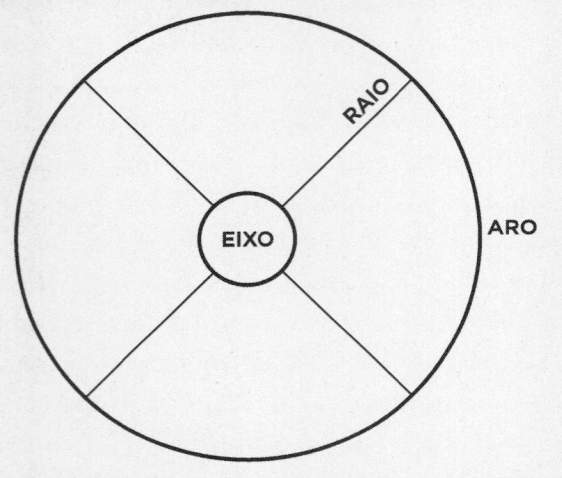

Este é o diagrama básico que desenhei para Jonathon a fim de ajudá-lo a visualizar como podemos focar a atenção.

Uma imagem em minha mente ajudou-me a entender as técnicas que estou prestes a descrever para você. Chamei-a de "roda da consciência". Desenhei-a para Jonathon quando começamos nosso trabalho. Pense numa roda de bicicleta, com o eixo no centro e os raios irradiando até a face externa do aro. O aro significa tudo que pode receber nossa atenção, tais como nossos pensamentos e sentimentos, ou as percepções do mundo externo, ou, ainda, as sensações corporais. O eixo simboliza o lugar interior mental a partir do qual nos tornamos conscientes. Os raios representam como nós dirigimos nossa atenção para uma parte específica do aro. Nossa consciência reside no eixo, e focamos em vários objetos de nossa atenção como pontos no aro. O eixo pode ser visto como uma metáfora visual para o córtex pré-frontal. Para vivenciar isso diretamente, vamos voltar para o primeiro exercício que ofereci a Jonathon.

UM EXERCÍCIO DE CONSCIÊNCIA ATENTA: FOCO NA RESPIRAÇÃO

Ao longo de milhares de anos na história da humanidade, do Ocidente ao Oriente, quase todas as culturas desenvolveram alguma forma de prática que utiliza o poder da atenção plena para aprimorar o bem-estar. Isso inclui práticas centradas na energia e no corpo, tais como ioga, tai chi e qi gong; práticas de devoção, tais como a oração centrada ou o canto; e várias formas de meditação sentada e em movimento que foram apresentadas pela primeira vez no Ocidente pelos praticantes do budismo.

Escolhi ensinar a Jonathon uma prática chamada "insight meditation", ou Vipassana, tanto porque a aprendi com professores experientes como porque ela tivera um grande apoio por parte da maioria das pesquisas que confirmam seu potencial para ajudar a desenvolver o cérebro. Outras técnicas poderiam ter sido um ponto de partida igualmente razoável, porém me senti mais confortável com essa.

Eis uma transcrição do exercício de meditação que ensino a meus pacientes e alunos. Sinta-se à vontade para ler tudo e tentar fazer uso da técnica se estiver em um lugar confortável que lhe permita mergulhar no oceano interno.

> É útil ser capaz de se tornar consciente da própria mente. Pode valer a pena, ter esse recurso "à mão". No entanto, a escola ou a família não nos ajuda muito no sentido de nos conhecermos. Portanto, vamos gastar alguns minutos agora fazendo apenas isso.
>
> Acomode-se. É bom sentar com as costas retas, se puder, pés apoiados no chão, pernas descruzadas. Se precisar

deitar-se, tudo bem. Primeiro, com os olhos abertos, tente o seguinte: deixe sua atenção fluir para o centro da sala. Agora, simplesmente observe sua atenção enquanto você a deixa ir até à parede mais distante. E, agora, siga sua atenção à medida que ela retorna ao meio da sala e, depois, a traga para perto, como se você estivesse segurando um livro a uma distância propícia para a leitura. Observe que sua atenção pode ir a muitos lugares diferentes.

Agora, volte a atenção para dentro. Você pode fechar os olhos nesse momento. Sinta o interior do seu corpo no espaço onde você está sentado na sala. Em seguida, conscientize-se dos sons ao redor. A sensação dos sons pode preencher sua consciência. (Pause por alguns instantes.)

Deixe sua consciência encontrar a respiração no local em que a sentir mais forte — esteja ela no nível das narinas, o ar entrando e saindo, ou no nível do peito subindo e descendo, ou, ainda, no nível do abdômen se expandindo e se contraindo. Talvez você até perceba o corpo inteiro respirando. Sempre que ela surgir naturalmente, permita que sua consciência pegue a onda da inspiração e, depois, da expiração. (Pausa.)

Quando perceber, como frequentemente acontece, que sua mente pode estar se dispersando e se perdendo em um pensamento, uma memória, um sentimento ou uma preocupação, simplesmente preste atenção e gentilmente, com carinho, volte sua consciência para a respiração — onde ela estiver — e siga a onda da inspiração e da expiração. (Pausa.)

Enquanto você acompanha sua respiração, contarei uma história antiga que foi passada de geração a geração.

A mente é como o oceano. E, em suas profundezas, por baixo da superfície, tudo é calmo e claro. E sejam quais forem as condições da superfície, seja ela calma ou agitada — ou mesmo se foi atingida por um furacão —, no fundo do oceano tudo é tranquilo e sereno. Das profundezas dele, você pode olhar na direção da superfície e simplesmente observar a atividade ali, assim como, do fundo da mente, você pode olhar na direção das ondas, as ondas cerebrais na superfície de sua mente, toda aquela atividade mental — os pensamentos, sentimentos, sensações e memórias. Aproveite essa oportunidade para simplesmente observar tais atividades na superfície de sua mente.

Às vezes, é útil deixar sua atenção voltar à respiração e segui-la para retornar àquele lugar tranquilo nas profundezas da mente. De lá, é possível se conscientizar sobre as atividades mentais sem ser arrebatado por elas, discernir que elas não são a totalidade do que você é; que você é mais do que seus pensamentos, mais do que seus sentimentos. Você pode ter pensamentos e sentimentos e também ser capaz de apenas percebê-los com a consciência de que não são sua identidade, são apenas parte de sua experiência atenção mental. Para algumas pessoas, nomear o tipo de atividade mental, como "sentimento", "pensamento", "lembrança" ou "preocupação", pode ajudar a permitir que essas atividades mentais sejam notadas como eventos que vêm e vão. Deixe-os flutuar suavemente para fora da consciência. (Pausa.)

Compartilharei mais uma imagem com você durante esse período de viagem interna. Talvez ache útil e deseje usá-la também. Pense em sua mente como a roda da consciência. Imagine uma roda de bicicleta em que há um aro externo e raios que conectam esse aro a um eixo interno. Nessa roda da consciência, tudo que pode surgir é um dos pontos infinitos no aro. Um setor do aro pode incluir aquilo do que nos tornamos conscientes através dos cinco sentidos: tato, paladar, cheiro, audição e visão, os sentidos que trazem o mundo externo para dentro de nossa mente. Outro setor do aro é nossa sensação interna do corpo, as sensações nos membros e nos músculos faciais, os sentidos nos órgãos do peito: nos pulmões, no coração, nos intestinos. O corpo inteiro traz essa sabedoria para dentro da mente, e essas sensações corporais, esse sexto sentido, se você assim desejar chamá-lo, é outro elemento para o qual podemos voltar nossa consciência. Outros pontos no aro são o que a mente cria diretamente, tais como os pensamentos e os sentimentos, as memórias e as percepções, as esperanças e os sonhos. Esse segmento do aro de nossa mente também está disponível à consciência. E essa capacidade para ver a mente — tanto a própria quanto a alheia — é o que podemos chamar de sétimo sentido. À medida que começamos a nos sentir conectados com os outros, percebemos nossas relações com o mundo maior, o que talvez constitua outra capacidade, um oitavo sentido relacional.

Agora, observe que temos a escolha do lugar para onde dirigir a atenção. Podemos escolher qual ponto do aro visitar. Podemos decidir prestar atenção a um dos cinco sentidos, ou talvez sentir nossa barriga e enviar um raio para lá. Ou quem sabe escolher prestar atenção à memória e enviar um raio para aquela área do aro em que as informações oriundas do sétimo sentido estão localizadas. Todos esses raios emanam das profundezas da mente, que é o eixo da roda da consciência. E quando focamos na respiração, descobrimos que o eixo ganha mais espaço. À medida que o eixo se expande, desenvolvemos a capacidade de sermos receptivos ao que surgir do aro. Podemos nos entregar à amplitude, à qualidade luminosa do eixo. Ele pode receber qualquer aspecto de nossa experiência, simplesmente como é. Sem ideias preconcebidas ou julgamentos, essa consciência atenta, essa atenção receptiva, nos leva para um lugar tranquilo onde podemos estar conscientes de todos os elementos de nossa experiência e conhecê-los.

Como as profundezas calmas do oceano interno, o eixo da roda da consciência é um lugar de tranquilidade, segurança, abertura e curiosidade. É a partir desse lugar seguro e aberto que podemos explorar a natureza da mente com calma, energia e concentração. Esse eixo da mente está sempre disponível para nós, imediatamente. E é a partir dele que entramos em um estado de conexão empático conosco e com os outros.

Vamos focar na respiração por alguns minutos, juntos, abrindo o eixo espaçoso de nossas mentes para a beleza e a maravilha do que é. (Pausa.)

Quando estiver pronto, você pode, se desejar, respirar mais voluntária e profundamente, e ficar pronto para gentilmente abrir os olhos, e continuaremos nosso diálogo juntos.

Como foi? Algumas pessoas passam por momentos difíceis ao mergulhar; outras se sentem tranquilas com a experiência. Se a respiração não funcionar para você após algumas sessões, você pode querer encontrar outra forma de focar sua atenção. Ioga, tai chi ou o chamado *walking meditation* podem ser maneiras mais confortáveis para você começar.

Apenas alguns minutos por dia dessa ou de outra prática básica de consciência atenta fazem uma diferença grande na vida das pessoas. Alguns de meus pacientes relatam que passam a se sentir menos angustiados, com uma sensação mais profunda de clareza, segurança e confiança, além de maior sensação de bem-estar. Eu esperava que Jonathon respondesse da mesma forma.

Felizmente, ele gostou do exercício e se comprometeu a fazer a meditação da atenção plena da respiração diariamente, no início, por cerca de cinco a dez minutos de cada vez. Quando sua mente se dispersava da consciência de sua respiração, ele simplesmente reparava nessa distração e suavemente retornava a atenção para a respiração.

O famoso psicólogo William James disse certa vez: "A capacidade de trazer de volta, voluntariamente, uma atenção perambulante muitas vezes é a própria raiz do juízo, da natureza e da vontade. [...] Uma educação para melhorar essa capacidade seria a educação por excelência." Embora James também tivesse dito "É mais fácil definir esse ideal do que dar orientações práticas para produzi-lo", sabemos de fato como focar novamente uma atenção perambulante repetidas vezes — usar a prática da atenção plena para educar a própria mente. Eu me senti um verdadeiro professor para Jonathon, dando a ele uma educação sobre sua mente, resultado de 2.500 anos de prática contemplativa.

TREINAMENTO DA CONSCIÊNCIA E ESTABILIZAÇÃO DA MENTE

Como parte de sua participação no clube de cinema da escola, Jonathon criara documentários curtos de várias partes da cidade com a filmadora dos pais. Ele trouxe um desses projetos para me mostrar no início de nosso trabalho juntos, e fiquei impressionado com as formas criativas com que ele usara os ângulos da câmera para capturar o espírito e as texturas desta cidade na qual eu e ele nascêramos e crescêramos. Seus olhos brilharam com orgulho quando ele viu o quanto gostei de sua criação. Contei a Jonathon sobre a metáfora de uma câmera sobre um tripé que apresentei no Capítulo 2. A lente dessa câmera é nossa capacidade de perceber a mente. Sem um tripé para mantê-la estável, a mente pode balançar como um filme amador feito com a câmera na mão. Jonathon entendeu isso imediatamente — o filme embaçado e tremido era como o sentimento de estar perdido durante suas alterações de humor. Ele também gostou da imagem do oceano no exercício de meditação e conseguia se identificar com uma rolha subindo e descendo na superfície de um oceano agitado. Porém, qualquer que seja a metáfora da mente que funciona para você — roda e eixo, câmera, oceano —, a sensação é a mesma. Há um lugar profundo dentro de nós que é vigilante, objetivo e aberto. Esse é o eixo mental receptivo, a profundidade tranquila do oceano mental.

A partir desse lugar, Jonathon conseguiu usar o poder da consciência reflexiva para alterar a forma como seu cérebro funcionava e, no fim das contas, para mudar a estrutura dele.

Vamos analisar esse processo usando as três pernas do tripé da visão mental: observação, objetividade e abertura.

OBSERVAÇÃO

Antes de mais nada, Jonathon precisou tornar-se consciente, observar como focava sua atenção. Conforme descobriu ao tentar focar na respiração, ele muitas vezes se distraía e se perdia em pensamentos, sentimentos e memórias. Isso não significa fazer "errado" a meditação. O propósito do exercício é perceber essas distrações — e depois focar novamente no objetivo (a respiração), repetidas vezes. Exercitar a atenção é como desenvolver um músculo: dobramos o braço e depois o estendemos — flexionamos e relaxamos nossos bíceps, focamos e reforçamos a atenção quando ela vagueia. Essa prática não apenas desenvolveu a capacidade de Jonathon para se tornar consciente de sua consciência, mas reforçava sua atenção para a intenção — nesse caso, focar na respiração. Esse monitoramento da consciência e da intenção está no centro de todas as práticas de atenção plena, da ioga à meditação Vipassana, esteja o foco na postura e no movimento, na respiração, na chama da vela ou em qualquer miríade de outros alvos encontrados nas culturas do mundo. Gradualmente, Jonathon construiria a aptidão da atenção plena para "focar e manter" e estabilizar sua lente da visão mental.

Além do exercício da atenção plena, Jonathon concordou em manter um diário de suas atividades diárias, observando as alterações de humor, a prática atenta (ou não) e os exercícios aeróbicos. Essa era outra oportunidade para desenvolver sua capacidade de observar suas experiências externas e internas e refletir sobre o funcionamento da mente.

Gravar suas experiências com atenção plena rapidamente revelou a falta de confiança em sua mente. Quase todos que praticam a meditação descobrem que os pensamentos e sentimentos interrompem nossas tentativas de foco, mesmo após anos de prática. Sentimentos intensos de frustração inundavam Jonathon nesses momentos, e ele escrevia no diário sobre como isso o fazia se sentir descontrolado. Ele compartilhou algumas anotações comigo, nas quais sua autodepreciação tangenciava o desejo de não continuar a viver. No entanto, havia reflexos de algo mais no diário, assim como: "Meu pai me disse para parar de tocar música alto e explodi. Ele é tão mesquinho e não sai do meu pé... Mas, hoje à noite, consegui ver minha explosão com ele como se estivesse em uma torre de vigia, sentado, observando a fumaça, e me senti mal e não consegui parar isso." No dia seguinte, ele se acalmara, mas ainda sentia que sua mente o "traíra" novamente. "Só que, desta vez, consegui vê-la em vez de simplesmente estar perdido nela."

A distância observacional que nos permite olhar nossa atividade mental é um passo inicial importante para regularizar e estabilizar a mente. Jonathon começava a aprender que podia "sentar" em seu córtex pré-frontal e não ser arrebatado pelas ondas cerebrais que arrebentavam nele e eram oriundas de outras regiões neurais. Era um lugar importante para começar.

OBJETIVIDADE

Se você é novato no treinamento da consciência ou da meditação, talvez seja útil compará-lo ao que acontece quando aprende a tocar um instrumento musical. Inicialmente, você foca nas características do instrumento — nas cordas, nas teclas, no bocal. Em seguida, pratica habilidades básicas, tais como tocar escalas ou acordes, focando em uma nota de cada vez. Essa prática intencional e repetitiva constrói uma nova capacidade — ela realmente reforça as partes do cérebro necessárias a esse novo comportamento.

O treinamento da consciência é uma prática de construção de habilidades, na qual o instrumento musical é a mente. A habilidade de focar e manter, desenvolvida durante a observação, o torna apto a "prender" sua atenção e estabilizar a mente. O próximo passo é distinguir a qualidade da consciência do objeto da atenção.

Começamos essa fase de treinamento da consciência de Jonathon com o que é chamado de "mapeamento corporal". Durante essa prática, Jonathon deitava no chão e focava sua consciência na parte do corpo que eu mencionava. Passávamos sistematicamente dos dedos do pé ao nariz, lentamente, para ele captar as sensações de cada região. Quando sua atenção vagava, o trabalho era simplesmente perceber suavemente a distração, abandoná-la e focar de novo — assim como fizera com a respiração. O que essa imersão na sensação corporal estava fazendo era direcionar sua atenção para uma área nova no aro de sua roda da consciência. Sentado no eixo da roda, ele conseguia focar nas várias sensações de seu corpo, localizando áreas de tensão ou relaxamento e observando distrações mentais enquanto se movimentava à vontade dentro desse setor do sexto sentido do aro.

Em seguida, ensinei a Jonathon uma *walking meditation*: vinte passos lentos pela sala com o foco da atenção nas solas dos pés ou na parte inferior das pernas. A mesma abordagem: quando observava que sua mente desviava a atenção para longe do alvo, ele simplesmente focava novamente. Essas práticas continuaram a construir a função da observação de focar e manter, mas também eram uma entrada para a objetividade: o ponto focal de atenção mudou com a prática, mas a sensação de consciência permaneceu a mesma. Esta se tornava uma presença expandida em seu mundo interno.

Aqui está uma anotação do diário que Jonathon compartilhou comigo nessa época: "Percepção incrível: posso sentir essa mudança — meus pensamentos e sentimentos surgem, às vezes, grandes, às vezes, maus —, mas antes eu os sentia como se fossem eu e agora eles se tornaram algo mais parecido com uma experiência que estou vivendo, não quem eu sou, eles não definem quem sou." Outra anotação descrevia um incidente em que ele estava preocupado com o irmão. "Fiquei furioso... mas depois resolvi sair para caminhar. Estava no quintal, e no fundo de minha mente quase consegui sentir essa divisão, às vezes, como uma parte de mim que conseguia ver e uma parte que podia ficar perdida no sentimento. Foi muito estranho. Observei minha respiração, mas não tenho certeza se isso funcionou bem. Mais tarde, simplesmente eu parecia mais calmo. Era como se não levasse meus sentimentos tão a sério."

Durante sua prática doméstica, Jonathon alternava entre a consciência da respiração, o mapeamento corporal e a *walking meditation*. Porém, agora, sua sensação inicial de frustração retornava de uma forma nova. Ele relatou que um dia teve uma grande "dor de cabeça", um tipo de "voz" que dizia a ele sem parar o que devia sentir, o que devia fazer, que ele estava fazendo sua meditação toda errada, que ele não prestava para nada.

Todos esses julgamentos eram atividades de sua mente, disse, e tranquilizei-o no sentido de que, certamente, ele não estava sozinho — muitos de nós temos uma voz julgadora que critica nosso progresso. No entanto, o próximo passo em seu crescimento exigia que ele parasse de ser um escravo daquela voz. Senti que esse era um desafio que Jonathon estava pronto para enfrentar naquele momento.

ABERTURA

A observação capacitara Jonathon a focar na natureza da intenção e da atenção, as forças impulsoras da vida mental. A objetividade lhe permitiu distinguir consciência de atividade mental, a libertar mais ainda sua identidade das tempestades do oceano mental. Porém, agora, essa atividade tempestuosa do aro estava voltando gradualmente para o eixo, na forma dos "deveres" das expectativas. Essas são as prisões da vida. Tentar mudar a maneira de como realmente você se sente é uma estratégia que não leva a lugar nenhum. A consciência aberta tem a ver com aceitar o que se é e não ser arrebatado por tais atividades julgadoras.

Isso parece irônico? Jonathon me procurou para tentar mudar e, agora, estou encorajando-o a se aceitar como é. Entretanto, aqui está a distinção: o esforço para combater experiência real cria uma tensão interna, um tipo de sofrimento autoinfligido. Porém, em vez de recuar para nosso mundo interior e dizer "Não, não faça isso!", podemos abraçar o que é e observar o que acontece. Surpreendentemente, muitas vezes, as pessoas descobrem que deixar as coisas como estão também permite que elas mudem. Podemos abordar nosso mundo interior com abertura e aceitação em vez de com julgamentos e preconceitos. Pense nisso: se uma amiga lhe procura com dificuldades, provavelmente você a ouvirá primeiro, dirá tudo que lhe vier à mente e oferecerá um coração aberto e um ombro amigo para ela se apoiar. Isso é o que a abertura exige — sintonizar com o que verdadeiramente se é, ser gentil e apoiar a nós mesmos, deixar nosso estado ser receptivo em vez de reativo.

Jonathon, no entanto, ainda não aprendera a ser gentil com ele mesmo. Ele focava na respiração, por exemplo, e se ficasse distraído com alguma memória do último fim de semana, alguma preocupação com os deveres de casa ou com pensamentos sobre uma briga com um amigo, então ele ficava com uma "sensação" na cabeça de que não estava "meditando corretamente" e que "não era bom nisso". Lembrei a ele que essas duras autocríticas eram apenas outra atividade mental que ele precisava observar. Eram pensamentos críticos, e quando surgissem, ele podia tentar simplesmente rotulá-los — "julgamentos... julgamentos..." — e, então, afastar sua atenção deles e voltá-la para a respiração. Jonathon decidiu que preferia usar o rótulo "duvidando, duvidando" para lembrá-lo da natureza desanimadora desses pensamentos perturbadores.

A qualidade da abertura é a terceira perna do tripé que estabiliza a lente da visão mental. Ela significa que, em vez de sermos arrebatados pelas críticas, acabamos aceitando a nós mesmos e a nossas experiências. Porém, para chegar a esse lugar de sintonia e aceitação interna devemos, primeiro, perceber quando somos nossos próprios carcereiros.

UMA MENTE ESTABILIZADA

Jonathon observou as mudanças que surgiram. Ele saía para correr ou dar uma volta de bicicleta nos momentos de tormenta, tentando encontrar alguma saída do estado de espírito que parecia dominá-lo. Essas atividades físicas rítmicas o ajudaram a acalmar o corpo, fincar-se em sua consciência e se equilibrar novamente. À medida que as semanas passavam, Jonathon descrevia uma nova experiência. Ele começou a perceber os pensamentos extremos e as tempestades emocionais intensas com mais clareza, enxergando-os, mas, de alguma forma, não sendo arrebatado por eles. O que o surpreendeu e empolgou seus pais foi que ele parecia ter encontrado uma nova maneira de acalmar suas feras.

Eis o que Jonathon escreveu no diário uma noite: "Tive uma briga com minha mãe esta tarde e fui para meu quarto antes do jantar. Pensei em me matar. Tudo começa novamente. Isso nunca vai melhorar. Assim que começo a pensar que as coisas estão mudando, elas permanecem as mesmas. Cheguei tarde em casa da escola e ela me esculachou, estava TÃO zangada. [...] Sentei na cama e simplesmente pensei: 'Qual o motivo para isso?' Mas, então, o sentimento de absoluta impotência pareceu flutuar em minha cabeça, como uma jangada ou um barco, um pedaço de madeira ou algo assim. Porém, no lugar do sentimento usual de estar naquele barco, boiando sem direção, eu estava em outro local. Conseguia ver que o barco era apenas um sentimento, apenas o sentimento de mim não sendo capaz de FAZER algo para sair fora disso. E o que foi realmente estranho era que assim que deixei o barco simplesmente ficar lá, tipo, em minha mente, mas separado de 'mim', não estando nele, ele não me fazia sentir-me tão mal. Então, quando olhei para ele diretamente, como apenas algum tipo de desamparo, ele simplesmente desapareceu." Na sessão daquele dia, Jonathon e eu falamos sobre como essa experiência do "barco" permitiu que ele visse que, na verdade, não tinha que simplesmente flutuar sem destino naquele sentimento de desespero. Aprendera que podia fazer algo para evitar ser emboscado por seus sentimentos. Jonathon também aprendera que apenas observar seu mundo interno com aceitação tinha um efeito amenizador forte sobre seu sofrimento. Ele me disse que começou a observar que conseguia suavizar a violência de seus pensamentos e sentimentos ao olhar diretamente para eles e não fugir. Entender que ele podia realmente reverter o fluxo de seus sentimentos e pensamentos lhe deu um feedback maravilhosamente positivo sobre as próprias capacidades. De várias maneiras, as experiências de Jonathon ecoaram os resultados de uma pesquisa que mostra que as pessoas com o treinamento da consciência atenta direcionam seus cérebros para um "estado de abordagem" que lhes permite se aproximar, em vez de se afastar, das situações desafiadoras. Essa é a característica principal da resiliência cerebral.

Mais tarde, Jonathon escreveu: "Sei que soa bobo, mas minha visão da vida está mudada agora. O que antes pensava ser minha identidade, agora percebo ser somente uma experiência. E ser tomado por sentimentos grandes é apenas alguma maneira pela qual meu cérebro me proporciona experiências, mas elas não precisam definir quem sou."

Fiquei emocionado com as descobertas dele e admirado por sua capacidade para articular insights tão profundos. Agora, precisávamos ver como ele podia aprimorar essa capacidade de monitoramento recém-enriquecida para começar a alterar a forma como a energia e as informações fluíam em seu mundo interno — para, antes de mais nada, evitar que sua mente fosse inundada por aqueles "sentimentos grandes". Após ter aprendido como usar as habilidades de auto-observação para ver suas tormentas internas, ele estava preparado para aprender técnicas que o capacitariam a lidar com elas. Em seguida, ensinei a Jonathon técnicas básicas de relaxamento, convidando-o a imaginar um lugar tranquilo a partir de sua memória ou imaginação, que ele pudesse evocar em momentos de aflição. Praticamos essas visualizações de imagens na segurança do consultório e os combinei com o sentimento básico que ele obteria simplesmente observando seu corpo na cadeira ou sentindo sua respiração. Essas técnicas de uso de imagens internas e de relaxamento lhe forneceriam algumas maneiras facilmente acessíveis para se acalmar. Ao longo do tempo, Jonathon aprendeu a evitar uma iminente crise pela observação das mudanças no estado corporal — o batimento cardíaco, a barriga fazendo barulhos, os pulsos tensos — e, assim, o próprio ato de perceber o acalmaria. Jonathon vivenciava o poder de uma consciência da mente estabilizada para atingir equilíbrio mental.

Em nossas sessões, à medida que os meses passavam, Jonathon se tornava cada vez mais confiante em sua capacidade de olhar para dentro e de mudar o que estava acontecendo. Em seu diário escreveu: "Começo a ver como minha maneira de prestar atenção a meus sentimentos muda o que eles fazem comigo. Eles costumavam explodir e durar horas. Agora, após alguns minutos, posso ver que eles fazem muito barulho, mas, como não os levo a sério, eles simplesmente se dissolvem. É estranho, mas começo a acreditar em mim, talvez pela primeira vez."

As mudanças demandaram a capacidade de aceitar o que estava lá e ter a força de deixar que assim fosse, até que sua mente começasse a ficar estável novamente. Ele e eu sabíamos como esse caminho fora difícil. As tormentas de sua vida representaram um grande desafio, mas elas também forneceram a motivação para ele encontrar uma forma de criar um porto seguro em sua mente.

O que mudara para Jonathon? Não temos exames do cérebro dele para dizer com certeza do ponto de vista neurológico, mas o que imagino é que ao longo desses meses de duas sessões por semana de trabalho árduo, da prática da consciência atenta e dos exercícios aeróbicos quase todos os dias, Jonathon criou fibras pré-frontais integradoras. Sua nova forma de focar a atenção, de integrar a consciência, tornara-se possível porque as áreas pré-frontais centrais expandiram suas conexões e começaram a criar fibras de ácido gama-aminobutírico (GABA, na sigla em inglês) inibidoras que conseguiam acalmar suas tormentas subcorticais. O GABA conseguia amenizar a amígdala límbica irritável de modo que ela não recrutasse as áreas do tronco encefálico para realizar a rotina de luta, fuga ou congelamento que levava Jonathon à loucura. Ele também tendia a se dirigir mais para um estado de abordagem cerebral "mais voltado para a esquerda". Com essa nova integração, Jonathon estava aprendendo a coordenar e equilibrar os disparos cerebrais de maneiras novas e mais adaptativas. Agora, ele conseguia "sentar" no abrigo de sua consciência recém-encontrada sem ser arrebatado pelas atividades mentais que costumavam dominá-lo. Esse treinamento mental foi mais do que uma forma de aliviar os sintomas de montanha-russa — foi a maneira de Jonathon se tornar mais resiliente e mais ele mesmo. "Sinto-me quase como uma pessoa diferente — quer dizer, estou mais forte agora. Não quero dizer isso demais para não dar azar, mas sinto-me muito bem — muito desembaraçado."

Com seis meses de tratamento, a maioria dos sintomas de tumulto emocional de Jonathon parecia ter desaparecido. Sentar com ele na sala provocava um sentimento diferente: ele aparentava estar mais à vontade, desembaraçado e despreocupado. Ele parecia mais confortável na própria pele. "Simplesmente não levo todos aqueles sentimentos e pensamentos muito a sério — e eles não me dominam mais de forma descontrolada!" Continuamos a trabalhar suas técnicas e solidificamos suas habilidades recém-adquiridas. Em nosso último encontro, após um ano de terapia, Jonathon se levantou para apertar minha mão e vi novamente aquele brilho em seu olhar que muitas vezes estivera escondido atrás de uma máscara de angústia e medo. Agora, o olhar era límpido, o rosto tranquilo e seu aperto de mão confiante e forte. Ele deve ter crescido, pelo menos, sete centímetros desde que entrou em meu consultório pela primeira vez, o que parecia ter ocorrido há décadas.

Após o ensino médio, Jonathon foi para uma faculdade fora da cidade. Passaram-se alguns anos, e recentemente reencontrei os pais dele em uma loja na vizinhança. Eles me disseram que ele estava "ótimo" e não tivera nenhum outro episódio de sua mente montanha-russa. Ele está estudando cinema e psicologia.

6

A METADE OCULTA DO CÉREBRO
Equilibrando os lados esquerdo e direito

STUART ACABARA DE COMEMORAR 92 anos quando o filho o levou a meu consultório. "Nunca precisei de um psicanalista e, certamente, não preciso de um agora", ele anunciou quando recusou o braço do filho e entrou com passos lentos. Stuart não aparentava ter mais do que 70 anos e era um homem bonito, sem barba, a cabeça toda branca, cabelos ondulados, penteados com capricho e bem-aparados. "Estou aqui por causa de meu filho", acrescentou. "É uma ideia tola, mas ele acha que preciso de ajuda."

Ao telefone, Randy me dissera que o pai estava deprimido. Ele lera um artigo no jornal sobre depressão na velhice e concluíra que a de seu pai iniciara quando a mãe de Randy, Adrienne, fora hospitalizada por causa de uma pneumonia seis meses antes. Eram casados há 62 anos e, após seu retorno para casa, Stuart se tornara, nas palavras de Randy, "um problemão". Não ia mais à sua antiga firma de advocacia várias vezes por semana. Deixara de caminhar e ver os amigos. Parara de ligar para Randy ou para seu irmão. E, embora nunca tivesse se envolvido muito com os netos, estava agora ainda mais afastado deles. Nos eventos familiares, sentava em um canto lendo o jornal ou assistindo ao noticiário. Mesmo em casa com Adrienne, Stuart parecia desinteressado e introspectivo.

Porém, quando Stuart e eu começamos a falar após Randy sair, o que primeiro me impressionou não foi tanto a depressão, mas um tipo de vazio. O idoso parecia desanimado, o tom de voz carecia de variação e o rosto, de expressão. Ele narrava os detalhes dos últimos seis meses como se fossem um programa de televisão que, por acaso, estava passando enquanto ele esperava o noticiário. Ele era vibrante e alerta, mas parecia distante e sem emoção.

Olhei nos olhos de Stuart, vasculhando meus próprios sentimentos e sensações para tentar obter algum sentido espelhado do que poderia estar acontecendo com ele. Como já discutido, usamos nosso corpo inteiro como "olhos" da visão mental, e eu estava consciente de uma sensação entediante e apática de que algo estava faltando. É provável que você já tenha observado que, quando está com alguém que se sente deprimido, começa a se sentir para baixo — pesado, triste, distante e sozinho. Porém, com Stuart, a princípio, não senti nada, e depois tive uma vaga sensação de medo, uma apreensão oculta. Tratava-se do meu medo de encontrar alguém com 90 anos e não poder ajudá-lo? (Já que ele próprio acabara de declarar que eu não podia?) Estava simplesmente projetando meu medo do envelhecimento, da doença, da perda? Ou isso era, na realidade, meus circuitos de ressonância refletindo precisamente algo que acontecia com Stuart?

Após alguns minutos, ele parecia estar acomodado em sua cadeira e se sentindo mais confortável enquanto nós "conversávamos". Descobri mais sobre a vida de Stuart — seu trabalho como advogado de propriedade intelectual, os times de futebol americano e beisebol favoritos, a formação acadêmica e como conhecera Adrienne. Ele se aposentara há dez anos da firma de advocacia em que era sócio e me disse que continuava a prestar consultoria nela, desfrutando de seu status de sábio mais velho. Ele fora a reuniões mesmo quando Adrienne estava no hospital. Porém, agora, reconhecia que estava ficando em casa e lendo muito. Além disso, "as coisas iam bem". Enquanto falava, procurei por sinais de um início de demência e não encontrei nada. A memória de Stuart, a atenção, a orientação com relação à realidade, tudo parecia intato.

Então, perguntei como ele se sentira quando Adrienne ficou doente. "Sei que não soa bem", ele respondeu, "mas, para ser sincero, não fiquei preocupado. Ela tinha os melhores médicos, e eles disseram que ela ia ficar boa. Sabe", continuou, "mesmo quando um dos sócios de minha firma foi diagnosticado com linfoma, não senti nada. As pessoas ficam doentes e morrem. É isso. Sei que devia sentir algo nesses casos, mas simplesmente não sinto."

A fala de Stuart de que algo não soava "bem" atraiu minha atenção. De alguma forma, ele percebia que suas reações não eram muito normais e parecia buscar uma categoria — "bem" ou "mal" — para entendê-las. Talvez eu pudesse me alinhar com essa consciência, essa curiosidade com relação a outras possibilidades de sentir. Indaguei-me sobre o que o levara a estar tão paralisado e desconectado e o que poderíamos fazer a respeito.

Perto do fim da sessão, pedi a Randy para se juntar a nós novamente. Tanto Stuart quanto o filho concordaram que ele sempre tivera um temperamento "equilibrado". Eles reconheceram sua "irritabilidade" e a maneira "brusca" com que dizia às pessoas o que pensava, mas nenhum deles lembrou de algum momento em que Stuart realmente perdera a paciência. Tampouco houve qualquer período prolongado em que ele tivesse ficado mal-humorado e deprimido ou, ao contrário, exultante. No todo, como Randy colocava, Stuart fora "a rocha na vida de todos". Embora não tenha respondido a essa colocação do filho, o brilho em seu olhar me passou a sensação de que o pai gostava profundamente dele. Isso também me deu a esperança de que eu conseguiria ajudá-lo e fiquei aliviado quando ele concordou em voltar para "algumas" sessões.

DO PASSADO AO PRESENTE

Stuart voltou mesmo, arredio como sempre. Quando comecei a pedir que falasse sobre sua infância, ele me disse que eu estava sendo "ridículo". Será que eu não percebera que aos 92 anos sua infância era certamente "coisa do passado"? "Por que falar sobre isso agora? Eu sabia que os terapeutas não eram bons da cabeça."

Tive vontade de dizer "objeção negada, meritíssimo", mas me segurei. O humor pode ser uma forma importante de conexão e até estimular a neuroplasticidade, mas não parecia adequado naquele momento. Em vez disso, disse-lhe que, para entrar na mente dele, seria, na verdade, cientificamente útil rever suas lembranças do passado. Você pode imaginar a resposta do advogado Stuart: "Não preciso de ajuda. Logo, isso é irrelevante."

Uso minhas perguntas de entrevista com dois objetivos: o primeiro é obter detalhes dos eventos da vida de uma pessoa. O segundo é ter uma ideia de como a história é contada. Procurava desafios no desenvolvimento aos quais ele precisara se adaptar, tais como perdas ou traumas. A personalidade surge quando o temperamento inato, muitas vezes geneticamente influenciado — tal como timidez ou mau humor —, interage com nossos pais, colegas e professores e com nossas experiências em casa e na escola. Eventos aleatórios — no útero, em nossos primeiros anos de vida e até mesmo mais tarde — também contribuem de formas imprevisíveis para o desenvolvimento. Adaptamo-nos a tudo que nos é dado e a tudo que encontramos. Não sabemos nada além disso. Fazemos o melhor possível, e nossa sensação de "eu" surge na dança entre as características inatas, as adaptações às experiências e o simples acaso.

Quando consegui fazer Stuart falar, sua memória era excelente para detalhes sobre a cidade em que crescera, as brincadeiras de criança, a marca e o modelo de seu primeiro carro e até mesmo os eventos históricos e políticos da época. Porém, quando se tratava de questões sobre o começo de sua vida em família — ou de qualquer momento dela —, suas respostas eram consistentemente vagas. "Minha mãe era normal. Ela administrava a casa. Meu pai trabalhava. Acho que meus irmãos e eu estávamos bem." A uma questão sobre como sua vida familiar afetara seu desenvolvimento, Stuart respondeu: "Não afetou. [...] Meus pais me deram uma boa educação. Qual é a próxima pergunta?"

Stuart insistia que sua infância fora "boa" muito embora tivesse dito que não se lembrava de detalhes de seu relacionamento com os pais e irmãos. Ele insistiu que "simplesmente não lembrava" o que eles faziam em casa ou *como* era sua vida quando jovem. Os detalhes que me deu soavam como fatos, não como experiência vivida. Isso ocorreu até quando ele me contou que estava com o irmão quando este sofreu um acidente grave de esqui e perdeu a perna. O irmão se recuperara e estava "bem".

Essa sessão desafiadora me forneceu informações importantes. As lembranças generalizadas de Stuart, a falta de lembrança das experiências familiares e a insistência no fato de que esses relacionamentos não foram impactantes em sua vida, são todos resultados clássicos de um determinado tipo de narrativa autobiográfica que já vinha estudando há anos. Uma grande quantidade de pesquisas sugere que tal narrativa se desenvolve como resultado de ter sido criado em um lar onde não há envolvimento emocional.

Isso foi confirmado quando Adrienne veio com Stuart na semana seguinte. Ela disse que os pais de Stuart eram "as pessoas mais frias que ela poderia encontrar no planeta". "Você simplesmente não pode imaginar por que as pessoas seriam tão estranhas, tão frias, tão indiferentes... pobre Stu." Aos 83, Adrienne estava em grande forma e olhava para Stuart com orgulho e afeição. Quando se dirigiu a mim, ela disse que esperava que eu pudesse ajudá-lo a "sair de sua casca".

Os comentários de Adrienne reforçaram minha impressão de que, embora Stuart tivesse se afastado ainda mais desde sua pneumonia, ele sempre fora emocionalmente distante. Porém, algo acontecera a ele quando Adrienne estava hospitalizada, algo que o afetara de uma forma que ele não conseguia, ou não desejava, discutir. Para Adrienne, ele parecia ter perdido o interesse na vida comum deles dois, retirando-se deliberadamente para o mundo dos livros de história e dos periódicos de direito. Ela disse que esperava que a terapia o tornasse "mais feliz". Stuart respondeu que não sabia exatamente o que isso significava, mas que sentia que sua mulher merecia ter um companheiro melhor na aposentadoria dela. Ele concordou em continuar a terapia por três ou quatro meses para ver o que ele e eu conseguiríamos fazer juntos.

DIREITO E ESQUERDO

Talvez o fato de ter sido criado pelas "pessoas mais frias do mundo" tenha provocado a rigidez subjacente de Stuart, talvez tenham sido os genes que ele herdara, ou quem sabe havia algum fator ainda desconhecido.

Não precisávamos saber com certeza para intervir. Essa é a beleza da abordagem interrogativa. Podemos impulsionar o sistema na direção do fluxo FACES focando nos três pontos do triângulo de bem-estar: mente, cérebro e relacionamentos. Questões básicas: O que está acontecendo agora? O que pode ser feito para promover a diferenciação e a ligação?

Para entender Stuart, vamos explorar como os lados direito e esquerdo do cérebro nos apresentam maneiras muito diversas de perceber a realidade e de se comunicar um com o outro. Essas diferenças formam os pilares neurais para o tipo de resposta que Stuart dera durante nossa entrevista sobre desenvolvimento. No caso daqueles que tiveram uma infância fria e emocionalmente vazia, um lado do cérebro frequentemente parece ser menos estimulado enquanto o outro se torna excessivamente dominante. O estilo de narrativa de fatos sem detalhes autobiográficos e seu envolvimento ao longo da vida com uma profissão que exigia trabalho intelectual extremamente lógico, porém com pouco envolvimento no que se refere ao contato emocional, sugeria fortemente que ele tinha um cérebro esquerdo dominante e um direito pouco desenvolvido. Os lados esquerdo e direito do cérebro estão nas manchetes atualmente, e eu até os ouço sendo discutidos em reuniões sociais (pelo menos nas festas que frequento). No entanto, é fácil simplificar em excesso as diferenças, então vamos examinar a questão em maior profundidade.

Desde o início da vida, usamos o domínio "não verbal" para nos comunicarmos uns com os outros. Enviamos e recebemos sinais através de expressões faciais, tom de voz, postura, gestos e do momento e da intensidade das respostas. Quando éramos bebês, sinais não verbais eram nossa salvação, a única forma de transmitirmos necessidades e desejos. Chorávamos, agitávamos braços e pernas, franzíamos as sobrancelhas ou virávamos as costas quando estávamos com fome, apavorados, com dor ou solitários. Sorríamos, balbuciávamos e nos aninhávamos nos braços de nosso tutor se nos sentíamos seguros, protegidos e bem-alimentados. E, ao responder a nossos sinais, criávamos uma conexão por meio desses padrões de energia e informação não verbais. Essa é a forma como Leanne "se sentiu sentida" por Barbara antes do acidente. Essa é a forma como nos tornamos um "nós" com nossos pais.

Esses sinais não verbais são tanto criados quanto percebidos pelo lado direito do cérebro, e os neurocientistas descobriram que o hemisfério direito é mais desenvolvido e ativo durante os primeiros anos de vida. Foi a escassez de tais sinais não verbais que observei nas primeiras sessões com Stuart. Ali estava um profissional brilhante, articulado e bem-sucedido, mas que parecia carecer dessas tramas fundamentais da vida. Claro que também nos conectamos uns com os outros por meio das palavras, tais como as que você está lendo neste momento, ou as que Stuart distribuiu tão habilmente em sua carreira. As palavras se tornam muito mais importantes após os primeiros anos de vida — e este é o momento em que o hemisfério esquerdo se torna mais ativo. Por toda a infância e adolescência, os hemisférios direito e esquerdo passam por fases cíclicas de crescimento e desenvolvimento.

O hemisfério direito é mais ligado às áreas subcorticais do cérebro. As informações fluem do corpo para o tronco encefálico, para as áreas límbicas e para o córtex direito. O hemisfério esquerdo é mais afastado dessas fontes subcorticais cruas — das sensações físicas, das reações de sobrevivência do tronco encefálico e dos sentimentos límbicos e apegos.

Em função dessa história desenvolvimentista e configuração anatômica, o hemisfério direito nos dá uma sensação mais direta do corpo inteiro, de nossas ondas e marés emocionais e de imagens de experiência que constituem nossa memória autobiográfica. O cérebro direito é o local de nossos "eus" emocional e social. Criamos imagens de nossa mente e das mentes alheias usando o verdadeiro estado cortical direito; o lado direito tem um papel maior ao lidar com o estresse e regular a atividade das regiões subcorticais. Porém, essas não são distinções absolutas. A vida normal tece essas atividades dominadas pelo hemisfério direito no igualmente importante, mas diferente, fluxo de informação dominado pelo hemisfério esquerdo.

Até para comunicar essas ideias, preciso usar meu lado esquerdo mais conceitual, analítico e baseado em fatos — e você precisa usar o seu para nos entendermos. O hemisfério esquerdo, por ser menos diretamente influenciado pelos acontecimentos subcorticais abaixo dele, vive em uma espécie de "torre de marfim" de ideias e pensamento racional se comparado com sua contraparte, o hemisfério direito, que é mais visceral e emocional. No entanto, as duas esferas se comunicam. Esses vizinhos corticais, direito e esquerdo, são ligados pelo corpo caloso, uma faixa de neurônios nas profundezas do cérebro que permite que a energia e as informações sejam enviadas e recebidas entre eles. Considerados em separado, esses padrões diferentes de fluxo de energia e informação permitem que nós tenhamos algo como "duas mentes", as quais podem cooperar ou competir. Chamaremos a isso de "modos" direito e esquerdo. Quando os dois hemisférios colaboram, atingimos a integração "bilateral" ou "horizontal".

Seu hemisfério esquerdo adora a comunicação linear, linguística, lógica e literal. Além de fazer listas, também adora rotular coisas. É especializado no raciocínio silogístico, usa cadeias lógicas e identifica relações entre causa e efeito. Sabemos que o hemisfério esquerdo está se conectando quando crianças de 2 ou 3 anos começam a perguntar: "Por quê? Por quê? Por quê?"

Aqui está um resumo prático de cada modo: esquerdo — desenvolvimento tardio, linear, linguístico, lógico, literal, rótulos e listas. Direito — desenvolvimento precoce, holístico, não verbal, imagens, metáforas, sensações do corpo inteiro, emoção crua, redução do estresse e memória autobiográfica.

Outra forma de pensar sobre os dois modos é que o esquerdo é mais "digital", com categorizações de liga-desliga, superior-inferior, certo-errado das informações, enquanto que o direito é mais "analógico". A anatomia cerebral revela uma razão possível para essas diferenças na microarquitetura contrastante das duas regiões.

O modo direito cria uma postura "E", enquanto o esquerdo cria um ponto de vista "OU". Ao usar o modo direito, vejo um mundo repleto de possibilidades interconectadas: isso E aquilo podem ser verdade. E, juntos, eles podem fazer algo novo! Ao usar o modo esquerdo, vejo um mundo mais dividido: isso OU aquilo é verdade? Para o esquerdo, apenas uma visão pode refletir a realidade precisamente. E quando estou olhando para o mundo através da lente OU de meu modo esquerdo, não tenho sensação alguma de que estou escolhendo ver o mundo dessa forma. *É assim*. E a outra forma, a do modo direito, bem, ela está simplesmente *errada*.

Trabalho com casais em que uma pessoa tem o modo esquerdo dominante, e a outra, o direito. A pessoa A se diz triste. A pessoa B responde: "Você é louca. Não há razão para sentir tristeza." A olha, perplexo, mas não consegue falar. B parece sentir que venceu. Que tipo de jogo é esse... triste, desconectado, certamente não integrado... uma situação em que todos perdem.

Você pode estar se perguntando se, por termos dois processadores neurológicos poderosos, mas bastante distintos, na cabeça, inevitavelmente entraremos em guerra conosco mesmos — assim como acontece com as pessoas que possuem uma dominância de modo que difere da nossa, como no casal descrito acima? Às vezes, entraremos. Quando um modo domina o outro por longos períodos, o resultado é a rigidez e/ou o caos. Essa é a forma como senti Stuart no consultório — rígido e desconectado.

Há muitas razões para que alguém cresça "tendendo para a esquerda". E se a necessidade de estar perto dos outros — compartilhar os sinais não verbais, sentir-se visto e seguro — não encontrar um outro cuidadoso, unido e comunicativo? Ou, pior ainda, e se aquelas primeiras interações são apavorantes? Como podemos viver com tal sensação de incerteza? Se vivemos em um deserto emocional ou somos atirados de um lado para outro por tormentas violentas, nosso hemisfério direito pode encolher em resposta a tudo isso. Escapar para um modo esquerdo mais dominante coloca nossa consciência em um lugar mais seguro. É a estratégia de sobrevivência mais comum e adaptativa. Porém, há formas melhores, e eu esperava poder ajudar Stuart a descobri-las.

ESTIMULANDO O CÉREBRO

Iniciar uma terapia com uma pessoa de 92 anos significa dizer que "malhávamos em ferro frio"? Se os circuitos neurais do modo direito estiveram adormecidos por décadas — por quase um século —, poderíamos estimulá-los a se tornarem ativos? Se essa dormência fosse oriunda da experiência, da genética, do acaso ou de todas as possibilidades mencionadas, haveria uma forma de mudar seu funcionamento neurológico atual? E se ativássemos esses circuitos, poderíamos realmente esperar que eles fizessem novas conexões sinápticas ou até mesmo criar novos neurônios integradores? A ciência da neuroplasticidade, juntamente com o trabalho clínico de reabilitação neural, sugeria que sim. E foi isso o que disse a Stuart.

Fiz um desenho do cérebro e falei sobre os lados direito e esquerdo. O objetivo era ajudá-lo a desenvolver um equilíbrio maior do cérebro como um todo — para acrescentar novas capacidades ao hemisfério direito e reforçar o lado esquerdo já bem desenvolvido. Depois, apresentei um de meus acrônimos, o EsCAN (a saber, Estimular e Criar Ativação Neural). Disse-lhe que podíamos "EsCANear" seu cérebro para criar e fortalecer as conexões neurais. Sempre que um disparo neurológico ocorre, as células do cérebro existentes podem fazer novas conexões sinápticas ou aumentá-las através do processo denominado *sinaptogênese*. Novos neurônios podem ser estimulados a se desenvolver também — um processo denominado *neurogênese*. Expliquei também como a mielina pode engrossar, o que aumenta a condução elétrica entre os neurônios interconectados. E, como contei a Jonathon, entre as chaves para o crescimento neuronal estão a novidade, a atenção e o exercício aeróbico. Stuart gostou do acrônimo, e fiquei feliz porque seu modo esquerdo parecia apreciar um jogo de palavras.

Sem precisar usar uma sonda elétrica, como podemos mirar estrategicamente uma parte do cérebro? A resposta é a atenção. Quando focamos repetidas vezes em habilidades específicas, a atividade neural do momento pode gradualmente se tornar um traço estabelecido através do poder da neuroplasticidade. Primeiro, usaríamos o foco de atenção de Stuart para EsCANear seu hemisfério direito, e faríamos isso ao trabalhar as capacidades que ajudariam a ampliar a diferenciação ao estimular o crescimento daquela região. O trabalho para promover a ligação do direito com o esquerdo aconteceria em seguida.

Eu queria ter certeza de que o modo esquerdo de Stuart estava pronto para esse processo. Falei sobre o que faríamos em termos da construção de habilidades e contei sobre as pesquisas que investigaram mudanças cerebrais quando se aprende a tocar um instrumento musical. Se o instrumento é um violino, como mencionado anteriormente, os estudos demonstraram que a atenção ao dedilhado intrincado da mão esquerda fortalece a parte do córtex que regula as sensações e o controle motor da mão em questão. Aquelas áreas serão muito maiores do que as que regulam a mão direita, que está usando o arco de uma forma menos sutil.

Eu, então, disse a Stuart que nós poderíamos focar sua atenção de maneiras específicas para permitir que seu hemisfério direito se tornasse mais bem-desenvolvido. Simplesmente, precisaríamos nos dar o tempo biológico necessário para permitir o crescimento de sinapses e neurônios novos e para que eles se tornassem parte de um sistema recém-integrado.

DESENVOLVENDO O MODO DIREITO

Stuart gostava de nossas discussões lógicas e científicas sobre a atividade cerebral que eram parte do plano de tratamento. Nada que eu disse o colocou em uma posição de "errado". Enfatizei como o cérebro responde às experiências no início da vida, como nos adaptamos e "fazemos o melhor que podemos" pela vida inteira. Sejam quais forem os fatores envolvidos, ele agora podia mudar, se assim desejasse, utilizando o desenvolvimento experimentalmente induzido. Meu último argumento foi que não estávamos tentando mudar quem ele era, mas expandindo seu potencial ao nutrir um conjunto de circuitos subdesenvolvido em seu cérebro. Eu esperava que enquadrar nosso trabalho dessa forma lhe traria a sensação de segurança necessária para atingir o objetivo ulterior do trabalho — que era abri-lo para a emoção e fazer com que se permitisse ser vulnerável —, no qual ele estaria disposto a mergulhar.

No fim da sessão, Stuart fez uma pausa, por um momento, e lembrou-me de como ele não "sentira nada" quando Adrienne e seu sócio na firma de advocacia ficaram doentes. Ele, então, disse algo que jamais esquecerei: "Conheço pessoas que dizem que elas sentem isso ou aquilo... mas, em minha vida, basicamente não sinto nada. Realmente não sei sobre o que as pessoas estão falando. Gostaria de saber antes de morrer." Naquele momento, fiquei convencido de que ele e eu podíamos trabalhar juntos para "religar" seu cérebro. Nós dois parecíamos estar à altura da tarefa.

SENSAÇÕES CORPORAIS

Uma vez que o próprio Stuart admitira que seus sentimentos eram inacessíveis, começamos com algo mais tangível: o corpo.

Para conseguir acesso às sensações somáticas, guiei-o no tipo de mapeamento físico que fizera com Jonathon, começando com o pé direito e subindo pela perna. Você deve lembrar-se de "O cérebro na palma da mão" em que o lado direito do corpo é representado pelo hemisfério esquerdo e vice-versa. Na verdade, uma imagem do corpo inteiro é mapeada apenas no direito, mas eu queria começar pelo lado do cérebro no qual Stuart se sentia mais competente. Após ter sido bem-sucedido em focar sua atenção no lado direito, fizemos o mesmo mapeamento para a perna esquerda. Verificamos que ele conseguia localizar sensações em ambos os lados sem problema. Isso sugeria que o circuito neural básico que conecta o lado do corpo ao lado oposto do cérebro estava intato.

Porém, quando pedi a Stuart para colocar as sensações de ambas as pernas, simultaneamente, "na frente de sua mente", ele hesitou. "Não consigo ver isso de jeito nenhum. É como um objeto trêmulo. Primeiro, vejo um lado, depois, o outro." Portanto, o funcionamento básico estava intato em ambos os lados, mas ele não conseguia integrá-los simultaneamente dentro da consciência. Trabalhamos nessa capacidade pelo restante do mapeamento do corpo inteiro, enquanto eu lhe pedia, diversas vezes, para focar sua atenção em um lado primeiro, depois no outro e, em seguida, em ambos ao mesmo tempo.

Quando direcionei o mapeamento para dentro e pedi que Stuart sentisse seus órgãos corporais, ele achou isso ainda mais difícil. As pesquisas sugerem que a interocepção — nossa percepção do estado interno do corpo — é mediada, principalmente, pelo hemisfério direito. Conforme discutido em "Circulando pelos circuitos de ressonância", passamos os sinais do interior do corpo — e também dos estados límbicos — através do conduíte chamado ínsula até as regiões pré-frontais centrais direitas do cérebro. Não conseguia determinar se a dificuldade de Stuart com a interocepção era devida à falta de desenvolvimento dos circuitos de ressonância ou à falta de ligação com os centros linguísticos do lado esquerdo, a qual seria necessária para traduzir tal interocepção em palavras. Qualquer que fosse a causa, da mesma forma que acontece com qualquer habilidade, focar a mente nessa sensação se tornaria mais fácil com prática constante, e eu não queria que ele ficasse frustrado demais. Era hora de mudar para outro aspecto do modo direito.

A CONEXÃO NÃO VERBAL

Começamos a desenvolver relacionamentos durante nossos primeiros anos, quando o hemisfério direito é dominante tanto no aspecto de crescimento quanto de atividade. Talvez essa seja uma razão para o modo direito se especializar nos relacionamentos mais íntimos pela vida inteira. O lado direito também se especializa no autoconsolo. Os bebês usam a mão esquerda (controlada pelo cérebro direito) para se consolarem, enquanto a direita tende a se mexer para explorar o mundo. As imagens cerebrais revelaram também que a ativação pré-frontal esquerda parece estar associada a um estado de abordagem, no qual buscamos e nos abrimos a novas experiências. A ativação frontal direita, por outro lado, está associada ao recuo, a um retorno para dentro e um afastamento das novidades. Curiosamente, as regras sociais de demonstração — os códigos que nos dizem como devemos agir em grupos — são uma especialidade do modo esquerdo. Portanto, em geral, o esquerdo parece focar mais no exterior, enquanto o direito se especializa no interior, explorando nossos mundos internos. Isso pode ajudar a explicar por que Stuart era bem-sucedido em ambientes como tribunais e salas de conferência, mas deixava a desejar quando se tratava de relacionamentos mais íntimos.

Para apresentar Stuart ao rico mundo interno da reflexão e dos relacionamentos, eu o envolvi em uma série de "jogos" de comunicação não verbal. A princípio, eles eram simples: eu fazia uma expressão facial e ele nomeava a emoção — tristeza, medo, raiva. Em seguida, eu pedia a ele que a imitasse. Ele se negou a começar até eu lhe dizer a razão para o exercício e, mesmo assim, não conseguiu fazê-lo. Porém, após algumas sessões, ele ficou muito bom em me imitar. Como dever de casa, mandei que ele assistisse a programas de televisão com o som desligado. Isso envolveria sua capacidade de percepção não verbal do hemisfério direito — e talvez deixasse seu hemisfério esquerdo tão enfadado ao ponto de relaxar e, quem sabe, adormecer completamente. (Quando estávamos juntos, tive de ser cuidadoso para não envolvê-lo com frequência demasiada em meu próprio hemisfério esquerdo. Ele adorava explicações, me fazia muitas perguntas sobre pesquisas e me atraía com histórias fascinantes sobre outros tópicos. Porém, tínhamos trabalho a fazer e precisávamos nos encontrar, cérebro direito com cérebro direito.) Quando nos envolvíamos nos "jogos" não verbais, eles pareciam o alimento cerebral que Stuart esperara uma vida inteira para receber.

IMAGENS

À medida que nossa comunicação não verbal melhorava e Stuart se tornava mais afinado com suas sensações corporais, decidi que era hora de explorar seu mundo de imagens internas e de reflexões autobiográficas.

Pedia a ele que relatasse o que havia feito na noite anterior à nossa sessão e o que comera no café da manhã daquele dia, e que transmitisse suas lembranças como imagens em vez de fatos. Por um lado, esse era um território seguro para ele. Essas seriam memórias neutras, quadros de sua experiência no passado recente. No entanto, aqui estava a parte enganosa: as representações autobiográficas são dominadas pelo modo direito, elas não estão em forma de palavras. Logo, eu dizia: "Apenas observe o que surge em sua consciência." "Apenas observe" convida a experimentar sensações mais amplas que estão próximas do fluxo de imagens do modo direito, anterior às palavras. Stuart desejava resumir e avaliar: "Tive uma noite boa." "Comi cereal no café da manhã." O que foi difícil para ele foi me dizer: "Encho minha tigela azul de cereal e ouço o som seco que ele faz. Sinto a garrafa de leite gelada em minha mão e derramo o leite lentamente até vê-lo quase cobrir os flocos. Sento e observo que a luz do sol está batendo em meus olhos."

Stuart e eu passamos para imagens de cenas neutras, tais como sua praia favorita, o quintal de sua casa, as últimas férias. Novamente, essas imagens não vieram facilmente à sua consciência. Os conceitos verbais dominavam sua paisagem mental, e ele começava a explicar — não a descrever — onde fora e o que fizera nas férias. Entretanto, Stuart adorava um desafio e lentamente aprendeu que as atividades mentais não são apenas os pacotes linguísticos de palavras que compartilhamos na escola e nos negócios — o modo pelo qual ele fora tão bem-recompensado por toda a juventude e maturidade.

Naturalmente, você percebeu o paradoxo — estávamos usando palavras para acessar o domínio das sensações, das imagens e dos sentimentos do hemisfério direito, que não tem palavras. Mas as palavras não são uma especialidade do cérebro? Sim e não. Quando *explicamos* uma experiência científica ou um procedimento legal, dependemos pesadamente do esquerdo. Quando *descrevemos* em vez de explicarmos, estamos convocando o lado direito, rico em experiências, a colaborar com o hemisfério esquerdo, artesão das palavras. O desafio foi convidar o modo esquerdo de Stuart a participar, mas deixar o direito permanecer forte. Isso seria o inicio de uma ligação mais equilibrada entre esquerdo e direito.

Com o aumento da confiança e da prática, aquilo que começou como imagens fugazes se tornou um filme mais estável diante do olho mental de Stuart. Lentamente, ele mergulhou no oceano interno. Ao longo de um período de consultas semanais, por vários meses, Stuart começou a apreciar o que, a princípio, fora um exercício frustrante. Como dever de casa, dei-lhe um livro sobre como aprender a desenhar usando o lado direito do cérebro. Ele também começou a escrever um diário pela primeira vez na vida. Às vezes, ele trazia suas anotações para nós lermos juntos — reflexões sobre como ele estava mudando, sobre o mundo novo que se abria para ele. Outras vezes, ele escrevia sobre como se sentia inseguro e, às vezes, com medo de "não conseguir fazer isso" e sobre ele não ser bom em descrições, um "fracasso em sentir". Porém, à medida que o tempo passava, ele dizia que adquirira "uma maneira completamente nova de ver". A chave para ele, disse, era se ajustar à realidade de que ele não conseguia controlar o rumo que suas imagens tomariam. Como isso deve ter sido diferente de estudar e praticar direito. Ao conseguir relaxar a predileção do hemisfério esquerdo pelo controle e pela certeza, sua mente pôde ficar livre para se abrir para o mundo interior.

FAZENDO O ELO ENTRE ESQUERDO E DIREITO

Finalmente, Stuart e eu passamos para o nível dos sentimentos. A afirmação inicial de Stuart, "Não sei o que sinto", lentamente dera lugar à sua capacidade de verbalizar a sensação dos músculos dos braços, onde seu rosto estava tenso, quando sentia o peito apertado, ou o mal-estar na barriga. A partir de tais sensações corporais, às vezes ele se tornava consciente das imagens — uma imagem de estar com alguém, de se esconder ou de fugir aparecia em sua cabeça. Sintonizar-se com os sinais corporais e com as imagens que surgiam deles também o ajudou a se conscientizar de seus sentimentos, porque estes são a sensação subjetiva do que está acontecendo dentro do corpo inteiro — de membros e peito até o tronco encefálico, às áreas límbicas e ao córtex. No entanto, ainda era difícil para ele traduzir essas sensações, imagens e sentimentos em palavras quando eu lhe perguntava sobre eles.

Stuart não estava sozinho. Encontrar as palavras para descrever corretamente nosso inefável mundo interno é um desafio eterno para muitos de nós. Os poetas nos oferecem uma possibilidade de domínio dessa habilidade neural, mas poucos de nós têm o dom poético para traduzir sentimentos em palavras — e é realmente uma façanha hercúlea, se você considerar esse trabalho por um instante. Usamos nossos pacotes linguísticos do hemisfério esquerdo para fazer uma pergunta ao hemisfério esquerdo de outra pessoa sobre suas experiências ou sentimentos (ou para nos fazer as mesmas perguntas). Aquela pessoa deve decodificar os sinais e enviar uma mensagem pelo corpo caloso para ativar o hemisfério direito, que produz as imagens sensório-somáticas não verbais, as quais constituem a "matéria-prima" dos sentimentos. Em seguida, ela precisa reverter o processo, traduzir a música interna do hemisfério direito de volta para processadores neurais digitais dos centros de linguagem do hemisfério esquerdo. Então, uma sentença é proferida. Surpreendente.

Por isso, era importante que Stuart escrevesse no diário e fizesse um registro não apenas de seus pensamentos, mas também dos sentimentos, das imagens e das sensações que entravam em sua consciência. À medida que nossas práticas semanais continuaram, o diário de Stuart revelou o mundo cada vez mais intrincado de seu modo direito, repleto de descrições de sonhos, poemas e reflexões profundas sobre sua vida. Ele parecia refletir sobre seu mundo interno, que agora se tornava acessível a ele.

Usar palavras para descrever e rotular o mundo interno pode realmente ser útil não apenas para aqueles que, como Stuart, têm problemas em acessar suas emoções, mas para os que precisam encontrar uma forma de reequilibrar os sentimentos hiperativos. Tais pessoas têm um excesso de fluxo de modo direito sem ligação suficiente com o esquerdo (se comparado com o excesso de atividade do modo esquerdo de Stuart, sem ligação suficiente com o direito) e podem sofrer de desregulagem emocional e explosões caóticas. Elas podem ficar assoladas por imagens autobiográficas fragmentadas, repletas de sensações corporais, inundadas de emoções que impressionam e confundem. Para essas pessoas, equilíbrio significa ganhar alguma distância mental no seu santuário do modo esquerdo. Uma vez que o hemisfério direito está mais intimamente ligado às áreas subcorticais que geram emoção, podemos entender por que o sentimento cru e espontâneo é sentido de forma mais completa e imediata no modo direito — e por que faz sentido que essa ligação entre os modos direito e esquerdo, através das funções da linguagem do hemisfério esquerdo, possa trazer o equilíbrio necessário. E, de fato, estudos realizados por meus colegas da UCLA realmente mostraram que nomear uma emoção ameniza os disparos límbicos. Às vezes, precisamos "nomear para dominar". Podemos usar os centros de linguagem esquerdos para acalmar as áreas emocionais direitas que disparam em excesso. Porém, repito: a chave é interligar o direito e o esquerdo, e não substituir um desequilíbrio por outro.

CONSTRUINDO O "NÓS" DA VISÃO MENTAL

Um dia, Stuart mencionou que seu neto mais velho quebrara a perna esquiando. Lembrei a primeira sessão em que ele me contara sobre o acidente de esqui com o irmão mais velho e pensei se ele tinha alguma emoção não resolvida com relação a esse evento — a qual ele poderia estar disposto a discutir naquele momento. Quando levantei o tópico, Stuart ficou emocionado e achei que tivesse atingido um ponto fraco em suas memórias. Disse que talvez o evento ainda estivesse muito vivo em sua mente.

Stuart negou com a cabeça.

— Não, não é isso — disse ele, limpando uma lágrima do rosto.

— O que você acha que é? — perguntei, intrigado sobre o que podia estar gerando essa resposta emocional incomumente intensa para ele.

— Não tem nada a ver com meu irmão ou com o acidente — respondeu, olhando diretamente para mim. — É que não consigo acreditar que você lembrou do que eu disse há meses... Não consigo acreditar que você realmente me conhece.

Sentamos em silêncio profundo, olhando um para o outro. Senti sua presença de uma forma que nunca experimentara antes. Falamos sobre aquela sensação de ligação entre nós e sobre algumas outras coisas de sua mente, e a sessão terminou. Quando ele se levantou da cadeira, dirigiu-se a mim, apertou minha mão e colocou a mão esquerda sobre nossas mãos apertadas.

— Obrigado — disse. — Muito obrigado por tudo. Essa foi uma excelente sessão.

Não consigo realmente colocar em palavras o que aconteceu, mas — após seis meses de terapia —, agora, parecia haver um "nós" na sala. Se tivéssemos monitores cerebrais à mão na hora, acho que eles teriam captado a ressonância entre nós. Assim como Stuart fora levado às lágrimas ao perceber que sua mente estava na minha, eu me senti profundamente comovido ao ver, pela primeira vez, que a minha estava na dele. Havia uma ligação profunda e aberta entre nós.

FORTALECENDO A INTEGRAÇÃO SINÁPTICA

Uma enxurrada de efeitos positivos parece surgir espontaneamente quando a integração é iniciada. É como a velha ideia da física de empurrar uma bola morro acima para vê-la rolar pelo outro lado. Envolve um esforço considerável e uma atenção deliberada ir além do estado inicial embotado e não integrado — empurrar a bola morro acima. Esse é o trabalho de mudança intencional. Entretanto, no fim das contas, a mente emergente toma seu rumo natural na direção da integração, e a bola corre sem necessidade de esforço para o fundo do vale da coerência. A integração é o estado natural da mente.

No início de nosso trabalho conjunto, pensei que precisaria aprimorar a empatia de Stuart passo a passo, começando com os princípios básicos de absorver a comunicação emocional alheia e depois responder com compaixão. Antes de poder fazer os mapas da visão mental de mentes alheias, ele precisava aprender a se abrir para ressoar os estados emocionais delas e, posteriormente, acessar esses estados em si mesmo. Porém, em retrospectiva, percebi que já havíamos trabalhado naqueles blocos básicos de construção. O foco nas sensações corporais aumentou sua interocepção; a reflexão e a escrita do diário abriram sua consciência aos sentimentos; e o trabalho com imagens fortaleceu sua capacidade de participar em experiências não verbais. Esses elementos essenciais da empatia são formas de integração. Ao conseguirmos colocar a bola em jogo, a mente maravilhosa e agora receptiva de Stuart ficou pronta para fazer o que nascera para fazer — conectar-se com os outros e consigo mesmo.

Nove meses após nosso primeiro encontro, recebi um telefonema de Adrienne. Ela me perguntou se eu havia feito um "transplante de cérebro" em Stuart e me contou que estava impressionada com a forma como ele se tornara sintonizado com os sentimentos dela e que eles eram mais felizes agora do que jamais tinham sido. Ela desejava compartilhar comigo o que acontecera na noite anterior. Adrienne estava em pé perto de Stuart enquanto ambos desejavam "boa-noite" a uma visita, e ela colocou a mão no ombro dele. No passado, ele teria ficado rígido ou se afastado, mas, em vez disso, disse: "Hum, isso é bom." Em seguida, ele a deixou fazer uma massagem no ombro — pela primeira vez em 62 anos de casados.

Quando encontrei Stuart novamente, ele ponderou sobre a importância de Adrienne para ele. Compreendera que a frieza de seus pais deve ter sido tão dolorosa que ele se refugiara no trabalho escolar, depois na profissão, e se distanciara dos outros e de si mesmo. Quando Adrienne adoeceu, ele se afastara ainda mais. Agora, ele conseguia se conscientizar de que o medo de perder alguém que o amara por tanto tempo era insuportável. Começamos a trabalhar na terapia o confronto com a fragilidade da vida, aprender a envolver profundamente e, no entanto, aceitar que não podemos controlar os acontecimentos em nossas vidas, ou de nossos relacionamentos. "Sei que é mais fácil esconder-se nos livros", Stuart escrevera no diário, "mas eles simplesmente não são tão bons quanto o amor."

Sem que eu precisasse mencionar, Stuart lembrou o momento em que Adrienne tocou seu ombro. "Acho que nunca quis sentir que precisava dela. Era simplesmente mais fácil — durante todos esses anos — não precisar de ninguém. Como deve ter sido difícil... e sou tão agradecido a ela por ficar comigo todo esse tempo. Ela disse que gostava de massagear meus ombros, mesmo tendo levado mais de sessenta anos para eu dizer 'Sim!'" No que se refere a Stuart, o brilho em seus olhos disse tudo quando me falou que a massagem "foi ótima!".

Um ano após nossa última sessão, quando ele se aproximava dos 94 anos, Stuart me mandou um recado: "Não tenho palavras para dizer a você o quanto tenho me divertido. A vida tem novos significados, agora. Obrigado." Eu é que agradeço a ele por me ensinar, por ensinar a todos nós, o quanto resiliente nossos cérebros integradores podem ser.

7

CORTADA DO PESCOÇO PARA BAIXO
Reconectando a mente e o corpo

A PRIMEIRA CONSULTA DE ANNE aconteceu em um raro dia de chuva em Los Angeles. Ela não deve ter trazido um guarda-chuva, pois seu longo cabelo negro, preso de lado em um coque solto, estava ensopado, e um fio de água escorria rapidamente pelo ombro e pela gola do casaco. Eu não conseguia deixar de olhar a marca escura se espalhando, mas Anne parecia não se incomodar. Aprendi logo que essa falta de interesse por seu corpo era mais do que apenas a consequência passageira de ser pega desprevenida pela chuva.

Anne olhou ao redor da sala, se recostou no divã e disse: "Bem, aqui estou, mas não sei bem por quê." Anne era uma médica de 47 anos e mãe de gêmeas com 11 anos. Ela me contou que estava evitando voltar a seu clínico geral para fazer um exame de rotina há mais de um ano. Sua pressão arterial ligeiramente elevada e algumas descobertas durante um exame cardíaco de rotina o preocuparam e ele pediu que ela voltasse algumas semanas depois, mas Anne simplesmente não conseguia fazer isso. Sim, ela sabia que os médicos eram os piores pacientes. Mas, sentia que não havia nada de errado com seu coração e que não precisava gastar tempo com isso. Sua pressão arterial estava controlada; ela só tinha algumas palpitações que conseguia ignorar sem dificuldade.

Então, perguntei-me, se o coração dela realmente não a preocupava, por que estava falando sobre ele? "Não tenho tempo para ir a um médico", Anne continuou, as palavras saindo aos borbotões. Estava até o pescoço de trabalho, seus dias eram longos e entravam pelos fins de semana, que passava no escritório onde chefiava um grupo de radiologistas. Perguntei-me como, então, ela arranjara tempo para me ver — e por que realmente viera. Anne parecia perdida, e, no fundo de seus olhos, havia uma tristeza distante, um tipo de ânsia por algo que não conseguira encontrar. Meu modo direito estava tomado por uma vaga sensação de dor, mas nesse momento, eu não conseguia localizá-la corretamente nem nomeá-la, então simplesmente registrei essas sensações internas e as arquivei em minha mente.

Anne então me disse que, apesar do sucesso profissional, não se sentia muito realizada e que sua vida era vazia. Não havia muita coisa além de trabalho. Ela se divorciara há seis anos porque "eles simplesmente não tinham nada em comum". Ela não se interessara em namorar quando as gêmeas eram pequenas (além disso, estava muito ocupada) e não tinha nenhum relacionamento no momento. Suas filhas dividiam seu tempo entre a casa dela e a do ex-marido, em um bairro próximo. Quando perguntei sobre seu relacionamento com as meninas, ela me disse que elas eram "miniadolescentes" que "realmente não queriam lidar com os pais". Eram "muito independentes", acrescentou ela, orgulhosa. Anne fez uma pausa por quase um minuto, e eu esperei para ver o que mais ela diria. Então, olhou para mim com uma expressão confusa e disse: "Bem, estou aqui de qualquer maneira... e acho que a vida tem que ser mais do que apenas isso." Presumi que isso era um pedido de terapia.

Quando pedi a Anne que me contasse algo sobre sua criação, essa foi a história que ela contou:

Quando ela tinha 3 anos, a mãe morreu de câncer de pulmão e o pai ficou muito deprimido. Foi enviada para morar com os avós maternos em uma cidade próxima e não viu o pai por quase um ano. Durante aquele tempo, ele fora hospitalizado e, quando recebeu alta, voltou para viver com Anne e os avós dela. Quando perguntei a Anne sobre esse ano, ela disse: "Eles eram pessoas gentis, acolhedoras e amorosas", e então parou, por alguns momentos. "Mas não durou muito", acrescentou. "Eu era jovem, e meu pai voltou e, bem, tudo mudou depois disso."

O pai de Anne casou novamente quando ela tinha 5 anos, e a nova família mudou para o outro lado dos Estados Unidos, para a região noroeste, quase no litoral do Pacífico, perto de Seattle. Ela não viu os avós novamente até entrar para a faculdade. O pai de Anne e a madrasta tiveram dois filhos, meninos ativos nascidos com um ano e meio de diferença um do outro, pelos quais os pais eram apaixonados. Anne disse que adorava os irmãos, mas se sentia ignorada pelo pai. E quanto à madrasta, Louisa, ela era "um robô em corpo de mulher" e uma disciplinadora rigorosa que criticava Anne implacavelmente. O pai de Anne nunca intervinha.

Um dia, aos 11 anos, Anne recebeu uma repreensão bastante severa de Louisa. Mais tarde, como relatou, ela saiu para dar uma volta entre as macieiras do pomar nos fundos da casa. Lembrava-se de haver tomado uma decisão: prometeu a si mesma que "nunca mais sentiria qualquer coisa novamente". Enquanto me contava isso, seu rosto ficou ainda mais inexpressivo, e ela passou o dedo indicador pela frente de sua garganta. Foi um gesto que a maioria das pessoas reconheceria como "acabou" ou "corte a cabeça". Mas eu não tinha qualquer certeza de que Anne sequer percebera que fizera isso.

"Funcionou. Eles nunca mais me tocaram novamente. Quero dizer, eles não me machucavam fisicamente ou abusavam sexualmente de mim, mas nunca mais os permiti me deixarem chateada, não importa o que fizessem. Ele e minha madrasta simplesmente se tornaram não pessoas em minha vida. Ignorei-os daquele dia em diante. Estudei como louca na escola. Meus professores me adoravam, e foi isso. Após me formar em medicina, eu sabia que ficaria bem. Acho que, de muitas maneiras, tudo aquilo me ajudou a ser a médica bem-sucedida que sou hoje. Suponho que deveria agradecê-los... a todos eles... mas não nos falamos mais. Eles não saberiam o que fazer se eu entrasse em contato, quer dizer, para pedir desculpas, se eles pudessem. É isso. Essa é a minha história."

A sessão terminou. Anne concordou em voltar, e saiu na chuva.

MANTENDO O CORPO FORA DA MENTE

No meio da segunda consulta de Anne, uma citação de James Joyce que ouvi em algum lugar me veio à cabeça: Sr. Duffy "vivia a uma distância curta de seu corpo." Essa imagem se materializava na forma como ela se movimentava, a dureza do modo de andar, a maneira como mantinha as mãos inertes sobre o colo. (Em retrospectiva, o gesto de faca passando pela garganta se destacou ainda mais.) Ela também emergia de seu relato de uma vida interna limitada e rígida, vivida apenas dos ombros para cima.

Anne me contou que teve uma infância bastante artística — ela se destacara em desenho e adorava pintar —, embora há anos "não tivesse mais tempo para essas atividades". Ao contrário de meu paciente Stuart, ela não parecia ter um déficit no desenvolvimento do modo direito; isso foi sinalizado pela capacidade artística e pelo fato de que, durante o relato de sua história pessoal, ficou claro que ela estava consciente e era capaz de articular memórias autobiográficas em grandes detalhes, uma especialidade do cérebro direito. Ademais, sentada comigo no escritório, ela se expressava bem (de forma não verbal), fazendo bom contato visual e variando as expressões faciais e o tom de voz quando questões diferentes surgiam, os quais são outros sinais de desenvolvimento do modo direito. Seu modo esquerdo também mostrara força inicial; ela se sentia à vontade com as ciências e adorava resolver problemas de matemática quando estava na escola. Seu sucesso como radiologista reforçava minha impressão de haver ao menos algum grau de integração horizontal; sua profissão exigia combinar o reconhecimento de padrões espaciais do modo direito com o modo esquerdo clínico-analítico.

Em nossa primeira entrevista, Anne falou apenas brevemente sobre sua reação à morte da mãe: "Ela morreu, eu era pequena e não sei o que faria sem ela." Essa confusão dos tempos passado — "eu era" — e presente — "não sei" — é uma dica de possíveis questões de sofrimento não resolvido. Especulei sobre como a doença da mãe poderia ter afetado o relacionamento delas mesmo antes de morrer —

como uma criança fica confusa e assustada pela incapacidade da mãe de cuidar dela. Anne também experimentara a perda repentina do pai, que desapareceu e voltou mais tarde, apenas para permanecer distante; e, então, ela foi afastada dos avós que haviam cuidado dela com ternura por dois anos.

Em seguida, houve a "decisão" de Anne, aos 11 anos, de "nunca mais sentir nada novamente". Anne falou disso como um ponto de virada em sua vida juvenil. Enquanto eu perguntava sobre suas experiências atuais, a cisão de seu corpo ficou clara. Anne "comia para viver" e tirava pouco prazer da comida. Ela disse, sem rodeios: "Nunca fui uma pessoa muito sensual." Ela jamais se envolvera com esportes e não tinha qualquer programa de atividade física.

Entretanto, a desconexão do corpo não era completa. Havia o problema de suas palpitações. Perguntei a Anne sobre a qualidade, frequência e intensidade delas, e ela conseguiu me contar que elas aconteciam algumas vezes por semana, eram "apenas suaves", porém — em contraste — suficientemente "enervantes" para fazê-la parar o que estivesse fazendo. Ela não conseguia apontar qualquer causa para elas. Quando perguntei se conseguia sentir o coração quando ele batia normalmente, ela disse que não. No entanto, esses ataques repentinos de batimentos cardíacos acelerados, irregulares e, às vezes, fortes, a "incomodavam". Aconselhei veementemente que ela voltasse a consultar seu clínico para ter certeza de que não havia nenhum motivo para preocupação. Ela disse que "pensaria a respeito". Anne era uma observadora experiente de todas as sutilezas da anatomia interior, mas se recusava a prestar atenção ao próprio corpo.

FUGA DA DOR

Anne se adaptara a uma situação dolorosa ao se desligar de seus sentimentos. "O que há de errado com ela?", você pode perguntar. Se nossas adaptações nos ajudam a sobreviver, por que desafiá-las? Eis o problema básico: as condições que Anne experimentara quando criança — a perda dolorosa da mãe e dos avós, o novo abandono e a crueldade da família — não existiam mais. Ela se adaptara da melhor forma possível, mas não tivera qualquer apoio para ajudá-la a resolver suas perdas — no passado e no presente. Portanto, sua adaptação, que inicialmente lhe dera força e a tornara capaz de seguir adiante na vida, na verdade, acabara por prendê-la. Ela a impedira de desabrochar.

A decisão de Anne para "nunca mais sentir nada novamente" efetivamente desconectara o corpo do pescoço para baixo. Era como se ela estivesse tentando se refugiar no córtex, separar-se da dor contínua da crítica, do isolamento e da falsidade. Essa adaptação também pode tê-la ajudado a deixar para trás — fora da consciência — seu sofrimento não resolvido com relação à primeira grande perda, a morte da mãe, que precedeu as outras. Como todas as emoções, tais sentimentos avassaladores são gerados em todo o sistema nervoso periférico, no corpo, no tronco encefálico e nas áreas límbicas; eles também envolvem diretamente nossas regiões corticais. Porém, se conseguirmos encontrar uma forma de bloquear a entrada de informações subcorticais, se pudermos evitar que elas cheguem ao córtex, o qual cria consciência, *voilà!* — "eliminamos" nossos sentimentos.

Ninguém sabe exatamente como nossa mente usa o cérebro para nos defender da dor, mas, com base em experiências clínicas repetidas, sabemos duas coisas. Uma é que as pessoas fazem isso com muita frequência. Como veremos ao longo deste livro, essas adaptações podem assumir várias formas, da evitação momentânea dos sentimentos quando formos assolados por eles, a cortes de longo prazo, ou a desligamentos como os de Anne. A segunda coisa que sabemos é que, de alguma forma, nós — isto é, nossas mentes — podemos modificar os padrões de disparos neurológicos para criar o que precisamos. Por exemplo, quando precisamos colocar algo na frente da mente, focar nossa atenção, ativamos aspectos do córtex pré-frontal em ambos os lados do cérebro. Logo, podemos propor que uma forma possível de a mente usar o cérebro para bloquear algo da consciência é, literalmente, minimizar a passagem neurológica de energia e informação das regiões subcorticais para o córtex, sobretudo para as partes da região pré-frontal que mediam a consciência.

Eis outro dado que sabemos com certeza: apesar de bloquearmos a chegada dos sentimentos à consciência, eles ainda assim continuam a nos afetar. As pesquisas mostram repetidamente que, mesmo sem consciência, as informações oriundas do mundo interno do corpo e das emoções influenciam o raciocínio e a capacidade de decisão. Até mesmo expressões faciais das quais não temos consciência, mesmo mudanças no ritmo cardíaco que não percebemos, afetam diretamente a maneira como nos sentimos e, portanto, como percebemos o mundo. Em outras palavras, você pode tentar fugir, mas não conseguirá se esconder.

Recentemente, alguns colegas meus na UCLA demonstraram que a dor da rejeição social é mediada em uma área do córtex pré-frontal central que também registra a dor física de um ferimento no corpo. Essa área é chamada de córtex cingulado anterior (CCA) e atravessa a ligação entre o córtex (que pensa) e as regiões límbicas (que sentem). Além de registrar as sensações físicas oriundas do corpo e os sentimentos derivados das interações sociais, ele regula o foco de nossa atenção. Por ligar corpo, emoção, atenção e consciência social, o CCA tem um papel fundamental no circuito de ressonância que nos permite sentir conectados com os outros e conosco mesmos. (Na verdade, quanto mais conseguimos sentir nosso mundo interno, utilizando o CCA e áreas afins, tais como a ínsula discutida na seção *Pensando o cérebro*: "Circulando pelos circuitos de ressonância", mais conseguimos sentir o mundo interno de outra pessoa.)

Esses resultados de pesquisa nos apresentam uma nova forma de avaliar o caso de Anne: sua mente jovem teria se dedicado tanto a obstruir a dor crônica da perda e da rejeição quanto a escapar da dor física. Se ela conseguisse impedir a ativação do CCA, talvez conseguisse "eliminar" a consciência da dor. Ao ficar embaixo da macieira, Anne encontrara uma maneira de excluir aquela dor de sua experiência consciente. O problema é que não é possível eliminar os sentimentos ruins e manter os bons. Se você impede as informações inferiores de atingirem o CCA e a ínsula, impedirá a fonte de emoção de atingir a consciência. O resultado era uma vida emocional anestesiada e uma cisão da sabedoria do corpo. A ínsula e o CCA também parecem trabalhar juntos de forma a criar uma autoconsciência geral — algo que também parecia estar prejudicado em Anne.

SINAIS DO TRONCO ENCEFÁLICO: PRESTE ATENÇÃO! LUTA, FUGA OU CONGELAMENTO?

Conseguimos acessar a sabedoria corporal através da interocepção, que, literalmente, significa "percepção interna". Tente parar por um momento agora mesmo e se conscientizar apenas de seus batimentos cardíacos e da entrada e saída de ar da respiração. Esses processos fisiológicos básicos são regulados pelo tronco encefálico, que também ajuda a regular o córtex ao influenciar nossa vigilância e ao moldar diretamente os estados mentais. Você pode sentir os sinais do tronco encefálico a qualquer momento ao se tornar consciente das mudanças em sua respiração e em seu ritmo cardíaco — e também ao prestar atenção ao estado de alerta em si mesmo.

Pense nas vezes em que percebe que está tonto. Você está focando na vigilância cerebral, observando sua capacidade para lidar com informações — a palestra de um professor, por exemplo, ou este livro que tem em mãos. Talvez você volte ao mesmo parágrafo várias vezes sem absorvê-lo e esteja pronto para admitir que não está em um estado mental para continuar a leitura. Você, então, decide como responder: deveria tomar uma xícara de café ou jogar água fria no rosto para tentar despertar, ou quem sabe tirar um cochilo? Essa é uma maneira de regular o mundo interno — ser capaz de monitorar e depois modificar o fluxo de energia e informação, nesse caso, os níveis de alerta do tronco encefálico.

O tronco encefálico também trabalha com a área límbica e o córtex para avaliar segurança ou perigo. Quando o sistema de avaliação de ameaças nos diz que estamos seguros, abaixamos o nível de tensão em nossos corpos e relaxamos os músculos faciais: tornamo-nos receptivos, e a mente se sente clara e calma. Porém, se há uma avaliação de perigo, o tronco encefálico (juntamente com as áreas límbica e a pré-frontal central) ativa uma série de decisões: se achamos que podemos dar conta da situação, entramos no estado de alerta "luta ou fuga". Essa reação, por sua vez, ativa o ramo simpático do sistema nervoso autônomo (SNA). Nosso coração dispara à medida que o corpo se apronta para agir. A adrenalina flui para o tronco encefálico e o hormônio do estresse, cortisol, é liberado; nosso metabolismo é preparado para as demandas de energia que estão por vir.

Por outro lado, se achamos que estamos indefesos, que não há nada que possamos fazer para nos salvar, ficamos congelados ou desmaiamos. Os pesquisadores chamam a isso de "mergulho dorsal", referindo-se à seção do ramo parassimpático do SNA que foi ativada. Essa resposta retrocede aos nossos primeiros ancestrais, e acredita-se que confere benefícios reais a um animal que seja encurralado por um predador. O desmaio simula a morte, portanto, um atacante que come apenas presas vivas pode perder o interesse. A pressão arterial cai precipitadamente no estado de congelamento, o que também poderia reduzir a perda de sangue em caso de ferimentos. De qualquer forma, essa resposta faz o animal ou a pessoa cair flacidamente no chão ao desmaiar, o que mantém o precioso fluxo sanguíneo até a cabeça.

Se você está verticalmente integrado, consegue entender o que seu corpo está lhe dizendo sobre segurança ou perigo — e, inclusive, sinais muito mais sutis do que fugir ou desmaiar. Talvez você sinta uma determinada tensão quando está andando por uma rua e apenas mais tarde perceba que alguém o está seguindo. Ou você tem uma sensação de que simplesmente não consegue confiar na pessoa com quem está conversando. Na vida cotidiana, ter acesso à energia e às informações subcorticais também é essencial para o pensamento. Estar consciente desses impulsos subcorticais o capacita a perceber seus sentimentos, o alerta para suas necessidades, o ajuda a priorizar suas escolhas e, depois, o impele a tomar uma decisão. É assim que o "frio na barriga" ou os "sentimentos profundos do coração" nos ajudam a viver nossas vidas plenamente.

Uma vez que Anne tinha pouca consciência interoceptiva, esses sinais sutis de segurança, perigo ou ameaça provavelmente estavam atenuados ou ausentes da consciência também. No entanto, mesmo sem consciência deles, esses estados de ameaça e essas mudanças neurológicas mediadas pelo tronco encefálico podem influenciar diretamente o pensamento, o raciocínio e a sensação de vitalidade. Alguém pode estar pronto para fugir, atento ao perigo, ou consumido por uma sensação de desamparo sem saber por quê. Achei que as palpitações de Anne poderiam estar de alguma forma relacionadas com estados de estresse internos. Se uma sutil ameaça interna ou externa levasse à liberação da adrenalina e do cortisol, o coração dela começaria a disparar, o que chamaria sua atenção, mas, uma vez que tinha pouca consciência de seu estado interno, ou de suas causas, ela não conseguiria saber por que ele disparava.

LINGUAGEM LÍMBICA: "BÁSICO" *VERSUS* "CATEGÓRICO"

Muitas vezes, fiquei impressionado com a aparência confusa de Anne sempre que eu lhe fazia perguntas básicas sobre como ela se sentia em determinada situação. O corte parecia se estender a seus relacionamentos. Ela me disse claramente que tinha poucos amigos e nenhuma ligação com a família. Afastar-se da família quando criança — e agora depois de adulta — parecia uma forma de autoproteção, mas eu estava preocupado com a maneira um tanto distante com que ela falava sobre as próprias filhas. Elas estavam na mesma idade dela quando baniu os sentimentos de sua vida, e eu sabia que, por mais que as crianças dessa idade ajam de forma "independente", na verdade, elas precisam dos pais.

Na primeira sessão, Anne me disse que sua vida era vazia. Entretanto, seu refrão de estar "ocupada demais" também transmitia a impressão de que, de certa maneira, a vida dela era bastante cheia. O que parecia faltar era a sensação de energia e envolvimento que pode conferir riqueza, profundidade e sentido até mesmo a uma experiência corriqueira.

Para abrir os canais de integração vertical de Anne, para levar os sinais de seu corpo, tronco encefálico e áreas límbicas para dentro de sua consciência cortical, eu precisava, primeiro, abrir as portas para a comunicação emocional entre nós. Porém, quando falamos em comunicação emocional, o que realmente queremos dizer com isso?

Se focarmos apenas nas emoções facilmente nomeadas e universalmente reconhecidas — tais como raiva, medo, tristeza, repugnância, excitação, felicidade ou vergonha —, podemos perder a verdadeira riqueza de nossas mentes: o domínio do que chamo "emoção básica". A emoção básica é a sutil música mental, o vai e vem de energia e informação que sentimos durante as mudanças momentâneas em nosso estado interno ao longo do dia. Às vezes, contra esse pano de fundo em mudança e variação constantes, ocorre um evento que atrai nossa atenção e ativa nossa prontidão, e a intensidade desse estado cria dentro de nós uma emoção, tal como a raiva ou o medo. Muito embora essas emoções universais (ou "absolutas") sejam reconhecidas mundialmente em todas as culturas humanas conhecidas, elas não surgem tão frequentemente quanto pensamos. Pense no curso de um dia. Quantas vezes sua raiva ou medo são claros e indubitáveis? Na maior parte do tempo, eles são raros. No entanto, seu mundo interno está repleto de estados mutáveis de tramas sutis e em mudança constante — o que estou chamando de "emoções básicas" —, os quais influenciam continuamente sua sensação subjetiva de estar vivo.

Pensar sobre essas experiências emocionais básicas e absolutas abre uma nova perspectiva sobre a forma como nos conectamos com os outros — e conosco mesmos. As crianças precisam se sintonizar com seus tutores para se sentirem queridas e seguras no mundo. Como pais, podemos sintonizar não apenas com as explosões emocionais absolutas da criança — tais como tristeza e medo —, mas também com os estados emocionais primários, tais como estar empolgada, alerta, focada, sonolenta ou anormalmente quieta. Os pais que esperam o surgimento de uma emoção absoluta antes de se "conectarem emocionalmente" com um filho estão perdendo a maioria das oportunidades importantes para se sintonizarem. A sintonia com as emoções básicas de um filho está disponível a todo momento se prestarmos atenção ao que atraiu seu interesse. Podemos também nos sintonizar com o mundo interno de nosso filho ao observarmos seus níveis de prontidão. Ele está envolvido ou esgotado, animado ou apático? Ter essa sintonia emocional básica com os filhos os ajuda a se sentirem profundamente conectados com os outros; quando estamos em ressonância, eles se sentem parte de um "nós" maior.

Aprender a acompanhar os estados internos — se conscientizar das emoções básicas — é uma capacidade requintada que começa na infância e continua ao longo da vida. Sentir esse fluxo interno de energia e informação é a essência da visão mental. Quando aprendemos a prestar atenção a esse fluxo através da atenção que nossos tutores prestam em nós, entramos no mundo do conhecimento da mente. Porém, após perder a mãe e os avós, Anne não teve oportunidade de aprender a sentir seu mundo interno em um lugar seguro e protegido. Ela, como muitos, teve de encontrar uma forma de embaçar a lente da visão mental para *não* ver o mundo interno. Ela aprendeu a viver uma vida desprovida de sentido.

O SENTIMENTO DO SENTIDO

O sentido é, literalmente, moldado pelo processo de avaliação das regiões límbicas — a classificação contínua e imediata da experiência em "relevante ou irrelevante", "boa ou ruim", "aproximação ou distância". Essa categorização, juntamente com as informações oriundas do córtex pré-frontal central, ajuda a criar o sentido dos eventos no cérebro. O sentido tem associado a ele um sentimento, e estabelecer a integração vertical para Anne lhe permitiria se tornar receptiva a esse sentido de significação matizada oriunda de seu mundo interno.

O córtex, sobretudo nas áreas frontais, pode criar representações abstratas sem as informações derivadas das experiências diretas mediadas pelas áreas subcorticais do sistema nervoso periférico. Podemos pensar na palavra *flor*, mas nunca no sentido do aroma da flor. Podemos pintar essa flor na tela, mas nunca poderemos nos perder em suas texturas e cores. Até mesmo as imagens visuais e espaciais do modo direito podem ser estéreis, quando desprovidas de acesso às informações subcorticais. Há prodígios da música que não emocionam as plateias, estudiosos literários que não se comovem com as poesias sobre as quais escrevem, médicos que diagnosticam, mas não conseguem se conectar com seus pacientes. A integração exige abertura para permitir que as diversas camadas do mundo interno entrem na consciência sem restrições rígidas.

As próprias palavras são representações abstratas que surgem como ilhas de um oceano de sentidos associados. Considere, por exemplo, a palavra *filha*. Se eu digo "filha" para uma jovem que acaba de receber a notícia de que está grávida, essa palavra gerará uma cascata de associações e reações. Uma grande variedade de crenças pode surgir: filhas são engraçadas; filhas brigam com mães; os homens preferem filhos. A gravidez resgatará as alegrias de seu relacionamento com a mãe ou resultará em dores de decepção e confusão? Um emaranhado de sensações pode invadir sua mente até ela se sentir arrasada, confusa e triste. Talvez ter uma filha não fosse tão bom; talvez ela fosse uma mãe melhor para um filho.

Com a palavra *filha*, toda a história do desenvolvimento da jovem pode ser ativada e revisitada, com um misto de velhas e novas emoções. Ela era chegada à mãe? Ela encontrou a própria voz ou sua mãe a subjugou? Ela podia imaginar como sua mãe se sentiu quando soube que ia ter uma filha. Como ela respondeu à adolescência da filha? Suas respostas foram de apoio, hostis ou perplexas quando ela, à medida que amadurecia fisicamente, transformou-se de adolescente em adulta, se tornou sexualmente ativa, saiu de casa? E agora que ela está fazendo a passagem de uma geração para outra, como sua mãe responderá à notícia de sua gravidez?

O significado de *filha* inclui tudo isso e mais, como, as associações emocionais que podiam surgir se a jovem encontrasse uma mãe com a filha, em um parque, aparentemente extasiadas e felizes uma com a outra, o riso contagioso e, no entanto, íntimo.

Agora pense no que *mãe* significava para Anne. Como ela podia permanecer aberta para sua cascata de associações, crenças, conceitos, questões de desenvolvimento e emoções? Esses elementos de significado, a arquitetura subjacente à inundação de sentimentos, invadiriam sua mente, se intrometeriam em seus relacionamentos, desintegrariam seu cérebro. Que escolha Anne realmente teve? Ela podia ter dito: "Ah, sem problema — vou manter a dor da perda de minha mãe na consciência. Vou me manter consciente dessa humilhação intolerável causada por minha madrasta." Sem chance. E, então, Anne descobriu um mecanismo de sobrevivência: ela se desligou do sentido de sua vida. Entretanto, embora esse procedimento tenha sido útil como um mecanismo defensivo na infância, tornou-se um muro que a aprisionou, desligando-a não apenas de si mesma, mas também de suas filhas. Anne não sentia nada, e estava paralisada. Ela tinha "uma vida desprovida de sentido".

O MURO DEFENSIVO

Quando surgem sentimentos básicos fortes ou uma emoção absoluta específica, podemos responder com uma reação pré-programada e aprendida que está enraizada em nosso passado. Se você cresceu em uma família em que a raiva era expressa como ira destrutiva, por exemplo, pode ficar incrivelmente angustiado sempre que esse sentimento se manifestar. Em resposta àquela angústia, você pode ter aprendido a se sentir indefeso e confuso, o que causa o seu congelamento; ou pode ter aprendido a ter medo da raiva, o que provoca uma crise de choro e fuga do local; ou, talvez, tenha aprendido uma resposta de "luta" agressiva, o que incita uma reação raivosa para enfrentar a própria raiva. Luta, fuga, congelamento — essas são as reações emocionais para suas respostas emocionais.

Além das nossas reações aprendidas frente a ameaças emocionais comuns, também temos padrões de adaptação que nos ajudam a lidar com situações avassaladoras e com nossas respostas a elas. Esses padrões de adaptação são, às vezes, chamados de "defesas" e moldam a matriz de nossa personalidade: como experimentamos o mundo interior e interagimos com os outros. Eis um esboço da sequência comum de defesas que agora é aceita por muitos psicólogos: uma resposta emocional surge → cria uma reação de angústia/medo → que gera uma defesa. Essa reação defensiva desliga a emoção, ou, pelo menos, a consciência dela, o que diminui a angústia/medo e nos permite continuar a funcionar. Essa é a razão por que as defesas não são apenas úteis — são fundamentais.

As defesas assumem várias formas. Podemos racionalizar intelectualmente uma situação, minimizando a consciência de nossos sentimentos ao nos afastarmos do modo cerebral direito (mais sentimental) e nos dirigirmos para o esquerdo lógico. Essa foi a estratégia de Stuart: podemos tentar ignorar a situação, desviando nossa percepção para captar apenas o lado positivo de uma experiência, um tipo de "negligência seletiva". Algumas pessoas chamam a isso simplesmente de otimismo, e trata-se de uma estratégia antiga que merece respeito e, às vezes, é inclusive saudável. Se a vida lhe der um limão, faça uma limonada. Outras pessoas lidam com um sentimento doloroso "projetando-o" em outros e, depois, os odiando por isso. Essa adaptação primitiva e destrutiva é chamada de "identificação projetiva", a estratégia que diz que a melhor defesa é o ataque.

Seja qual for a defesa escolhida, a ideia é a mesma: construímos um muro ao redor de nossa consciência para não sentir a angústia ou o medo associado à sensação gerada pelos sentimentos. Em geral, essas estratégias são automáticas, padrões de reatividade adotados sem intenção ou até mesmo reconhecimento consciente, e certamente sem livre-arbítrio ou escolha. A "decisão" tomada no pomar por Anne foi, na verdade, um momento de autorreflexão consciente e perceptivo, ainda que incomum. Somente mais tarde sua censura intencional foi transformada em repressão automática. Durante a infância, Anne não teve como amenizar o profundo desespero interno e a dor interpessoal e, assim, não conseguiu permanecer aberta para seus significados, e sua estratégia de adaptação foi simplesmente "apelar para o cortical". Tendo bloqueado a integração vertical, a principal função do corpo de Anne era transportar sua cabeça.

OCUPANDO-SE DO CORPO

Anne e eu estávamos na quarta sessão, e consegui apresentar-lhe um plano de terapia baseado em nosso período de avaliação inicial. Como médica, ela estava intrigada pela noção de que sua adaptação aos 11 anos poderia ter persistido na forma de um padrão neurológico em seu cérebro. Disse-lhe também que achava que ela passara por muitos momentos difíceis no início da vida e que eu podia ajudá-la a lidar com o que quer que aquela época tenha significado para ela.

Anne e eu precisávamos fazer uma jornada juntos para ajudá-la a se sentir receptiva e se sintonizar consigo mesma, para que pudesse abrir sua consciência de novas maneiras. Ela queria enfrentar a tarefa, mas não tinha certeza do que tudo isso envolveria, embora estivesse disposta a se comprometer a fazer alguns meses de terapia para descobrir. Esse era um bom lugar para começar. Disse-lhe, como dissera a Jonathon, que precisávamos de tempo para alterar suas sinapses para que ela pudesse desaprender os velhos padrões e criar novos. A consciência, continuei, era o "bisturi" que usaríamos para esculpir novamente seus caminhos neurológicos. Anne ficou intrigada pela imagem e desejou saber mais sobre isso. Agora, sabia que atraíra sua atenção — o primeiro passo para mudar sua mente e seu cérebro.

Eu não desejava distraí-la com detalhes sobre como a consciência podia ampliar a neuroplasticidade, mas tinha algumas pesquisas recentes à mão. O núcleo da base, parte de uma região adjacente ao tronco encefálico, possui projeções neurais que secretam a substância química acetilcolina por todo o córtex. A acetilcolina é um neuromodulador, e sua presença possibilita que os neurônios que forem ativados ao mesmo tempo fortaleçam suas conexões uns com os outros. Uma teoria sugere que podemos usar a consciência focada para estimular o núcleo da base a secretar acetilcolina, ampliando assim a neuroplasticidade e a aprendizagem. Se isso é verdade, ela ajuda a explicar por que prestar muita atenção dá a mente o poder de mudar o cérebro.

Tudo que disse a Anne foi que, através do trabalho que faríamos, ela descobriria por si mesma o poder da atenção. Fizemos o exercício básico de atenção plena da respiração e treinamos a *walking meditation*. Como vimos na experiência com Jonathon, aprender as técnicas de atenção plena pode fortalecer o eixo da mente de modo que as sensações internas, tais como sinais corporais ou ondas de emoção, possam ser experimentadas com mais clareza e calma. Minha esperança com relação à Anne era a mesma, que, com a prática, ela fortaleceria as mesmas partes de seu cérebro que não conseguiram permitir que ela sentisse seus sentimentos. Ela estava disposta a enfrentar essas práticas, não apenas no consultório, mas como um regime de "treinamento mental" diário em casa. Uma sessão de terapia semanal, com uma hora de duração, não era suficiente para focar sua atenção de uma forma intensa. Ela precisaria de exercícios sinápticos regulares entre as sessões comigo. Reforçar as novas ligações sinápticas exige disparos neurais repetidos para estimular a ativação e o crescimento neuronal — para EsCANear o cérebro. Da mesma forma que com Stuart, podíamos usar o foco da atenção para estimular a atividade e o crescimento de áreas que foram pouco desenvolvidas na infância. No caso de Anne, essas regiões seriam os circuitos importantes de interocepção e autorregulagem — de percepção e regulagem do mundo interno — que não tiveram a oportunidade de se desenvolver bem durante a juventude.

Na sessão seguinte, sugeri que fizéssemos um mapeamento corporal, como o que fiz com Stuart, pensando que isso iria ajudá-la a delicadamente tornar-se consciente de seu corpo de uma forma não ameaçadora. Pedi que ela fechasse os olhos e olhasse para dentro. Anne se sentiu bem à medida que o foco de consciência se deslocou de baixo para cima, para os pés e as pernas e, depois, para os quadris. Tomei cuidado quando nos encaminhamos para a pélvis. Anne me disse que não fora abusada sexualmente, mas esse é um ponto em que a angústia surge, por vezes com força, durante um mapeamento. Anne focou sem problemas. Então, passamos para o abdômen e as costas, e ela ainda estava bem.

No entanto, quando focamos no peito, ela começou a respirar rapidamente. As mãos começaram a tremer. Ela fechou os punhos e empurrou os braços da cadeira para baixo como se tentasse reprimir algum sentimento. Em seguida, abriu bem os olhos e disse que tinha de parar — ela estava hiperventilando e parecia horrorizada. Anne pulara da rigidez diretamente para o caos.

Fiquei preocupado porque achei que ela estivesse tendo um ataque de pânico. Paramos o exercício e continuamos nossa sessão com os olhos abertos, e sua agitação gradualmente se dissipou. Ela disse que não queria discutir a experiência. Estava "bem" agora; apenas "não gostara do mapeamento corporal". Esperaríamos mais um pouco, até ela desenvolver uma reserva interna maior para lidar com as sensações angustiantes, para voltarmos à essa fonte importante de informações corporais. Embora as pesquisas sugiram que a atenção focada no coração possa gerar reações fisiológicas e a consciência de emoções intensas, a natureza específica dos sentimentos que essa técnica despertara em Anne ainda não estava clara. Com a evolução de nosso trabalhou, eu esperava que aprendêssemos mais sobre isso.

CONSTRUINDO RECURSOS INTERNOS

A abordagem direta do mapeamento corporal gerara tanta angústia que Anne entrara em pânico. Assim, precisei escolher outras formas mais graduais de apresentar-lhe a consciência corporal. Comecei a sessão seguinte pedindo-lhe simplesmente que observasse o movimento dos dedos enquanto abria e fechava lentamente as mãos. "Apenas observe isso", disse, "deixe-se preencher pela forma como a mão aparece e como você a sente." Repetimos a *walking meditation* também, deixando-a sentir as sensações dos pés com os olhos abertos.

Em seguida, sugeri que desenvolvêssemos um "lugar seguro" ao qual ela pudesse sempre se recolher — uma imagem mental que ela poderia acessar para acalmar-se sempre que um sentimento desconfortável surgisse. A princípio, Anne teve problemas para apresentar uma imagem. Disse-lhe que podia ser algo da memória — um lugar especial de férias, seu cômodo favorito na casa — ou algo inteiramente fictício, um lugar onde ela pudesse imaginar-se em paz e contente, ou, pelo menos, segura e protegida. Anne finalmente lembrou-se de uma enseada na praia, perto de sua faculdade de medicina. "Eu costumava ir lá somente para ficar com as ondas", disse. "O barulho do mar, como as ondas se movimentavam indo e vindo, a curva da praia, o céu ensolarado — tudo me transmitia o sentimento de que as coisas iam bem." Pedi que ela sentasse com a imagem da enseada por uns momentos, fazendo uma imersão nas visões, nos sons e nas sensações. Então, disse-lhe para apenas observar seu corpo e perguntei o que ela sentia. Quando ela respondeu "É uma sensação boa", prossegui. "Pense no corpo, sinta apenas o que surgir em sua experiência." Eu queria que ela criasse associações neurais entre a imagem mental de um lugar seguro e sua consciência da sensação corporal.

Essa técnica é usada em várias escolas de terapia focada no corpo e tem um objetivo inteiramente diferente do trabalho imaginário que fiz com Stuart. Ao criar essa conexão, Anne conseguiu experimentar e articular o que seu corpo sentia. Ela me contou que sentia o abdômen macio e o rosto relaxado. Em seguida, disse que a respiração estava fácil. Ela conseguia sentir o coração, e o órgão estava "calmo e estável". Em contraste com a reação de pânico durante o mapeamento corporal, Anne, agora, experimentava um estado de receptividade. Estávamos fazendo uso das áreas pré-frontais regulatórias para ajudar a monitorar e gerenciar os estados internos.

Outra técnica que utilizo para aumentar a receptividade envolve sistematicamente tensionar e soltar grupos musculares individuais do corpo, dos pés à cabeça, o que ajuda a criar um estado de relaxamento. Outras, ainda, envolvem a estimulação bilateral, seja ouvindo sons alternados ou dando tapinhas suaves nos lados esquerdo e direito do corpo. Alguns pesquisadores acreditam que esse procedimento gera não apenas relaxamento, mas também um aumento da sensibilidade para as imagens mentais. Porém, Anne se sentia mais confortável com a imagem da enseada e com o exercício de consciência respiratória que eu lhe ensinara primeiro. Continuamos a praticá-los para lhe dar a confiança para que pudesse passar da reatividade à receptividade usando os próprios esforços mentais.

Desejava manter sua experiência corporal como algo positivo. Assim, em seguida, sugeri que tentássemos um exercício com cores que evocam sentimentos diferentes. Faço esse trabalho com um par de óculos que possui lentes feitas de várias cores. A cor é uma pista emocional poderosa para muitas pessoas, mas, no caso de Anne, pedi que focasse nas sensações do corpo. Repito, isso parecia um modo seguro — para alguns pacientes, é inclusive uma forma lúdica — de despertar sua consciência das mudanças nas sensações físicas. Com o primeiro par de óculos — verde — nada aconteceu. "Não sinto nada... apenas o usual... apenas vazio." Porém, quando ela colocou o segundo par — esses eram os roxos — ela exclamou: "Uau, é tão esquisito!" Anne disse que sentia um "formigamento bem aqui", e apontou para a parte superior do peito.

Depois disso, ela sentiu seu corpo mudar a cada nova cor. Vermelho evocava energia nos membros "como formigas subindo pelos braços"; azul deflagrava uma sensação vazia na barriga "como um buraco"; amarelo, uma sensação de aperto na garganta. Isso não era um teste — cada pessoa dá uma resposta singular. O propósito era simplesmente criar sensações contrastantes para que Anne pudesse começar a reconhecer as mudanças internas.

A resposta inicial de Anne foi de excitação por causa de sua recém-descoberta capacidade, e passei boa parte da sessão deixando-a experimentar essa abordagem neutra e encontrar palavras para descrever as sensações do corpo. Entretanto, quando sugeri voltarmos ao mapeamento corporal na vez seguinte, ela ficou temerosa e hesitante. "Não quero entrar em pânico novamente", disse, levando a mão protetoramente ao coração. "Aqueles sentimentos não são bons... Não consigo lidar com eles."

Lembrei que ela, agora, tinha um lugar seguro que funcionava como um recurso instantâneo e assegurei que nos movimentaríamos devagar. O mundo interno da infância de Anne fora além do que ela era capaz de tolerar — naquele momento. Agora, ela poderia se surpreender ao descobrir que era capaz de aprender a tolerar o que já fora intolerável.

ALARGANDO A JANELA DA TOLERÂNCIA

A mudança pessoal, tanto na terapia quanto na vida, depende, frequentemente, do alargamento da abertura do que denomino "janela da tolerância". Quando essa janela é ampliada, podemos manter o equilíbrio em face de pressões que outrora nos desequilibraram.

Pense na janela como uma faixa de tolerância (de qualquer tipo) dentro da qual um indivíduo pode funcionar bem. Essa faixa pode ser estreita ou larga. Se uma experiência nos empurra para fora da janela da tolerância, podemos cair na rigidez e na depressão, por um lado, ou no caos, por outro. Uma janela de tolerância estreita pode limitar nossas vidas.

Em nossas experiências diárias, temos múltiplas janelas da tolerância. E para cada um de nós essas janelas são diferentes, frequentemente específicas a determinados tópicos ou estados emocionais. Posso ter uma tolerância grande para a tristeza, continuando a funcionar muito bem mesmo quando eu ou aqueles ao meu redor estão sofrendo muito. Porém, até um grau menor de tristeza — seja sua ou alheia — pode fazer com que você se desintegre. Em contraste, a raiva pode ser relativamente intolerável para mim; um tom de voz mais elevado pode ser suficiente para me colocar imediatamente para fora de minha janela estreita. Porém, para você, a raiva pode não ser um problema muito grande; você encara uma explosão de raiva como uma forma de "acertar os ponteiros" e seguir em frente. Em geral, nossa janela da tolerância determina o quanto nos sentimos confortáveis com memórias, questões, emoções e sensações corporais específicas. Dentro de nossa janela da tolerância, permanecemos receptivos; fora dela, reativos.

Nesse ponto, você, provavelmente, percebeu que a janela da tolerância combina com o rio da integração, que apresentei no Capítulo 4. Quanto mais livremente esse rio fluir e quanto mais distantes suas margens estiverem, mais condições você terá para atingir e manter a integração e a coerência. Entretanto, se esse fluxo é restringido, estamos em perigo constante de colidir com margens. Em muitos casos, nosso bem-estar depende do alargamento da janela da tolerância para que possamos manter os elementos do mundo interno na consciência — sem sermos jogados na rigidez (depressão, cortes, distância) ou no caos (agitação, angústia, raiva). À medida que desenvolvemos a visão mental, nossas janela da tolerância se alargam e podemos experimentar a totalidade da vida com mais aceitação e clareza.

Se passamos pela vida sem a visão mental, podemos continuar a estreitar a janela da tolerância ao redor de uma emoção ou questão específica. Então, podemos nos encontrar em situações onde rompemos os limites dessa janela e nos atiramos no caos da reatividade, ou evitamos situações que gerem tais rupturas, restringindo nossa vida sem sabermos o motivo, não nos dando a liberdade de escapar da nossa rigidez e capacitando-nos a crescer. Para ampliar a janela, para nos tornarmos mais adaptáveis e à vontade com determinados sentimentos ou situações, precisamos mudar as associações que estão incrustadas nas próprias redes neurais propriamente ditas.

"FIQUE ONDE ESTÁ": O PODER CURATIVO DA PRESENÇA

A presença de uma pessoa dedicada e confiável, que esteja sintonizada com nosso mundo interno, é, frequentemente, a ferramenta inicial para o alargamento da janela da tolerância. Uma vez que Anne não teve tais relacionamentos no final da infância, sua tolerância para a consciência das sensações corporais e das emoções básicas ficou reduzida. Cortar o acesso às informações subcorticais foi uma das formas de sobreviver, mas agora isso a estava restringindo. Se pudesse ser uma presença plena na vida de Anne, se pudesse deixar meu mundo interno ressoar o dela e permanecer aberto, eu poderia ajudá-la a rastrear suas sensações e revelar seus sentidos, alargando suas janelas da tolerância.

Lembre que os circuitos de ressonância incluem neurônios espelho que capacitariam Anne a ecoar minhas reações a ela. Minha presença plena nos momentos de tristeza de Anne poderia ajudá-la a espelhar meus sentimentos internos de segurança. Eis um fator-chave nos relacionamentos: o circuito de ressonância não apenas nos dá a sensação de nos "sentirmos sentidos" e de conexão com o outro, mas também ajuda a regular o estado interno. (É a área pré-frontal central no topo do circuito de ressonância que molda os estados subcorticais.) Em outras palavras, a ressonância interpessoal entre Anne e eu poderia ajudar a alargar sua janela da tolerância e fazê-la ficar suficientemente segura para sentir seus sentimentos. Essa é a forma como, no momento, cara a cara, ajudamos um ao outro a criar e a iniciar as mudanças sinápticas de longo prazo que nos ajudam mesmo quando estivermos separados. E, ao continuar com as práticas de reflexão interna em casa — a atenção plena da respiração e a *walking meditation* —, Anne poderia reforçar ainda mais essas mudanças sinápticas, transformando a forma como ela se comunicava com seu corpo.

No início da sessão seguinte, mais uma vez a convidei para voltar ao mapeamento corporal que acionara seu pânico. Já haviam transcorrido dez semanas desde nossa primeira sessão; durante esse tempo, ela praticara em casa regularmente, e desenvolvemos um relacionamento confiante e colaborativo. Os exercícios, tais como o lugar imaginário seguro e os óculos coloridos, a ajudaram a observar seu mundo interno de forma objetiva e tolerante. Ela também recebera alta de seu médico, que a examinara e não encontrara nada preocupante em seu coração do ponto de vista fisiológico. No entanto, passei para o mapeamento corporal lentamente, dando-lhe bastante tempo para mergulhar sua consciência nas sensações sutis oriundas dos membros inferiores, do quadril e do abdômen.

Quando chegamos ao peito, o pânico começou a surgir. Ela fez uma careta e colocou a mão esquerda no coração. Abriu os olhos e disse de tínhamos de parar. Lembrei-lhe que qualquer que fosse a sensação, ela sempre poderia retornar à consciência respiratória e ao lugar interno seguro. Se ela sentisse que se aproximava demais da beira, podia colocar o foco em suas imagens de segurança da enseada da praia e observar as ondas indo e vindo por algum tempo. Ela fechou os olhos, focou na respiração, e seu rosto relaxou vagarosamente. Abriu os olhos novamente, olhando bem para mim e disse: "Obrigada."

Sugeri que ela esperasse um pouco e simplesmente deixasse essa nova sensação de abertura invadi-la. Enquanto seu corpo parecia se acomodar na cadeira, eu via suas mãos relaxarem e seu rosto ficar mais descontraído. Então, disse que ela podia simplesmente observar como usar o foco de sua atenção para acalmar o corpo e a mente.

Anne disse que estava "pronta para mergulhar" e voltamos para o mapeamento corporal. Quando ela focou na região do peito, o pânico surgiu novamente, mas dessa vez ela disse que podia senti-lo de "um lugar mais distante". Ela aprendera que podia ficar só com suas sensações e que não somente conseguia se sentir "bem", mas que as próprias sensações tinham mudado e se tornado menos avassaladoras.

Esse é o aspecto estranho do pânico — quando o examinamos, ele afrouxa suas garras. O poder de reflexão nos permite enfrentar, em vez de evitar, qualquer evento que a vida nos trouxer. E quando aprendemos a "ficar com" os sentimentos, a dar-lhes um tempo na consciência, então descobrimos que eles — mesmo os muito fortes e ameaçadores — primeiro surgem e depois se dissipam, como ondas quebrando na costa. O pânico é apenas mais um sentimento, um conjunto de disparos neurais em nosso cérebro. Aprender a ficar aberto e presente para ele ou para qualquer outro sentimento doloroso, não é fácil, mas é um passo essencial para passar pelos muros defensivos.

A SABEDORIA DO CORPO

O que foi revelado à medida que Anne aprendeu a confrontar e regular sua angústia, à medida que ela alargava sua janela da tolerância? Que sensações, imagens, sentimentos e pensamentos estavam livres, agora, para aparecer? Quando retornamos ao mapeamento corporal naquela sessão, Anne sentiu um calafrio no peito e uma constrição nos membros. Novamente, ela disse ser difícil respirar. Mais tarde, ela me contou que passou alguns momentos na enseada, acompanhando sua respiração como se fosse ondas batendo na costa.

Enquanto permaneceu com a experiência interna, as imagens do pai e da madrasta apareceram em seu olho mental. Ela se sentiu amedrontada por seus rostos e se perguntou se esse pânico era o medo da maldade deles, de como eles a maltrataram. Anne focou outra vez em sua respiração para fixá-la no eixo da mente, aquele estado aberto e receptivo de seu córtex pré-frontal regulador e autoapaziguador.

Nesse momento, Anne começou a tremer, seu rosto parecia tenso e lágrimas começaram a cair. "Vejo uma imagem, mas não é algo que lembro... é algo que vi, algo que tenho. É a única imagem que tenho, a única coisa que sobrou. É uma fotografia minha com minha mãe." Anne abriu os olhos e olhou para mim. "Tenho essa fotografia enfiada em algum lugar no meu armário — não a vejo há anos." Ela parecia aliviada, mas exausta. Estava perto do fim da consulta, e perguntei se ela gostaria de ficar mais uns minutos para sentir sua respiração, para deixar o corpo relaxar e a mente avaliar tudo que passara durante aquela sessão.

Para ter certeza de que tínhamos explorado completamente os sentimentos sofridos mediados pelo coração, voltamos ao mapeamento corporal na sessão seguinte. As sensações iniciais de pânico de Anne mudaram gradualmente durante o mapeamento. Ela, agora, começava a sentir um peso no peito e um aperto na garganta. Então, seus olhos se enchiam de lágrimas. À medida que deixava o pânico seguir seu curso, sem ser limitado por reações defensivas, ele se dirigiu para uma conclusão, se dissipou e revelou uma emoção que estivera ainda mais escondida, uma sensação profunda de tristeza. Agora, a essência de estar presente para Anne era permitir que essas sensações de perda e dor se desenvolvessem com o tempo.

Na sessão seguinte, simplesmente sentamos juntos enquanto ela deixava a imagem da mãe a segurando — a da fotografia que ela lembrara — invadir sua consciência. A princípio, as lágrimas vieram lentas, algumas gotas que ela parecia nem perceber, e não as secou. Mas, à medida que permanecemos juntos com os sentimentos que surgiam, ela começou a chorar incontrolavelmente, seu corpo dobrado enquanto gemia de dor. Deixei-a sentir nossa conexão por meio dos sinais não verbais — um suspiro, um "hummm" baixo, o ritmo de nossa respiração em sintonia. Quando ela abriu os olhos e olhamos um para o outro, percebi que eu também estava chorando.

"Sei que soa esquisito", ela disse, encarando-me com olhos meigos, algo que jamais vira nela, "mas consigo sentir a presença de minha mãe; sei que ela está aqui em algum lugar comigo".

Então, Anne me contou que ela tivera um sonho na noite anterior à sessão. "Faz décadas que não sonho", ela disse, "e esse foi um sonho estranho." Os sonhos são o trabalho do sono, uma das formas mais importantes de integrarmos memória e emoção. Eles ocorrem quando a inibição cortical é liberada o suficiente para permitir que nossas regiões límbicas subcorticais e as do tronco encefálico atinjam o clímax com imaginação e sentimento. O próprio sonho é um amálgama de memórias em busca de resolução, elementos remanescentes dos eventos do dia, informações sensoriais que recebemos enquanto dormimos e simplesmente imagens aleatórias geradas pela atividade cerebral desordenada durante os estágios de sono chamados movimentos rápidos dos olhos (REM, na sigla em inglês).

Pensei que isso era um grande sinal de que, agora, finalmente, as regiões subcorticais de Anne estavam enviando informações para seu cérebro adormecido — o suficiente para ela lembrar dessas imagens internas após acordar. Ouvi atentamente.

"No sonho, estou nadando para a costa, mas a maré está baixando e não consigo lutar contra ela. Minhas pernas estão amarradas a um barco que está entrando mar adentro, mas continuo tentando voltar. Dou braçadas frenéticas, mas estou ficando cada vez mais cansada. O barco continua a se mover e não consigo mais ver a costa. Acordei esta manhã e me senti apavorada. Foi horrível."

Pedi que ela me contasse mais sobre o que sentira quando acordou e o que vinha à sua cabeça agora enquanto recontava o sonho.

"Não sei. Acho estranho. Talvez eu simplesmente esteja muito cansada."

Porém, uma semana depois, ela descreveu um segundo sonho e também as anotações de seu diário de terapia (que ela começara a escrever). "Estou de volta na água. Agora, consigo ver a costa. Mas o barco está se movimentando novamente — estou indo rapidamente mar adentro. Tenho certeza de que vou me afogar. Mas, aí, agarro minha perna — acho que realmente agarrei, senti algo quente — e arranco as cordas. Livrei minhas pernas e comecei a dar pernadas como uma louca. Finalmente chego à costa e desmaio na areia quente. Lembro apenas de olhar para o céu, ver o sol e me sentir segura. Então, acordei e percebi que tudo fora um sonho, mas me senti aliviada."

Dessa vez, ela estava mais preparada para falar sobre o que essas imagens podiam significar para ela, e eu explorei seus sentimentos de impotência enquanto estava afastada de tudo que era quente e sólido em sua vida e depois seu alívio quando finalmente atingiu a costa outra vez.

IMAGENS DE CURA

No início da sessão seguinte, Anne me entregou um grande envelope. Ela encontrara a fotografia dela com a mãe, que fora tirada quando minha paciente tinha cerca de 2 anos. Ela me contou que após o pai se casar novamente, ele destruíra tudo que lembrava a mãe e nunca mais falara sobre ela. Foi somente após deixar a faculdade que, finalmente, ela conseguiu visitar os avós maternos, que lhe deram essa fotografia.

Entretanto, no envelope havia duas fotografias, um instantâneo antigo e uma ampliação da mesma imagem. Anne copiara a fotografia para seu computador e depois apagara a imagem do pai, que "espreitava" ao fundo. "Quero ficar com a parte da memória que me acalenta", ela disse. "Não preciso estar amarrada àquela esposa malvada do meu pai ou à dor dele."

A ampliação mostrava a pequena Anne e sua mãe aconchegadas em uma poltrona, à moda antiga. Anne estava no colo da mulher, apontando excitada para a câmera com a mão direita, enquanto a esquerda segurava os braços que a cercavam. A mãe olhava para ela e sorria. Era um momento suspenso no tempo: a filha segura no abraço materno, porém ansiosa para ir além, a mãe encantada com a filha.

Quando devolvi as fotografias a ela, Anne disse: "Consigo ver certa tristeza nos olhos dela." O câncer de sua mãe fora descoberto quando Anne tinha um ano e meio. "Posso imaginar como foi horrível para ela saber que não poderia cuidar de mim ou me ver crescer." Ficamos sentados, apenas guardando aquele sentimento de clareza.

Nas semanas seguintes, Anne também veio a refletir sobre como devia ter sido difícil para o pai — os avós lhe contaram o quanto ele amava a mãe dela e como ele tinha sofrido com sua morte. "Acho que ele fez o melhor que podia após ela ter partido", disse ela para mim. "Ele era tão jovem, tinha apenas 26 anos. Porém, eu ainda não consigo entender por que ele simplesmente desapareceu — e por que escolheu um monstro daqueles para ser sua nova mulher. Quando minha mãe morreu, de muitas formas, meu pai também morreu."

A dor de Anne estava finalmente tomando seu curso natural à medida que ela se abria para todos os sentimentos — amor, perda, confusão, raiva e, até mesmo, perdão.

Anne decidiu ficar em terapia além dos poucos meses originalmente acordados. À medida que o trabalho continuava, a vida dela começava a adquirir um sentido de vitalidade que estivera ausente por décadas. Anne começou a arranjar tempo para se exercitar regularmente. Aos poucos, a frequência de suas palpitações diminuiu, depois pararam completamente. Ela começou a se encontrar com alguns de seus colegas socialmente, fora do consultório. Arranjou tempo também para ficar com as filhas e descobriu que havia coisas que elas gostavam de fazer juntas (as meninas também gostavam de projetos de arte). Em vez de trabalhar no consultório todos os fins de semana, ela fez questão de planejar saídas com elas. "Sei que elas não ficarão por perto por muito mais tempo", ela me contou.

Anne parece mais presente na sala agora. Ela se porta de forma diferente, parece confortável com seu corpo, seus movimentos são mais fluidos e relaxados. Ela começou a usar o cabelo solto, balançando sobre os ombros. E me disse que não se sente mais vazia por dentro.

8

PRISIONEIROS DO PASSADO
Memória, trauma e recuperação

EU ESTAVA COM BRUCE, ESPERANDO um combate com um inimigo e agradecido por ele me ver como um amigo, não como um adversário. A tinta verde e marrom emplastrada em seu rosto o fez parecer mais com um garoto de 4 anos de idade brincando do que um veterano de 34, mas o terror em seus olhos e o poder de seus 90 quilos em 1,90 metro de altura tornava nossa situação real demais.

Bruce era um dos muitos homens que voltaram do Vietnã feridos por dentro. Nossos caminhos se juntaram sob uma cama no hospital de veteranos de Brentwood, em Los Angeles, onde ele fora hospitalizado por transtorno de estresse pós-traumático (ou TEPT), um transtorno que só recebera esse nome alguns anos antes. Eu era residente de psiquiatria, um novato, e Bruce era um de meus primeiros pacientes. Nada me preparara para o momento em que ele agarrou meus calcanhares, puxou-me para dentro de sua "caverna", enfiou um cabo de vassoura em minha mão e gritou: "Atira neles se eles vierem nos pegar."

Não havia dúvida de que Bruce estava perdido em algum lugar de sua imaginação. Mas isso não era uma brincadeira de um garoto de 4 anos de idade; para mim, parecia algum tipo de memória descontrolada, alguma parte do passado que ainda estava bem viva e presente em sua mente, aterrorizando-o — e, agora, a mim. Ele espiou para dentro da sala por um tempo que pareceu uma temporada inteira de monções tropicais, às vezes identificando os inimigos que avançavam em nossa direção e depois os afastando com o cabo de vassoura. Ele

estava agradecido por minha ajuda, disse; na opinião dele, formáva-
mos uma boa dupla.

Após uma hora de terror e vigilância angustiante, o aperto de Bruce
no cabo da vassoura finalmente afrouxou. A voz nervosa e áspera si-
lenciou, o rosto suavizou e ele começou a choramingar baixinho. Aju-
dei-o a sair de debaixo da cama e a encontrar um porto seguro sob as
cobertas. Sentei-me ao seu lado até ele adormecer.

Trêmulo e confuso, fui até a sala de descanso e contei à enfermei-
ra-chefe o que acontecera. "Ah, sim", ela disse, "são apenas os *flashbacks* de Bruce". Ela estava tentando ser útil.

Mais tarde, naquele dia, eu tinha uma hora de supervisão agendada e perguntei a meu professor o que afinal era um *flashback*. "Um
tipo de memória do passado que continua a assombrar a pessoa no
presente", ele disse. "Na verdade, não sabemos como um *flashback*
acontece." Isso era tudo que ele podia dizer — é tudo que qualquer
um sabia na época —, mas isso me deixou inquieto e inseguro. Precisava saber mais.

Eu aprendera sobre a capacidade de focar seletivamente a atenção
em um mundo imaginário e sobre suspender o julgamento crítico
para entrar nele completamente. Alguns chamam a isso de "dissociação normal", um tipo de suspensão voluntária da descrença, uma forma de se perder na imaginação. É típico das crianças quando brin-
cam, e todos nós o fazemos quando nos envolvemos com um livro ou
filme, nos deixamos levar por uma memória ou ficamos imersos na
música. Estreitamos o foco da atenção para um segmento de experiência, fechando nossa consciência para outras atividades mentais.
Claro, na vida cotidiana, podemos deixar aquele estado absorvido e ir
jantar quando somos convocados. Mas aquilo era diferente.

Bruce não parecia experimentar aquela hora debaixo da cama
como algo de que ele estivesse se lembrando, mas, ao contrário, como
algo que realmente acontecia no presente. Ele também podia incor-
porar itens novos — os cabos de vassoura, a caverna embaixo da cama,
eu — à experiência. Isso era mais do que se perder em uma lembran-

ça ou na imaginação. Sentimentos, visões, sons e comportamentos de muito tempo atrás se tornavam vivos em sua mente e entremeados com sua experiência do momento. Para mim, aquilo era claramente uma lembrança, mas para Bruce, ela perdera — ou talvez nunca tivesse tido — algum rótulo em sua mente que a identificava como lembrança. Ao contrário, aquelas memórias pareciam ser dados mentais crus, peças do quebra-cabeça do passado que explodiram dolorosamente em suas percepções do aqui e agora.

Até recentemente, quando conseguimos examinar as funções cerebrais, só podíamos adivinhar como eram os mecanismos da memória e as maneiras íntimas com que nossa mente criava nossa experiência da realidade. Quando conheci Bruce, essas memórias intrusivas eram apenas as voltas do parafuso que apertavam grampos ao redor da mente atormentada dele. Seus *flashbacks* recorrentes o dividiam.

Na semana seguinte, alguém me disse que foram encontradas granadas armadas sob um arbusto próximo à entrada do prédio onde ele havia se escondido debaixo da cama. Bruce disse nada saber sobre elas, mas foi transferido para a enfermaria de segurança após os funcionários descobrirem pinos de granada no cubículo de seu quarto. Algum tempo depois, ele foi transferido para outro hospital, e nunca mais tive a oportunidade de trabalhar com ele de novo. Ainda me pergunto em que distorção da memória aquelas granadas podem ter se encaixado.

COMO AS MEMÓRIAS SE FORMAM E REAPARECEM

Nos anos após meu encontro com Bruce, numerosas pesquisas nos deram um arcabouço teórico para entendermos e tratarmos o TEPT. No final da década de 1980, muitos centros de pesquisa contribuíram com peças para o quebra-cabeça do funcionamento da memória no cérebro. Aqueles primeiros resultados ajudaram a construir a perspectiva da neurobiologia interpessoal do trauma e do tratamento dele que acabei de apresentar a você. Pode ser tarde demais para ajudar Bruce, mas agora temos dezenas de milhares de soldados voltando de novas guerras cujas mentes precisam de tratamento urgente. E há, ainda, mais pessoas cujo trauma não integrado interfere em suas atividades diárias e em seus relacionamentos, compromete sua capacidade de lidar com a vida e as limita — frequentemente sem terem um entendimento consciente do que está acontecendo. Allison, que você conhecerá mais adiante neste capítulo, foi uma delas. Ela foi uma de minhas primeiras pacientes de longo prazo, e seu tratamento me fez ver como o trauma pode fragmentar uma vida e como ele pode ser resolvido.

Para entender as memórias traumáticas, é útil voltar ao básico do que a memória significa e de como ela está incrustada no cérebro. A memória é a forma como uma experiência vivida em um determinado momento nos influencia em outro momento no futuro.

Como abordei em "A neuroplasticidade em poucas palavras", para o cérebro, a experiência significa disparos mentais. Quando temos uma "experiência", agrupamentos de neurônios são ativados para enviar sinais elétricos por longas distâncias. A ativação dos genes e a produção de proteína acionada pelos disparos neurais podem criar novas sinapses, fortalecer as já existentes, alterar os pacotes de neurotransmissores que são liberados ou os receptores que recebem suas mensagens e até mesmo estimular o crescimento de novos neurônios. Essas mudanças também podem engrossar a cobertura de mielina isolante ao redor das fibras conectoras, aumentando a velocidade da transmissão elétrica.

Neurônios que disparam juntos permanecem unidos. Na terminologia da memória, uma experiência se torna "codificada" pelos disparos dos neurônios em grupos. Quanto maior a frequência dos disparos desses agrupamentos neurológicos, ou "perfis de redes de neurônios", mais provavelmente eles dispararão juntos no futuro. O gatilho que aciona a restauração de uma memória pode ser um evento, interno — um pensamento ou um sentimento — ou um evento externo que o cérebro, de alguma forma, associa a um acontecimento no passado. O cérebro age como uma "máquina antecipatória" que continuamente se prepara para o futuro com base no que aconteceu no passado. As memórias moldam nossas percepções atuais ao criarem um filtro através do qual automaticamente antecipamos o que acontecerá em seguida. Dessa forma, os padrões que codificamos na memória realmente influenciam nossas percepções contínuas e alteram a forma como interagimos com o mundo.

Eis um fato importante sobre a recuperação da memória que foi entendido em detalhes, do ponto de vista científico, apenas nos últimos 25 anos: quando recuperamos uma memória codificada armazenada, ela não necessariamente entra em nossa consciência como algo oriundo do passado. Considere, por exemplo, sua memória para andar de bicicleta. Quando você pega a bicicleta e sai pedalando, dispara agrupamentos neurológicos que lhe permitem pedalar, equilibrar-se e frear. Esse é um tipo de memória: um evento no passado (aprender a andar de bicicleta) influenciou seu comportamento no presente (andar de bicicleta), mas andar de bicicleta, hoje, não é sentido como uma lembrança do dia em que você aprendeu a manejá-la.

Se, por outro lado, eu pedisse a você para lembrar a primeira vez que andou de bicicleta, você talvez parasse por um momento, vasculhasse sua memória armazenada e talvez resgatasse uma imagem de seu pai ou irmã mais velha correndo ao seu lado, o medo e a dor que sentiu quando caiu, ou a euforia quando virou uma esquina. Quando esses perfis recuperados invadem sua consciência, você sabe que está lembrando algo do passado. Isso também é memória, mas é diferente da memória que o habilita a andar de bicicleta.

Esses dois tipos de processamento de memória estão entrelaçados no curso normal da vida diária. O tipo de memória que nos habilita a andar de bicicleta é chamado de *memória implícita*; nossa capacidade de lembrar o dia em que aprendemos a andar de bicicleta é a *memória explícita*. Enfatizo essa distinção porque, na linguagem cotidiana, usamos o termo *memória* para nos referirmos ao que é tecnicamente memória explícita. Contudo, descobertas recentes no campo da ciência cerebral nos permitem entender a diferença entre memória implícita e explícita, assim como compreender como a memória implícita pode influenciar nosso presente sem termos consciência de que algo do passado está nos afetando. São essas descobertas que finalmente nos oferecem um entendimento de como os *flashbacks* de Bruce podem ter se desenvolvido.

Vamos começar do início, com as memórias implícitas que formamos ainda antes de nascermos.

MEMÓRIA IMPLÍCITA: AS PEÇAS BÁSICAS DO QUEBRA-CABEÇA DA EXPERIÊNCIA MENTAL

Quando minha mulher ficou grávida de cada um de nossos dois filhos, eu costumava cantar para eles na barriga dela. Era uma antiga canção russa que minha avó me ensinou, uma música infantil sobre seu amor pela vida e pela mãe dela — "Que sempre haja a luz do sol, que sempre haja bons tempos, que sempre haja a mamãe e que sempre haja eu." Cantei isso — em russo e em inglês — durante o último trimestre de gestação, quando eu sabia que o sistema auditivo já estava suficientemente desenvolvido para registrar o som que chega através do líquido amniótico. Então, na primeira semana após o nascimento de cada um deles, convidei um colega para um "estudo de pesquisa". (Eu sei, não era um estudo com os controles científicos, mas foi divertido.) Sem revelar a canção pré-natal, cantei três canções diferentes uma após a outra. Sem dúvida alguma — quando os bebês ouviram a canção familiar, seus olhos abriram mais e eles ficaram mais alertas, tanto que meu colega conseguiu identificar facilmente a mudança no nível de atenção deles. Uma memória perceptual fora codificada. (Agora, meus filhos não me deixam cantá-la; provavelmente, soa melhor dentro d'água.)

Codificamos a memória implícita ao longo de nossa vida, e nos primeiros 18 meses muitos pesquisadores acreditam que codificamos apenas de forma implícita. Uma criança codifica cheiros, gostos e sons da casa e dos pais, as sensações na barriga quando está com fome, o prazer do leite quente, o terror das vozes altas e zangadas, a forma como o corpo da mãe se contrai em resposta à chegada de um determinado parente. A memória implícita codifica nossas percepções, emoções e sensações corporais e, à medida que envelhecemos, comportamentos, como aprender a engatinhar, andar, falar ou andar de bicicleta.

A memória implícita também utiliza a capacidade do cérebro para generalizar a partir da experiência, o que explica como construímos modelos mentais a partir de eventos repetidos. Esse é um passo além das associações de neurônios que disparam juntos. O cérebro resume e combina eventos semelhantes em uma representação prototípica conhecida como "esquema". Se a mãe de um menininho o abraça todas as noites quando ela chega do trabalho, ele terá um modelo em sua mente em que o retorno da mãe será marcado pela afeição e pela conexão.

Finalmente, a memória implícita cria algo chamado "preparação" (*priming*), que significa que o cérebro se prepara para responder de uma determinada maneira. Quando a mãe chega a casa, o menino antecipa o abraço. Não apenas seu mundo interno fica preparado para perceber aquele gesto amoroso, ele movimentará os braços em antecipação ao ouvir o carro dela na garagem. À medida que envelhecemos, a preparação continua a operar com comportamentos mais complexos. Se você aprendeu a nadar, ao vestir sua roupa de natação seu repertório comportamental para natação é preparado e fica pronto para entrar em ação quando você mergulhar na piscina.

Esses seis domínios de memória implícita — percepção, emoção, sensações corporais, comportamento, modelos mentais e preparação — são como peças básicas de um quebra-cabeça mental que fundamentam a continuação da influência do passado no presente. Após uma experiência "terminar" e prosseguirmos adiante no rio do tempo, o que permanece são essas ligações sinápticas que moldam e filtram nossas experiências e sensações atuais. Com base nesses elementos implícitos do passado, o cérebro — nosso órgão associativo e máquina antecipatória — nos apronta continuamente para o futuro.

Eis as três características únicas da memória implícita: 1) você não precisa usar a atenção consciente e focal para a criação — a codificação — da memória implícita; 2) quando uma memória implícita surge da armazenagem, você não tem a sensação de que algo está sendo lembrado do passado; e 3) a memória implícita não exige participação de uma parte do cérebro chamada hipotálamo. Observar cada uma dessas características com maiores detalhes nos ajudará a entender o mistério dos *flashbacks* de Bruce.

CODIFICANDO SEM CONSCIÊNCIA

Se você tivesse sido um voluntário em um dos estudos clássicos de atenção dividida, teria passado por algo semelhante ao seguinte: a pesquisadora lhe fornece um par de fones de ouvido que tocam uma trilha sonora diferente em cada ouvido e lhe pede que preste atenção apenas ao lado esquerdo. Após um minuto, ela pergunta o que você ouviu. "Alguém recitando uma lista de animais do zoológico", você diz. A qual gênero pertencia a voz? "Masculino", você responde. Bom. E o que você ouviu no ouvido direito? "Apenas alguns balbucios vagos", você responde. E você poderia dizer se foi uma voz masculina ou feminina? "Não, nem isso."

Porém, em seguida, a pesquisadora administra o que é chamado de teste de memória indireta, que revela que as informações do fone do ouvido direito entraram de fato em sua mente e influenciaram sua memória — sua memória implícita. Você não consegue lembrar que seu ouvido direito ouviu uma voz feminina lendo nomes de flores. Mas se você receber um conjunto de pistas composto de palavras parciais, tais como "r _ _ a", é mais provável que preencha os espaços vazios com as letras *o* e *s* para criar *rosa* do que qualquer outro conjunto de letras, ainda que você não saiba por quê. Se você tiver ouvido uma lista de itens automobilísticos, pode ter simplesmente "lhe ocorrido" escrever um *o* e *d* para *roda*. Isso é a preparação em funcionamento em seus centros linguísticos.

Quando seu ouvido direito desatento recebeu os dados, seu cérebro os registrou em uma forma de memória implícita perceptual. Ele faz isso sem passar as informações através do hipocampo, o aglomerado de neurônios com formato de cavalo-marinho localizado na região límbica que integra áreas bastante separadas do cérebro. A atenção direta faz uso do hipocampo; a atenção indireta — a atenção que não envolve sua atenção consciente e focal — codifica a memória sem o envolvimento do hipocampo.

Repito, uma memória apenas implícita é experimentada na consciência, mas não é "marcada" ou sentida como algo emergindo do passado. Isso é muito diferente da ideia de "memória inconsciente", que implica algo enterrado, inacessível ou "reprimido" e afastado da consciência cotidiana. Uma memória implícita reativada é completamente consciente; ela simplesmente carece da sensação de lembrança.

Essa experiência qualitativa peculiar da memória implícita pode ser difícil de compreender mesmo para os estudantes de neurologia. Portanto, vamos compartilhar uma famosa história sobre um neurologista do século XIX chamado Clafard e sua paciente desafortunada. Parece que Madame X, a paciente, conseguia conversar sobre eventos cotidianos com seu médico, mas se ele saísse da sala e voltasse alguns minutos depois, ela não o reconhecia nem se lembrava da conversa. Ele precisava reapresentar-se formalmente e começar tudo novamente. Um dia, o Dr. Clafard escondeu um alfinete na mão para que, quando ele a cumprimentasse e apertasse sua mão, Madame X recebesse uma espetada que a faria gritar. No encontro seguinte, o Dr. Clafard se apresentou como sempre e, então, estendeu a mão. Madame X recolheu a dela e se recusou a apertar a dele. Quando perguntada por que fizera isso, ela respondeu: "Às vezes, os médicos fazem coisas que machucam."

Eis um modelo mental baseado na memória implícita: "Às vezes, os médicos fazem coisas que machucam." Ela se apresenta como uma crença completamente consciente, mas sua origem no passado não estava acessível à consciência da Madame X.

Os modelos mentais implícitos que cada um de nós possui filtram nossas percepções contínuas e prejulgam nossas experiências. E, sim, provavelmente eles contribuem para todo tipo de atitude e crença que carregamos conosco — sejam nossas mesmo ou alheias. Os modelos implícitos podem se manifestar como um sentimento no corpo, uma reação emocional, um viés de percepção em nosso olho mental ou um padrão de resposta comportamental. Não percebemos que estamos sendo influenciados pelo passado; podemos sentir com convicção que nossas crenças e reações são baseadas em nosso bom julgamento atual.

Se, por exemplo, seus pais o ignoraram quando você chegou em casa todo animado por ter sido escolhido para integrar o time de beisebol da escola, aquela sensação de desaprovação pode se generalizar para outros esportes e depois retornar quando seus filhos se interessarem por atividades esportivas. Ou talvez seus pais, conscientemente, evitaram comentários negativos explícitos sobre pessoas de outras raças, religiões ou orientações sexuais. Mas você talvez, mesmo assim, tenha captado sinais não verbais de irritação, sofrimento ou repulsa ao trazer para casa um amigo de uma raça ou com uma escolha sexual ou religiosa diferente.

Embora esses modelos mentais implícitos existam em todos nós, por meio da visão mental podemos começar a nos livrar das formas poderosas e traiçoeiras com que criamos nossas percepções e crenças aqui e agora. Ver profunda e claramente o mundo interno também nos dá a oportunidade de focar nossa consciência de uma forma que promova a integração da memória. Quando a memória está integrada, as peças implícitas e separadas do quebra-cabeça do passado são ligadas na forma mais complexa — e flexível e adaptativa — de memória explícita.

MEMÓRIA EXPLÍCITA: JUNTANDO AS PEÇAS DO QUEBRA-CABEÇA MENTAL

A memória explícita começa a surgir e a se tornar observável no segundo ano de vida, e embora as crianças na pré-escola possam ter memórias muito vívidas, a maioria dos adultos não lembra muito dos eventos ocorridos antes da idade de 5 ou 6 anos. (Esse fenômeno é chamado "amnésia infantil".) A codificação explícita depende da capacidade de focar atenção e de integrar elementos de uma experiência em representações factuais ou autobiográficas. Isso nos permite criar um quadro de conhecimentos sobre o mundo, os outros e nós mesmos que podemos lembrar voluntariamente, sobre os quais podemos refletir e categorizar de maneiras novas e flexíveis. Instintivamente, os pais fortalecem essa capacidade nas crianças pequenas quando as encorajam a falar sobre a visita ao zoológico no dia anterior ou sobre quem viram na pracinha naquela manhã.

Quando recuperamos uma memória explícita, *temos* a sensação de que estamos trazendo algo do passado para nossa consciência. Se eu pedir a você que se lembre de seu último aniversário, você pode me contar onde esteve, que dia da semana era e quem celebrou com você. Suas imagens internas estão ligadas tanto aos fatos quanto às sensações de estar dentro de uma experiência ou episódio específico que ocorreu no passado. Essas são duas formas de memória explícita: factual e *episódica* (ao lembrar que esteve em um episódio único de sua vida), e algumas pessoas lembram com mais facilidade de uma forma que de outra, como você pode recordar da história de Stuart.

À medida que a vida passa, acumulamos memórias episódicas em arquivos maiores ou em agrupamentos organizados ao longo da linha do tempo. Esse conjunto agrupado de memórias episódicas é denominado memória autobiográfica. Agora, você pode contar uma história triste ou engraçada comparando seu décimo com seu vigésimo aniversário. Você pode construir uma narrativa coerente de sua vida.

Com o amadurecimento da parte do cérebro necessária à codificação da memória explícita — o hipocampo — somos capazes de começar a criar nossas memórias factual e episódica. O hipocampo cresce ao longo da vida à medida que continua a armazenar a memória explícita que nos habilita a conhecer o mundo e a nós mesmos.

O HIPOCAMPO: O COMPILADOR MESTRE DO QUEBRA-CABEÇA

Se você lembra-se do modelo do cérebro, o hipocampo está localizado na área do polegar — a região límbica — em ambos os lados do cérebro. O lado esquerdo funciona principalmente com fatos, enquanto o direito se especializa na memória episódica relacionada ao eu. O hipocampo trabalha intimamente com as outras áreas límbicas, tais como a amígdala, responsável pela geração de medo, para associar os detalhes de uma experiência ao tom emocional e ao significado daquele evento. Ele também possui ligações extensas que possibilitam a combinação de padrões de disparo neural previamente separados na região límbica e por todas as áreas de planejamento e percepção do córtex. No hemisfério esquerdo, ele constrói o conhecimento factual e linguístico; no direito, organiza os elementos básicos de nossa história de vida de acordo com o momento e o tópico. Todo esse trabalho torna o "mecanismo de busca" da recuperação de memórias mais eficiente. Podemos pensar no hipocampo como um mestre de peças de quebra-cabeça, reunindo as peças de imagens e sensações da memória implícita que estavam separadas em "quadros" montados de memória factual e autobiográfica.

Ativar o hipocampo — literalmente, ligar as peças do quebra-cabeça da memória explícita neuralmente distribuídas — exige atenção focada. Quando as imagens e sensações de experiências permanecem na forma "apenas implícita" — quando não foram integradas pelo hipocampo —, elas continuam em uma desordem neural desestruturada e não estão marcadas como representações derivadas do passado, não aparecendo em nossa história de vida como uma narrativa contínua que define explicitamente quem somos. Tais memórias implícitas continuam a moldar o sentimento subjetivo que temos de nossas realidades do aqui e agora, a sensação de quem somos a cada momento, mas essa influência não está acessível à nossa consciência. Precisamos montar as peças implícitas do quebra-cabeça de uma forma explícita para sermos capazes de refletir sobre o impacto delas em nossa vida.

QUANDO O HIPOCAMPO DESCONECTA

Madame X, a paciente do Dr. Clafard, não conseguia codificar as experiências em memórias explícitas por causa de uma lesão próxima ao hipocampo. Certa vez, conheci um homem em um jantar que tinha um problema semelhante. Ele me contou educadamente que sofrera derrames bilaterais no hipocampo e me pediu que não me sentisse insultado se, após eu me afastar para pegar um copo d'água, ao voltar, ele não se lembrasse de quem eu era. De fato, quando voltei, nos apresentamos novamente.

Porém, danos permanentes e de longo prazo não são necessários para prejudicar a memória explícita. Uma vez, tive um paciente que me contou a seguinte história: ele estava prestes a pegar um voo noturno para cruzar o país de costa a costa e pediu a seu médico que lhe desse um remédio para dormir no avião. O médico lhe forneceu um medicamento novo, que acabara de ser lançado, e o paciente tomou o dobro da dose recomendada, na esperança de ter uma boa noite de sono. Quando voltou de sua viagem de três dias, não tinha memória (explícita) de nada após o primeiro voo — muito embora as pessoas que ele encontrara em seu destino o tivessem assegurado de que ele parecia totalmente acordado e consciente. (Mais tarde, a companhia farmacêutica que fabricou o remédio reduziu a dose inicial pela metade.)

Da mesma forma que algumas medicações soníferas, o álcool é conhecido por sua capacidade de desligar o hipocampo temporariamente. As perdas de consciência provocadas pelo álcool não são o mesmo que desmaios: a pessoa está acordada (embora debilitada), mas não codifica a experiência de uma forma explícita. As pessoas que têm essas perdas de consciência após beberem talvez não "lembrem" como chegaram em casa ou como conheceram a pessoa com quem acordaram na manhã seguinte.

A raiva também tem a capacidade de desligar o hipocampo, e as pessoas com raiva descontrolada podem não estar mentindo quando dizem que não se lembram do que disseram ou fizeram durante seu estado mental alterado.

Pesquisas recentes sugerem que outros estados de emoção intensa — além daqueles que normalmente conseguimos tolerar — podem também desligar o hipocampo por causa dos altos níveis de estresse que criam. Uma liberação excessiva do hormônio do estresse em um estado de pavor, por exemplo, pode perturbar a integração hipocampal.

Quando li essas pesquisas pela primeira vez, percebi que podia finalmente responder à pergunta que me atormentava desde que conheci Bruce: o que é um *flashback*? Um *flashback* talvez seja o resultado da ativação de uma memória apenas implícita de uma experiência traumática. As percepções, emoções, sensações corporais e os comportamentos de um tempo passado estavam plenamente na consciência de Bruce, mas eles não eram marcados pelo sentimento de que vinham do passado. Os fragmentos crus da experiência do momento permaneceram como peças implícitas do quebra-cabeça, que flutuavam livremente em desordem, porque o hipocampo estava bloqueado. O circuito cerebral que codifica a experiência em percepções, sensações e emoções permaneceu ativo. Porém, Bruce não sabia que essas imagens e sensações internas vinham do passado. Os *flashbacks* o inundavam com a reativação da memória "apenas implícita".

TRAUMA, MEMÓRIA E CÉREBRO

Antes do dia em que Bruce me puxou para debaixo da cama, começáramos a explorar suas experiências no Vietnã. Ele começou uma sessão dizendo que não queria falar sobre aquela época, mas sabia que deveria. Era um dos poucos sobreviventes de sua unidade. Enquanto falava, seu rosto ficava tenso, os olhos pareciam virar para cima e as mãos começavam a tremer. Aos poucos, em fragmentos, a experiência surgiu — em palavras, em gritos, em imagens que Bruce conseguia ver e tentava descrever, ora com as mãos levantadas, ora cobrindo os olhos, em gritos e em sussurros que consigo ouvir até hoje.

O melhor amigo de Bruce, Jake, fazia parte de seu pelotão. Eles estavam em patrulha perto da zona desmilitarizada quando foram emboscados. Jake foi atingido na cabeça. Bruce, baleado na perna e sem poder se mexer, segurou o corpo inerte do amigo. Jake morreu nos braços dele quando os helicópteros de resgate já estavam chegando. Com explosões por todos os lados, Bruce simplesmente apagou. A cena seguinte que ele conseguia lembrar foi a da enfermaria do hospital em Saigon. Os registros mostravam que a equipe médica pensou que ele tivesse sofrido alguma lesão cerebral; Bruce não conseguiu falar durante semanas. Após voltar aos Estados Unidos, ele tentou se ajustar à vida civil. A perna sarou, mas a mente estava fraturada. Dez anos após sua baixa do serviço militar, ele foi internado no hospital dos veteranos antes de eu começar meu estágio lá.

O que acontecera no cérebro de Bruce? O melhor que a ciência pode oferecer é uma moldura conceitual, apoiada, mas ainda não comprovada, por pesquisas. Sob o estresse do trauma extremo que sofrera, Bruce foi tomado pelo terror e sofreu um colapso por causa do choque. Em condições extremamente estressantes, a resposta de luta-fuga-congelamento inunda o corpo com o hormônio cortisol, um produto químico que comprovadamente bloqueia a função do hipocampo. Conforme abordado anteriormente, tudo que pode temporariamente desligar o hipocampo também pode bloquear a formação de memórias explícitas — um efeito semelhante àquele provocado pelo álcool e por sedativos. Isso teria criado o equivalente a uma perda de consciência, uma forma de dissociação quimicamente induzida (mas a substância química envolvida era o cortisol e não remédios ou álcool). Paradoxalmente, a mesma reação intensa que levou à perda de consciência e ao bloqueio de memórias explícitas iria simultaneamente aumentar a codificação de memórias implícitas por meio da liberação, pela amígdala, de outra substância química de luta-fuga-congelamento — a adrenalina. Níveis altos de adrenalina agem para imprimir na memória implícita traços da experiência traumática original — o sentimento de terror, detalhes perceptivos, reações comportamentais características de luta-fuga-congelamento e quaisquer sensações corporais de dor sofrida.

Aqui, vemos uma explicação para o fenômeno aparentemente contraditório do TEPT — o fato de que há pouca ou nenhuma memória explícita do evento original, embora as memórias implícitas que emergem na forma de *flashbacks* (ou como outras formas de fragmentos de memória implícita) sejam incrivelmente vívidas. Ao ver como tipos diferentes de memória dependem de regiões distintas do cérebro, podemos finalmente entender a justaposição da memória implícita ampliada com a memória implícita bloqueada que ocorre durante o trauma.

O trauma pode também desligar o hipocampo temporariamente através do mecanismo da dissociação. Em face de uma experiência devastadora ou uma ameaça à nossa sobrevivência, quando não há fuga física possível, não apenas liberamos altos níveis de hormônios do estresse que bloqueiam a memória, mas o cérebro pode encontrar outra forma de fuga ao direcionar o canal estreito da atenção focal para longe da ameaça. Embora ainda não saibamos exatamente como isso acontece, a consciência se torna completamente absorvida por algum aspecto não traumático do ambiente, ou na paisagem interior da imaginação.

Não sei se a dissociação foi parte da resposta à emboscada que matou o amigo dele, mas muitas pessoas que sofreram traumas podem claramente lembrar da dissociação que ocorreu durante o evento. Vários anos após eu ter trabalhado com Bruce, tratei uma jovem que foi sexualmente molestada aos 14 anos por três homens em um armazém antigo. No momento em que o ataque começou, ela percebeu algumas flores pequenas que brotavam através da parede quebrada no canto do assoalho. Focou nelas, e elas se transformaram em um prado imaginário em sua mente. Ao permanecer naquele prado, ela desviou sua consciência das sensações avassaladoras de dor e desamparo.

O problema com essa estratégia de sobrevivência é que, embora sua consciência imediata estivesse bloqueada, o desligamento temporário do hipocampo não bloqueou a codificação implícita da experiência. Quinze anos depois, quando tomava banho com o namorado, o som da água no chão do chuveiro de repente acionou um *flashback* de tamanho real. Tinha chovido muito no dia do ataque e as memórias implícitas surgiram inundando sua consciência como se ela estivesse sendo atacada naquele momento — pelo namorado. Felizmente, na época em que ela me procurou para fazer uma terapia, eu havia incorporado ao meu trabalho descobertas recentes sobre a atenção, o hipocampo e a memória, o que significava que eu entendia sua experiência e sabia o que fazer para ajudá-la.

Enquanto o papel do hipocampo na integração da memória estava sendo desvendado nos laboratórios científicos, ficou claro para mim como clínico que a integração bloqueada podia explicar muitos sintomas comuns do TEPT. As memórias apenas implícitas e outros bloqueios da mente podiam estar na raiz dos sintomas hiperestimulados e das emoções explosivas, da perda da percepção e da desconexão das sensações corporais, além dos sentimentos de tudo ser "irreal"; e de várias formas de reviver o trauma original, inclusive *flashbacks* e lembranças fragmentadas, recorrentes e aflitivas do evento durante a vigília.

Os fenômenos do sono, tais como pesadelos e distúrbios REM, são também características importantes do TEPT e nos oferecem outra forma de ver o fenômeno dos fragmentos de memória traumática decodificados de forma implícita que surgem em nossa vida anos após o evento, com um poder aterrorizante. Antes que as memórias possam ser totalmente integradas no córtex como parte da memória explícita permanente, elas precisam passar por um processo denominado "consolidação", que parece depender da fase REM do sono. Para muitas pessoas com TEPT, o sono REM é interrompido, o que pode ser uma explicação adicional para que suas memórias traumáticas permaneçam implícitas e sejam vividas como pesadelos durante o sono ou revividas como sintomas durante a vigília, tais como as mencionadas anteriormente.

Por séculos, os sintomas intrusivos, fragmentadores e embotadores do trauma foram identificados em soldados e descritos de várias formas, tais como *shell shock*. O diagnóstico de TEPT nos permite ver os aspectos comuns entre as experiências no campo de batalha e os traumas que estreitam e limitam as vidas de inúmeras outras pessoas. Eu gostaria de falar sobre dois pacientes que fazem parte desse outro grupo.

USANDO O HIPOCAMPO PARA CURAR O TRAUMA

Allison tinha 31 anos quando me procurou pela primeira vez por causa de persistentes problemas de relacionamento, inclusive algumas dificuldades sexuais importantes. Quando lhe perguntei sobre sua infância, ela me contou que tudo fora "bom", exceto o divórcio dos pais aos 3 anos. A mãe casara novamente quando ela completou 5 anos e teve mais dois filhos. Depois disso, a vida familiar fora "normal". Eu não estava seguro do que "normal" realmente significava, mas achei que deveria esperar para ver. Havia muito a explorar em sua vida atual.

Passados alguns meses de terapia, ela relatou um problema médico que a perturbava há algum tempo. Tinha dores nas costas intermitentes, contou-me, e agora elas estavam piorando muito. Ela era professora de artes plásticas em uma escola local, e a dor dificultava cada vez mais seu trabalho. Consultara um ortopedista que recomendara cirurgia. Porém, Allison se achava jovem demais para dar um passo tão drástico e lera em algum lugar que dores nas costas eram frequentemente associadas ao estresse. Ela desejava saber o que eu pensava sobre aquilo.

Sugeri que tentássemos um mapeamento corporal, começando pelos pés, e que ela simplesmente prestasse atenção às suas sensações. Quando chegamos nas costas, ela rapidamente ficou apavorada. Lembrou de estar na casa de vizinhos uma noite e, depois, do amigo do filho deles chegando bêbado de uma festa e tentando fazer sexo com ela na mesa de pingue-pongue. Ele empurrara suas costas repetidas vezes contra a quina da mesa. Quando exploramos essas lembranças ao longo de uma série de sessões, gradualmente ficou claro para ela que o agressor não era o amigo do filho, mas seu padrasto. Com essa percepção, a dor de Allison passou e nunca mais voltou. Ela cancelou a cirurgia já agendada.

Sei que o leitor pode achar que isso não é possível, e se eu não estivesse lá ou não tivesse vivenciado situações terapêuticas semelhantes muitas vezes no passado, provavelmente me sentiria da mesma forma. E, de fato, essa não foi nenhuma "cura mágica", porque a revelação de Allison foi apenas o início de um trabalho árduo para reconstruir sua vida.

A memória não é como uma máquina de xerox. Quando resgatamos uma lembrança, o que estamos resgatando pode não ser preciso. O resgate ativa um perfil de uma rede neural semelhante à criada no momento da codificação, mas não idêntica a ela. As memórias podem, de fato, ser distorcidas. Podemos ter uma lembrança precisa da essência — como quando Allison lembrou que fora atacada —, mas os detalhes podem não estar corretos. Nesse caso, por um longo período de tempo, Allison veio a esclarecer detalhes de sua narrativa de vida que eram mais horríveis e dolorosos do que pareciam a princípio.

O resgate da memória de Allison foi bloqueado durante quase 16 anos. O que era inicialmente lembrado foi distorcido de uma forma que serviu para preservar a boa imagem de alguém importante na vida dela: o padrasto. Muitas vítimas de trauma lutam com essas questões. A realidade é que a memória possui muitas camadas e é facilmente influenciada. Felizmente, corroborações externas estão, às vezes, disponíveis para auxiliar a navegação por essas águas incertas. Vários meses depois da dor de Allison passar, ela participou de uma reunião em família. Lá, a meia-irmã e o meio-irmão mais novos, que ela não via há dois anos, tiveram a coragem de lhe contar, quando ela lhes perguntou se sabiam de algo sobre o que acontecera naquela festa, que eles testemunharam o ataque. Como testemunhas, eles também foram vítimas do abuso.

Provavelmente, você notou que a distorção inicial de Allison também protegeu uma pessoa ainda mais importante em sua vida: a mãe. Por que Allison não procurara a mãe após o ataque do padrasto? Ainda que tivesse se sentido envergonhada demais para falar, por que sua mãe não percebera que havia algo errado?

Quando as famílias não oferecem um lugar para os filhos expressarem seus sentimentos e lembrarem o que aconteceu após um evento avassalador, suas memórias apenas implícitas permanecem desintegradas e eles não têm como entender suas experiências. Como descobrimos em nosso trabalho, a família de Allison se tornara uma zona de silêncio muito antes da noite da mesa de pingue-pongue. O padrasto fora intrusivo de várias maneiras quase desde a época de seu casamento com a mãe dela. Esta, por vezes, fingia que nada via e, outras vezes, até mesmo facilitava o abuso, na prática, sacrificando Allison para o marido e sua nova família. Sabe-se, agora, que esse tipo de abuso precoce e repetitivo, somado à falta de alguém a quem procurar e pedir proteção, subjaz o desenvolvimento dos transtornos dissociativos. No próprio centro de seu "eu", Allison era incapaz de saber explicitamente o que conhecia muito bem implicitamente. Ela fora incapaz de compreender sua história de vida.

A terapia de Allison continuou por muitos anos, e aqui só posso dar algumas informações gerais sobre nossa jornada. O objetivo não era apenas integrar suas lembranças perturbadoras, mas também ajudá-la a navegar por seus relacionamentos atuais e lidar com os estresses contínuos da vida. Allison precisava construir as habilidades de resiliência e força pessoal. Após ter sido traída por aqueles mais próximos a ela, como poderia aprender a se proteger e, ao mesmo tempo, aprender a confiar nos outros?

Pessoalmente, eu achava que a sequência de resolução deveria ser algo assim: as traições de apego e as experiências traumáticas produzem falhas na integração. No domínio da memória, isso resulta na desintegração das peças implícitas do quebra-cabeça. Essas peças apenas implícitas do passado se intrometem no presente, criando eventos de revivência (tais como *flashbacks* e dores nas costas), evitação (sem entender o motivo, Allison nunca jogou tênis de mesa ou bilhar) e embotamento (que estava no centro de seus problemas sexuais). Essa experiência fragmentada precisava, primeiro, ser integrada à memória explícita e, depois, incorporada em um sentimento muito maior de quem Allison era.

Exploraríamos as representações de memórias não resolvidas, mas com um duplo foco de consciência. Isso significa que, enquanto um foco de consciência está no aqui e agora, outro está no lá e então. Desenvolveríamos um conjunto de recursos e os manteríamos prontamente acessíveis ao momento presente, mesmo enquanto ela e eu passássemos para o segundo foco da consciência — as próprias memórias, as reativações implícitas.

Minha função era ajudar Allison a manter um sentimento de que estávamos juntos, de que ela não estava perdida no passado, mesmo quando sua consciência focava a sensação de memória implícita. Se pudesse entrar e sair do passado flexivelmente e com menos dor, ela se sentiria mais segura. Como pano de fundo para o trabalho que precisávamos fazer em sua jornada rumo à integração das memórias, ensinei Allison sobre o cérebro, a mente e a memória, como passara a fazer com quase todos os meus pacientes. Ensinei também técnicas básicas, tais como a consciência respiratória, e a ajudei a desenvolver imagens de seu lugar seguro.

A técnica favorita dela era uma variação da roda da consciência. Pedi que ela visualizasse um arquivo de gavetas em uma sala trancada em uma casa imaginária. Nesse arquivo, todas as memórias de tudo sobre o que estávamos trabalhando estavam trancadas, sobretudo quando ela sentia que essas memórias eram intensas e não resolvidas. Só ela tinha a chave para a sala e conseguia abrir a porta. Só ela tinha outra chave para abrir a gaveta. A qualquer momento, ela poderia deixar a sala, fechar a porta e atravessar o corredor para chegar a outra sala, onde podia assistir a fitas do evento (isso foi antes dos DVDs) em um aparelho de videocassete. Podia começar, parar, congelar a imagem, voltar ou adiantar do jeito que quisesse. Com essa capacidade de recuar antes de ficar perdida no mundo implícito, ela estava preparada para mergulhar no oceano da memória.

Imersões breves nas sensações de cada momento de suas memórias implícitas pareciam ser essenciais. Allison precisava ser capaz de se conectar e rastrear aquelas experiências físicas do passado distante. Porém, eu não desejava que ela simplesmente "revivesse" o trauma. Ela precisava, ao mesmo tempo, estar consciente de que estava *comigo*, que estava segura e que podia voltar a qualquer momento ao presente e para todas as suas forças e recursos adultos. Meu antigo professor de memória — um de meus melhores mestres — dizia sempre uma frase poderosa: "O resgate de uma memória é um modificador de memória." Na presença de uma pessoa sintonizada e com a ajuda de ferramentas, tais como o arquivo e a imagem do lugar pacífico, Allison poderia resgatar e tornar explícitas suas memórias antes apenas implícitas. Ao contrário de um *flashback*, que parece implantar um estado desintegrado mais profundamente a cada vez que ocorre, esse foco duplo — na memória e no "eu" vivenciando a memória (que poderíamos chamar de resgate com reflexão e liberação) — parecia fazer uso do hipocampo de uma nova maneira. Agora, passaram-se 12 anos, e quando vi Allison recentemente, ela me contou que seus *flashbacks* nunca mais aconteceram.

No entanto, encontrar um jeito de abraçar a verdade fez muito mais do que solucionar os sintomas de Allison. À medida que ela explorava as muitas camadas de suas adaptações à dor da infância, também tecia suas memórias implícitas recentemente reunidas em um enquadramento maior e mais coerente daquilo que a fazia ser Allison. Experimentou uma nova sensação de energia e prazer em sua vida. Ela se moldara novamente não apenas como alguém que sobrevivera, mas como uma pessoa que podia desabrochar. Essa forma de integração das memórias parecia dar a Allison — e a outros desde então — poder para reivindicar a autoria da própria história à medida que ela estava sendo elaborada durante o curso de seu trabalho interno árduo e corajoso.

CAINDO DE CARA NO CHÃO

Ainda que não tenhamos sofrido um trauma repetitivo ou que ameaçasse nossa vida, as memórias apenas implícitas podem se tornar prisões que nos limitam. Um dos exemplos mais extraordinários disso é minha paciente Elaine.

Elaine, 26 anos e estudante de pós-graduação, me procurou por causa de sua angústia com relação ao término do curso. Ela me contou imediatamente que temia "cair de cara no chão" se aceitasse a oferta de trabalho que já recebera durante o último semestre. Nas semanas seguintes, tentei várias abordagens para seu medo de novos desafios e sua insegurança com relação ao competitivo mercado de trabalho. Ela recebeu minhas ideias educadamente, mas permaneceu parada e congelada.

Algo sobre a forma como ela descrevia seu medo — "cair de cara no chão" — ficou armazenado em minha mente, mas eu não sabia o que fazer com isso. Um dia, quando Elaine me contava novamente sobre seus medos com relação a finanças e logística, sugeri que ela simplesmente se conscientizasse de seu corpo. Elaine parou e começou a tremer. Agarrou o braço e disse: "Ai! O que está acontecendo?" Pedi que simplesmente prestasse atenção à sensação e observasse para onde ela a levaria. A dor subiu do braço para o maxilar. Ela, então, colocou a mão na boca e começou a chorar. Em seguida, descreveu o que estava se passando em sua mente. Ela tinha 3 anos e caíra de seu triciclo novo. Depois, lembrou, explicitamente, que na queda quebrara o braço e fraturara dois dentes de leite. Ela e eu ficamos estarrecidos com a intensidade de suas sensações corporais, que Elaine experimentara inicialmente como "apenas dor" e não como uma recordação.

O braço de Elaine foi curado, e o acidente não afetara os dentes definitivos, mas afetara sua mente adulta. Ele criara um modelo mental implícito, ou esquema, que associava a novidade e o entusiasmo ao medo intenso e à dor. Ela aplicara esse medo aprendido em seu trabalho acadêmico, ao emprego e até mesmo a seus relacionamentos pessoais. A mensagem era "tentar algo novo pode resultar em desastre". Ela temia, literalmente, "cair de cara no chão" se aceitasse o tipo de emprego para o qual trabalhara tão arduamente para conseguir.

Da mesma forma que com Allison, ensinei a Elaine formas específicas de permanecer presente e segura diante dos medos, e ela gradualmente encontrou uma forma de expressar seu entusiasmo na faculdade ou com amigos. Uma vez completamente aceito e examinado, o medo poderia ser apropriadamente localizado no tempo, reconhecido como sendo uma experiência assustadora de uma menina de 3 anos e inserido em uma nova história. Agora que ela não era mais prisioneira de um passado não examinado, Elaine poderia assumir a própria vida com um novo sentimento de vitalidade e liberdade.

Após trabalhar com pacientes como Elaine e Allison, convenci-me de que um foco duplo é um dos elementos cruciais na terapia do trauma. Essa simultaneidade de atenção consciente, na qual você foca tanto no passado quanto em seu "eu" atual revivendo o passado, é um processo ativo e engajado que aciona a montagem, no hipocampo, das peças desordenadas do quebra-cabeça da memória apenas implícita.

O "eu" observador de Elaine podia testemunhar-se percebendo imagens e sentimentos corporais oriundos do passado, mas na presença de uma outra pessoa confiável era capaz de tolerar as memórias dolorosas. Nesse ambiente de segurança emocional, a memória resgatada se tornou um fardo menor. Juntos, conseguimos identificar suas sensações como recordações, não como parte de um novo evento, e ela conseguiu, então, integrar as peças da memória em uma sensação de eu maior e mais coerente. Uma vez que o hipocampo conseguiu realizar sua função integradora, as memórias conseguiram assumir seu lugar em uma narrativa de vida ativa e aberta, a narrativa ainda em andamento de quem Elaine podia se tornar.

As memórias implícitas não examinadas podem moldar nossas crenças e expectativas. Podemos ser tentados a ver essas respostas emocionais corporais como "intuições" ou "reações viscerais" que nos dão insights profundos a respeito de nossas experiências atuais. Como Elaine, podemos também justificá-las racionalmente, sugerindo numerosas razões plausíveis para nossas reações. Mas tais respostas automáticas podem ser resíduos de momentos dolorosos de nosso passado não examinado e não podem ser consideradas confiáveis para orientar nossas decisões ou ações. Elas podem nos tornar irracionais por causa de um crepe. E podem nos ligar a eventos dolorosos do passado que nunca escolheríamos intencionalmente recriar.

No entanto, quando integramos essas experiências embutidas em nossa consciência presente e as reconhecemos como memórias implícitas — não como intuições válidas ou decisões racionais —, começamos a oferecer-nos os meios para nos tornarmos os autores despertos e ativos de nossa história de vida. E veremos, no próximo capítulo, que a maneira como entendemos nossas vidas é outra forma crucial de integração.

9

ENTENDENDO NOSSAS VIDAS
O apego e o cérebro contador de histórias

MINHA COLEGA REBECCA COMEÇOU SUA residência de pós-graduação em medicina após uma batalha para superar uma história de abuso. Ela era a quinta de sete filhos nascidos de uma mãe alcoólatra e um pai com transtorno bipolar, e sua vida familiar foi caótica e instável. Ela nunca sabia em que condições encontraria a mãe a cada dia; o pai, que recusava medicamentos para estabilizar o humor, variava entre a mania e a depressão. Quando estávamos de plantão à noite no hospital em que trabalhávamos, ela me contou como se escondia no sótão com os irmãos, onde a irmã mais velha, Francine, lia histórias para eles usando uma lanterna enquanto a mãe tinha ataques de raiva no andar de baixo. Francine se aconchegava à Rebecca, segurando-a e aos outros e fingindo que estavam "acampando" durante aqueles furacões emocionais. "A vida era um pesadelo", Rebecca me disse, "e nunca sabíamos quando acordaríamos".

No entanto, para mim, ela parecia incrivelmente calma, conhecida por sua capacidade de lidar com situações complexas tanto com os pacientes psiquiátricos quanto com os colegas residentes, um a um ou em intensas discussões de grupo. Um dia, perguntei-lhe como conseguiu sobreviver.

Ela disse: "Não foi fácil, mas, além de minha irmã, tia Debbie salvou minha vida. Ela me ajudou a ver que eu não era maluca. E mesmo quando não conseguia ir à casa de minha tia, ela estava sempre pronta para me ajudar. Eu sabia que morava no coração dela."

Nunca esquecerei essa frase: "no coração dela." O sentimento de Rebecca de que ela estava bem dentro de outra pessoa fez toda a diferença.

Somente anos mais tarde, encontrei pesquisas que demonstravam o quanto é crucial para nosso desenvolvimento ter, pelo menos, alguns relacionamentos que sejam sintonizados, nos quais sentimos que somos parte do mundo interno de outra pessoa, que estamos em sua cabeça e em seu coração — relacionamentos que nos ajudam a desabrochar nos dão resiliência. E somente mais tarde ainda, aprendi como as redes neurais ao redor do coração e por todo o corpo estão intimamente ligadas com os circuitos de ressonância no cérebro — de modo que o fato de nos "sentirmos sentidos" por outro também nos ajuda a desenvolver a força interna da autorregulagem, a nos tornarmos focados, atenciosos e desembaraçados com os outros. Ter um relacionamento sintonizado com alguém no início de nossas vidas nos proporciona a clareza para sabermos como nos sentimos e a capacidade para nos sentirmos próximos dos outros. Muito antes de os pesquisadores começarem a elucidar esses mecanismos neurais, os poetas e as crianças como Rebecca sabiam que o coração é, na verdade, uma fonte sábia de conhecimento.

PADRÕES DE APEGO

Rebecca sentia que a conexão com o coração da irmã de sua mãe a tinha salvado. Mas como? E como ela conseguia, naquelas conversas noturnas, me contar sobre o passado doloroso de uma maneira tão clara e aberta?

Para mim, a explicação residia em algumas das mais instigantes pesquisas feitas no campo da psicologia durante os últimos trinta anos: a investigação contínua das primeiras ligações. Descobrimos que nossos primeiros relacionamentos moldam não apenas a forma como narramos a história de nossa vida quando adultos, mas também o desenvolvimento de nossas mentes nos primeiros anos de vida e na infância. Primeiro, vou me aprofundar nesses resultados fascinantes já que eles têm a ver com crianças e, depois, mostrarei como os aplico quando trato meus pacientes adultos.

O estágio inicial da pesquisa foi realizado com bebês durante o primeiro ano de vida. Observadores treinados visitaram as residências dessas crianças ao longo de um ano para avaliar a interação mãe-filho em uma escala de classificação padronizada. Depois, no fim do estudo, cada par mãe-filho foi levado ao laboratório para fazer um teste com duração aproximada de vinte minutos. Esse teste é conhecido como a "Situação Estranha", porque foca no que acontece quando bebês de 1 ano são separados de suas mães e se sentem em uma "situação estranha" — com um desconhecido ou sozinhos. A ideia é que separar o bebê da mãe é inerentemente estressante e ativaria o sistema de apego dele — a forma como ele veio a se conectar com seu primeiro tutor. Os pesquisadores examinaram como as crianças reagiram à separação e, depois, como responderam quando as mães retornaram.

Esses estudos foram posteriormente reproduzidos milhares de vezes pelos pesquisadores originais e replicados às centenas por cientistas no mundo inteiro. A maneira como uma criança respondeu à situação estranha no laboratório foi diretamente correlacionada às observações cuidadosas e repetidas da criança e do tutor em sua residência. A fase de reencontro acabou mostrando a chave. Inicialmente, os pesquisadores encontraram três padrões básicos, e, mais tarde, delinearam um quarto, com base na maneira como a criança cumprimentava a mãe quando esta retornava após a separação, com que facilidade a tristeza da criança era amenizada e com que rapidez ela voltava a brincar com os brinquedos atraentes da sala.

Cerca de dois terços das crianças na população geral tiveram o que foi chamado de um apego *seguro*. A criança mostrava sinais claros de saudade da mãe quando esta saía da sala, frequentemente chorando. Ela a cumprimentava ativamente — em geral, buscando contato físico direto — quando a mãe retornava. Porém, em seguida, acalmava-se rapidamente e voltava à sua tarefa infantil de explorar e brincar. Analisando as observações feitas durante as visitas ao lar, eram filhos de pais sensíveis às solicitações do bebê por conexão, que conseguiam ler os sinais do bebê e depois atender suas necessidades efetivamente.

Cerca de 20% das crianças demonstraram o que foi chamado de um apego de *evitação*. Elas focaram o tempo inteiro nos brinquedos ou na exploração da sala, não mostraram sinais de tristeza ou de raiva quando a mãe saiu e a ignoraram ou a evitaram ativamente quando ela retornou. Como você acha que foi a experiência dessas crianças durante o primeiro ano de vida? Como deve imaginar, as observações domiciliares mostraram que a mãe não respondia aos sinais da criança de uma maneira consistente e sensível, até mesmo ignorando-os e parecendo indiferente à aflição dela. Assim, a criança, gradualmente, aprendeu algo como: "Mamãe não me ajuda nem me acalma, então, por que eu devo me importar se ela vai embora ou retorna?" A evitação comportamental é uma adaptação a esse tipo de relacionamento. Para lidar com a situação, a criança minimiza a ativação dos circuitos de apego.

Outros 10% a 15% das crianças tiveram o que veio a ser chamado de um apego *ambivalente*. Nesse caso, o primeiro ano de vida foi marcado pela inconsistência parental. Às vezes, os pais estavam sintonizados, sensíveis e responsivos, mas outras vezes, não. Se você fosse uma criança, como responderia? Buscar contato com a mãe ou o pai amenizaria sua tristeza límbica ativada? Na situação estranha, a criança com apego ambivalente frequentemente parece desconfiada ou angustiada até mesmo antes da separação. Ela busca a mãe ou o pai para o reencontro, mas não é prontamente acalmada. Ela pode continuar a chorar em vez de retornar rapidamente aos brinquedos, ou pode se agarrar à mãe ou ao pai com um olhar aflito ou desesperado. O contato com um dos pais claramente não lhe dá uma sensação de alívio, parecendo haver uma ativação excessiva do circuito de apego.

Em estudos posteriores, uma quarta categoria de apego foi acrescentada. Denominada *desorganizada*, ela aparece em aproximadamente 10% da população geral, mas em até 80% nos grupos de alto risco, tais como os filhos de pais viciados em drogas. É bastante perturbador observar o que acontece quando os pais retornam. A criança pode parecer aterrorizada; aproxima-se da mãe ou do pai, mas depois se afasta dela ou dele, fica paralisada, cai no chão, agarra-se a eles ou chora e ao mesmo tempo se afasta. A ligação desorganizada ocorre quando os pais mostram uma falta de sintonia grave e aterrorizante, quando são assustadores para os filhos e quando eles próprios estão frequentemente assustados. Nos outros três padrões, as crianças desenvolveram estratégias organizadas para lidar com um tutor sensível, desconectado ou inconsistente. Porém, nessa situação, a criança não consegue encontrar qualquer meio efetivo para lidar com isso. Suas estratégias de apego fracassaram.

Como essas descobertas se encaixam em nossas discussões sobre a integração? Você pode ter observado que a energia e a informação se movimentam em um fluxo harmônico no apego seguro; tendem para a rigidez na evitação; se dirigem ao caos na ambivalência e alternam entre rigidez e caos na desorganização. Apenas na forma desorganizada é que o fluxo vai além da "janela da tolerância" que apresentei no Capítulo 7 — resultando em um fracasso da capacidade de lidar com a situação. No restante deste capítulo, veremos como os padrões iniciais de comportamento podem persistir como características mentais mais tarde na vida.

Muitas das primeiras crianças analisadas na situação infantil estranha foram acompanhadas ao longo de mais de 25 anos. Apesar de todas as outras influências sobre seu desenvolvimento naquela época, suas características pessoais tenderam a divergir de maneiras previsíveis.

Em geral, as crianças com apego seguro atingiram seu potencial intelectual, desenvolveram bons relacionamentos com outras pessoas, ganharam o respeito dos colegas e conseguiram controlar bem suas emoções. Embora os pesquisadores do apego não tivessem estudado o cérebro diretamente, esses resultados gerais se alinham com nossas funções pré-frontais centrais de várias maneiras: as crianças com apego seguro desenvolvem um bom controle corporal, sintonia com outros, equilíbrio emocional, flexibilidade de respostas, modulação do medo, empatia, insight e consciência moral. (A nona função, a intuição, ainda não foi estudada.) Do ponto de vista da neurobiologia interpessoal, isso constitui forte indício de que interações mãe-filho seguras promovem o crescimento das fibras integradoras da região pré-frontal central do cérebro da criança.

Em contraste, aquelas com um apego de evitação a seus primeiros tutores tenderam a ser emocionalmente limitadas, e seus colegas frequentemente as descreveram como distantes, controladoras e desagradáveis. As crianças cujo primeiro apego foi ambivalente revelaram muita angústia e insegurança. E aquelas com apego desorganizado tinham a capacidade de se relacionar com outros e de controlar as emoções significativamente prejudicadas. Além disso, muitas apresentavam sintomas de dissociação que as colocavam em um risco elevado de desenvolverem TEPT após um evento traumático.

Você talvez pense (eu certamente pensei): essas diferenças não poderiam ser geneticamente determinadas? A maioria desses pares mãe-filho compartilha, pelo menos, a metade de seus genes, então, talvez a correlação entre os padrões de apego e a personalidade posterior não possa ser atribuída a qualquer coisa que a mãe fez — ou deixou de fazer. Na verdade, estudos confirmaram que quanto mais próximos somos geneticamente, mais traços compartilhamos: da inteligência e do temperamento às características específicas da personalidade, tais como a orientação política, o vício por cigarros e o hábito de assistir televisão. Mas uma característica que se destaca dessa lista é o apego. E essa não é a opinião apenas da comunidade psicoterápica: um dos principais pesquisadores da genética da personalidade espontaneamente afirmou o mesmo em um encontro científico nacional. Os padrões de apego são uma das poucas dimensões da vida humana que parecem ser, em grande medida, independentes da influência genética. Podemos ver isso muito claramente nos casos em que uma criança tem um padrão distinto de apego com cada um de seus cuidadores. Se o apego fosse geneticamente determinado, como o conjunto único de genes de uma criança poderia permitir tais diferenças? Além disso, pesquisas realizadas com crianças adotadas — que não são geneticamente relacionadas a seus pais — revelaram esses mesmos padrões.

Naturalmente, vários fatores moldam quem nos tornamos quando adultos — inclusive os genes, o acaso e a experiência —, além dos primeiros apegos a nossos cuidadores. Porém, qualquer um que duvide da influência que os pais têm sobre os filhos deve examinar esses estudos. Eles demonstram claramente que aquilo que os pais fazem tem imensa importância.

CRIANDO UMA HISTÓRIA DE VIDA COERENTE

Como pais, por que agimos da maneira que agimos? Quando os pesquisadores fizeram esta pergunta, eles formularam a hipótese — como muitos de nós faríamos — de que são as experiências vividas na infância pelos pais que indicam como eles se comportarão com seus filhos. Isso soa plausível, mas acaba *não* sendo totalmente correto.

Quando ouvi pela primeira vez o que os pesquisadores realmente descobriram, minha vida mudou, assim como meu entendimento da vida mental. O melhor indicador do apego seguro da criança não é o que aconteceu com os pais dela quando crianças, mas, ao contrário, como seus pais *compreenderam* aquelas experiências infantis. Acontece que, ao simplesmente fazermos determinados tipos de perguntas autobiográficas, podemos descobrir como as pessoas compreenderam seu passado — como suas mentes moldaram as lembranças do passado para explicar quem elas são no presente. A forma como sentimos o passado, nosso entendimento da razão pela qual as pessoas se comportaram daquela maneira, o impacto daqueles eventos em nosso desenvolvimento na idade adulta — essa é a matéria-prima de nossas histórias de vida. As respostas que as pessoas dão a essas perguntas fundamentais também revelam como a narrativa interna — a história que elas contam a si mesmas — pode estar limitando-as no presente e também forçando-as a passar aos filhos o mesmo legado de dor que prejudicou seus primeiros dias. Se, por exemplo, um de seus pais teve uma infância difícil e foi incapaz de compreender o que aconteceu, provavelmente ele ou ela passará essa dificuldade para você — e você, por sua vez, correrá o risco de passá-la para seus filhos. No entanto, foi verificado que os pais que tiveram uma vida difícil na infância, mas compreenderam essas experiências, tiveram filhos que formaram um apego seguro com eles. Eles interromperam a passagem do legado familiar de apego não seguro.

Eu fiquei entusiasmado com essas ideias, mas também tive dúvidas: o que realmente significa "compreender"? Como podemos fazer isso e como esse processo ocorre no cérebro?

A chave para compreender é o que os pesquisadores vieram a chamar de uma "narrativa de vida" — a forma como colocamos nossa história em palavras para transmiti-la a outra pessoa. A forma como um adulto conta sua história acaba sendo extremamente revelador. Por exemplo, as pessoas que formaram um apego seguro tendem a reconhecer aspectos positivos e negativos de suas experiências familiares e são capazes de mostrar como essas experiências se relacionam com seu desenvolvimento posterior. Elas podem dar um relato *coerente* de seu passado e como vieram a ser quem são na fase adulta. Em contraste, as pessoas que tiveram experiências desafiadoras na infância frequentemente apresentam uma narrativa de vida *incoerente* nas várias maneiras que descreverei nas páginas seguintes. As exceções são pessoas como Rebecca. Com base nos fatos da primeira infância deles, era de se esperar que tivessem tido um apego de evitação, ambivalente ou desorganizado quando crianças e uma narrativa de vida incoerente quando adultos. Porém, se a criança teve um relacionamento com uma pessoa que esteve genuinamente sintonizada com ela — um parente, um vizinho, um professor, um conselheiro —, algo naquela conexão a ajuda a construir uma experiência interna de completude ou lhe dá o espaço para refletir sobre sua vida de maneiras que a ajudam a entender sua jornada. Ela teve o que os pesquisadores chamaram de uma narrativa de vida "segura adquirida". Tal narrativa segura tem um determinado perfil; podemos descrever suas características. Ainda mais importante: como Rebecca, podemos mudar nossa vida ao desenvolver uma narrativa "coerente" até mesmo se não começamos a vida com uma.

Esse é um ponto tão crucial que o repetirei: quando se trata de como nossos filhos se ligarão a nós, ter experiências difíceis no início da vida é menos importante do que encontrarmos uma forma de compreender como essas experiências nos afetaram. A compreensão é uma fonte de força e resiliência. Em meus 25 anos como terapeuta, passei a acreditar que compreender é essencial para nosso bem-estar e felicidade.

A ENTREVISTA SOBRE O APEGO NO ADULTO

A ferramenta de pesquisa que mede como "entendemos" nossas vidas é chamado de *Adult Attachment Interview* [*Entrevista sobre o apego no adulto*, AAI, na sigla em inglês]. Se eu tivesse que dar uma versão da AAI, faria a você uma série de perguntas parafraseadas como as seguintes: *Como foi sua infância? Como foi seu relacionamento com cada um de seus pais? Houve outras pessoas que eram próximas a você na infância? Com quem você era próximo e por quê?* Eu lhe pediria que me dissesse várias palavras que descrevessem seu relacionamento inicial com cada um de seus pais ou tutores e depois pediria que você me falasse sobre algumas lembranças que ilustram cada uma dessas palavras. As perguntas continuam: *Como você se sentiu quando foi separado, ficou angustiado, foi ameaçado ou ficou com medo? Você experimentou alguma perda na infância — em caso positivo, como foi para você e sua família? Como seus relacionamentos mudaram ao longo do tempo? Por que você acha que seu tutor se comportou daquela forma? Quando pensa sobre todas essas questões, como você acha que suas primeiras experiências impactaram seu desenvolvimento quando adulto?* Se você tem filhos, eu faria as seguintes perguntas: *Como você acha que essas experiências afetaram sua forma de criar seu(s) filho(s)? O que você deseja para seu filho no futuro? E, finalmente, quando seu filho completar 25 anos, o que você espera que ele ou ela lhe diga sobre as coisas mais importantes que ele ou ela aprendeu com você?* Essas são as perguntas mais essenciais.

Responder a esse conjunto de questões abertas é como mergulhar profundamente em áreas de memórias inexploradas. Quando eu fazia pesquisa com a AAI, muitos sujeitos me contaram que a entrevista fora a sessão terapêutica mais útil que já tinham tido. Como terapeuta, achei isso muito interessante, porque os protocolos de pesquisa exigiam que eu fosse tão neutro quanto possível. Não obstante, algo nessas questões provocava novas descobertas repetidamente, até mesmo em indivíduos que tinham passado por anos de terapia.

Se eu tivesse administrado a AAI em você em um ambiente de pesquisa, suas respostas teriam sido gravadas e posteriormente transcritas. A transcrição teria, então, sido cuidadosamente analisada por um pesquisador treinado para codificar os resultados. Estaríamos buscando a forma como você apresentou o material, observando se os detalhes da memória correspondem às generalizações que você ofereceu, rastreando o desdobramento de sua história para ver se fazia sentido e era lógica, e observando padrões de resposta, tais como a insistência de que você não se lembra do passado ou a demonstração de confusão entre passado e presente. A transcrição também seria usada para avaliar como você monitorou o que estava dizendo à medida que prosseguia e como me incluiu no relato enquanto falava — você tentou se assegurar de que eu entendi o que você estava dizendo? Dessa forma, a "análise da narrativa" se torna tanto uma avaliação da comunicação interpessoal quanto um estudo de seu processo interno.

A avaliação da AAI aceita que a memória é falível. Como você viu, a memória não é uma máquina de xerox; é extremamente influenciável, conformando-se rapidamente às expectativas alheias — e às próprias. Até mesmo em nossos momentos mais honestos dizemos coisas que achamos que os outros esperam ouvir e as falamos de maneiras que nos fazem aparecer como desejamos aparecer. Por essas razões, a análise não pressupõe a exatidão dos fatos conforme afirmados. Em vez disso, ela foca na coerência da história.

A análise das respostas às perguntas da AAI revela o "estado mental adulto com relação ao apego" que acabou sendo tão poderosamente capaz de prever o comportamento parental e a resposta dos filhos desses adultos à situação estranha. Estudos realizados posteriormente também revelaram que o comportamento de apego da criança na infância prediz o tipo de narrativa que ele ou ela desenvolverá quando adulto. Explorarei essas ligações no restante do capítulo, mas eis um breve resumo das principais categorias.

A CORRESPONDÊNCIA DO APEGO ENTRE ADULTO E CRIANÇA

NARRATIVA ADULTA	COMPORTAMENTO DA CRIANÇA NA SITUAÇÃO ESTRANHA
SEGURA	SEGURO
EVASIVA	EVITANTE
PREOCUPADA	AMBIVALENTE
NÃO RESOLVIDA/DESORGANIZADA	DESORGANIZADO/DESORIENTADO

Embora haja uma relação de causa e efeito aqui, conforme mencionado anteriormente, o legado passado de pai para filho não é necessariamente um destino. Conforme aconteceu com Rebecca, pode-se, por fim, desenvolver uma narrativa "segura adquirida" apesar de ter havido um apego inseguro e experiências não tão boas na primeira infância.

UMA NOVA JANELA NA MENTE

Já se passaram vinte anos desde que estudei pela primeira vez as páginas de análise de narrativas para aprender a conduzir a pesquisa com AAI, mas esta ainda desempenha importante papel em meu trabalho terapêutico diário. Hoje, ouço as narrativas deles para obter um entendimento que vai muito além de qualquer categoria estatística, e descobri que elas iluminam muitas camadas da mente. As perguntas da AAI nos ajudam a explorar a forma como os relacionamentos infantis moldaram os padrões do mundo interno, sobretudo, influenciando as janelas da tolerância e a capacidade de refletir sobre ele. Os pacientes com narrativas coerentes possuem janelas da tolerância largas e habilidades de visão mental mais saudáveis. Em outras palavras, o apego seguro parece andar de mãos dadas com a integração. E, se um paciente tem um apego inseguro, a AAI me ajuda a encontrar formas com as quais podemos trabalhar juntos para aumentar a integração e criar uma "segurança adquirida".

Nas páginas seguintes, compartilharei as respostas dos pacientes às questões da AAI e o que elas revelam sobre a forma como eles entendem suas vidas. Examinarei como as quatro categorias de apego infantil — seguro, evitante, ambivalente e desorganizado — se revelam nas narrativas adultas. Explorarei também como a janela da tolerância do tutor molda diretamente as interações com a criança. E, finalmente, discutirei como podemos nos afastar da rigidez e/ou do caos do apego inseguro e nos aproximar da harmonia e da coerência dos relacionamentos seguros.

UMA MENTE SEGURA

Como base para nossa discussão, ouçamos parte de uma narrativa que possui um grau bastante elevado de coerência. Esta é uma história tirada do meu primeiro livro, *The Developing Mind*.

"Meu pai estava muito preocupado por estar desempregado. Por vários anos, acho que ele ficou deprimido. Não era muito legal ficar perto dele. Ele saía para procurar trabalho e, quando não encontrava, gritava conosco. Quando eu era jovem, acho que isso me deixava muito angustiada. Não me sentia próxima dele. Quando fiquei mais velha, minha mãe me ajudou a entender como sua situação era dolorosa para ele e para mim. Tive de lidar com a raiva que sentia dele antes de conseguir ter a relação que desenvolvemos após minha adolescência. Acho que minha determinação hoje é, em parte, devida às dificuldades que todos nós passamos naquela época."

Como muitos de nós, essa mulher claramente teve uma infância que deixou a desejar, mas ela consegue falar objetivamente sobre o passado, equilibrar as influências positivas e negativas e refletir sobre como seu entendimento evoluiu com o tempo. Ela transita bem das lembranças às reflexões sobre elas e fornece detalhes suficientes para que eu compreenda sua experiência.

Nem toda narrativa segura é tão articulada assim, mas quando nos voltamos para os relatos de pessoas com um apego menos seguro, vemos que mesmo os pacientes que são extremamente articulados em suas vidas cotidianas podem se tornar incoerentes quando começam a contar suas histórias de vida.

UMA MENTE EVASIVA

Você, provavelmente, reconheceu algumas das perguntas da AAI de meu trabalho com Stuart no Capítulo 6. Vamos examinar novamente como ele respondeu a essas perguntas sobre sua história de começo de vida. Até mesmo aos 92 anos, ele conseguia lembrar com facilidade de fatos do lugar onde vivera, as escolas que frequentara, grandes eventos esportivos e a marca e cor de seu primeiro carro. As questões de relacionamento, ao contrário, não tinham lugar na história de sua vida; ele insistia que simplesmente "não se lembrava" de experiências vividas durante a infância com sua família. E mais, Stuart afirmava que sua vida familiar não tivera nenhuma influência sobre a forma como ele se desenvolvera — exceto pelo fato de que os pais tinham lhe dado "uma boa educação". Ele parecia ansioso para passar ao assunto seguinte: "Qual é a próxima pergunta?"

Como Stuart podia saber que suas experiências familiares não tiveram impacto sobre ele se não conseguia lembrar-se delas? Esse era um exemplo de narrativa incoerente — simplesmente não fazia sentido. Em outras palavras, Stuart não tinha prova alguma que sustentasse sua afirmação. Isso era especialmente impressionante por ele ser um advogado, e revelava um obstáculo à integração de sua narrativa. O hemisfério esquerdo media a forma factual da memória explícita, que ele tinha em abundância; o direito se especializa nos detalhes autobiográficos, que estavam ausentes. O modo esquerdo excessivamente dominante de Stuart tinha um impulso para contar histórias, mas ele não estava obtendo os "materiais" do direito autobiográfico. Como resultado, ele "confabulava" e inventava uma história cheia de generalizações infundadas, tais como sua infância sendo "média" ou "boa".

Stuart revelou três características de uma categoria da AAI chamada de um estado mental "evasivo": a falta de memória com relação aos detalhes de seu passado relacional, a brevidade de suas respostas e a insistência em que os relacionamentos familiares não tiveram qualquer impacto sobre seu desenvolvimento. Em minhas observações clínicas, o estado evasivo está frequentemente associado ao domínio do hemisfério esquerdo.

Aqueles que possuem um apego adulto evasivo foram, muitas vezes, crianças com autonomia prematura, que agiram como "pequenos adultos". Reduzir a participação do hemisfério direito os capacita a evitar abarrotar sua estreita janela da tolerância com a necessidade de terceiros. Tender para o esquerdo é uma adaptação para que eles não sintam dor e anseiem pelas conexões perdidas. Com isso, eles fazem o melhor que podem naquelas circunstâncias.

Que tipo de apego você acha que o filho de Stuart, Randy, teve com o pai quando era criança? É fácil imaginar um pai que foi um bom provedor para o filho, mas que permaneceu emocionalmente distante, alguém que conseguia interagir intelectualmente com ele à medida que amadurecia, mas que ignorava seus sentimentos e não possuía quase nenhuma capacidade para perceber seus sinais não verbais. Por ter sido criado pelo que sua mulher, Adrienne, chamou de "as pessoas mais frias do planeta", provavelmente Stuart teve um apego evitante com os pais, e Randy teve um apego evitante com ele. É dessa forma que os padrões de apego são transmitidos à próxima geração. Felizmente para Randy, ele tinha Adrienne como mãe, que possivelmente esteve muito mais disponível — física e emocionalmente.

A narrativa dos adultos evasivos apresenta um tema central: estou sozinho. A autonomia está no centro de sua identidade. Os relacionamentos não importam, o passado não influencia o presente, eles não precisam dos outros para nada. No entanto, claro, suas necessidades ainda estão intactas — razão pela qual fui capaz de estimular Stuart a ficar mais conectado com seu hemisfério direito e, por fim, com Adrienne. Os pesquisadores do apego monitoraram as respostas ao estresse na pele de adultos durante a AAI e de crianças durante a situação estranha. Mesmo quando os adultos evasivos desvalorizavam os relacionamentos em suas narrativas e mesmo quando a criança com apego evitante ignorava a volta do progenitor, o teste da pele registrou disparos subcorticais que sinalizavam ansiedade.

A criança e o adulto revelam uma adaptação semelhante: a desativação do sistema de apego. Entretanto, embora seus córtices possam ter se adaptado a uma postura distante e evasiva, suas áreas límbicas inferiores e o tronco encefálico ainda sabem que a vida é feita de conexões. Esse impulso não reconhecido foi o que fez avançar a terapia de Stuart até aquele momento de encontro quando ele colocou a mão sobre a minha.

Para aqueles que apresentam narrativas de apego evasivas, a integração é verdadeiramente o desabrochar de uma semente que permaneceu adormecida durante décadas. O recém-desenvolvido hemisfério direito fica pronto para participar da vida e para convidar as conexões subcorticais a se ligarem ao mundo. Ele também pode fazer ligações através do corpo caloso para criar a integração bilateral. Os sentimentos podem, então, se tornar tão importantes quanto os fatos. Nem tudo é recuperado: indivíduos como Stuart tendem a não reter memórias autobiográficas da infância — estas, provavelmente, nunca foram formadas. Porém, a nova integração da narrativa os capacita a criar uma sensação deles mesmos muito mais rica, do ponto de vista social, autobiográfico e corporal, no presente. "Compreender" vai muito além de ter um entendimento lógico dos eventos do passado — uma história coerente envolve todos os sentidos, da cabeça aos pés. Pude ver isso acontecendo quando Stuart lia as anotações de seu diário para mim, ou quando me contava que a massagem no ombro feita por Adrienne "foi ótima". É algo maravilhoso de ver, tanto para as pessoas envolvidas quanto para os que estão próximos a elas.

UMA MENTE PREOCUPADA

Greg entrava em pânico quando Sara, sua namorada com quem vivia há quatro anos, chegava em casa tarde do trabalho sem ligar antes para avisá-lo de seus planos. Ele era um ator bonito, de 35 anos, e sua sensação de incerteza e angústia contrastava demais com a aparência pública de autoconfiança e sucesso. Frequentemente, ele questionava a fidelidade de Sara, tanto que ela lhe disse que seria incapaz de assumir o compromisso de se casar com ele por causa de suas "inseguranças". Greg me disse que ele também estava indeciso, cheio de dúvidas a respeito da durabilidade desse relacionamento. Por um lado, ele sabia que Sara o amava; por outro, não achava que podia confiar no que ela dizia. Outras mulheres o abandonaram no passado — por que com ela seria diferente?

Quando apliquei a AAI a Greg, fiquei surpreso com a forma como essa pessoa inteligente e, de outra forma, bem-estruturada parecia se desintegrar durante o processo. Quando perguntei o que ele lembrava de suas primeiras relações com os pais, esta foi a resposta dele: "Bem, isso não é tão simples assim. Quero dizer, no início acho que minha relação com meu pai era boa. Ele costumava brincar muito comigo e com meu irmão mais velho nos fins de semana, e isso era bom. No entanto, quando me tornei adolescente, meu pai não conseguia lidar de verdade com minha independência. Eu meio que o perdi para o trabalho, suponho. Mas minha mãe era diferente. Às vezes, ela parecia nervosa quando eu ficava com ela, como se estivesse preocupada com algo que eu nunca consegui entender. Era enervante de uma forma que, acho, fazia eu me sentir estranho. Não sei se ela ficava assim com meu irmão. Quero dizer, ela nos amava, mas parecia preferir meu irmão por alguma razão. Quando brigávamos, mesmo se eu perdia, ela gritava comigo. Uma vez, me machuquei e ela disse que a culpa era minha. Como na semana passada, minha mãe veio à cidade e visitou meu irmão primeiro, muito embora eu more mais perto do aeroporto. Quero dizer, ela gosta mais dele, e ele sabe disso. A última vez que jantamos na casa dele, ela parecia muito mais orgulhosa dele, muito mais, acho, do que de mim. Ele tem filhos, uma mulher, uma casa. Eu tenho minha carreira, um apartamento, um cachorro e Sara. Bem, sabe, simplesmente não é a mesma coisa."

Perguntei a Greg sobre suas lembranças de infância. Porém, observe como sua resposta desliza para o presente, de modo que ele de repente está me contando o que aconteceu há apenas uma semana com sua mãe e seu irmão. Esse é um tipo diferente de incoerência dos espaços em branco na narrativa de Stuart. Entretanto, o episódio também sinaliza um apego inseguro. A intromissão contínua de questões derivadas do passado nas experiências do presente é característica da categoria da AAI denominada "preocupada".

Quando uma criança encara o pai ou a mãe, ela está procurando uma resposta que espelhe sua própria mente. Se a comunicação que recebemos na infância é aberta e direta, receptiva e sintonizada, desenvolvemos uma sensação clara de quem somos. Nossos circuitos de ressonância nos permitem enxergar a nós mesmos no rosto do outro, e nossa lente da visão mental se desenvolve com limpidez. Porém, o que acontece se esse espelho é distorcido pelas preocupações e pelos estados mentais dos pais? O apego infantil ambivalente está associado com a história de uma sintonia paterna e/ou materna inconsistente combinada com episódios de intrusão dos mesmos. A criança não consegue se ver claramente nos olhos de seu tutor, e o resultado é uma sensação confusa do "eu". Um tema central da narrativa preocupada é: preciso dos outros, mas não posso depender deles.

Outra forma de entender o apego ambivalente é falar sobre "emaranhamento emocional". Uma criança como Greg está ligada à mãe, mas é incapaz de se tornar diferenciado, de ter uma vida emocional ou uma identidade separadas. As respostas confusas da mãe, derivadas das angústias dela, rompem o equilíbrio entre diferenciação e ligação necessário à integração. Greg absorve a angústia materna mesmo quando ele próprio não está se sentindo angustiado. Qualquer que seja o estado interno em que ele começou, o estado dela o moldou. Em vez de dois indivíduos separados que podem estabelecer uma conexão confiável entre si, eles se tornam emaranhados um com o outro. A incapacidade da mãe de vê-lo claramente, suas confusões sobre o que só podemos conceber como suas questões não resolvidas, fundem-se com a lente da visão mental dele. A integração foi bloqueada, e Greg se aproxima do caos — como em sua angústia extrema quando Sara está atrasada. Agora, Greg não consegue enxergar Sara como uma pessoa separada — que pode ter muitas razões para se atrasar. Ele só consegue se preocupar com o significado do atraso dela com relação aos seus sentimentos por *ele*.

A chave para o crescimento de Greg residia não em culpar a mãe, mas, ao contrário, em entender as origens de sua insegurança para que pudéssemos trabalhar juntos para integrar seu cérebro. Há uma diferença enorme entre uma explicação e uma desculpa. Greg poderia aumentar sua capacidade para ter intimidade ao compreender sua vida.

Meu objetivo inicial foi expandir a capacidade de sua região préfrontal central para monitorar e, por fim, modificar a estimulação excessiva de seu sistema de apego. (Isso era o oposto da desativação do sistema de apego que vimos em Stuart.) Imagine que Greg está esperando por Sara. À medida que os ponteiros do relógio passam da hora em que ela deveria chegar, o tema não resolvido por

Greg de abandono emocional domina seu mundo interno, e ele fica agitado. Em momentos de incerteza e perda potencial, a mente de Greg rompe sua janela da tolerância, empurrando-o para o caos. Ele, agora, está em pânico total. Essas questões residuais são "gatilhos", pontos vulneráveis que o preocupam e dominam sua visão das relações íntimas.

Para lhe dar algum alívio com relação a esses sentimentos, primeiro, ensinei um exercício básico de integração de consciência usando a roda da consciência. Ensinei, também, como se acalmar ao focar na respiração e visualizar um lugar seguro. Simplesmente aprender como acalmar-se foi um passo importante para Greg. Então, descansando no centro da roda — que é uma metáfora para a região pré-frontal —, ele poderia se distanciar (até certo ponto) das intrusões dos sentimentos, sensações físicas e imagens autobiográficas vindos do hemisfério direito. Em vez de ser arrebatado por assustadores sentimentos de insegurança, ele conseguia, agora, começar a discerni-los como apenas sentimentos no aro da roda.

Usei também o modelo da mão para representar o cérebro para ajudar Greg a entender como seu hemisfério direito inundava o esquerdo — e incapacitava a colaboração da região pré-frontal. Agora, ele conseguia visualizar a integração bilateral que estávamos trabalhando. Quando ele aprendeu a "apenas observar" as sensações de seu corpo, a aceitá-las sem ser aterrorizado por elas ou tentar anulá-las, Greg aumentou sua integração vertical. Quanto às questões "residuais" relativas à sua mãe dar preferência ao irmão, conseguimos nomear a realidade da memória implícita — entender como a dor profunda de seu passado permanecera não integrada pelo hipocampo e como podia ser acionada sem que ele tivesse consciência disso, inundando-o no aqui e agora com a sensação de não ser "digno de ser amado". Ao nomeá-la, Greg também poderia dominá-la. Isto é, com sua atenção agora estabilizada, ele podia focar diretamente nessas memórias implícitas e integrá-las em formas mais explícitas.

Greg veio a entender que suas dúvidas sobre Sara eram motivadas por seus velhos sentimentos de abandono emocional. Esses sentimentos estavam incrustados em sua memória implícita e dominavam os bancos de dados de seu hemisfério direito. Embora ele não tivesse *flashbacks* no sentido de TEPT, Greg se conscientizou de que essas intrusões de emoção intensa, derivadas de eventos passados, ainda influenciavam sua narrativa de vida hoje. E, com as habilidades da visão mental recém-desenvolvidas, Greg iniciou o processo crucial de desvencilhar suas preocupações internas de sua realidade externa. Seu modo esquerdo conseguiu encontrar um caminho para classificar, selecionar e ordenar os dados caóticos do modo direito em um relato de vida mais coerente. Agora, ele conseguia identificar explicitamente as origens de suas preocupações, o que o capacitava a abordar Sara — e o relacionamento deles — de uma nova maneira.

Após vários meses trabalhando juntos, Greg relatou com orgulho: "Sara me contou que ela sente que a entendo mais — ou, pelo menos, estou tentando. E ela acha que estou mais tranquilo. Penso que isso seja bom para nós dois."

UMA MENTE NÃO RESOLVIDA E DESORGANIZADA

Às vezes, os relacionamentos infantis nos deixam com mais do que questões residuais que nos preocupam e se intrometem no presente. Quando nossas experiências são aterrorizantes e devastadoras, a mente pode se fragmentar e se tornar desorganizada. O próprio tecido de nosso mundo interno começa a esgarçar, ficamos desorientados e incapazes, por vezes, de manter uma conexão clara com outros ou uma sensação coerente de nós mesmos. Se uma perda ou um trauma do passado não for resolvido, nossa narrativa interna também ficará fragmentada. Se tentarmos contar nossa história para outros, poderemos ficar dominados por sentimentos e imagens que não encontram um lugar na narrativa mais ampla de nossas vidas.

"Fico maluca sempre que ele está aborrecido", Julie me contou. Ela tentava descrever o que havia de errado com suas interações com o filho de 2 anos, Pythagoras. Professora de matemática de uma escola secundária, com 41 anos, procurou a terapia porque não conseguia "resolver a equação" de como criar seu primeiro filho. Ela parecia mais velha do que realmente era e sua aparência desgrenhada apontava para o sofrimento por trás do desejo de obter uma "equação" que pudesse resolver seu problema de uma forma elegante e organizada.

O marido de Julie fora casado antes, e as duas filhas adolescentes dele não paravam em casa, mas elas não preocupavam Julie. "Elas simplesmente não me incomodam", disse. "Não como Pythagoras. Algo nele me deixa louca." Julie sabia que era normal que crianças pequenas começassem a se afirmar em algum momento entre o segundo e o terceiro ano de vida, mas ler sobre os "terríveis dois anos" não a ajudaram muito. Os comportamentos desafiantes e oposicionistas ainda a "deixavam louca" e a faziam "perder as estribeiras".

A resposta de Julie parecia mais do que preocupações parentais com relação a "se descontrolar" ocasionalmente e perder a paciência. Ela descrevia uma sensação de "se desintegrar" quando Pythagoras a confrontava. Ela o enfrentava, ficando cada vez mais agitada quando brigavam para ele escovar os dentes ou lavar a cabeça. A hora de dormir se tornara uma crise diária, com Pythagoras correndo pela casa e saindo do berço até Julie ficar em lágrimas. Era difícil estar no front após o trabalho, mas, dentro de si, ela sentia que explosões impossibilitavam que ela "pensasse com clareza". "Sinto-me como se ficasse, primeiro, amedrontada e paralisada e, depois, com medo de que algo se rompa e que eu grite, berre ou, pior ainda, bata nele. Sinto como se estivesse perdendo a cabeça."

Nada que Julie tenha me contado sobre Pythagoras soava como se ele fosse algo diferente de uma criança mal-humorada com um temperamento ativo. O marido não tinha os mesmos problemas para lidar com o filho; ele contou a Julie que se divertia com a coragem de Pythagoras e disse que seu filho era "um menino típico". Isso, claro, deixava Julie se sentindo assoberbada e isolada.

Quando realizei a AAI com Julie, ela revelou uma postura tanto reservada quanto evasiva. Se tivemos um apego ambivalente com um de nossos tutores, a reserva pode aparecer na forma de intrusões de lembranças e emoções do modo direito, interrompendo a tentativa do modo esquerdo para contar uma história linear, linguística, lógica e coerente. Às vezes, a narrativa de Julie soava como a de Greg. Por exemplo, ela me contou: "Minha mãe nunca me deu apoio — a impressão que eu tinha era de que ela não conseguia encontrar tempo para ser apenas ela mesma comigo. Quero dizer, minha mãe se preocupa comigo, mas está sempre ocupada... não, é mais como se ela estivesse sempre distraída. É estranho." Ela começou a responder à minha questão sobre sua relação no passado com a mãe, mas rapidamente deslizou para o presente.

O aspecto evasivo da história de Julie se revelou na falta de lembrança de muitos detalhes de sua infância — e na afirmação de que ela não a afetara muito. Aqui, novamente, aparece a incoerência que vimos com Stuart: se Julie não conseguia lembrar-se do passado, como podia ter tanta certeza de que ele não tivera nenhum impacto em sua vida?

Porém, algo novo emergiu quando fiz à Julie a pergunta padrão sobre as ocasiões em que ela se sentira aterrorizada quando criança. Primeiro, ela simplesmente olhou para mim por alguns segundos. Depois, disse: "Bem, não diria que tive experiências que pudessem ser consideradas apavorantes, pois fiquei assustada, mas não tanto assim. Houve momentos, mas foram raros. E isso foi quando meu pai, que era alcoólatra, bebia e eu estava em casa e ele chegava tarde da noite. E a maioria das vezes ele simplesmente apagava. Mas eu ficava atenta para ouvir o carro entrar na garagem, para a maneira como ele batia ou não a porta. Se ele bebia muito, simplesmente apagava. E se não bebesse tanto assim, ficava apenas falante. De alguma forma, aprendi a avaliar o quanto ele tinha, sabe, calcular bem o quanto ele... Uma vez, bem, ele bebera até o limite. E não sei. Ele deve ter brigado com minha mãe naquela noite, ou algo assim, porque ela, em geral, estava em casa. Mas ele estava furioso, e quando o vi na cozinha ele me diz, bem, acho... Ele tem uma faca na mão, uma faca de açougueiro. Mas está bêbado... e acho que não tem a intenção, não pretende me perseguir, quero dizer, que eu não devia ser uma adolescente na casa, não deveria vestir roupas como aquelas, seja lá o que isso signifique... corri... corri para o banheiro, mas ele arrombou a porta e eu simplesmente gritei... Não lembro muito daquela noite... Bem, aquilo foi apavorante, acho, sim, acho."

Julie quase não conseguia se expressar. Ela estava sentada bem à minha frente, mas eu sentia que não conseguia mais alcançá-la. Ela parecia ter fugido para bem longe, perdida em sua mente, cheia de terror por causa daquele evento. Ela não estava mais recontando sua história para mim; ela se fora, revivendo o passado no que me parecia um estado dissociado.

É útil, neste momento, lembrar os mecanismos de dissociação que descrevi no Capítulo 8. Durante uma experiência que parece ameaçar a vida, a inundação de hormônios do estresse e nosso estado interno de terror e desamparo podem desligar o hipocampo. As matérias-primas da memória implícita não são organizadas em formas explícitas mais integradas. Se nossa consciência se torna dividida — como quando focamos em algum aspecto não avassalador da experiência simplesmente para sobrevivermos —, podemos também codificar o trauma dessa forma apenas implícita.

Tais memórias implícitas podem nos deixar suscetíveis a sentimentos, percepções, reações comportamentais e sensações corporais intrusivas. Uma resposta luta-fuga-congelamento de origem muito antiga pode permanecer em um estado apenas implícito, pronta para ser reativada em resposta a uma provocação mínima em determinadas circunstâncias. Quando esses elementos implícitos são resgatados, associados a um elemento relacionado ao trauma específico — tais como as lágrimas e os lamentos de uma criança angustiada —, nossa tristeza reprimida emerge para inundar a experiência aqui e agora. Os disparadores relacionados ao trauma também podem ser internos: a sensação de desamparo de Julie face à angústia do filho, seu sentimento de impotência para acalmá-lo, podem ter evocado poderosamente os sentimentos que ela teve quando o pai chegava em casa bêbado.

Repito, o cérebro é um órgão associativo: os neurônios que disparam juntos permanecem unidos. Uma vez que o cérebro também é uma máquina antecipadora, experiências contínuas o preparam para fazer ligações associativas fora de nossa consciência. No caso de Julie, a raiva e a rebeldia do filho em resposta ao seu "não" inevitável ativavam nela um estado de medo que beirava o pânico. Sua reação não é vivenciada como um tipo qualquer de lembrança. A rede de associações de memórias de Julie — implícitas, por estarem dissociadas e não resolvidas — levaram, automaticamente, à fragmentação de seu cérebro outrora organizado.

Uma criança aterrorizada enfrenta um paradoxo biológico. Seus circuitos de sobrevivência estão berrando: "Fuja da fonte de terror, você corre perigo!" Mas seus circuitos de apego estão gritando: "Aproxime-se de sua figura de apego para se sentir segura e se tranquilizar!" Quando a mesma pessoa está ativando simultaneamente as mensagens do cérebro "fuja" e "aproxime-se", isso passa a ser um medo não resolvido — uma situação sem solução. Aqui, o "eu" da criança não está *desconectado*, como na evitação, ou *confuso*, como no apego ambivalente. Em vez disso, a sensação de "eu" da criança se torna *fragmentada*. Isso é denominado apego desorganizado. Ele é caracterizado por estados de traumas e perdas não resolvidos e pelo tipo de dissociação que Julie parecia estar vivendo.

Vamos resumir. A presença na mente de um trauma ou sofrimento não resolvido produz uma narrativa propensa à desorientação e desorganização durante aqueles momentos específicos da história que estão relacionados ao terror ou à perda. Os pesquisadores chamam a isso de padrão não resolvido/desorientado. O tema é algo como "às vezes, me desintegro, então não posso depender de mim mesmo".

Em casos de trauma não resolvido, uma história de outra forma coerente pode de repente, tornar-se fragmentada quando o falante rompe o limite da janela de tolerância. Esse é um sinal de desintegração. De forma similar, a relação dos pais com um filho pode, em geral, ser sintonizada e segura. Porém, quando determinados tipos de estresse surgem, as lacunas na capacidade de lidar com a situação são reveladas, a janela da tolerância se estreita drasticamente e o comportamento se desintegra. Nessas condições, estados não resolvidos podem criar uma reação incontrolável e, então, perdemos o controle ou piramos. Julie tinha boas razões para temer que ela batesse em Pythagoras ou o aterrorizasse ao gritar com ele. Quando intensas ou frequentes, tais erupções podem ser traumatizantes para uma criança. E, a menos que as desconexões resultantes sejam reparadas, a criança pode desenvolver um apego desorganizado que espelha a experiência infantil dos pais.

Comecei um processo vagaroso ajudando Julie a examinar suas experiências com o pai. Quando começamos, ela não tinha uma narrativa coerente que pudesse ajudá-la a se distanciar de suas memórias implicitamente codificadas. Não havia contexto que pudesse ajudá-la a entender suas reações como restos de um passado assustador. Em vez disso, elas eram as realidades aterrorizantes de seu relacionamento aqui e agora com o filho. Julie ficou paralisada no aro de sua roda de consciência, completamente fora de contato com a presença atenta do eixo.

Quando ela e eu exploramos as conexões entre seu passado e o presente, determinadas narrativas começaram a aparecer. Julie entendeu que os sentimentos de descontrole com relação a Pythagoras eram, na verdade, oriundos de suas experiências com o pai. Sentimentos de traição também surgiram na terapia, traição não apenas por parte do pai, mas também por parte da mãe, que fingia não ver o abuso que Julie sofria durante os acessos de raiva dele quando bêbado. Ela tinha muitas razões para não se lembrar dos detalhes desses tempos que, sem dúvida, contribuíram para os elementos evasivos de sua narrativa. Não surpreende que ela tivesse se refugiado em seu cérebro esquerdo e no mundo abstrato da matemática. Porém, agora, Julie começava a ver a lógica e a história por trás de suas reações anteriormente irracionais e inexplicáveis com o filho.

Durante esse período, Julie se associou a um grupo de mães com filhos pequenos e descobriu que suas perspectivas compartilhadas — uma mistura de irritação e humor — eram muito úteis. Ela também frequentou reuniões dos Alcoólicos Anônimos, que a ajudaram a entender e compartilhar experiências que tivera com o pai alcoólatra. Entretanto, Julie parecia se beneficiar ainda mais do trabalho interno da prática da atenção plena e da escrita do diário. Escrever um diário ativa a função narrativa da mente. Há estudos que sugerem que simplesmente escrever nosso relato de uma experiência desafiadora pode diminuir as reações fisiológicas e aumentar a sensação de bem-estar, mesmo se nunca mostrarmos o que escrevemos para alguém.

Um dia, Julie veio para uma sessão e me contou que o filho tivera um acesso de raiva. Então, ela disse: "Eu conseguia ver minha mente se aprontando para explodir, ver o rosto furioso de Pythagoras se tornando, literalmente, o de meu pai. Dei-me conta, então, que eu estava encrencada — eu via em dobro." Após escrever sobre esse evento no diário e decidir refletir sobre isso durante sua prática da atenção plena, ela começou a enxergar tais momentos desafiadores como oportunidades. Algumas semanas depois, ela comentou: "Eu sei que isso soa estranho, mas agora estou agradecida a Pythagoras por ser tão forte. Eu preciso resolver minhas próprias questões, me curar e não cair naquele buraco de encarar isso como um problema dele e não meu. Sei que há trabalho a ser feito, mas acho que sei por onde começar agora."

A terapia alargou a janela da tolerância de Julie para que ela pudesse trazer suas imagens aterrorizadoras do hemisfério direito para a relação com a capacidade do cérebro esquerdo de entendê-las. A terapia também lhe deu uma fonte externa de segurança, um espaço protegido e uma conexão pessoal com alguém — seu terapeuta, ou seja, eu — cujo objetivo era ajudá-la a ver sua mente sem as distorções do passado. Isso foi essencial, a princípio, embora ela gradualmente tenha aprendido que seu grupo de apoio, seus amigos e seu marido também podiam ser fontes de amparo. À medida que o eixo de sua mente se fortalecia, ela podia trazer os dados crus de sua experiência que estavam no aro e montá-los em uma história coerente de quem era e quem desejava ser.

Ter a coragem de abordar e não evitar o trauma do passado permitiu que ela se libertasse do controle implícito que ele exercia sobre sua mente. Julie fez uso de todos os outros domínios de integração que discutimos até agora — consciência, vertical, horizontal e memória — para obter a integração da narrativa. Ela conseguia, agora, se tornar verdadeiramente presente em sua vida, e foi uma experiência encantadora observar Julie gradualmente ganhar confiança em si mesma como mãe. Ela estava aprendendo que podia, de fato, depender de si mesma.

Não foi apenas Julie que se beneficiou desse processo de cura, Pythagoras, agora, é capaz de formar um apego seguro com ela, e isso será uma fonte de resiliência para ele durante toda a vida. Julie interromperá a transmissão de abuso e terror entre gerações de uma vez por todas. É por isso que a visão mental é importante não apenas para nosso próprio bem-estar, mas também pelo que ela nos permite transmitir aos nossos filhos (e aos outros). Nunca é tarde demais para curar a mente e ter conosco e com os que nos cercam a compaixão e a gentileza que surgem da cura e da integração.

ILUMINANDO NOSSAS VIDAS

Quando vemos a mente de outra pessoa, trazemos as qualidades da presença — curiosidade, abertura e aceitação — para nossos relacionamentos. Essas qualidades parecem ser a essência daquela palavra usada em excesso e frequentemente mal-entendida: *amor*. Proponho que essa postura de curiosidade, abertura, aceitação e amor esteja no centro dos apegos seguros. Ela é a sensação sentida que você percebe no relacionamento coerente do narrador com ele mesmo.

Autocompaixão e autoaceitação surgem muito suavemente dos "apegos seguros" que resultam das conexões consistentes, contínuas e cuidadosas com nossos tutores. Porém, elas também podem surgir de um "apego seguro adquirido", como no caso de minha amiga Rebecca, que teve uma infância tão difícil. Quando, como Rebecca disse, sentimos que estamos "dentro do coração" do outro, o candelabro do amor brilha e ilumina nossas vidas.

Para a maioria de nós, são nossos pais que acendem essa vela. Para Rebeca, foi sua tia. Sentir-se especial pela tia lhe deu uma sensação de si mesma real e valiosa, mesmo em um ambiente doméstico caótico. Isso, por fim, lhe permitiu chegar a uma narrativa coerente de sua história de vida. Quando temos um relacionamento positivo com um parente, professor, conselheiro ou amigo, o caminho está aberto para criarmos um relacionamento positivo conosco mesmos. Podemos, então, iluminar nosso mundo interior com a visão mental e ver nossas vidas como histórias coerentes e plenas de sentido. Essa é a razão por que sempre tento encorajar professores e terapeutas a estabelecerem uma conexão sintonizada e sólida com seus alunos e pacientes. Coisas maravilhosas acontecem quando as pessoas se sentem sentidas, quando sentem que sua mente está contida na mente do outro.

Minha amiga Rebecca agora tem filhos — crianças com a dádiva de terem uma mãe com quem podem criar um relacionamento aberto e amoroso. Se visse Rebecca com eles, você nunca imaginaria a infância dolorosa que essa mulher teve. A experiência inicial não é o destino: se pudermos compreender o passado — se integramos nossas narrativas —, poderemos nos libertar daquilo que pode, de outra forma, ser um legado intergeracional de dor e apego inseguro. Rebecca sempre me serviu como uma inspiração de como assumir a responsabilidade por nossa mente pode levar à libertação do eu e à capacidade de oferecer carinho e amor à próxima geração.

10

NOSSOS MÚLTIPLOS "EUS"

Entrando em contato com o centro

MATTHEW SABIA QUE TINHA PROBLEMAS quando, sem aviso, sua quarta namorada em cinco anos deixou a casa dele, dando fim ao relacionamento amoroso. Pelo menos, essa foi a maneira como ele começou a contar sua história. Logo descobri que dentro da mente de Matthew havia muitos sinais de alerta de que algo estava errado, um sentimento de que ele observava a reencenação de um padrão de comportamento que estava fora de seu controle.

Matthew de 41 anos, era bancário de um banco de investimentos, famoso em sua profissão pelo temperamento afável e pelas decisões comerciais perspicazes e lucrativas. Sua imagem pública era a de um sujeito confiante, de fácil convívio, embora em sua vida particular ele não parecesse ser capaz de manter a intimidade que afirmava almejar. Algo o "tomava" e Matthew criava seus piores pesadelos, perdia a namorada e ficava sozinho, novamente.

No trabalho, Matthew tomava decisões envolvendo grandes somas de dinheiro sem hesitação ou arrependimentos posteriores. Era confiante e tinha clareza de raciocínio. Porém, quando veio me ver pela primeira vez, esse sucesso financeiro era como uma película superficial cobrindo um poço de dor da qual ninguém, nem mesmo ele próprio, parecia estar completamente consciente. Ele, certamente, não fazia a menor ideia de por que havia tal cisão em sua experiência: sólido como uma rocha no trabalho, frágil como cristal em casa.

Matthew enriqueceu muita gente — sua reputação era embasada em resultados, o que levou a oportunidades de investimentos ainda maiores. Essa espiral lucrativa e ascendente rendia recompensas financeiras e benefícios sociais, o que o tornava "um ótimo partido" entre os solteiros da cidade, segundo ele mesmo. O mercado financeiro estava em ebulição naqueles anos, e as mulheres de Matthew eram como os instrumentos financeiros caros e atraentes que ele negociava no trabalho — glamourosas, extremamente desejáveis e acessíveis apenas para poucos. Porém, essa estratégia comercial rendia resultados estranhamente estéreis fora do escritório.

Os numerosos encontros, assim como a abundância de clientes e de dinheiro no trabalho, na verdade, pouco o ajudaram a sentir que ele merecia toda aquela atenção. Após um mês de terapia, ele reconheceu que, apesar de seu sucesso profissional, por dentro "se sentia um impostor".

Quando Matthew era mais jovem, ele ansiava pela "caça". Procurar mulheres, fazer sexo e depois nunca mais vê-las de novo — definitivamente, ele era do tipo "uma noite só". Quando tinha vinte e tantos anos, me contou, essa rotina o cansara, e ele percebera "como esses encontros sexuais eram vazios. Eu conquistava, mas não tinha nada. Era terrivelmente doloroso". Aos 30 anos, Matthew decidiu mudar. No entanto, os resultados que esperava não aconteceram.

Nos anos seguintes aos seus 30 anos, o rodízio de namoradas de Matthew se somou a uma lista vertiginosa de tentativas fracassadas de conseguir algo que ele disse desejar, mas não conseguia definir exatamente o que era. Matthew caçava essas mulheres com uma energia imensa e estava feliz por ter deixado para trás os encontros de uma só noite de sua juventude. Entretanto, após conquistá-las, elas o conhecerem e aceitarem, algo mudava dentro dele. Em vez da atração crescente que esperava sentir por uma mulher após os primeiros meses de namoro, ele se sentia cada vez mais angustiado com o carinho dela.

Durante o início de uma relação com uma nova mulher, Matthew ficava energizado na presença dela. Enviava flores e pequenas mensagens, fazia visitas surpresa ao local de trabalho ou à casa dela. Sua paixão cega tinha um elemento estimulante de compulsão que ele achava "viciante". Matthew adorava um desafio e era atraído pelo domínio do quase impossível. Essa era sua paixão no trabalho, e era assim que conduzia sua vida amorosa. Ele escolhia uma mulher cuja imagem pública e a aparência fossem algo que, mesmo considerando seu status, a tornaram "inalcançável". Essa disparidade de valor — em sua mente, claro — fomentava sua determinação de torná-la interessada nele. De vez em quando, ele se sentia perdido em alguma caçada familiar, menos interessado na pessoa do que na perseguição. Porém, ele era estimulado por algum elixir potente que tinha pouco a ver com a intimidade e tudo a ver com o desafio.

PERDIDO EM LUGARES FAMILIARES

Uma de minhas primeiras hipóteses foi que Matthew era, principalmente — como ele disse —, viciado na excitação da caça. Em termos cerebrais, isso envolveria a liberação de ondas de dopamina, um neurotransmissor que exerce papel central na motivação e na gratificação. Todos os comportamentos viciados, do jogo compulsivo ao uso de drogas, tais como a cocaína e o álcool, envolvem a ativação do sistema de dopamina. Os ratos consumirão cocaína em vez de água ou comida. A ativação da dopamina é tão rápida e intensa com a cocaína que nenhuma outra atividade ou substância pode competir com ela. As áreas neurais que causam a gratificação parecem sobrepujar as pré-frontais que regulam nossos comportamentos mais complexos. Assim, em vez de sermos capazes de escolher nossas ações, a droga faz a escolha por nós. Os circuitos de gratificação assumem o controle, e nossa mente cortical consciente se torna uma escrava do impulso viciante.

Porém, logo percebi que o vício em excitação de Matthew era apenas um elemento de sua história de relacionamentos. Embora o simples impulso para obter dopamina possa ter levado aos encontros sexuais impulsivos e promíscuos, que desconsideravam a segurança ou a seletividade e eram característicos do comportamento de Matthew quando ele tinha vinte e poucos anos, seu padrão mudara desde então. Agora, ele desenvolvia estratégias e implementava planos de conquista de longo prazo. Ele era capaz de esperar, planejar e implementar seus interesses românticos com grande paciência — esse não era mais um padrão de comportamento guiado pelas liberações de dopamina. Quando exploramos ainda mais sua história romântica mais recente, Matthew afirmou que sentia que a demonstração de sua capacidade de ganhar as "mulheres atraentes" de alguma forma determinava seu valor. Talvez esse objetivo — o de usar as pessoas com as quais se associava para convencê-lo, e a outros, de seu valor — não seja tão incomum. Porém, a fonte de dor específica para Matthew era que nenhum desses relacionamentos era duradouro. Matthew parecia não conseguir obter o que desejava. E, por mais que se empenhasse, ele não conseguia obter o que precisava. Na vida de Matthew até então, os Rolling Stones estavam errados.*

Muitas vezes, as mulheres que Matthew escolhia inicialmente se mostravam frias e indiferentes a ele, mas logo algumas se tornavam mais amorosas e começavam a gostar muito dele. Então, em vez de encarar isso como um sinal de um relacionamento bem-sucedido — ou mesmo como um sinal de seu valor —, Matthew perdia o interesse em estar com ela e, de repente, começava a agir de forma que a obrigava a deixá-lo. Assim que uma namorada nova mostrasse indícios de que estava gostando dele, a atração sexual de Matthew por ela começava a diminuir. Pior ainda, se ela mostrasse afeto por ele fora do quarto, ele começava a sentir repulsa, até mesmo náuseas, por causa do comportamento carinhoso dela. Se ele tentasse manter as aparências na cama, sua falta de desejo sexual se tornava evidente demais. Ele ficava inibido e a relação sexual se tornava, por vezes, impossível. Então, Matthew se via fazendo coisas para se afastar ou rechaçá-la. Mostrava irritação e frustração. Se ela respondesse com preocupação, ele ficava ainda mais repulsivo. Não ligava de

---

* Referência à música "You can't always get what you want" ["Nem sempre é possível ter tudo que se deseja"], da banda Rolling Stones. (*N. da T.*)

volta para ela ou a ignorava quando estavam juntos. Em geral, nesse ponto, as coisas degringolavam.

Um tema começou a surgir: Matthew estava preso em um círculo enlouquecedor de contradições, sabotando repetidas vezes exatamente aquilo que acreditava estar tentando alcançar. Minhas impressões clínicas tinham se materializado também. Matthew parecia estar tentando desfazer alguma sensação profunda de inadequação. Quando você não se valoriza, a avaliação positiva dos outros pode, ironicamente, se tornar uma fonte dolorosa de desconforto. Como Groucho Marx disse de forma memorável: "Nunca pertenceria a um clube que me aceitasse como sócio." Woody Allen, que cita Groucho em seu filme clássico *Noivo neurótico, noiva nervosa*, talvez tivesse abraçado Matthew e dito para ele relaxar, mas a dor da rejeição não era nada engraçada para ele. Muitas vezes, Matthew se encontrava sozinho, rejeitado pelas próprias pessoas em quem investira muito esforço, tempo e dinheiro. Após ter sido convidado a entrar, ele batia em retirada.

UM CONFLITO SEM SOLUÇÃO

As respostas de Matthew à Entrevista sobre o apego no adulto (AAI, na sigla em inglês) abriram as portas de seu mundo interior. Seu pai tivera problemas pulmonares crônicos, enfisema e asma e ficara acamado durante grande parte da infância de Matthew. Ele lembrava-se de ter sido deixado de lado, de sua mãe dizer para ele não incomodar o pai, que se Matthew fizesse alguma coisa para perturbá-lo, isso "o mataria". Suas duas irmãs mais velhas estavam ocupadas na escola e trabalhando como babás. A mãe, uma talentosa pianista antes de se casar, arranjara um emprego como professora de música de uma escola de ensino médio quando o pai dele não pôde mais continuar trabalhando. Ela não escondeu sua frustração e raiva por sua situação, e como Matthew veio a compreender mais tarde, ela também estava profundamente assustada e sozinha.

No início de nossas discussões, Matthew descreveu principalmente um sentimento de distância com relação à mãe. Porém, um dia, entramos em águas mais profundas. Tentávamos explorar a razão pela qual ele se sentia angustiado e irritado com tanta frequência quando saía para jantar com a mulher da vez. Seus olhos se encheram de lágrimas, e ele começou a soluçar. Em determinado momento, ele me contou: sua mãe se convencera de que a doença do marido era causada por nutrição deficiente. Para "ajudar a manter todos nós saudáveis", ele disse, ela preparava montanhas de comida para a família, comida que o pai não tinha energia para comer. Quando Matthew não conseguia terminar o que era colocado no prato, ela o mandava para o quarto. Mais tarde, quando as irmãs saíam para trabalhar como babás e o pai estava dormindo, ela ia até o quarto dele e o repreendia por seus fracassos. E, às vezes, ela usava um cinto para bater nele, "para me fazer saber o quanto ela se preocupava comigo".

Durante essas primeiras sessões, quando exploramos seu passado, Matthew, por vezes, entrava em um modo fechado, uma forma de "colapso", como ele mais tarde o chamou, no qual se sentia "preso e incapaz de se mexer". Ele parava de falar e simplesmente olhava para dentro da sala, aparentemente perdido em seus pensamentos. Quando saía dessa condição e tentava me contar sobre esse estado interno paralisado, o que ele descrevia soava como o "congelamento" da resposta luta-fuga-congelamento. Era como se seu cérebro tivesse acessado um perigo ameaçador à vida, onde o colapso e o desamparo eram a única resposta possível.

Entretanto, o Matthew de fácil convívio estava também começando a me mostrar o ramo "luta" em seu sistema de resposta. Ele se zangava em resposta a alguma irritação pequena. Uma vez, esqueci de colocar meu celular no modo "vibratório" antes de nossa sessão e ele tocou, e isso o irritou. "Estou pagando por esse tempo e quero que você respeite isso", fulminou. Sua reação por ter sido interrompido foi compreensível, mas sua hostilidade foi, como ele admitiu mais tarde, "exagerada".

A mãe de Matthew criara o paradoxo biológico do apego desorganizado em seu filho: ele tinha medo dela e foi orientado a escapar da fonte de medo. Ao mesmo tempo, os circuitos de apego em seu cérebro o atraíam para a figura de apego para ser tranquilizado. Como abordei no Capítulo 9, o problema é que ambos os estados continham dois impulsos opostos que objetivavam a mesma pessoa, ao mesmo tempo. Tal conflito não é resolvível — é o "medo sem solução" que Julie enfrentara com o pai alcoólatra, o medo que está no centro de uma mente desorganizada.

Esses episódios repetidos com a mãe durante os anos pré-adolescentes não apenas foram aterrorizantes naquela época, mas também imprimiam ainda outro estado no cérebro dele: o estado de vergonha.

VERGONHA NO CÉREBRO

Imagine um carro com o acelerador funcionando bem. Quando precisamos ser vistos e entendidos pelos outros, nossos circuitos de apego são acelerados; estamos em um estado de busca por conexão. Quando nossa necessidade é atendida, seguimos em frente, alegres, pela vida afora. Porém, se não somos vistos, se nossos cuidadores não se sintonizam conosco e enfrentamos a experiência de nos sentirmos invisíveis ou sermos mal-entendidos, nosso sistema nervoso responde com uma ativação repentina do pedal do freio dos circuitos regulatórios. Apertar os freios gera uma resposta fisiológica singular: peso no peito, náuseas no estômago e olhar abatido ou distante. Literalmente, nos recolhemos para dentro de nós mesmos por causa da dor que, muitas vezes, não atinge nossa consciência. Essa sensação nauseante e brusca ocorre sempre que somos ignorados ou recebemos sinais confusos de outros, e é experimentada como um estado de vergonha.

Os estados de vergonha são comuns em crianças cujos pais estão repetidamente indisponíveis ou que habitualmente deixam de se sintonizar com elas. Quando a vergonha da comunicação não sintonizada é combinada com a hostilidade parental, o resultado é a humilhação tóxica. Esses estados de isolamento — vergonha intensificada pela humilhação — são impressos nas conexões sinápticas. Os freios acionados pela resposta de congelamento são dolorosamente combinados com o acelerador apertado pela raiva. No futuro, estaremos vulneráveis à reativação do estado de vergonha ou humilhação em contextos parecidos com a situação original — como aconteceu quando Matthew precisou ser visto e receber o carinho de uma mulher, fosse sua mãe quando criança ou suas namoradas quando adulto.

À medida que a criança vai ficando mais velha e o córtex se desenvolve mais completamente, o estado de vergonha se torna associado a uma crença construída no nível do córtex de que o "eu" é defeituoso. Do ponto de vista da sobrevivência, "Eu sou ruim" é uma perspectiva mais segura do que "Meus pais não são confiáveis e podem me abandonar a qualquer momento". É melhor para a criança se sentir defeituosa do que perceber que suas figuras de apego são perigosas, indignas de confiança ou desleais. Pelo menos, o mecanismo mental da vergonha preserva a ilusão de segurança e proteção que está no centro de sua sanidade.

É aqui que podemos começar a ver as origens neurais e do desenvolvimento de muitas das questões subjacentes no caso de Matthew, assim como dos estados de humilhação e raiva, medo e angústia, vergonha e terror paralisante: luta, fuga e congelamento. Por não ter integrado esses estados reativos em sua narrativa, ele tinha tão pouca capacidade de lidar com eles quanto tivera quando era menino e sua mãe entrou no quarto com uma expressão cruel no rosto e um cinto na mão.

Na vida, fazemos o melhor que podemos, mas a convicção, embasada na vergonha escondida por baixo de nossa consciência cortical, de que somos defeituosos, pode nos sabotar se permanecer inconsciente. Embora tal vergonha subterrânea possa nos impelir para o sucesso — para provar que somos bons e merecedores do respeito e da admiração dos outros —, da perspectiva do desenvolvimento, nossos sentimentos antigos de sermos danificados provavelmente virão à tona diante de qualquer sinal de estresse ou fracasso, e podemos nos tornar extremamente reativos para manter os outros à distância. Precisamos evitar que eles — e nós também — saibam de nosso passado sombrio, da verdade oculta do "eu" estragado. Na vida pessoal, a intimidade fica prejudicada porque, quanto mais perto os outros chegam do verdadeiro "eu" subjacente à nossa *persona* pública, mais vulneráveis nos sentimos e mais amedrontados ficamos de que a verdade oculta sobre a natureza defeituosa possa ser revelada.

Tal perfil pode ajudar a explicar por que Matthew trabalhou tão arduamente para conquistar mulheres que inicialmente o achavam pouco interessante, as "impossíveis" que exerciam tal poder de atração para ele porque o lembravam implicitamente de sua mãe. Matthew se envolveu nesse ciclo de conquista-aceitação-repulsa como se sua vida dependesse disso. De certa maneira, sua vida quando criança dependeu de encontrar uma forma de convencer os pais de que ele merecia ser amado e receber atenção. Essa necessidade de provar, convencer o que quase não pode ser convencido, permanecera com ele mesmo na idade adulta. Ele encontrava o símbolo desafiante de sua mãe — suas namoradas difíceis de conquistar — e as cortejava para provar-lhes seu mérito, esforçando-se para aliviar um sentimento de vergonha, o qual nem sequer percebia.

No entanto, assim que uma mulher se apaixonava, o jogo de provar estava ganho e o verdadeiro perigo começava. Não havia lugar para se esconder, nada a fazer a não ser correr — ou fazer a mulher ir embora. Dolorosamente, o isolamento que ele sentira quando criança estava sendo desastrosamente recriado na idade adulta. Foi assim que a vergonha o levou repetidas vezes a se perder naqueles lugares familiares. Ele ficara preso no ciclo de isolamento, e seus estados alternados de atração e repulsa o deixaram em um beco sem saída.

MÚLTIPLOS "EUS"

Nos capítulos anteriores, vimos que a dissociação tem um espectro amplo, que abrange da absorção cotidiana em um devaneio ao distúrbio psiquiátrico. Nos distúrbios de dissociação, a continuidade normal através da consciência é interrompida. Quando a memória está fragmentada, os pacientes perdem sua sensação de um "eu" coerente, perdem a sensação de estarem conectados com seus corpos, e se sentem irreais. Na extremidade do espectro de dissociação está uma condição chamada "transtorno dissociativo de personalidade", também conhecida por seu antigo nome: transtorno de múltiplas personalidades.

Embora as mudanças de estado de Matthew criassem um sentimento de estar "tomado" por algo além de seu controle, ele não se sentia como se tivesse desaparecido, perdendo a memória ou o contato com a realidade — como acontece nos transtornos dissociativos da personalidade. Ele não vivenciava esses estados como diferentes "dele". Na verdade, esses estados mentais foram, por muito tempo, simplesmente parte de sua personalidade, respostas "naturais" a tudo que acontecia.

À medida que trabalhávamos juntos, fui conhecendo detalhes de seus relacionamentos com mulheres e estados mentais bastante dramáticos foram revelados — tais como raiva, vergonha e medo —, que estavam profundamente enraizados, padrões frequentemente repetidos, mas que também não estavam integrados em sua vida. Quando digo que seus estados não estavam integrados, quero dizer que eles acionavam comportamentos automáticos e indesejáveis, os quais não cediam diante de seu empenho consciente para mudá-los e criavam sérias disfunções em sua vida social, além de sofrimento em seu mundo interno. Em resumo, quando os estados de uma pessoa não estão integrados, ela fica internamente angustiada e propensa ao caos ou à rigidez — ou a ambos — e também está prejudicada do ponto de vista do comportamento, incapaz de ser flexível e adaptável em suas interações com outros. Os tipos de mudanças abruptas de um estado emocional intenso a outro, que Matthew experimentava, são característicos da adaptação pós-traumática não resolvida.

Outra forma de entender a situação de Matthew é examiná-la da perspectiva do desenvolvimento normal. O início da adolescência é repleto de tensões entre os estados, um conflito que está inicialmente fora da consciência. No meio da adolescência, esses conflitos se tornam mais conscientes, entretanto, os adolescentes ainda não possuem estratégias eficazes para resolvê-los. Um adolescente pode agir de uma forma com os amigos e de outra com irmãos, professores, pais ou integrantes de seu time de futebol. As roupas, o corte de cabelo e os modos se tornam símbolos de papéis diferentes e dos conflitos intensos entre eles. No final da adolescência, a maioria dos jovens desenvolve maneiras mais eficazes de lidar com essas tensões inevitáveis entre os estados. Um desenvolvimento saudável não significa criar um eu único que seja uma entidade homogênea e uniforme. Ao contrário, o desenvolvimento saudável envolve vir a reconhecer, aceitar e depois integrar os vários estados: descobrir como estados muito diferentes podem se unir e, até mesmo, colaborar como um todo unificado composto por muitas partes.

Matthew, no entanto, não dominara essa dimensão essencial de seu desenvolvimento. Muitas pesquisas sugerem que, quando tal colaboração entre estados não ocorre, os adolescentes desenvolvem uma disfunção mental, tal como angústia, depressão ou questões de identidade. Por outro lado, adolescentes que aprendem a negociar através dos estados diferentes e que encontram ambientes, amigos e atividades nos quais seus múltiplos "eus" possam se sentir confortáveis, continuam a se desenvolver e a desabrochar. Mais uma vez a integração caminha ao lado do bem-estar.

ESTADOS MENTAIS

A essa altura você pode se perguntar: o que exatamente são esses vários "estados" ou "eus" que cada um de nós possui? Em termos cerebrais, um estado é composto de um aglomerado de padrões de disparos neurais que trazem embutidos determinados comportamentos, uma forma de sentimento e de acesso a determinadas memórias. Um estado mental torna o trabalho cerebral mais eficiente, ligando funções relevantes (e, às vezes, amplamente separadas) com uma "cola neural" que as vincula no momento. Se você joga tênis, por exemplo, cada vez que colocar o calção e os tênis, pegar a raquete e for para a quadra, seu cérebro estará criando ativamente um "estado mental de jogar tênis". Nesse estado, você está pronto para acessar habilidades motoras, estratégias competitivas e até mesmo memórias de jogos anteriores. Se você está jogando contra um adversário conhecido, lembrará de seus movimentos, suas batidas mais fortes e seus pontos fracos. Todas essas memórias, habilidades e mesmo sentimentos — de competição e agressão — são ativados em conjunto.

Por vezes, o adesivo que mantém um estado colado é flexível, capacitando-nos a sermos receptivos e abertos à entrada de novos dados sensoriais e novas formas de comportamento. Você pode aprender com seu adversário e responder ao jogo dele enquanto este acontece. Seu estado mental é único para esse momento específico no tempo; ele é uma combinação singular de disparos neurais e, no entanto, é influenciado pelo passado. Você está pronto e receptivo.

Contudo, alguns estados enraizados são mais "grudentos" e restritivos, prendendo-nos em padrões antigos de disparos neurais, amarrando-nos a informações aprendidas anteriormente, preparando-nos para reagir de formas rígidas. Esse estado fechado é "reativo" — o que significa dizer que o comportamento é determinado, em grande parte, por aprendizados anteriores e é, frequentemente, automático e fundamentado na sobrevivência. Reagimos reflexivamente em vez de respondermos com abertura. Um jogador de tênis experiente que se sente ameaçado pelas habilidades de um adversário mais jovem pode perder o foco e a liderança, e se ele não ajustar seu estilo de jogo, pode perder também o jogo que tinha certeza que ganharia.

Podemos ser receptivos ou reativos em qualquer atividade. As qualidades de receptividade ou reatividade podem aparecer em qualquer estado, seja ajudando uma criança com o dever de casa, proferindo uma palestra, comprando roupas ou fazendo amor. Cada uma delas, caso repetida, reúne sentimentos, habilidades, memórias, comportamentos e crenças em um todo coeso. Alguns estados são ativados com suficiente frequência para ajudar a definir o indivíduo; esses assim chamados autoestados se combinam para criar nossa personalidade. Eles são os diversos "eus", sejam receptivos ou reativos, que constituem a pessoa que chamamos de "eu".

Os autoestados que eram ativados quando Matthew estava com uma mulher foram organizados ao redor da vergonha e de suas reações traumáticas de sobrevivência do tipo luta-fuga-congelamento. Eles o predispuseram a responder de formas características, mas, nessa situação específica, ele funcionava no piloto automático, orientado principalmente por aprendizados implícitos antigos. Matthew não tinha consciência dos estados que dominavam sua mente quando se afastava de uma mulher que se afeiçoara a ele.

Quero deixar claro, no entanto, que os autoestados fazem parte da vida de todos nós, mesmo se não possuímos um histórico de trauma. Muitas vezes, Matthew chegava a uma sessão de terapia no que podemos chamar de seu estado comercial. Mostrava entusiasmo e energia por ter feito um bom negócio, e confiança e felicidade por compartilhar seu sucesso comigo. Porém, assim que voltávamos nossa atenção para seu último relacionamento, o entusiasmo e a confiança sumiam e ele entrava em um estado de angústia e incerteza. Isso era doloroso, mas normal — como qualquer paciente de terapia sabe.

Muitos autoestados são organizados ao redor de impulsos biológicos básicos, às vezes chamados de "impulsos motivacionais", que se originam nos circuitos subcorticais e são moldados pelo córtex pré-frontal regulatório. Uma lista de tais impulsos básicos inclui a exploração, o domínio, o ludismo, a reprodução, a alocação de recursos, o controle executivo, a sexualidade e a afiliação.

Se adoro futebol, por exemplo, minha motivação para participar dos jogos do time da empresa após o expediente tem várias camadas: ela satisfaz meus impulsos básicos de afiliação e ludismo. Os chutes e a movimentação no campo envolvem meus impulsos de controle e domínio executivo. A incerteza e a abertura do jogo vão ao encontro de minha necessidade de exploração. Então, quando o jogo acaba e estou chutando a bola de brincadeira, meus circuitos de alocação de recursos podem me lembrar que estou com fome e que preciso descansar porque amanhã é um dia de trabalho. Vou para casa para comer e dormir após um dia cheio.

Esses impulsos motivacionais, obviamente, reúnem informações corporais, oriundas do tronco encefálico e das áreas límbicas, mas o córtex também exerce um papel importante nos autoestados. É mais fácil entender o que o córtex faz se dermos outra olhada na anatomia básica.

DE CIMA PARA BAIXO E DE BAIXO PARA CIMA

Seis camadas de células. É isso. Nosso poderoso córtex, que percebe e planeja, é organizado pelo empilhamento de seis neurônios dispostos uns em cima dos outros e pela aglomeração dessas pilhas — ou "colunas corticais" — como um favo de mel interconectado. As colunas corticais próximas umas das outras coordenam o fluxo de informações em uma modalidade semelhante: a visão, por exemplo, é realizada por colunas localizadas no fundo do córtex, no lobo occipital; a audição, por colunas laterais, no lobo temporal; o tato, por colunas laterais mais elevadas, no lobo parietal. Quando planejamos uma ação motora, as colunas do lobo frontal são ativadas. Quando formamos uma imagem de nossa mente ou da mente alheia, as colunas de neurônios na área pré-frontal central são disparadas.

Para entender como os estados mentais são influenciados pelo aprendizado prévio, precisamos apreender outro fato surpreendente: o fluxo de informações através de uma coluna cortical não passa apenas da entrada para a saída. O fluxo da coluna cortical é bidirecional. Esse é um fator importante para os estados mentais de Matthew — e os estados mentais em geral.

Os dados sensoriais sobem pelo tronco encefálico, entram no córtex na camada inferior de neurônios e rumam para cima. Isso é chamado de fluxo de informações "de baixo para cima". Quando uma criança fica de frente para uma rosa, ela pode ser atraída, primeiro, pela forte cor vermelha, depois, pelo aroma (cheiros são encaminhados diretamente do nariz ao córtex), pelo toque das pétalas, e pode até mesmo tentar comer uma (até sua mãe se dar conta do que ela está fazendo). Isso é tão próximo da percepção direta, ou da pura experiência de baixo para cima, quanto qualquer um de nós provavelmente chegará.

Porém, se já tivermos visto uma rosa antes — e, para muitos adultos, essa noção se aplica se já tiverem visto *qualquer* flor —, um depósito rico de memórias de experiências semelhantes é ativado. O aprendizado prévio envia informações análogas que saem das camadas superiores da coluna de seis camadas de neurônios para moldar nossa percepção do que estamos vendo, ouvindo, tocando, cheirando ou saboreando. Não há "percepção imaculada"; a percepção é quase sempre uma mistura do que sentimos agora e do que aprendemos anteriormente.

Veja se você consegue visualizar o seguinte: a sensação se move para cima a partir da camada de neurônio 6, para a 5, para a 4. Essas informações que entram "de baixo para cima" encontram as influências "de cima para baixo" descendo da camada 1, para a 2, para a 3. As influências de cima para baixo incluem o estado mental atual, as memórias, as emoções e o ambiente externo. No meio, nos neurônios 3 e 4, os dois fluxos de informações se misturam ou colidem. Tornamo-nos conscientes não daquilo que sentimos, mas do que surge dessa confluência.

Suponha, por exemplo, que você me vê levantar a mão acima de minha cabeça. Se estivermos no meio de uma rua de Nova York, você provavelmente presumirá que estou chamando um táxi. Se, por outro lado, estivermos em uma sala de aula, você saberá que desejo fazer uma pergunta ou um comentário. O mesmo gesto, mas em contextos diferentes e aprendizados prévios diferentes. Você não precisa pensar sobre o significado — simplesmente "sabe" automaticamente o que meu movimento de mão significa. Esse é o benefício de um estado mental quando ele cria um filtro de cima para baixo eficiente através do qual interpretamos o mundo. (Esse é também um exemplo de nossos neurônios espelho em funcionamento, usando o aprendizado prévio para determinar a intenção de uma ação.)

Mas os estados mentais podem também distorcer nossas percepções. Se você foi abusado fisicamente quando criança e o ambiente, agora, for mais ambíguo — digamos, você está numa festa e tendo uma discussão acalorada —, a interpretação ficaria mais difícil. Nesse contexto, se eu levantasse a mão rapidamente para enfatizar um argumento, você poderia temer que eu fosse agredi-lo. Seu fluxo cortical de cima para baixo dominaria as informações visuais vindo de baixo para cima, e você teria uma interpretação completamente equivocada de minha intenção. Nesse caso, os neurônios espelho distorceriam sua capacidade de me ver com clareza. É assim que as questões residuais e o trauma não resolvido podem criar um filtro reativo de cima para baixo. De outra forma, você pode gostar do argumento acalorado e ser receptivo às minhas ideias, ou apenas optar por se afastar. Repito: o mesmo gesto, resultados diferentes.

Aprender como a percepção é moldada pela arquitetura das colunas corticais ajudou Matthew a começar a entender seus estados mentais não integrados. Ele acompanhou de perto minha descrição de como as interações com nossos pais moldam o desenvolvimento neural e os filtros de cima para baixo, e ficou intrigado pela noção de que é normal ter estados mentais diferentes — e até mesmo conflitantes. O desafio, ele veio a entender, não é se livrar das influências de cima para baixo (não é possível), mas tornar-se consciente de quando determinado autoestado é reativo por causa do passado e não é receptivo ao presente.

Eu também desejava me assegurar de que ele entendera que o fluxo de cima para baixo pode dominar as informações de baixo para cima. Quando estamos no piloto automático, nossa consciência "acredita" no que percebe. Não há visão mental, e nossas percepções dependentes do estado, reações emocionais, crenças e respostas comportamentais são percebidas como sendo justificadas, equacionadas com a realidade absoluta, não sentidas como simplesmente atividades mentais. Antes da terapia, a "intuição" e os "pressentimentos" de Matthew lhe diziam que suas namoradas eram repulsivas, e ele estava plenamente convencido por essa comunicação distorcida de cima para baixo. As forças de cima para baixo podem moldar o que pensamos em um piscar de olhos, distorcer a confiança das respostas instintivas e desafiar o sentimento mais estimado de livre-arbítrio.

Então, o que sobra para confiarmos? Como podemos saber quem realmente somos, o que é bom para nós, o que é verdadeiro? Se temos tantos estados mentais, qual deles nos define e quais deveríamos escolher ser? As respostas a essas questões fundamentais emergem da integração do estado.

A INTEGRAÇÃO DE ESTADOS: INTER, INTRA E NÓS

A integração do estado envolve a ligação de, pelo menos, três dimensões distintas de nossas vidas. O primeiro nível de integração ocorre entre nossos estados diferentes — a dimensão "inter". Precisamos aceitar nossa multiplicidade, o fato de que podemos nos expor de formas bastante diferentes em estados atléticos, intelectuais, sexuais, espirituais e em muitos outros. Um conjunto heterogêneo de estados é completamente normal nos humanos. A chave para o bem-estar é a colaboração entre eles, não alguma unidade rigidamente homogênea. A noção de que podemos ter uma única forma totalmente consistente de ser é, ao mesmo tempo, idealista e pouco saudável.

O segundo nível de integração de estados ocorre dentro ("intra") de um determinado estado. Um estado precisa de coerência interna para funcionar — para atingir seus objetivos efetivamente e sem desintegração interna. Por exemplo, decido entrar para uma academia de ginástica para melhorar minha condição física. Se nunca me permiti ser atlético, se na infância fui ridicularizado por ser desajeitado e ainda sinto aquele medo e confusão antigos, então necessitarei fazer algum trabalho reflexivo comigo mesmo. De outra forma, essa bagagem residual, provavelmente, sabotará meu objetivo. É provável que eu não goste do que estou fazendo e que vá à academia cada vez menos.

A terceira dimensão da integração de estados envolve quem somos nos relacionamentos. Nossa história influencia como a sensação de ser um "eu" pode se tornar parte de um "nós-estado" sem ser obliterado por essa afiliação. A abertura a esse nós-estado da mente exige que estejamos vulneráveis e receptivos — qualidades que desafiam muitos de nós. Não havia nós-estado seguro disponível para Matthew em sua infância e ele achava impossível atingir um agora.

Matthew e eu enfrentávamos grandes desafios nessas três dimensões.

DESATANDO O NÓ DA VERGONHA

Você talvez pergunte: "Bem, por que Matthew simplesmente não se livra desses estados de vergonha?" O homem de negócios em Matthew, orientado para os resultados, teve um impulso semelhante; ele queria "eliminar" seus aspectos que não conseguia suportar. Infelizmente, essa abordagem dividir e destruir simplesmente não funciona. Cada um dos estados está preenchendo algum tipo de necessidade não atendida. Para começar a integração interessados é importante abordar essas necessidades mais profundas, identificá-las e achar formas mais adaptativas e saudáveis de atendê-las e satisfazê-las.

E se nossos estados motivacionais básicos estiverem em conflito? Alguns estados colaboram bem (sexualidade e ludismo, por exemplo), mas outros são conflitantes. Então, precisamos encontrar uma forma de abraçar impulsos motivacionais fortes que coexistem lado a lado: a necessidade de domínio focado e de jogo pelo jogo; o impulso de monitorar nossos recursos (de tempo, energia, dinheiro, comida etc.) e o impulso para reproduzir (crianças nos custam muita energia, dinheiro e comida — que é tão verdadeiro para os habitantes urbanos modernos como foi para os primeiros seres humanos); a necessidade para explorar (para seguir nossos interesses criativos individuais) e a necessidade de afiliação social (permanecer nas boas graças de nossa família ou comunidade exige se adaptar aos outros). Essas contradições intrínsecas são a razão para o equilíbrio e a variedade serem tão essenciais para a saúde.

Eis como Matthew e eu abordamos os estados conflitantes que o deixavam dividido.

Matthew e eu conseguimos identificar com facilidade a parte dele que desejava desesperadamente ter uma companheira na vida. "Estou tão farto de meus 20 anos", ele disse, relembrando sua vida sexual após o ensino médio. "Quero estabilidade, mas parece que simplesmente não consigo encontrar a pessoa certa."

Na verdade, a essa altura de sua vida, a pessoa "certa" que Matthew precisava encontrar era ele próprio. Enquanto um autoestado desejava aproximação e intimidade, outro precisava proteger sua vulnerabilidade e um terceiro, ainda, precisava provar seu próprio valor. Esses estados estavam agrupados em padrões de disparos diferentes no cérebro de Matthew — filtrando suas percepções de maneira muito diferente do estado "busca pela proximidade".

Pense nas colunas corticais de Matthew: em um estado de proximidade, ele vê uma mulher atraente, sua namorada. Nesse estado, ele a percebe como "certa" para ele de várias maneiras — sua inteligência, sua sexualidade, sua personalidade, seu humor. Estas são as razões pelas quais ele é atraído por ela. Mas, então, à medida que ela fica mais apaixonada por ele, à medida que passa a gostar da pessoa maravilhosa que ele é (e ele pode ser muito maravilhoso e gentil), "algo" muda nele. Essa mudança, Matthew e eu viemos a entender, era a ativação de outro conjunto de autoestados.

A vergonha organizava os autoestados de Matthew em vários agrupamentos afins, porém distintos. Um era simplesmente protetor — se a namorada está interessada nele, ela poderia vir a conhecê-lo melhor e descobrir que ele é, no fundo, um imbecil. É melhor largá-la antes que a mulher descubra. Esse estado também o protegia da ameaça do fracasso sexual: se ele desejava de fato estar perto de uma mulher, se seu relacionamento realmente importava, então a ideia de que ele poderia "estragar tudo" era tão dolorosa que era melhor terminar o relacionamento antes que isso ocorresse — como, em seus 20 anos, fora melhor fazer sexo com mulheres com quem ele não tinha qualquer envolvimento porque, assim, seu desempenho não tinha importância. Isso era uma das razões de camadas múltiplas por que Matthew ficava inibido e perdia o interesse sexual quando a namorada gostava dele "demais".

Outro autoestado baseado na vergonha era mais punitivo. Se ela realmente gostava dele, como ele conseguiria perdoá-la? Essa linha de raciocínio soa irracional? Aqui está a lógica: se uma mulher gosta de mim, deve haver algo de errado com ela. Então, por que eu desejaria estar com ela? A vergonha explica a equação. Quando temos uma crença forte de que o eu é defeituoso, todas essas respostas "irracionais" fazem muito sentido.

A compulsão conquistadora de Matthew era ainda outro autoestado baseado na vergonha. Quando ele escolhia mulheres "difíceis de conquistar", parte dele se sentia fortemente impelida a persuadi-las. Ele nunca escolhia mulheres que gostavam dele de cara. Mesmo mulheres que eram apenas neutras não despertavam seu interesse. Para um autoestado que ainda tentava superar um trauma antigo, a "melhor" abordagem era recriar padrões de disparo neural mais próximos possíveis dos originais. Um termo clínico para isso é *reencenação do trauma*. Em termos cerebrais, ele buscava acionadores de memória para ativar autoestados que estivessem sempre prontos para se envolverem com mulheres distantes e potencialmente abusivas, mulheres semelhantes à mãe. Matthew tinha um dom para encontrá-las — pelo menos, na superfície.

Porém, outro autoestado da infância de Matthew também permanecia ativo: um estado jovem que precisa apenas de amor e conexões. Várias de suas namoradas vislumbravam esse estado, e isso abria seus corações. Era lindo ouvir esses momentos preciosos quando Matthew aceitava a afeição da mulher, muito embora sua autossabotagem por causa da vergonha logo retornasse.

Então, o que poderíamos fazer? A integração do estado exigia que Matthew estabilizasse sua lente de visão mental assim como Jonathon fez no Capítulo 5. Deixamos o romance de lado, e nas semanas seguintes nossas sessões focaram o ensino de várias técnicas reflexivas. Matthew gostava da metáfora da roda da consciência e da ideia de que o exercício mental poderia fortalecer o eixo de sua mente. Embora cético a princípio, ele também achou útil o mapeamento corporal. A intensidade que investiu nessas práticas parecia a mesma que ele colocava no trabalho: bastava estipular um objetivo que ele o perseguia com uma energia extremamente focada.

Porém, Matthew logo descobriu que aceitar tudo que surgia exigia um novo tipo de consciência. Era difícil para ele se abrir para seu mundo interior sem tentar controlá-lo. Considere o forte sentimento de repulsa que surgia quando ele estava com uma mulher: Matthew precisava observar o surgimento; ser objetivo com relação a ser apenas uma parte de quem ele era e permanecer aberto à dor mais profunda que o estimulava.

Quando lhe apresentei à prática "fique onde está" (aquela que ensinei a Anne no Capítulo 7), ele ficou intrigado pelo aparente paradoxo de usar a força da mente para ser apenas curioso e aberto, para aceitar seu mundo interno. A curiosidade, a abertura e a aceitação eram, de muitas maneiras, os ingredientes fundamentais do amor. Segundo Matthew, foram esses elementos que faltaram em sua vida quando ele era criança.

Da mesma forma que com Anne no Capítulo 7, a terapia de Matthew exigia um foco duplo de atenção — um rastreamento da sua experiência do momento no passado, ou com as mulheres com quem ele agora estava se relacionando; e o outro fundamentado firmemente no presente, comigo na sala com ele. Após muitas sessões desafiadoras, viemos a entender o quanto sua experiência infantil de rejeição e terror ainda estava crua e de quanto apoio ele precisava para "ficar onde está". Matthew também precisava adquirir muitas habilidades de integração — bilateral, vertical, memória e narrativa — para transformar essas lembranças implícitas cruas em formas mais explícitas e flexíveis.

Em uma sessão, Matthew lembrou que entrara no quarto do pai para ver se ele podia brincar. Ele devia ter cerca de 6 anos. Sua mãe se antecipou, agarrou o braço dele e o empurrou para fora do cômodo. "Quantas vezes tenho de dizer para você não importuná-lo com suas bobagens?", ela vociferou. Agora, no consultório, seus braços começaram a tremer; estava vendo o rosto da mãe e lembrando como ficara aterrorizado com sua fúria. Eu pedi para ele "ficar com o medo", fixando-o na frente de sua mente. Sentamos juntos com seu terror e vivenciamos seu desdobramento em tristeza. Matthew começou a chorar.

Mostrei a ele como se segurar: uma das mãos sobre o coração, a outra sobre o abdômen. Para muitas pessoas, isso dá uma poderosa sensação de tranquilidade. Matthew nunca tivera uma maneira de enfrentar a dor de sua vergonha sem tentar escapar dela. Eu esperava que essa técnica o ajudasse a alargar sua janela da tolerância. Após alguns minutos, ele disse que o ajudara muito, e descobrimos que para ele — assim como para mim — a mão esquerda sobre o coração é o gesto mais consolador. (Para a maioria das pessoas é o inverso.) Ao abraçar a si mesmo, ele também conseguiu abraçar sua memória implícita de uma criança que ansiou por ser amada, aceita e vista do jeito que era.

Quando Matthew se acalmou, mais memórias surgiram. Ele me contou como começou a ganhar dinheiro entregando jornais o mais cedo que pode, com 12 anos. Ele usou os primeiros rendimentos para comprar um liquidificador para a mãe para que ela pudesse fazer vitaminas para o pai. "Ela nem disse obrigada", ele falou. "Eu me saía bem na escola, comprava flores para ela, mais tarde passei os fins de semana lavando carros para lhe dar algum dinheiro — nada parecia impressioná-la." Então, após uma pausa, ele me contou que tinha se dado conta de algo: não obstante o que acontecesse com as mulheres em sua vida, ele nunca conseguiria provar que a mãe fora gentil e amorosa com ele. E, por mais mulheres que tivesse, ele nunca conseguiria mostrar aos pais que merecia ter sido amado. Matthew começara a desatar o nó da vergonha.

Daí em diante, dentro do porto seguro de nosso diálogo reflexivo, um novo tipo de autoestado pareceu surgir em Matthew. Um dia, ele disse: "Sinto como se existisse esse lugar sólido em mim, onde posso simplesmente olhar, observar e reunir tudo." Ele falou baixo e com certa surpresa pela descoberta, a qual absorvi, juntamente com meu sentimento de gratidão.

ENCONTRANDO UM CENTRO

Existe algum "eu" central por baixo de todas as nossas camadas de adaptação e personalidade? Falei sobre os múltiplos autoestados, cada um cumprindo sua própria missão para satisfazer nossos impulsos motivacionais: para a conexão, a criatividade e o consolo. Outros estados se aglutinam ao redor de atividades específicas: nossa habilidade em determinado esporte, nosso domínio de um instrumento musical ou em um conjunto de habilidades necessárias para o trabalho ou para a escola. Outros estados distintos operam nos papéis sociais: lideramos uma organização comunitária, encontramos um par romântico, participamos da vida familiar, fazemos amigos novos e mantemos contato com os antigos.

Porém, por baixo de todos esses autoestados, acredito, está um "eu" central que tem a receptividade em si mesmo. Alguns pesquisadores chamam esse centro de *ipseidade*, do latim *ipse*, significando "próprio". A *ipseidade* é nossa "essência", o ser que subjaz à atividade de cada um de nossos autoestados. Para muitos de nós, esse "eu" receptivo é difícil de imaginar, e mais ainda de sentir. No entanto, ele é o "você" essencial por baixo da narrativa e da memória, da reação e dos hábitos emocionais. É a partir desse lugar que podemos suspender o fluxo de influências de cima para baixo e chegar perto daquilo que foi chamado de "a mente do iniciante". Quando Matthew disse que encontrara "esse lugar sólido" dentro dele, estava descrevendo o "eu" receptivo que subjaz em cada um dos muitos autoestados que são ativados em nossa vida cotidiana. Se ele continuasse a desenvolvê-lo, esse "eu" poderia se tornar um santuário interno para ele, aberto ao que ele é, pronto para receber tudo que bater à porta, convidando todos os aspectos dele mesmo para dentro do abrigo de sua mente receptiva.

Em minha experiência (e na de muitas outras pessoas), desenvolver a lente da visão mental pode nos dar acesso a esse eu receptivo por baixo de nossas camadas de adaptação até mesmo além de nosso estado mental do momento. Quando desenvolvemos a amplitude de uma mente receptiva, passamos a ver as atividades da mente, inclusive os estados mentais, como apenas atividades da mentes, não como a totalidade de quem somos. Instalados no "eixo" da mente, podemos obter uma sensação de nosso eu receptivo, abrindo-nos para um mundo de novas possibilidades e criando a condição subjacente à integração do estado.

NÓS-ESTADOS DE UNIÃO

Passado algum tempo, Matthew começou a namorar um tipo diferente de mulher — mulheres que ele considerava interessantes e atraentes, não apenas desafiantes. Inicialmente, o desejo de "caçar" o dominava, e ele se sentia incomodado e "enfadado" sempre que alguém gostava dele. Porém, ao longo de muitos meses de trabalho interno na terapia, ele se transformou. A união se tornou um novo foco de seus relacionamentos, em vez do antigo impulso para seduzir e conquistar. Mais tarde, ele encontrou uma pessoa específica de quem gostou, e agora estava aprendendo a viver com a incerteza que a proximidade envolve. Tornar-se parte de um "nós" o fazia experimentar sua vulnerabilidade e permanecer presente, em vez de lutar, fugir ou congelar. Sua sensação de vergonha ainda aparece em várias situações, mas agora, em geral, ele observa sua reação antes de começar a agir nela. Suas habilidades recém-desenvolvidas o libertaram dos padrões automáticos de modo que ele pode escolher como responder. Matthew e eu acreditamos que ele pode criar uma conexão amorosa com uma mulher — e com ele mesmo — que merece ter há muito tempo.

11

A NEUROBIOLOGIA DO "NÓS"
Tornando-nos advogados uns dos outros

DENISE ENTROU EM MEU CONSULTÓRIO com um andar que demonstrava segurança e confiança. Atrás dela, o marido Peter, cujo passo lento e olhar baixo irradiavam abatimento quando vieram para a primeira sessão de casal. Denise sentou ereta; Peter se esparramou no divã, imediatamente pegando uma almofada grande para colocar no colo, como um tipo de escudo. Não era preciso ser psiquiatra para saber que o casal tinha problemas.

"Ele é um fraco", Denise declarou, "e mais, a carência dele me dá vontade de vomitar!"

Peter parecia sem fôlego quando falou, mas isso não o impediu de contra-atacar. "Não demora muito para saber que isso não está funcionando. Casei com uma narcisista. O que havia de errado comigo?"

Você poderia imaginar com razão que, com tanta hostilidade e desprezo já revelados de saída, esse relacionamento não tinha mais jeito. Entretanto, por baixo da raiva e da desilusão do casal, senti tristeza e solidão — e, talvez, uma nostalgia que poderia motivá-los a mudar.

Denise e Peter estavam casados há dez anos e tinham dois filhos pequenos — os quais eles disseram amar, mas que também eram a causa de inúmeras brigas. Ambos estavam com quase 40 anos e envolvidos em profissões exigentes; Denise era arquiteta e Peter era professor de um conservatório de música importante e também se apresentava em público de vez em quando. Eles tentaram fazer acon-

265

selhamento matrimonial por algum tempo, mas acharam que seus esforços para "abrir os canais de comunicação" foram inúteis. As próximas consultas, Denise disse, seriam com os advogados. Porém, eles sentiam que deviam às crianças mais uma tentativa, e um amigo sugerira meu nome.

Denise continuou a expor suas reclamações. No início do casamento, ela sentiu que tudo estava "bem", mas, à medida que os anos passavam, passara a ver Peter como alguém "muito inseguro e exigente demais". Sua ênfase e convicção criaram uma imagem em minha mente de um letreiro luminoso de neon: ELE ESTÁ DOENTE E PRECISA DE AJUDA. Ela sempre soubera que Peter era "um cara sensível", mas não percebera, até que tiveram filhos, que ele era realmente "fraco". Ela me contou que ele não conseguia, ou não queria, enfrentar a filha de 2 anos, que fazia dele "gato e sapato"; ele tolerava explosões de raiva para as quais Denise não "tinha tempo para ver". Ele não era muito melhor com o filho de 5 anos, ela reclamou. "Ele fala macio, negocia e dá sermões, e o garoto simplesmente o ignora. Ele devia mandá-los calar a boca e fazer o que ele está mandando!", ela concluiu. "Perdi todo o respeito que já tive por ele."

As preocupações de Peter giravam em torno de um sentimento de isolamento no casamento. "Denise é independente e obstinada demais. Ela é muito dura com as crianças e comigo. Nunca a vejo ser carinhosa com eles — ela é como um chefe sem coração." Peter prosseguiu dizendo que se sentia sozinho e assustado por causa dela. Enquanto me dizia isso, ele olhava para o lado, não para mim ou para Denise. Peter parecia perdido e impotente.

VIDAS SEM HARMONIA

O cérebro é um órgão social, e nossos relacionamentos uns com os outros não são um luxo, mas um nutriente essencial para a sobrevivência. Porém, tanto Denise quanto Peter estavam numa aflição profunda. Nitidamente, a forma como eles se relacionavam um com o outro era tudo, menos saudável.

O que poderíamos esperar atingir em uma terapia? Algum deles poderia mudar, individualmente ou como um casal, a ponto de devolver a harmonia ao relacionamento? Às vezes, o melhor que um terapeuta de casais pode fazer é ajudar duas pessoas a ver o quanto não combinam uma com a outra para que possam se separar e continuar suas vidas. Evidentemente, Denise e Peter não compartilhavam mais a experiência de "se sentirem sentidos" um pelo outro, se é que alguma vez o fizeram. A sensação de estar com alguém que nos conhece, que deseja se conectar, que quer o melhor para nós — esse nutriente essencial estava faltando no relacionamento deles.

Pedi para atender cada um individualmente antes de elaborar um plano de terapia. Nessas consultas, confirmei que os dois tinham uma esperança genuína de que o casamento pudesse ser salvo. Não havia nenhuma infidelidade, traição, agenda secreta ou convicções ocultas de que o casamento estava morto e não podia mais ser ressuscitado. Quando vi Denise e Peter juntos, havia momentos em que eles mostravam desprezo e rancor, os quais podem levar a terapia ao fracasso. Porém, quando ficavam sozinhos comigo, o desejo que senti submerso durante a primeira sessão emergiu; eles não estavam apenas me consultando "para o bem dos filhos". Peter parecia menos resignado e negativo. Ele falava sobre seu respeito pelos pontos fortes de Denise e como, em certa época, eles "formavam um bom time". No início, Denise era mais distante, mas, à medida que continuamos a conversar, ela pareceu abrandar. Ao contrário da atitude crítica que teve na sessão conjunta, ela me contou que desejava ver o que podia fazer para melhorar a vida deles. Isso me surpreendeu, e me deu mais esperanças. Mesmo que eles não ficassem juntos no fim, eu podia, pelo menos, ajudá-los a se separar amigavelmente para que pudessem exercer sua responsabilidade parental juntos e com um mínimo de animosidade.

Disse-lhes, então, que ficaria feliz em trabalhar com eles, que concordaram com um determinado número de sessões. Após seis encontros, avaliaríamos juntos o andamento do processo e tomaríamos uma decisão conjunta sobre o que fazer no futuro. Como um primeiro passo, senti que poderia aproveitar a intenção positiva que eles demonstravam quando sozinhos comigo para ajudá-los a abandonar os padrões defensivos e reativos e passar para uma posição aberta e vulnerável um com outro.

Ironicamente, os aspectos de uma pessoa que achamos mais atraentes no início de um relacionamento se tornam precisamente as características que nos enlouquecem mais tarde. Em nossa sessão conjunta, perguntei sobre o início do relacionamento. Peter disse que ele fora atraído pela "independência, vigor e opiniões fortes" de Denise e que achara que esses traços o "complementavam" bem, uma vez que sentia que lhe faltavam esses atributos. Denise disse que ela, a princípio, fora atraída pela "aparência, sensibilidade e forma como ele falava sobre o que sentia". Ela não sabia exatamente por que gostava dessas características, mas que "apenas gostava". Peter pareceu surpreso, até mesmo esperançoso, quando Denise disse isso. No entanto, ela continuou a repetir que agora o achava "emotivo demais" e "extremamente inseguro". Seu tom de crítica apagou a expressão de abertura no rosto de Peter.

Na passagem do romance para o casamento, algo mudara. Ambos se ocuparam com suas respectivas carreiras, e o relacionamento assumiu um lugar secundário. O tempo passou, vieram os filhos, e eles se perceberam ficando irritados um com o outro, com uma frequência e intensidade cada vez maiores.

Peter descreveu um conflito típico: ele "desejava ficar perto" de Denise, falar sobre seu dia com ela ou "simplesmente ser abraçado" quando chegava em casa do trabalho. Entretanto, ela estava sempre preocupada com a rotina das crianças, ou "o afastava" e se recolhia ao escritório da casa para ficar sozinha. A resposta de Peter ao seu recolhimento era buscá-la com mais intensidade. "Não aguento quando ela me afasta desse jeito", disse. (O rosto de Denise ficou lívido quando ele disse isso.) Mas, quando ele protestava, Denise gritava com o marido e dizia que ele era exigente demais. Agora, o próprio Peter admitia estar começando a duvidar de seus sentimentos. Será que ele tinha o direito de desejar estar perto de sua mulher — ou de alguém?

Ao longo do tempo, o padrão de abordagem dele e o recolhimento dela evoluíram para um conjunto de interações distanciadoras. Eles não conseguiam identificar nenhum desacordo específico ou evento que tenha marcado o início de seus problemas, mas, segundo Peter, seu relacionamento começara a morrer antes mesmo de a filha deles, Carrie, nascer. Embora Peter sentisse que estava "morrendo aos poucos", Denise, inicialmente, disse que eles conseguiriam "sobreviver" a seus conflitos se "Peter me deixasse em paz". A vida sexual chegara praticamente ao fim no ano anterior, e Denise disse que para ela isso "era ótimo". "Não para mim", Peter retrucou. Eu também entendi que Denise recomendara anteriormente que Peter buscasse uma terapia, o que ele fez, mas nada parecia ter mudado — nele ou nela. Embora cada um deles pudesse, na verdade, ter precisado de algum trabalho individual, o "nós" de Denise e Peter precisava desesperadamente de atenção.

Havia mais por trás desse padrão de interação do que os "problemas de comunicação" que eles tentaram abordar no aconselhamento matrimonial. Denise e Peter, na verdade, se comunicavam bastante bem, pelo menos na superfície. Ambos eram muito articulados e até ouviam um ao outro — ambos foram aprovados no curso de iniciação à comunicação. Porém, carinho e compaixão estavam escassos naquele casamento. Denise e Peter descreviam um ao outro, em grande parte, como um conjunto de comportamentos irritantes, dolorosos ou inadequados. Nenhum deles expressava muito respeito pela mente do outro, ou interesse pelas experiências internas do cônjuge. Essa falta de percepção e empatia os impedia de encontrar um denominador comum a partir do qual poderiam abordar suas diferenças.

SENTINDO-SE SEGURO UM COM O OUTRO: RECEPTIVIDADE E REATIVIDADE

A abordagem da visão mental para a terapia de casal difere de outras estratégias na medida em que prestamos atenção rigorosa e cuidadosa ao fluxo de energia e informação — como ele é regulado pela mente, moldado pelo cérebro e compartilhado em nossos relacionamentos. Era hora de apresentar Denise e Peter ao triângulo de bem-estar e à noção de integração. Quando lhes mostrei o modelo da mão para representar o cérebro, enfatizei especificamente a forma como o cérebro cria os dois estados mentais distintos que observara em ambos. Meu objetivo era que eles compreendessem a diferença fundamental entre um estado aberto e receptivo e um fechado e reativo.

Para ajudá-los a experimentar essa diferença diretamente, sugeri que fizessem um exercício simples. Disse-lhes que repetiria uma palavra várias vezes e pedi para apenas observarem o que sentiam em seus corpos. A primeira palavra foi *não*, dita com firmeza e uma ligeira dureza sete vezes com aproximadamente dois segundos entre cada *não*. Depois, após outra pausa, disse um *sim* claro, mas de alguma forma mais suave, sete vezes. Denise respondeu em seguida que o *não* foi sentido como "opressivo — me deixou muito irritada". Peter disse que ele se sentira "defensivo e pressionado, como se estivesse sendo repreendido". Em contraste, o *sim* o fez sentir-se "calmo, com um sentimento de paz interna". Denise disse: "Fiquei feliz quando você começou a dizer 'sim', mas ainda estava furiosa com o 'não'. Demorei algum tempo para relaxar e me sentir bem."

Após terem tido a experiência imediata de sentir a diferença entre os estados reativo e receptivo, continuei a explicar que quando o sistema nervoso é reativo, na verdade, trata-se de um estado de resposta luta-fuga-congelamento, a partir do qual é simplesmente impossível se conectar com outra pessoa. Apontei para palma da mão do meu modelo do cérebro e expliquei como o tronco encefálico reage automática e rapidamente sempre que nos sentimos ameaçados, tanto física quanto emocionalmente. Quando nosso foco inteiro está na autodefesa, não importa o que fazemos, não conseguimos nos abrir o suficiente para ouvir as palavras do companheiro com precisão. Nosso estado mental pode transformar até mesmo comentários neutros em motivo de brigas, distorcendo o que ouvimos para acomodar o que tememos.

Por outro lado, quando somos receptivos, um ramo diferente do sistema do tronco encefálico é ativado. As respostas ao *sim* já tinham indicado o que acontece: os músculos da face e as cordas vocais se descontraem, a pressão arterial e os batimentos cardíacos se normalizam e ficamos mais abertos a experimentar tudo que a outra pessoa deseja expressar. Um estado receptivo liga o sistema de engajamento social que nos conecta com os outros.

Em resumo, a receptividade é a experiência de nos sentirmos seguros e vistos; a reatividade é o reflexo de sobrevivência luta-fuga-congelamento. Meu primeiro desafio para Denise e Peter foi solicitar que eles simplesmente observassem o estado em que estavam — ou aquele que surgia — quando começavam uma discussão. Se algum deles estivesse no modo reativo, ou próximo dele, eles deveriam parar e pedir "um intervalo" ou dar "um tempo", com o que a outra pessoa concordaria e respeitaria. Por enquanto, eles podiam usar o tempo que precisassem para se acalmarem, contanto que ambos concordassem em voltar para a mesa de comunicação quando estivessem prontos.

À medida que nossas sessões progrediam, Denise e Peter começaram a reconhecer o que sentiam nesses estados durante suas interações. A princípio, eu era aquele que pedia uma pausa quando sentia que um ou outro estava ficando reativo e levantava a mão como um sinal compartilhado de que talvez fosse a hora apropriada para um intervalo. Logo, cada um deles aprendeu a detectar esse sentimento reativo interno — quando se afastavam da receptividade — e começaram a iniciar, por conta própria, a pausa refrescante. Eles ficaram um pouco surpresos ao perceberem que tinham grande dificuldade para pedir uma pausa quando não eram eles que estavam falando, e uma dificuldade ainda maior para aceitar o pedido quando eram eles que falavam. Em um dado momento, Peter disse que o sinal de pausa de Denise o fez sentir como se ela estivesse dizendo "cale a boca" (ao ouvir isso, Denise o olhou com cara feia) —, mas, então, ele prosseguiu. Ele disse que acabara de perceber que ela estava dizendo a si mesma para parar também. Ao ouvir isso, o rosto de Denise amenizou, e vi seus olhos se suavizarem um pouco, como se tivesse descoberto algo oculto e importante. Em seguida, ela lhe assegurou, com um ligeiro sorriso, que lhe diria diretamente para "calar a boca" se fosse realmente sua intenção. Essa interação breve, terminando com um toque de humor, foi um sinal de esperança. Peter poderia aprender a reconhecer e ajustar suas percepções; Denise poderia reconhecer que ele assim havia feito e mostrar um pouco de perspectiva sobre o próprio comportamento. Foi um pequeno momento de união e colaboração.

Em uma sessão posterior, Peter disse à Denise que ela estava mostrando seu "lado narcisista novamente"; ele falou rapidamente, mas não foi difícil notar raiva e intenção de insultá-la. Anteriormente, Denise teria devolvido o insulto imediatamente, com a "carência" emocional de Peter um alvo fácil; mas, em vez disso, ela levantou a mão. "Estou sendo reativa e precisamos parar." Ambos pararam e focaram em suas respirações. Quisera eu ter uma filmadora na sala para mostrar a todos como essa interação se desenvolveu. Após a pausa, Peter conseguiu reconhecer que se lançara ao ataque por medo. Isso permitiu que Denise reconhecesse sua percepção exata da intenção dele e o perdoasse pelo ataque. O que antes teria resultado em alfinetadas mais profundas no cadáver de seu relacionamento, agora se tornara uma ocasião para a reparação e a reconstrução da confiança.

ABRINDO A LENTE DA VISÃO MENTAL

Denise e Peter passaram tanto tempo juntos em um estado de reatividade que precisavam fortalecer a capacidade básica de entrar em um estado de consciência receptiva. Para ajudá-los a desaprender o velho padrão e aprender o novo, passei grande parte da terceira sessão apresentando-lhes o eixo da mente e os exercícios básicos de atenção plena da respiração. Usei o modelo da mão para representar o cérebro para explicar como a atenção focada pode ajudar a desenvolver as áreas pré-frontais centrais e expliquei também como isso apoiava o que fazíamos na terapia.

Peter praticara ioga quando jovem e imediatamente achou as práticas básicas muito calmantes. Porém, estar presente dessa forma era novidade para Denise, e ela me contou que achou os exercícios estranhos, pouco úteis e um tanto confusos. Apenas motivei-a a observar esse sentimento de estranhamento e a não esperar que a prática fizesse algo específico. Para ser justo com ela, Denise continuou tentando, e fez os exercícios em casa, mas levou um bom tempo para poder se abrir para qualquer sensação de clareza ou calma.

A essa altura, claro, o leitor já terá percebido que meu objetivo para esses exercícios de integração da consciência ia além da calma. Desejava dar ao casal uma forma de aumentarem sua capacidade de encontrar aquele lugar central sob suas adaptações individuais, o estado receptivo enterrado sob camadas de defesa reativa. No caso de Jonathon, no Capítulo 5, reforçar os circuitos pré-frontais o capacitou a pausar e evitar ser arrebatado por oscilações brutas de humor e ajudou-o a estabilizar sua mente de montanha-russa. Tive uma esperança semelhante com Denise e Peter: a de que ampliar esse eixo pré-frontal central os capacitaria a ver além de suas reações e, portanto, a encontrar um ao outro.

Acreditei também que isso os ajudaria a encontrarem a si mesmos.

ENTENDENDO O PASSADO PARA LIBERTAR O PRESENTE

Para nossa quarta e quinta sessões, decidi realizar uma entrevista de apego com Denise e Peter enquanto cada um ouvia a história do outro se desenrolar. Perguntei diretamente se eles conseguiriam tolerar a vulnerabilidade que esse processo envolvia. Eles concordaram, tanto em palavras quanto em sinais não verbais, os quais pude perceber claramente, que respeitariam o mundo interno do outro à medida que ele surgisse nas entrevistas. Esse acordo, além da boa vontade básica que haviam demonstrado em suas sessões individuais, me fez pensar que era possível realizar essa tarefa de uma forma respeitosa.

O que surgiu, em resumo, foi que Peter produziu uma narrativa, em geral, preocupada, a qual revelou uma aflição constante com questões residuais de sua infância, enquanto Denise apresentou uma narrativa evasiva que minimizava sua necessidade dos outros — tanto no passado, em sua infância, quanto agora.

Peter era o mais jovem de quatro irmãos, e sua mãe desenvolvera problemas de coluna crônicos por causa de um acidente de automóvel logo após ele nascer. Ela passara por várias cirurgias, hospitalizações e longos períodos de convalescência em casa, enquanto o pai de Peter trabalhava em dois lugares como guarda de segurança, incluindo turnos noturnos, para atender as despesas da casa. A irmã mais velha de Peter, Maggie, que era 12 anos mais velha que ele, foi principalmente quem cuidara dele durante seus primeiros anos de vida, mas se viciara em drogas quando adolescente. (Ela começara com os remédios para dor da mãe e passara para calmantes e álcool.) Maggie o deixava sozinho com as outras irmãs, 5 e 7 anos mais velhas, as quais, segundo Peter, "simplesmente se viravam para cuidar de si mesmas".

"Eu tentava encontrar uma forma de me aproximar de minha mãe", ele lembrou, "e, às vezes, tudo ia bem — quer dizer, ela me apoiava. Ficávamos perto um do outro por algum tempo — quando eu era jovem, acho. Sei que ela costumava passar muito tempo com Maggie — ela gostava mais dela do que de minhas outras irmãs ou de mim. Porém, a maior parte do tempo, ela ficava fechada em seu quarto ou parecia não se importar. Ela nunca se importou. E ainda estou só", Peter concluiu, com um tom de amargura. Essa mescla do passado ("Eu tentava encontrar...") com o presente ("E ainda estou só") não apenas revelava um estado mental preocupado, mas também sugeria algo sobre como Peter via Denise.

Durante sua infância, seu pai fumou dois maços de cigarros por dia "para aliviar o estresse" e morreu de ataque cardíaco quando Peter tinha 14 anos. Depois disso, a mãe se recuperou um pouco e começou a trabalhar como professora substituta, mas o filho nunca reestabeleceu a sensação de proximidade com ela. Ela era "uma mulher triste e deprimida, que permaneceu sozinha" o resto da vida. (Ela morrera há dez anos, um pouco antes do casamento dele com Denise.) Peter disse que ele sempre se sentira responsável pela tristeza dela, sobretudo durante os anos em que foi o único filho que ainda morava com a mãe. A música se tornou seu refúgio. O talento lhe conferiu o carinho que raramente recebia em casa e proporcionou uma forma de expressar suas energias criativas. A música também lhe rendeu uma bolsa de estudos em um conservatório do outro lado do país.

Quando entrou para a escola, Peter estava determinado a permanecer financeiramente independente para "não ter de contar com ninguém para nada". Ele perdeu o contato com as irmãs e fazia o que chamava de "visitas de obrigação" à mãe apenas uma vez ou duas por ano. Ele se saiu bem nos estudos, descobriu sua paixão pelo jazz e foi aceito em um importante curso de pós-graduação de musicologia, mas se envolveu em relacionamentos românticos com mulheres que exigiam "demais dele" e que nunca o ajudavam a se sentir "relaxado". Ele nunca conseguia satisfazê-las, conforme me contou. Ele estava certo de que elas o deixariam e temia que não o fizessem. Esses relacionamentos tempestuosos o deixavam mal-humorado, irritável e "instável", e ele "explodia" com muita frequência. Até mesmo seu desempenho como pianista começou a ser afetado. "Eu não conseguia entrar 'no clima' para deixar as improvisações acontecerem. Na verdade, pensei em voltar para as peças clássicas que conseguia tocar seguindo a partitura e abandonar o jazz." Então, durante o último ano no curso de pós-graduação, Peter conheceu Denise, em uma festa oferecida por um amigo, e se sentiu "seguro" com ela. Ela nunca exigiu muito dele, e ele ficou aliviado ao descobrir que havia "espaço naquele relacionamento para me sentir confortável e ser eu mesmo". Suas apresentações musicais melhoraram, e tudo parecia estar no caminho certo durante os primeiros anos de casamento.

A história de Denise era muito diferente. Seus pais gozavam de boa saúde, e "não havia questões específicas" de que ela conseguisse lembrar. Na verdade, Denise falou que não conseguia lembrar de muitos detalhes da infância, exceto de que fora "mediana, uma infância normal". Você pode lembrar que esse tipo de resumo vago e superficial com relação a detalhes específicos é característico das narrativas evasivas. Quando perguntei a ela mais diretamente sobre seu relacionamento com os pais — o que acontecia quando ela ficava aborrecida ou quando era separada deles —, Denise respondeu: "Minha mãe cuidou muito bem de mim. Ela era muito organizada e excelente cozinheira. Não havia nada específico — quero dizer, nada que me deixasse aborrecida. Meu pai era a mesma coisa. Era engenheiro. Minha mãe trabalhava como secretária, e tínhamos uma casa muito bem-organizada. Não que tivesse que ser desse jeito. Escolhemos ser assim." Repare que a questão trata de "relacionamentos", mas o foco da resposta de Denise é nos indivíduos envolvidos — um padrão comum para alguém com uma história de evitação e uma postura evasiva na maturidade.

Depois, chegamos à pergunta da entrevista de apego sobre perda. "Sim", Denise respondeu. "Houve uma perda quando eu era criança. Meu irmão teve leucemia quando eu tinha 7 anos. Ele tinha apenas 2, e não lembro muito, exceto de que não falamos sobre isso após a morte dele. Meus pais simplesmente tocaram a vida. Nada parecia ter mudado, acho. Agora, havia apenas três de nós novamente." Denise me contou de uma forma bastante neutra que ela, às vezes, se perguntava a razão para ninguém nunca mais ter falado sobre a morte do irmão. Fiz mais algumas tentativas de explorar a resposta emocional da família com relação à essa perda, mas ela continuou a desviar o rumo da conversa.

Apesar de sua postura de que os "relacionamentos não importam", eu acreditava que a necessidade fundamental de conexão continuasse intacta em Denise e que ela pudesse se tornar mais consciente dela se a abordássemos com cautela. Como mencionei anteriormente, as pesquisas revelaram que as pessoas com narrativas evasivas mostram sinais fisiológicos de que as áreas límbicas subcorticais e as do tronco encefálico ainda registram a importância dos relacionamentos. Trata-se simplesmente de que as áreas corticais superiores, onde a consciência é criada, excluíram essa consciência para poderem sobreviver em tempos áridos. A chave seria me alinhar com esses circuitos subterrâneos mais profundos e aumentar a capacidade de Denise para integrá-los à sua vida.

No fim da entrevista com Denise, voltei ao seu irmão e disse que talvez sentir o que sentira não tivesse sido seguro em uma família em que tudo era tão "organizado e limpo" e onde as pessoas não se permitiam reagir à morte de uma criança. Ela simplesmente me olhou com olhos esbugalhados. Esse olhar não continha a confiança que observei quando ela entrou pela primeira vez em meu consultório. Porém, Denise não disse nada. Ainda não. Apenas me encarou, e minha mente percebeu que algo mudara dentro dela — algo que precisava ser respeitado, não vistoriado e não abordado abertamente nesse estágio vulnerável de seu desvelamento interno.

Tanto Denise quanto Peter fizeram o melhor que puderam para sobreviver às dificuldades de suas respectivas infâncias, e suas adaptações deixaram cada um deles com uma lacuna no desenvolvimento que o outro magicamente preencheu quando se encontraram. Todos nós ansiamos — conscientemente ou não — por aquilo que não recebemos no passado e pelo que não temos no momento. Denise poderia ter feito bom proveito de parte do acesso de Peter aos sentimentos dele e à sua capacidade para ser espontâneo e conectado com o próprio mundo interno. Peter poderia ter feito bom proveito de parte da capacidade de Denise para se distanciar de suas emoções e necessidades, para se afastar um pouco das experiências problemáticas. No entanto, em vez de colaborar e aprender um com o outro, eles se recolheram aos respectivos extremos, como muitas vezes acontece nos casais que estão em conflito. Agora, estavam presos nesses polos distantes.

A DECISÃO DE MUDAR

Imagine como a mente de Denise esculpiu seu cérebro para que ela conseguisse sobreviver nesse deserto emocional. Em resposta a um apego evitante com ambos os pais (a explicação mais provável para sua narrativa evasiva), ela desligara o circuito de seu cérebro que ansiava por proximidade e conexão: o hemisfério direito focado no somático, nas relações e nas emoções. Foi dessa forma que ela se tornou um "chefe sem coração"; ela se desconectara de seu mundo interno de sentimentos e sensações corporais. Como Stuart, Denise parecia ter buscado refúgio no modo esquerdo de viver: lógico, linear, linguístico e literal. E, como Anne, que se desligara do pescoço para baixo, Denise também parecia muito desconectada de seu mundo subcortical. Até mesmo em seu trabalho como arquiteta, ela gravitara para o desenho industrial e de escritórios, em vez de residências ou lugares de encontro, tais como bibliotecas, escolas ou museus.

A questão, agora, era se ela desejava manter essa forma emocionalmente desconectada de ser. Achei que podia ajudá-la começando da distância segura da ciência e apelando para sua mente extremamente visual de arquiteta. Usando um modelo de plástico detalhado e de tamanho real do cérebro, mostrei-lhe os hemisférios, destacando como o corpo caloso ligava as duas partes e explicando como essas conexões podem ter sido desligadas. Emprestei-lhe também um livro para pais no qual descrevi essas adaptações do cérebro. Quando essas realidades sinápticas se tornaram claras em sua consciência, lembrei a ela que o cérebro está aberto à mudança ao longo da vida. Uma vez que ele responde ao foco da atenção e às experiências que criamos intencionalmente, havia grande esperança de que aquelas conexões neurais não realizadas pudessem ainda ser estimuladas a se desenvolverem.

Verbalizei essa ideia como um convite e uma oportunidade de crescimento, não como algo que ela precisava fazer para atender às demandas de Peter. Esse foi um ponto crucial. Algumas histórias de apego fazem as pessoas se conformarem com muita facilidade às expectativas das outras, enquanto outras histórias rejeitam qualquer apoio das pessoas próximas a elas. Essas condições podem distorcer nossa motivação para mudar. Um convite à colaboração funciona melhor do que um ultimato — "ou você muda ou vai ver só". Denise podia escolher continuar a ser do jeito que era, assegurei. Em última instância, seria uma escolha dela, e eu pedi que pensasse sobre isso durante a semana seguinte, antes de escolher um determinado caminho a trilhar.

Peter, por sua vez, precisava saber como a inundação de sentimentos que por vezes o afogava tinha a ver com suas primeiras experiências de relacionamentos. Ser ignorado de todas as formas, não ser "visto", era um agente detonador poderoso para ele. Por vezes, Peter subitamente passava da negociação com os filhos à gritaria com eles. Se Denise interrompesse uma discussão quando estavam discordando, ele ficava de mau humor. Porém, se ela se recolhesse ao escritório, ele podia ficar "enlouquecido" e começar a bater na porta para ela o deixar entrar. E, na escola de música, onde ensinava, ele era capaz de explodir de frustração se não fosse consultado sobre uma mudança no cronograma de suas aulas. (O diretor "o ignorava e o desrespeitava", ele disse.) Essas reações explosivas sugeriam que seu córtex pré-frontal era vulnerável ao desligamento e que os processos do hemisfério direito eram capazes de sobrepujar a influência equilibradora do esquerdo. Na prática, Peter tendia para o caos enquanto Denise se inclinava para a rigidez. Eles estavam presos em margens opostas do rio da integração.

Se, como Denise, você passou sua infância em um deserto emocional, ligar-se aos outros não renderia sintonia nutritiva e, na verdade, poderia ser um fator de desregulagem. Suas janelas da tolerância para a conexão mútua, sem falar na intimidade profunda, seriam muito estreitas. Uma estratégia seria adaptar-se fechando o circuito que nos lembra sem parar o que está faltando. Se os pais de Denise nunca falaram de seus sentimentos após a morte do irmão, se nunca sequer reconheceram a perda, é improvável que ela se sentisse segura em qualquer parte de seu mundo interno. Teria havido pouca conexão, poucos momentos de ressonância que criam um "nós", pouca proximidade para diminuir a sensação de isolamento.

A história da infância de Peter com um pai responsável, mas ausente, e com uma mãe e uma irmã como responsáveis inconsistentes moldara seu circuito de ressonância de uma maneira diferente. O apoio foi intermitente, e tanto o vício da irmã quanto a confiança da mãe na medicação contra a dor provavelmente criaram momentos de comunicação avassaladores e imprevisíveis. Sua mãe também fora emocionalmente embotada pela depressão. Está provado que crescer com uma mãe deprimida afeta significativamente o desenvolvimento do cérebro da criança; pois é como se ela vivesse em eterna experiência de "rosto impassível". Durante os primeiros anos de vida, Peter precisou ampliar seus circuitos de apego para tentar *qualquer* tipo de conexão, e sua janela da tolerância para a desconexão teria estreitado de modo que a qualquer sinal de rejeição ele se refugiava na tristeza ou explodia em raiva caótica.

Expliquei cuidadosamente ao casal que, embora o estado mental atual de Peter *fosse*, em parte, um produto de seu passado difícil, o desespero e a solidão que ele experimentava agora eram respostas a experiências reais e contínuas com Denise no presente. No entanto, o padrão de resposta que fora moldado em sua infância o ajudara a alimentar a curva de feedback negativo contínuo, no qual ele e Denise estavam presos, e o desprezo reativo de Denise pela carência o empurrava ainda mais para o isolamento e desamparo. Podíamos focar nosso trabalho em suas vidas atuais, e o passado viria conosco, pronto para ser iluminado e explorado.

A questão, agora, era se ele conseguiria acalmar sua angústia a ponto de poder criar um espaço de cura para cada um deles, para que pudessem fazer mais conexões tanto em suas respectivas mentes individuais quanto em seu relacionamento. Quebrar o ciclo de agitação e desconexão não era responsabilidade de nenhum deles isoladamente. De alguma forma, o sistema de díade, a forma funcional perturbada com que o casal agia em conjunto, precisava ser mudada.

A escolha de Peter era a seguinte: se desejava continuar com Denise como companheira, ele precisava aprender a regular sua tristeza interna com mais eficiência para que uma ampla gama de respostas vindas de Denise não o jogasse em uma queda livre. O trabalho de

Denise envolveria aprender a se tornar mais conectada — primeiro, com o próprio corpo e suas emoções e, depois, com o mundo interno de Peter. Ela também seria desafiada a alargar sua janela para captar os sinais do marido, de modo que as necessidades dele não a fizessem automaticamente bater em retirada. Descrevi essas escolhas como duas "bordas de crescimento" que poderiam ser o primeiro foco de uma terapia mais longa.

Após uma semana de reflexão, sem terapia, Peter e Denise decidiram continuar nosso trabalho terapêutico conjunto além das seis semanas que inicialmente havíamos combinado.

ESPELHOS DISTORCIDOS

Na manhã anterior à sessão seguinte, acordei com uma de minhas músicas favoritas de James Taylor, "Carolina in My Mind", na cabeça. Ela adquirira novas palavras:

In my mind I'm driven by mirror neurons.
Can't you just see intention
Can't you just feel emotion.
Ain't it just like history to sneak up from behind
'Cause I'm driven by mirror neurons in my mind.
There's a holy host of others gathered between us.
Maybe we're on the dark side of the road
And it seems like it goes on and on forever.
You must forgive me
'Cause in my mind I'm driven by mirror neurons. *

---

* Em minha mente, sou guiado por neurônios espelho./Não dá para você simplesmente ver a intenção/Não dá para você simplesmente sentir a emoção/É tão típico da história nos pegar desprevenidos/Porque sou guiado por neurônios espelho em minha mente./Há uma porção de outros reunidos entre nós./Talvez estejamos do lado escuro da estrada/E parece que ela continua sem fim e para sempre./Você precisa me perdoar/Porque minha mente é orientada por neurônios espelho. (N. da T.)

Eu não pretendia compartilhar meus gostos musicais com Denise e Peter, mas essas palavras me recordaram aonde precisávamos chegar.

Como vimos em "Circulando pelos circuitos de ressonância", os neurônios espelho são as antenas que captam informações sobre as intenções e os sentimentos alheios, criando a ressonância emocional e imitação de comportamentos. Realizamos o espelhamento automática e espontaneamente, sem esforço ou intenção conscientes. Em minha mente, "a multidão de outros" que nos coloca no "lado escuro da estrada" são as influências de nossos primeiros relacionamentos que deixam a desejar e que turvam ou distorcem nossos espelhos.

Nosso sistema de neurônios espelho "aprende" ao juntar nosso estado interno com o que vemos em outra pessoa. Após explicar isso à Denise e a Peter, pedi que eles pensassem como suas vidas individuais no passado poderiam ter criado a reatividade que demonstravam um com o outro. Foi surpreendente que quando os entrevistei isoladamente, cada um não apenas foi receptivo comigo, mas também estava aberto às virtudes do outro. No entanto, quando estavam juntos, tudo parecia ruir. "Talvez nós devêssemos simplesmente viver em casas separadas?", Denise brincou. Ela sorria abertamente pela primeira vez em nossas sessões.

Seu uso de *nós* também foi um bom sinal. Eu percebera que ela raramente usava essa palavra ao falar sobre eles dois, e eu me perguntava se ela alguma vez pensara naqueles termos. Evitar o apego cria um sentimento fraco da importância da união, com um bloqueio do compartilhamento dos sinais que partem do hemisfério direito. Esses eram os próprios sinais que o sistema de neurônios espelho usam para estimular o outro dentro de nós mesmos e construir o mapa neural de nossa sensação interdependente de um "eu". É assim que podemos tanto ser um "eu" quanto uma parte de um "nós". Denise não parecia ter desenvolvido muito essa habilidade.

Agora, considere os neurônios espelho de Peter. Quando bebê, ele nascera pronto para conectar, para ligar o que via nos outros com o que fazia e com o que sentia dentro de si. Porém, e se os outros são, às vezes, sintonizados e claros, mas, muitas vezes, não estão disponíveis e, ainda em outros momentos, são intrusivos e confusos? A falta de confiança e a confusão passam a se infiltrar no que Peter vê nas mentes alheias; elas também moldam a forma como ele experimenta a própria mente e até mesmo como se cria e se conhece. Simplificando, ele tem um eu interno "confuso".

A narrativa adulta "preocupada" de Peter sugere um apego ambivalente quando criança e uma consequente pressão sobre seu sistema de apego. Ele teria sido lançado repetidamente em um estado de alerta reativo. Minha figura de apego está aqui para me acalmar e proteger? Posso contar com ela para cuidar de mim e me manter seguro? Essas experiências teriam predisposto o cérebro de Peter a ser especialmente desafiado pela depressão da mãe e por sua tristeza não resolvida após a morte do pai, nenhum dos quais ele poderia curar, como disse certa vez: "Não obstante o quanto fizesse, não obstante o quanto arduamente tentasse." Elas também se tornaram parte de suas memórias implícitas, estados mentais do passado que flutuavam livremente e que eram capazes de moldar seu estado mental no presente.

Alguns estudos demonstraram que os cérebros de pessoas com uma história de apego ambivalente são, na verdade, mais sensíveis ao *feedback* negativo: a amígdala do sistema límbico dispara mais rapidamente em resposta a rostos raivosos. A sensibilidade de Peter à hostilidade e à rejeição de Denise se encaixa bem nesse quadro. Os mesmos estudos revelaram que, nas pessoas com histórias de evitação, os circuitos de recompensa social estão verdadeiramente embotados: elas respondem menos a rostos sorridentes. Isso ajudaria a explicar a resistência de Denise até mesmo a tentativas positivas de conexão por parte de Peter. Se Denise e Peter pudessem ver suas discordâncias como baseadas, em parte, nas diferenças de sensibilidade de seus cérebros, eles conseguiriam superar o hábito de se acusar mutuamente.

ENTRA O CORPO

Eu sabia que essas ideias eram um grande passo para Denise e Peter, mas queria que o nosso trabalho ficasse claro: nenhum dos dois tinha culpa da situação em que estavam — e eles precisavam um do outro para apoiar o crescimento pessoal e relacional mútuo. Além disso, para verdadeiramente assimilar um ao outro, precisavam estar abertos a todas as sensações subcorticais — a partir das áreas límbicas, do tronco encefálico e do corpo inteiro —, que criariam e revelariam ressonância. Antes que pudessem se tornar um "nós", era preciso ajudá-los a encontrar a conexão com os respectivos corpos — o que eu faria ensinando-lhes o mapeamento corporal.

Na sessão seguinte — com tudo isso em mente —, fiquei profundamente comovido quando observei Denise e Peter realizando o mapeamento corporal juntos, com foco e intenção. Quando ambos emergiram da prática interna, senti que havia uma atmosfera calma na sala, mas não consigo descrevê-la exatamente. As fisionomias pareciam mais amenas, o tom da voz de Denise parecia mais relaxado, a preocupação no rosto de Peter desaparecera. Havia uma abertura, mesmo depois dessa primeira prática, que acredito que eles também conseguiam sentir. Não comentei muito sobre isso, mas nós três parecíamos estar respirando aliviados.

Em sessões subsequentes, um mapeamento corporal breve se tornaria o ponto de partida — ou para onde voltaríamos quando eles precisassem de uma pausa durante uma interação que se tornasse reativa. Ao se instalarem em seus respectivos mundos internos, eles criaram um lugar seguro para ambos.

DIFERENCIAÇÃO E LIGAÇÃO

Os casais sintonizados se ligam em um ato de amor mental, uma junção de mentes, na qual duas pessoas criam aquela linda sensação ressonante de ser um "nós". A intimidade que brota pode ser maravilhosa, mas a jornada até lá e a permanência nesse ponto podem ser difíceis de realizar. Para se tornar ligado como um "nós", um casal precisa também se tornar diferenciado como dois "eus" separados.

A borda de crescimento de Denise exigia que ela ampliasse seu eixo mental para capacitá-la a se tornar consciente — segura e vagarosamente — dos sentimentos corporais e dos estados emocionais límbicos que anteriormente não foram captados pelo radar de sua atenção consciente. Ensinei-lhe um processo simples para acessar deliberadamente as Sensações, Imagens, Sentimentos e Pensamentos (SISP) que ela barrara anteriormente. Usando o SISP como uma lista de verificação, pedi que ela analisasse suas respostas aos eventos comuns do dia a dia. Em geral, Denise tinha consciência de seus pensamentos — estava confortável em seu hemisfério esquerdo lógico. Mas havia um mundo inteiro novo que ela precisava explorar: sensações, imagens e sentimentos de seu hemisfério direito, incluindo os anseios profundos que estavam ocultos desde a infância. Verificar suas experiências era uma forma gradual e segura de começar essa exploração.

Peter trabalhou em sua borda de crescimento para alargar suas janelas da tolerância a ficar sozinho. À medida que se tornava mais sintonizado com seu corpo, ele usava a capacidade emergente de seu hemisfério esquerdo para "nomeá-lo e dominá-lo". Quando Denise precisou de tempo para fazer uma introspecção e ponderar durante uma discussão, ele se tornou consciente de que o coração começara a disparar, o maxilar ficando tenso e os punhos se cerrando. Então, ele usou as anotações mentais que aprendera na prática de atenção plena — "Raiva" ou "Frustração" ou "Desespero" — para rotular seus sentimentos. Descobriu que, se fizesse uma pausa, o fluxo de sentimentos simplesmente subiria e desceria em um espaço de sua mente. Como ele aprendera a dizer: "Um sentimento não é um fato."

Ao exercer controle sobre o eixo de sua mente, Peter, agora, podia usar a força de seu hemisfério esquerdo para rotular e descrever, para se aproximar e não se afastar. Ele ainda tinha todo o poder do hemisfério direito — os sentimentos internos e os mapas corporais estavam plenamente presentes —, mas seu mundo interno não o atirava mais no caos.

Uma vez que Denise e Peter começaram a criar mais integração, senti que estavam prontos para focar no relacionamento um com o outro. Eu desejava ajudá-los a sentir a mente um do outro com respeito, a serem capazes de compartilhar suas memórias e narrativas. Então, eles poderiam, como um casal, entender suas experiências individuais passadas e como sua história conjunta fora moldada, em parte, pelas adaptações que fizeram para sobreviver na infância. Agora, juntos, eles poderiam ajudar um ao outro a descobrir o mundo de "nós".

Desafiei os dois a se tornarem especialistas em sentir e respeitar a mente alheia: com a curiosidade, abertura e aceitação que criam o amor, cada um deles conseguiria abordar o outro tanto como intérprete quanto como incentivador. "A tarefa de cada um de vocês", eu disse, "é se tornar o advogado do mundo interno do outro".

Com essa missão em mente, Denise tentaria ler as pistas não dadas por Peter e deixar seu corpo ser receptivo a tudo que sentisse no marido. Ela poderia deixar seu sistema de neurônios espelho simplesmente absorver os sinais dele e alterar o próprio estado interno. No início de nosso trabalho, Denise, provavelmente, teria se retirado só de pensar na tarefa. Mas, naquele momento, ela conseguia não apenas permanecer receptiva, mas também se tornar uma advogada ativa de Peter.

Um dia, quando o casal chegou, Peter me contou a seguinte história. Dois dias antes, ele soube que um novo instrutor estava sendo promovido para a chefia da seção de piano em seu conservatório. Peter tinha mais tempo de casa e desejava aquele cargo. Agora, esse estranho seria seu chefe. No passado, Denise expressara muitas opiniões sobre a "postura submissa" de Peter no trabalho: ela comentara diversas vezes que essa atitude impedia que ele fosse assertivo ou assumisse o posto que ela achava que ele merecia. Porém, agora, Denise percebera que ser advogada de Peter não era apenas uma questão de reconhecer seu talento musical ou defender seu direito a uma promoção. Dessa vez, ela foi capaz de simplesmente ficar aberta aos sentimentos de decepção dele quando ele chegou em casa. "Ela me perguntou como eu me sentia", Peter disse, "e quis saber todos os detalhes sobre como recebi a notícia e como respondi. Sabe", ele continuou, "no passado, ela teria simplesmente reclamado que eu era um fraco — e dito o que eu deveria ter feito. Eu não conseguia acreditar que ela estava simplesmente me ouvindo. Senti-me bem."

Pensei por um instante que Denise focaria na questão de ser "fraco" e ficaria ofendida, mas ela estava sorrindo. E falou direto para Peter. "Sabe", disse, "eu senti como você estava deprimido no instante em que você passou pela porta, e aí, quando me contou sobre o tal cara, sabia que devia ter sido difícil para você. Pensei em Maggie — em como sua mãe a favorecia — e em como o diretor simplesmente fizera o mesmo com você." Em vez de aumentar a humilhação de Peter, Denise se alinhara com o mundo interno dele — e se tornara sua advogada.

Nas próprias palavras dele, Peter estava "estarrecido" com a ideia de que Denise conseguia realmente *vê-lo* e defender seu direito aos seus sentimentos. Peter, por sua vez, estava conscientemente tentando respeitar a necessidade de Denise de se distanciar um pouco mais, sobretudo nos momentos de estresse. Isso era novo para ele: manter as necessidades de Denise em mente sem expressar suas frustrações quando ela não atendia na hora seu desejo de aproximação. Ele estava aprendendo o poder da supressão cortical — a respingar aquele "GABA" da região pré-frontal central em sua amígdala irritada para amenizar os disparos. Ambos estavam intencionalmente ampliando suas adaptações iniciais para encontrar um meio-termo.

Eu tinha esperança de que a boa vontade intrínseca nessas intenções ativasse sentimentos de segurança tanto em Denise quanto em Peter, permitindo que seus "modos alertas" relaxassem e gerassem um sentimento de conexão e abertura. Era como se as regiões pré-frontais centrais deles, no topo de seus circuitos de ressonância, estivessem aprendendo uma nova forma de ser. A chave era não levar os padrões do outro ou os próprios tão a sério ou para o campo pessoal. Simplificando, a reatividade impossibilita a clareza de visão. Ambos precisavam desaprender aquelas velhas respostas automáticas antes que pudessem criar um estado novo e mais receptivo juntos.

Quando Denise passou a apreciar os esforços de Peter e sua nova capacidade de lhe dar "espaço", sua própria borda de crescimento se expandiu. Ela começou a se dar conta das novas sensações internas — um aperto na garganta, um peso no peito, um sentimento de vazio na barriga. Estava aprendendo a "simplesmente deixar essas sensações fluírem", em vez de empurrá-las para um canto. Às vezes, Denise sabia o que elas significavam, mas, em outras situações, simplesmente tinha de conviver com elas. Denise disse que começava a confiar em seu corpo para deixá-la saber o que era importante. "Mesmo se minha cabeça me diz que nada está acontecendo, agora consigo sentir algo, como um alarme interno, que me conta a verdade."

À medida que nossas sessões continuaram, Denise passou a se sentir mais aberta para esses sentimentos e para sua necessidade de se aproximar do marido. A curiosidade sobre o mundo interno, o seu e o de Peter, era o ponto de partida dela. Exploramos como, quando criança, ela nunca recebera o presente de ser vista por outros ou teve sua maneira de "se sentir sentida" apoiada. Isso era algo que ela agora compartilhava com Peter. Denise lembrou-se um pouco da solidão e do medo que sentira quando o irmão morrera e do estranho silêncio que inundara sua casa depois disso. Essas não eram revelações dramáticas — pessoas com histórias de evitação simplesmente não têm memórias autobiográficas vívidas para as quais retornar. No entanto, agora, a Denise-mãe conseguia mobilizar sua imaginação e empatia para a menininha que fora. Nenhuma lágrima saiu de seus olhos, mas, naquele momento, sua vulnerabilidade preencheu o espaço entre nós.

Estar com Denise na sala naquele dia foi como ver uma nova forma de vida se abrir para ela. Algo positivo começara a crescer nela — um sentimento de energia tangível, uma nova generosidade com ela mesma, com Peter e com os filhos.

UMA "RODA DA CONSCIÊNCIA 'NÓS'"

Nos meses que se seguiram, Denise e Peter abraçaram os altos e baixos de seu progresso. Embora, ao iniciarmos os tratamentos, ambos tivessem duvidado de que a mudança era possível, eles começavam a ver os frutos de seu trabalho. Usamos parte das sessões para explorar as questões que surgiram durante a semana — discordâncias sobre como lidar com os filhos, mal-entendidos sobre planos sociais, questões que acionaram os velhos padrões de aproximação e afastamento. Imbricada em nosso trabalho estava uma atenção contínua ao desdobramento da narrativa compartilhada, conectando a experiência presente com os significados do passado para que os desafios se tornassem oportunidades de crescimento adicional.

Um dia, Denise quis falar sobre uma noite da semana anterior, quando teve de ficar no escritório até muito tarde para terminar um grande projeto. Ela dissera a Peter que isso estava acontecendo, mas ele esquecera e ficara muito zangado quando ela não apareceu para jantar. Ele ligou para ela no escritório, muito irritado, e Denise, por sua vez, reagiu ao seu esquecimento — ele não registrara esse grande projeto, que era muito importante para ela. "Eu disse a ele que chegaria tarde, e ele simplesmente não me ouviu", ela disse. Mas naquela noite, em vez de baterem boca, eles decidiram focar no que *o outro* sentira.

"Eu não conseguia acreditar como Denise estava quando chegou em casa", Peter disse, olhando para ela com admiração. "Ela simplesmente subiu as escadas e disse: 'Uau, você já colocou as crianças para dormir?', e depois me perguntou se podíamos sentar e conversar."

Denise falou: "Eu disse que esperava que pudéssemos simplesmente ouvir o que o outro tinha para dizer — como fazemos aqui — e expressar com sinceridade o que sentimos, não ficar acusando um ao outro. Para dizer a verdade, eu estava surpresa por ver que as crianças não estavam correndo pela casa — e muito grata por não ter de lidar com elas naquele momento." (Peter vinha trabalhando para estabelecer limites claros para os filhos e dar-lhes a estrutura que precisavam — estrutura que ele próprio nunca tivera e pela qual, inicialmente, se sentira culpado e "não amoroso" por impor. Sentir-se confortável ao dizer "não" antes de atingir o ponto de ebulição era algo novo para Peter.)

Denise continuou. "Peter disse que ele estava muito empolgado por jantar comigo naquela noite. Era o dia após seu grande concerto, e ele desejava falar sobre todas as reações favoráveis que tivera. Como eu não estava lá, ele se sentiu rejeitado. Nos velhos tempos, eu teria simplesmente dito a ele para calar a boca, mas consegui sentir sua tristeza e passei a ouvir. O fato é que eu realmente esqueci — não avaliei a importância daquela apresentação do conjunto musical para ele. Eu estraguei tudo. E admiti isso."

Eu via a abertura de Denise refletida no rosto de Peter. Então, ele disse: "Sabe, os detalhes não importam tanto assim. Não como importavam naqueles velhos dias em que ruminávamos cada palavra e disputávamos quem conseguiria lançar o pior insulto." Denise se esticou e pegou a mão de Peter. "Eu não conseguia entender quando Denise me contou que se sentiu magoada porque não lembrei-me de seu grande projeto. E, mais importante, eu simplesmente me senti aliviado por estarmos conversando — em vez de eu explodindo e ela se isolando." Peter parou um momento e, em seguida, disse: "Eu realmente entendi que tenho um cérebro sensível e não posso deixar que ele me domine."

Peter e Denise estavam se tornando um "nós". Cada um apresentava uma postura mais curiosa, aberta e receptiva para seus mundos internos individuais — e, agora, para os coletivos também. Denise mencionou que ela também sentia que eles estavam se tornando mais conectados com os filhos. "Parece engraçado, mas *sinto* que estou sintonizada com o que eles sentem e não apenas reagindo ao que fazem. É uma grande diferença." Peter simplesmente sorriu e assentiu com a cabeça.

No fim daquela sessão, Peter ajudou Denise a vestir o casaco, e reparei que ela colocou a mão no ombro dele quando se virou para dizer adeus para mim. "Eles" saíram naquele dia, foram para casa e para a vida que construíam juntos.

Essa é a essência da visão mental: devemos olhar para dentro para conhecer nosso mundo interior antes de podermos mapear claramente o estado interno, a mente do outro. À medida que a capacidade de nos conhecermos aumenta, nos tornamos receptivos para conhecer uns aos outros. E à medida que um "nós" é tecido nos neurônios de nossos cérebros espelhados, até mesmo a sensação de "eu" é iluminada pela luz da conexão. Com consciência interna e empatia, poder pessoal e união, diferenciação e ligação, criamos harmonia dentro dos circuitos ressonantes de nossos cérebros sociais.

12

TEMPO E MARÉS
Confrontando a incerteza e a mortalidade

No início de minha adolescência, algumas noites eu pegava a bicicleta, ia até à praia e vagava pela longa faixa de areia na beira do mar. Olhava as ondas e pensava — sobre a vida, as marés, o mar. A força da lua puxando a água, empurrando-a na direção dos penhascos, depois puxando-a de volta para além das piscinas rochosas, de volta para o mar aberto... Essas marés, eu pensava, continuariam seu eterno ciclo muito depois que eu ter partido deste planeta.

Eu não estava sozinho nesses pensamentos. O cérebro adolescente muda, sobretudo nas regiões corticais pré-frontais, de modo que começamos a refletir sobre o "eu" e a vida, o tempo e a mortalidade, reconhecendo a transitoriedade das coisas ao nosso redor e de nossa própria existência.

Aos 3 ou 4 anos, as crianças começam a pensar em termos concretos sobre a morte. Elas percebem que as pessoas e os bichos de estimação não vivem para sempre. Nesse momento, as regiões pré-frontais também já se desenvolveram o suficiente para começarmos a tecer nossas histórias de vida. À medida que passamos pelos primeiros anos escolares, as memórias nos acompanham, e o tempo se torna embutido em nossa visão de mundo. Na adolescência, entramos em outra fase da capacidade pré-frontal para sentir o tempo — começamos a sonhar com o futuro, a nos perguntar sobre o sentido da vida e a confrontar a realidade da morte.

Quando o cérebro humano evoluiu o suficiente para representar o tempo, a mente que percorre os padrões de disparos neurais enfrentou um desafio importante. Por um lado, temos a tendência cortical para criar uma sensação de continuidade e coerência, o impulso para construir uma narrativa conectando passado, presente e futuro. Essas conexões corticais geram a sensação de certeza, proporcionando-nos um sentimento de que podemos entender e controlar nossas vidas. Dentro desses padrões de disparos, existe também um impulso para a permanência, uma negação de que a morte significa o fim. No entanto, além de permitir à mente criar esses sonhos de permanência, certeza e imortalidade, o cérebro também é um processador de informações que fornece ferramentas para vermos a realidade com clareza. O córtex pré-frontal nos capacita a tomar conhecimento, embora possamos ter dificuldade em aceitá-lo, de que a vida é realmente temporária, incerta e delimitada entre o nascimento e a morte. Como Vladimir Nabokov escreveu na abertura de seu livro de memórias, *Speak, Memory*: "O berço balança acima de um abismo, e o senso comum nos diz que nossa existência é apenas uma breve explosão de luz entre duas eternidades de escuridão."

TRANSITORIEDADE, INCERTEZA, MORTALIDADE

Ao chegarem à adolescência, meus filhos me perguntaram se os cães se preocupavam com a morte. Disse-lhes que, em função da falta de córtex pré-frontal, seus sentimentos são relativamente simples, e eles vivem o momento sem se preocupar com o futuro. Sabemos, agora, que alguns de nossos companheiros mamíferos, como os elefantes, possuem formas complexas de sofrimento, e muitos certamente sofrem com a perspectiva de sofrerem. Por não sermos capazes de entrar em seus mundos internos, não sabemos o quanto eles compartilham dessa nossa capacidade — que alguns podem chamar de "fardo" — de representar para nós mesmos imagens complexas da vida, da morte e da jornada humana pelo tempo.

Embora muitas espécies animais diferentes tenham sistemas nervosos que os capacitam a *antecipar* os eventos — por exemplo, aprender que uma luz piscante está associada a uma recompensa em uma experiência de aprendizagem condicionada — *planejar* o futuro parece ser uma invenção pré-frontal. Criar representações que dirigem a imaginação para o futuro é o legado do desenvolvimento pré-frontal. Nossa capacidade pré-frontal — de se retirar do hoje e planejar o amanhã — nos permite construir prédios, criar programas educacionais e voar para a lua. De muitas maneiras, a região pré-frontal pode ser chamada de *cortex humanitatis*, no sentido de que ela é essencial para tudo que é singularmente humano.

Como vimos, grande parte do cérebro abaixo do córtex está envolvida no "aqui e agora" dos processos sensoriais e corporais, tais como a digestão e a respiração, ou a absorção de dados do mundo externo. Esse é o trabalho realizado por nossos cinco sentidos externos e pela interocepção, nosso sexto sentido corporal. À medida que avançamos no córtex — na direção das regiões das articulações dos dedos e das unhas de nosso modelo da mão para representar o cérebro —, chegamos à capacidade neural de perceber o que não está diretamente enraizado no mundo físico à frente de nossos olhos. Esse é nosso sétimo sentido.

O sétimo sentido nos permite perceber a mente e criar representações do tempo, não apenas sentir a passagem dos dias. Ele nos dirá que tudo morre, que nada dura para sempre. Nossa capacidade de perceber padrões nos ensina sobre as mudanças, sendo essa transitoriedade a lei da vida. Ao mesmo tempo, estamos conscientes de nosso poder de influenciar as coisas e as pessoas ao nosso redor e, portanto, tentamos prever e controlar para encher nosso mundo de segurança e certeza.

Sim, o córtex pré-frontal capacita a mente a planejar, sonhar, imaginar e refletir — e a continuamente reinventar-se à medida que a vida avança. Ele cria o potencial aparentemente infinito da mente humana. Mas essas habilidades têm um preço.

A MORTE DE UM PRÍNCIPE

Quando eu tinha 14 anos, era encarregado de cuidar do jardim dos fundos de nossa casa de estilo espanhol de um só andar. Plantávamos tangerinas, ameixas, pêssegos e até figos sob o intenso sol do sul da Califórnia. Minha tarefa era cuidar das plantas e colher as frutas — e, principalmente, regá-las durante os meses quentes de nossa comunidade desértica. Eu considerava aquilo um ótimo trabalho.

Aquela primavera, no entanto, fora extraordinariamente chuvosa, e os morangos estavam exuberantes, espalhando brotos como os tentáculos de um polvo, que se estendiam para formar novas plantas. Os caracóis vieram em abundância também, para se encharcarem com a umidade e se banquetearem nas folhas dos morangos e nas frutas que germinavam. Certa noite, após a escola, peguei a isca de caracóis na garagem e espalhei por todo o jardim, esperando preservar a fruta para nós.

Li o rótulo na caixa de iscas de caracóis: "Aviso! Veneno! Mantenha longe de crianças pequenas e animais de estimação." Sem problema: eu era o mais novo da casa e sabia que devia lavar as mãos. E os animais de estimação: nosso porquinho-da-índia que vivia no fundo do quintal-fazenda estava trancado há alguns anos e os outros animais estavam em gaiolas dentro da casa. Eu criava Emerson, o filhote mais novo de meu velho cão, Prince. Prince era um feliz puxador de trenó vira-latas de tamanho médio que encontrara uma "esposa", uma linda vira-latas, mistura de pastor belga com collie. Vendemos toda a ninhada de seis filhotes, exceto Emerson; encontramos um lar para a mãe também; e eu vivia ocupado com a escola, o jardim, um imenso aquário de peixes tropicais e dois cachorros.

Porém, dois meses antes, durante uma das longas excursões de Prince — em uma rota que ele usava há dez anos —, um carro o atropelou. Um vizinho veio a nossa casa, chorando, para nos contar sobre o acidente. Meu irmão levou Prince para casa, e lhe dissemos adeus antes de ele morrer e seu corpo ser levado. Eu ainda estava me recuperando dessa perda e mantinha o filhote Emerson perto de mim sempre que estava em casa. Em homenagem ao pai — e talvez para manter Prince vivo de alguma forma — mudamos o nome desse lindo e elegante cachorro de olhar penetrante para "Prince Junior".

Lembro claramente de ler a caixa de iscas para caracóis e pensar que era melhor dizer a meus pais para não deixar Prince Junior sair de casa mais tarde, como eles frequentemente faziam. Terminei o dever de casa, escovei os dentes, lavei o rosto e fui para a cama, meu jovem amigo dormindo ao meu lado. Quando acordei, Prince Junior estava morto.

Por muito tempo não consegui me olhar no espelho — envergonhado da pessoa que me olhava de volta. Lembrava daquela noite, espalhando as iscas, lendo a caixa, pensando, fazendo o dever de casa, olhando para mim no espelho enquanto lavava o rosto. A vida parecia simples, serena, tranquila. Aí, amanheceu, e eu percebi que envenenara meu melhor amigo. E, pior ainda — algo que nunca contei a ninguém —, eu realmente lera o rótulo, sabia o que precisava fazer para protegê-lo, mas simplesmente esqueci. Envolvi-me com os afazeres domésticos, esqueci aquela preocupação, aquela precaução, e não verifiquei para ter certeza de que tudo que precisava ser feito fora realmente feito.

INCERTEZA À BEIRA-MAR

Passados 11 anos, estou trabalhando como estudante de medicina sênior em um hospital público perto de Rincon, uma cidadezinha na costa noroeste de Porto Rico. Fiz cursos de primeiros socorros e doenças tropicais e agora estou servindo como o "médico" para a população indigente que vive nesse paraíso dos surfistas. Não surfo, mas aprendi a mergulhar na expectativa de explorar os recifes e cavernas do Caribe nos meus dias de folga.

Entretanto, agora, pouco antes do almoço e após uma manhã repleta de pacientes examinados, tenho um vago e desconfortável sentimento em meu estômago. Penso em Pablo, uma criança pequena que atendi no início do dia com febre e uma dor de ouvido grave. Após ouvir sua história em meu deficiente espanhol de iniciante, e fazer o exame físico, confirmei com meu assistente e receitamos antibióticos para o que decidimos ser uma infecção de ouvido significativa. (Eu tive muitas delas quando criança e ainda lembrava da dor e do medo.) Observei Pablo e sua mãe partirem, a receita na mão direita e Pablo na esquerda.

Mas não me sinto bem agora. Tenho a imagem de ter envenenado Pablo. Eu receitara o antibiótico correto? Em demasia, ele destruiria não apenas as bactérias ruins em seu ouvido médio, mas também as delicadas células capilares alinhadas no interior do ouvido que lhe permitiam ouvir. Digo-me que simplesmente estou preocupado em excesso e deveria deixar para lá. "Confirmei com meu assistente, escrevi a receita e tudo está bem", penso. Mas o sentimento perturbador não quer ir embora.

Na recepção, encontro o prontuário de Pablo e o olho para ver que dose eu realmente prescrevera. Percebo que registrara apenas o tipo da medicação, não a quantidade. Então, procuro o telefone da família e descubro que eles vivem em um bairro distante que não tem serviço telefônico. Digo a mim mesmo, novamente, que tudo pode estar bem. Porém, continuo intranquilo. Dirijo-me à praia, mas em vez de relaxar comendo um sanduíche, começo a dar uma longa caminhada rumo ao sul, na direção do bairro de Pablo. As palmeiras balançam ao vento leste, que tão frequentemente se transforma em um ciclone nesta costa. Passo por cima dos cocos caídos, das raízes torcidas das palmeiras que abraçam a costa arenosa. Ainda consigo me lembrar do cheiro pungente do ar, mangas penduradas em galhos carregados e os gritos e odores dos porcos nos pátios das casas à frente.

Passeio pelas ruas sem nome e pergunto repetidamente: "¿Donde esta la Casa del Rios? ¿Señora Rios vive cerca de aqui?" Tenho de pedir que as pessoas falem mais devagar, mas finalmente descubro que a família de Pablo vive na rua seguinte, perto de um terreno baldio. Quando chego à casa de Pablo, ele e a mãe estão na porta — e muito surpresos por me verem. Peço para ver o remédio, verifico a dose, me explico.

Eu sabia que a quantidade deveria ter sido prescrita com base no peso de Pablo. Mas, estava lá no rótulo, meu primeiro grande erro na medicina: eu calculara a dose diária correta, mas receitara a quantidade inteira três vezes ao dia, em vez de doses divididas. Um dia de overdose não teria criado nenhum problema. Mas dez dias — isso teria matado as células capilares, destruído a audição de Pablo para sempre.

Não sei como pressenti. Era um sentimento de corpo inteiro, uma inquietude atormentadora corroendo meu coração e estômago que simplesmente não sossegava. Algo estava errado e eu tinha de descobrir o que era.

Ajustei a dosagem, e, quando dei um abraço de despedida em Pablo e disse *adios* para a mãe dele, aquela coisa dentro de mim que precisara ser verificada estava profundamente satisfeita. Eu tive um impulso para me assegurar, talvez por causa da morte de Prince Junior, talvez porque tivesse uma nova responsabilidade. A mente peleja com incertezas o tempo inteiro, mas, agora, eu entrava em uma profissão em que meu impulso para saber, me certificar, estava ativado dia e noite. A integração temporal não era um luxo, mas, ao contrário, o cerne do trabalho de cuidar dos outros.

Hoje, mais do que nunca, a medicina se confronta com essas questões. Os programas de computador nos capacitam a oferecer listas de verificação precisas, passo a passo, para ajudar a equipe médica a realizar procedimentos complexos de forma acurada. Em algumas áreas, essas listas de verificação reduziram dramaticamente os erros humanos e as complicações resultantes, inclusive as mortes. Porém, não importa quantas listas de verificação inventarmos, também precisamos permanecer abertos à sabedoria de nossos "eus" inteiros e ouvirmos a intuição, que também é um dom do córtex pré-frontal. Portanto, não podemos simplesmente verificar, mas, em última hipótese, precisamos sentir, com clareza, que fizemos o que precisava ser feito.

BUSCANDO CERTEZAS

Assim como as ondas do oceano parecem vir de muito longe, nossa mente percebe continuidades onde elas inexistem. Vemos uma onda grande lá fora no mar e a acompanhamos à medida que ela corre em direção ao litoral. No entanto, na verdade, a água encrespada que vemos lá fora não é a mesma água que surge na praia minutos depois. A continuidade da onda é uma miragem.

Uma ampla variedade de experiências cognitivas sugere que nossas percepções mentais são construídas a partir de um impulso cortical para transformar a realidade desconjuntada em um fluxo fluido de experiências. Por exemplo, nossos olhos piscam frequentemente, mas nosso cérebro ajusta o intervalo da entrada de informações visuais e constrói um quadro ininterrupto. O cérebro é propenso a fazer o mundo parecer sólido e estável. O mesmo poderia ser dito a respeito de como desenvolvemos uma sensação contínua de um "eu" a partir dos múltiplos estados que explorei no Capítulo 10. E, quando aprendemos sobre causa e efeito durante a infância, buscamos elos causais em todo tipo de experiência — até mesmo inventando-os quando inexistem. O impulso para a continuidade e a previsibilidade vão de encontro à nossa consciência de transitoriedade e incerteza. A forma como resolvemos o conflito entre o que é e o que aspiramos ser é a essência da integração temporal.

O QUE REALMENTE IMPORTA?

Quando eu estava no ensino médio, houve um período em que fui incapaz de parar de pensar sobre a transitoriedade e a mortalidade. Lembro de ligar para uma colega e convidá-la para sair, ou pelo menos essa era minha intenção. "Lauren", comecei, "como foi seu dia?" Ela me contou que fora ao parque com amigos após a escola, depois ao shopping para comprar sapatos novos.

"E você, Danny, o que fez depois da escola?", ela me perguntou.

"Bem", respondi, não querendo ficar para trás, "eu estava pensando sobre o fato de que um dia nenhum de nós existirá mais. Simplesmente não entendo como se espera que levemos tudo tão a sério — como o dever de casa, as notas e se vamos ganhar o campeonato. Estamos aqui agora, mas um dia não estaremos."

Houve um silêncio do outro lado da linha. "Lauren... você ainda está aí?" Então, ouvi o clique de desligar e percebi que estava sozinho com minhas preocupações novamente.

No fim das contas, enfrentar a questão da transitoriedade e mortalidade exige que investiguemos com rigor a ilusão da permanência e busquemos um sentido mais profundo para a vida. Buscamos conforto e sentido de várias maneiras, da religião à ciência, dos rituais compartilhados às ocupações pessoais apaixonadas. Algumas dessas ocupações são uma forma de enfrentarmos as angústias existenciais; outras, uma forma de escapar delas. Um colega uma vez me contou por que ele trabalhava sete dias por semana, às vezes 24 horas por dia, em seus projetos de pesquisa: "Se não trabalho resolvendo esses quebra-cabeças científicos, penso sobre a morte e fico tomado de angústia e depressão. Trabalho assim para não ficar intratável."

Nós humanos gastamos muita energia não enfrentando a realidade. Nossas estratégias de evitação podem assumir várias formas, do vício em trabalho, como meu colega cientista, às obsessões com a aparência. Às vezes, nos tornamos absortos na realidade cotidiana de atender as necessidades essenciais — porque muito, se não a maior parte do tempo, precisamos simplesmente fazer nosso dever de casa, ir ao trabalho, jogar o lixo fora, levar o cachorro para passear e escovar os dentes. Podemos, também, buscar conforto no mundo físico, absorvidos no consumo de bens materiais ou viciados na excitação das atividades que bombeiam adrenalina. No entanto, esses são escapes temporários. Quando damos uma pausa em nossos comportamentos impulsivos, podemos ficar assolados de angústia ou perdidos em uma sensação de vazio interno. Sem aquilo que chamo de integração temporária, seremos levados pela correnteza para as margens do caos ou da rigidez.

Nossa ingenuidade e habilidade técnica podem mascarar uma insegurança fundamental. Até mesmo o primeiro ser humano que começou uma fogueira usando fricção e pedras deve ter sentido um novo domínio sobre a natureza. Conhecimento significava sobrevivência, fosse encontrando comida ao distinguir as plantas seguras das venenosas, ou podendo prever a migração sazonal das zebras e dos gnus. Possuímos um impulso inato para buscar situações previsíveis. Viemos também equipados com uma preferência por rostos familiares — o sistema básico do cérebro para saber em quem confiar, ou para distinguir quem é um membro de nosso clã. Essas sensações antigas, esses impulsos para nos sentirmos conectados e não termos dúvida, estão frequentemente em conflito direto com as demandas da cultura contemporânea. Podemos passar um dia inteiro em uma cidade moderna sem reconhecer ninguém, vendo, literalmente, milhares de rostos e nos perdendo no anonimato. A sociedade global, dominada como é pelo impulso para o domínio, também nos oferece uma overdose de conhecimentos — inundando-nos com notícias de incalculáveis desastres diários que podem abalar nossa segurança em um instante. O que acontece *lá* é conhecido *aqui* tão rapidamente quanto o clique de um mouse.

O que podemos fazer? Nossa espécie se adapta, aprende a se contentar com o que tem, a viver em megacidades de milhões de pessoas, bombardeada por informações de todo o planeta. Porém, muitos de nós acabamos nos anestesiando para dar conta disso, ou nos tornando dolorosamente conscientes da fragilidade de nossa condição. Como encontramos paz de espírito? Onde estão os espaços, os santuários mentais, onde podemos colocar a cabeça no travesseiro, certos de nossa sobrevivência pessoal e coletiva? O anseio por simplicidade e abrigo ainda está presente em nossos circuitos sinápticos.

A ENTRADA DO VERIFICADOR

Sandy tinha 12 anos e sabia que não deveria ter medo de quinas de escrivaninhas pontudas ou se preocupar com a possibilidade de tubarões estarem nadando na piscina do vizinho. Por trás da franja comprida que caía sobre o rosto, ela parecia constrangida e aterrorizada enquanto descrevia esses medos e os rituais que desenvolvera para lidar com eles.

Os pais de Sandy me contaram que nos primeiros quatro meses do ano escolar ela se saíra bem na nova escola de ensino fundamental, fizera amizades novas e estava se dando bem com eles e com o irmão mais novo. Entretanto, ao longo das últimas seis semanas, fora tomada por medos perturbadores e comportamentos compulsivos.

Sandy me contou que sempre que pensava sobre as quinas de escrivaninhas ou tubarões, tinha de contar silenciosamente ou bater um número par de vezes com as pontas dos dedos de ambas as mãos. Ela confessou que se preocupava com outros desastres também: terremotos destruindo sua casa (estávamos em Los Angeles, afinal), incêndios varrendo a cidade. Ela me perguntou muito seriamente sobre a possibilidade de um tubarão conseguir entrar nos esgotos, subir pela privada e mordê-la. Os fatos externos eram que *existira* um terremoto recente, as montanhas logo ao norte da cidade *tinham pegado fogo* e um surfista em Malibu *fora* atacado por um tubarão. Ver esses fatos no noticiário fornecia algum contexto para suas obsessões, mas a mente de Sandy estava claramente predisposta ao perigo.

Perguntei-lhe o que aconteceria se ela não batesse os dedos — ou não contasse até um número par. Ela parou por um momento, olhando apavorada, e disse: "Não quero saber." Ela falou mais sobre incêndios e terremotos — e seu medo de tubarões na piscina do vizinho. No fim de semana antes da família de Sandy trazê-la para me ver, ela sentara na beira da piscina, durante uma festa, uma tarde inteira, e sequer colocara o pé nela.

Parecia-me que Sandy podia estar desenvolvendo uma forma de angústia chamada transtorno obsessivo-compulsivo (TOC). O TOC é caracterizado por pensamentos recorrentes — obsessões na forma de imagens ameaçadoras ou ideias irracionais. Os indivíduos com TOC frequentemente se sentem "presos" em um padrão de pensamento ou um hábito comportamental dos quais simplesmente não conseguem escapar. Podem ter uma sensação persistente de autoquestionamento — um "soluço de dúvida" — que os leva a conferir repetidamente, para terem certeza, se trancaram a porta ou desligaram o forno. Podem, também, exteriorizar os comportamentos — compulsões, tais como a lavagem prolongada e repetida das mãos —, que são acionados pela sensação interna de que algo "simplesmente não está certo". Se encenarem a compulsão, ou pensarem de uma determinada maneira, tal como contar ou repetir uma fórmula verbal especial, eles acreditam que coisas ruins serão evitadas. Muitas vezes, se preocupam com o fato de que, se essas obsessões ou compulsões não forem encenadas corretamente, algo muito ruim acontecerá: alguém pode morrer ou ficar doente, e eles seriam responsáveis por não terem evitado isso. Outros, ainda, estão convencidos de que são assassinos, abusadores de crianças ou pessoas imorais e que os comportamentos obsessivo-compulsivos, de alguma maneira, apagarão seus crimes ou evitarão que eles sejam encenados.

O TOC pode surgir, de repente, após exposição à bactéria estreptococo; uma proteína em sua superfície provoca uma resposta imune que pode irritar os circuitos neurais que controlam o TOC. Porém, Sandy não tinha histórico de infecções por estreptococo, nenhuma pressão recente óbvia, nenhum acidente e nenhuma mudança grande em sua vida familiar. O único evento significativo que ocorrera foi o começo da escola — algo que anotei para discutir com ela mais tarde caso se tornasse minha paciente.

Alguns médicos que diagnosticam TOC, seja qual for a situação que acompanha seu início, imediatamente oferecem medicamentos contra a angústia, até mesmo para crianças. Entretanto, dado os potenciais efeitos colaterais dessas drogas, sobretudo nas crianças em fase de crescimento, e dado o fato de que elas apenas aliviam os sintomas e somente pelo tempo em que são tomadas, senti que devíamos começar com uma abordagem diferente. As pesquisas com adultos mostraram que oferecer uma terapia de abordagem cognitiva e comportamental, combinada com técnicas de conscientização e algumas informações sobre o cérebro, poderia funcionar tão bem quanto a medicação — e com uma efetividade mais duradoura. Não tínhamos tais referências para crianças, mas eu desenvolvera uma estratégia que adaptava abordagens semelhantes às necessidades de desenvolvimento infantil. Minha experiência clínica mostrara que as mesmas estratégias que funcionavam com adolescentes e adultos funcionavam também com crianças.

Outra razão para eu estar aberto a adotar uma abordagem sem medicação era que o início do TOC de Sandy era recente, e não era tão debilitante quanto alguns casos crônicos e severos que eu vira. Se os circuitos de preocupação são repetidamente ativados por um longo tempo, eles podem se tornar encrustados no cérebro e ser muito mais difíceis de alterar, mas, uma vez que Sandy vinha sofrendo por um período relativamente breve, senti que podia pagar para ver se as estratégias que propus funcionariam. Se os primeiros sinais não fossem encorajadores, poderíamos tentar outras abordagens cognitivas, ou, caso necessário, apelar para a medicação.

Certamente, eu queria dar à Sandy algum alívio imediato para seus pensamentos intrusivos e para os comportamentos ritualizados que a dominavam. Porém, também queria lhe dar chance de desenvolver novas habilidades autorregulatórias — no nível cerebral — que poderiam durar uma vida inteira.

Meu primeiro objetivo foi desmistificar a condição de Sandy de forma que ela se sentisse menos "maluca" e assustada pelo que estava acontecendo em sua cabeça. Com os pais presentes, disse-lhe que cada um de nós apresenta determinados circuitos cerebrais que se desenvolveram ao longo de milhões de anos para nos manter seguros. Usando um modelo para representar o cérebro, expliquei que esses circuitos envolvem o sistema de luta-fuga-congelamento do tronco encefálico, a amígdala produtora de medo da área límbica e o córtex pré-frontal preocupado e planejador. A ativação dos reflexos de sobrevivência e do medo incentivam nossas áreas corticais a encontrar o perigo — às vezes, quando uma ameaça está verdadeiramente presente; e, outras vezes, quando a sensação de perigo é apenas uma criação de nosso cérebro. Como esse sistema cerebral verifica se há perigo, gosto de chamá-lo de "o verificador".

O verificador sobrevivera há centenas de milhões de anos. Ele tem ajudado os animais muito antes de existirem humanos, e leva seu trabalho a sério. "O que aconteceria", perguntei a Sandy, "se o verificador tirasse umas longas férias e você atravessasse a rua?" Os olhos de Sandy se esbugalharam e ela exclamou: "Você seria atropelado por um carro ou um caminhão!" Exatamente. Então, os animais pré-históricos sem verificadores não sobreviveram — eles não verificavam se os tigres-dentes-de-sabre estavam no bebedouro e foram comidos antes de se reproduzirem. Eu soube que Sandy entendia conceitos básicos de genética e da evolução quando ela acrescentou: "Sim — apenas aqueles animais que tinham verificadores sobreviveram, depois seus bebês tiveram verificadores, e eles sobreviveram também."

"No entanto, às vezes", acrescentei, "nosso verificador bem-intencionado fica um pouco excitado demais. Por exemplo: se uma amiga sugerisse andar de bicicleta com você (Sandy já tinha me contado que gostava de andar de bicicleta), mas ela desejasse pedalar 45 horas sem parar, o que você diria?" Sandy riu e disse: "De jeito nenhum."

Ótimo. Porém, em vez de simplesmente dizer não, e se você oferecesse uma alternativa com a qual pudesse viver? E se você dissesse: "Sim, vamos andar de bicicleta. Mas só por 45 minutos, não 45 horas!" Sandy concordou que ela e a amiga poderiam se divertir dessa maneira.

O mesmo se aplica ao verificador. A ideia é fazer o verificador frear o próprio entusiasmo, e você perceber que, lá no fundo, ele deseja apenas protegê-la.

Ao final da primeira sessão de avaliação, pude sentir que Sandy estava um pouco mais aliviada. Ela sabia que todos nós temos verificadores. Alguns de nós têm verificadores mais ativos do que outros, mas isso era uma parte normal do ser humano. Com esse conhecimento, ela e os pais estavam abertos para aprender algumas de minhas técnicas de atenção plena e algumas outras para trabalharem diretamente com o verificador. Eu não fiquei totalmente surpreso quando a mãe dela disse que também lutava com algumas questões semelhantes e perguntou se poderia assistir a algumas das sessões com Sandy. Esta nunca soubera dos problemas da mãe com o verificador e ficou feliz por poderem trabalhar nisso juntas. A abertura da mãe com relação a ter sintomas semelhantes revelou alguma possível vulnerabilidade genética para a angústia ou o TOC, mas eu sabia que ainda poderíamos fazer o trabalho necessário para mudar seus cérebros.

UMA ÉPOCA DE GRANDE INCERTEZA

Durante a primeira etapa do tratamento de Sandy, atendi seus pais, Sandy sozinha e a família inteira, para poder ouvir suas perspectivas diferentes sobre o que podia estar acontecendo. Durante o tempo que fiquei somente com Sandy, explorei a possibilidade de ela ter enfrentado algum perigo, discussões que a deixaram assustada ou incidentes de molestamento. Ela disse não ter havido nada, e achei que o início de seus sintomas podiam ser entendidos parcialmente como o resultado da troca de escola e das mudanças repentinas em seu corpo e sentimentos à medida que ela passava pela puberdade.

Como discuti no Capítulo 5, o córtex pré-frontal está sendo remodelado durante a pré-adolescência e a adolescência, e essas mudanças cerebrais podem, por si só, ser suficientes para perturbar a capacidade de autorregulagem diante do medo. Ter um verificador excessivamente ativo durante esse período não é raro. Se você pensar em sua adolescência, poderá lembrar vários rituais e pensamentos recorrentes, juntamente com superstições respeitadas por sua antiguidade (bater na madeira, nunca passar embaixo de escadas, vestir uma camisa especial em dias de jogos), as quais são versões relativamente moderadas do verificador em funcionamento.

Se, além disso, Sandy tivesse uma predisposição genética para a angústia, ouvir notícias sobre desastres naturais recentes poderia ter colocado seus circuitos do medo em alerta máximo. O que ela podia fazer para se sentir no controle, para se acalmar, quando o mundo ao seu redor — e seu mundo adolescente interno — estava cheio de incertezas? Uma maneira era se comportar "como se" — como se ela pudesse moldar o resultado dos eventos por si só. É aí que entra o verificador.

O verificador é o cume neurológico da previsão. Não há nada como o sistema do verificador para lidar com o perigo e nos ajudar, pelo menos na superfície, a enfrentar a incerteza. O verificador cria uma estratégia em três partes que gosto de chamar de MAM. Primeiro, ele Mapeia o perigo, sempre vigilante para o que pode nos machucar. Depois, ele toca um Alarme de medo e angústia sempre que algo ameaçador parece estar por acontecer. E, finalmente, o verificador nos Motiva a agir para evitar o perigo.

Em condições normais, o verificador nos lembra de olhar para os dois lados antes de atravessar a rua, cria um sinal de alarme quando vemos um caminhão vindo em nossa direção e, depois, nos estimula a sair do caminho — ficando imóvel na calçada ou correndo para o outro lado da rua. Esse é o verificador em seu papel mais útil, e Sandy precisava saber que o processo MAM do verificador era seu amigo e guardião.

No entanto, se o verificador fica excessivamente ativo e funciona com muito entusiasmo, podemos ficar paralisados por suas atividades. O verificador pode imaginar constantemente os piores cenários, mesmo quando não há, na verdade, nenhum risco. O verificador excessivamente ativo adota a estratégia de que a melhor defesa é estar preparado para o pior — e aí você nunca será pego de surpresa. Quando o verificador passa do limite, seus excessos podem assumir a forma não apenas da hipervigilância e do alarme, mas também de pensamentos obsessivos e comportamentos compulsivos que são típicos do TOC e irracionalmente considerados como inibidores de desastres. Apesar de muitos pacientes com TOC estar dolorosamente consciente de que seus padrões de comportamento e pensamento não fazem sentido, o verificador cria uma sensação intolerável de que algo precisa ser feito, de que algo deve ser encenado e de que realizar esse comportamento pode aliviar — pelo menos temporariamente — a sensação perturbadora de medo. Isso, como um de meus pacientes jovens disse, é DEAV: Desenvolvimento Excessivamente Ativo do Verificador.

Agora, imagine que você ouviu o pensamento obsessivo ou realizou um ritual compulsivo. Se nada ruim aconteceu — nenhum terremoto, incêndio ou ataque de tubarão —, seu cérebro fica convencido de que suas ações são a razão para sua sobrevivência. O verificador estava certo: é uma questão simples de causa e efeito! Ele foi bem-sucedido em seus esforços para manter você e os outros seguros, então, sua estratégia é reforçada. Muitas vezes, os pacientes são convencidos dessa verdade com a intensidade de vida ou morte. Afinal, o verificador está dedicado à nossa sobrevivência — e a passar adiante nossos genes verificadores para mais 100 milhões de anos —, logo, isso não é uma brincadeira.

FOCANDO A MENTE PARA MUDAR O CÉREBRO

Você pode estar se perguntando como uma intervenção que envolvia mais reflexão sobre o mundo interno poderia ajudar alguém que já estava perturbado pela angústia e pelas obsessões. Sandy não deveria ser ajudada a "tocar sua vida" em vez de focar ainda mais profundamente em sua mente? Na verdade, essa abordagem — ajudar Sandy a reenquadrar seus sintomas como parte de um circuito cerebral normal, porém excessivamente ativo e ensiná-la estratégias de consciência atenta — funciona de duas maneiras. Ela acalma o paciente e ajuda a aliviar os sintomas, assim como também dá início a um processo de fortalecimento dos circuitos autorregulatórios do cérebro.

No início de nossa segunda sessão, revisei o conceito de verificador excessivamente ativo e discutimos como fora aquela semana em casa e na escola. Então, ensinei Sandy e sua mãe a meditação básica que usei em todo este livro. Elas aprenderam rapidamente a entrar em um estado no qual conseguiam sentir a respiração e se tornar mais conscientes — "como se eu estivesse me olhando de fora de mim mesmo", Sandy me contou mais tarde. Ela e a mãe concordaram em ensaiar juntas todas as manhãs por cinco ou dez minutos. Assim como muitas crianças e adolescentes, Sandy me contou que, às vezes, achava "esquisito" apenas "sentar e me observar em minha cabeça". Porém, à medida que se sentia mais à vontade com a prática, essa sensação de observação veio acompanhada de um sentimento de alívio. Às vezes, ela percebeu, conseguia apenas "sentar" consigo e não ter de fazer nada com relação a seus pensamentos.

Essa sensação emergente de discernimento por si só não eliminou as preocupações de Sandy ou seu impulso de bater com os dedos, mas começou a diminuir sua intensidade. Ela me disse que apenas contava silenciosamente ou escondia a mão embaixo da escrivaninha da escola para que ninguém a visse batendo, mas ainda ficava angustiada com a ideia de que algo aconteceria se não contasse ou batesse os dedos.

Durante nossas terceira e quarta sessões, comecei a abordar os comportamentos compulsivos de Sandy. Eu queria criar um pequeno intervalo entre seus rituais automáticos e o impulso que os precedia. Pedi que ela tentasse identificar o momento em que o verificador estava apenas falando alto e começando a ficar agitado. O que estava acontecendo dentro dela naquele momento? Ela conseguia detectar alguma sensação interna de medo, preocupação ou temor? À medida que sua habilidade para a atenção plena surgia, senti que ela começava a reconhecer suas obsessões e compulsões como sendo o resultado das atividades do verificador. Essa era uma variação da estratégia "nomeá-lo para dominá-lo" que mencionei no Capítulo 6 — uma forma de acalmar os disparos límbicos ao recrutar o modo esquerdo de processamento. Se ela conseguisse identificar e rotular o verificador em funcionamento e reconhecer que ele tem seus próprios impulsos e necessidades, ela conseguiria começar a diferenciá-lo do terror avassalador que experimentava. Saber que se trata de um circuito separado de seu cérebro — não dela inteira — forneceria o passo crucial para a liberação de Sandy da automação de seus pensamentos guiados pela ansiedade.

OBRIGADA, MAM

Uma vez que Sandy já conseguia detectar o surgimento de suas obsessões ou explosões compulsivas, passamos para a terceira fase do tratamento. Agora, ela não apenas devia observar o verificador em ação, mas também envolvê-lo no tipo de diálogo interno que eu descrevera em nosso primeiro encontro. O diálogo interior — às vezes chamado "discussão interior" — é uma parte normal e importante da operação mental. Simplesmente, eu desejava utilizar essa conversa interna para ajudar Sandy a amenizar seu sofrimento.

Sandy gostou da ideia de falar com o verificador. Achei que isso era um bom sinal — ela estava abraçando essa parte problemática de si. Começamos a encenar papéis em diferentes cenários. Suponha que ela estivesse almoçando no quintal da casa do vizinho e o verificador ficasse ativado. O que ele diria?

Verificador: "Não chegue muito perto da borda da piscina. Eles podem pular para fora e pegar você."

Sandy (dentro de sua cabeça): "Obrigada, MAM, por seu amor e sua preocupação. Sei que você quer me proteger, e eu também quero ser protegida. Mas seu entusiasmo é excessivo e desnecessário, agora."

Nessa etapa, você não precisa alterar seu comportamento — mas o diálogo tem de começar. Tudo bem se você deseja sentar o mais longe possível da piscina, ou bater, ou contar. Mas, primeiro, fale com o verificador.

Esse tipo de diálogo contrasta fortemente com a batalha interna que muitas vezes ocorre antes do tratamento. A mãe de Sandy nos contou como ela costumava se criticar quando suas preocupações surgiam: "Essa preocupações são tão idiotas — isso é ridículo — cale a boca!" ou "Não consigo acreditar como sou tão estúpida — que idiota!" Se você briga consigo mesmo, quem sai ganhando?

Quando vemos o verificador como um estado alternativo da mente que precisa ser abraçado, não destruído, o processo pode se desenvolver. Por que abraçado? Porque um circuito que ajudou nossos ancestrais a sobreviver por milhões de anos precisa ser apreciado por seu trabalho árduo. Se ele fracassasse em sua função, você não estaria aqui. Da mesma forma, se você tem 12 ou 91 anos, provavelmente não vai ganhar uma batalha contra um circuito cerebral que tem, pelo menos, 100 milhões de anos. Em uma abordagem integradora, a estratégia vencedora é o respeito e a colaboração.

O novo relacionamento de Sandy com o verificador nos deu uma abertura para o próximo passo: reduzir seus comportamentos rituais através da negociação. Sandy costumava bater os dedos 14 vezes — sempre um número par — todas as vezes que seus pensamentos de medo surgiam, e isso podia acontecer muitas vezes por hora. Vínhamos discutindo a motivação por trás do ritual de bater — que era uma forma de "se assegurar de que nada de ruim aconteceria". Sandy e eu fizemos um acordo para a semana seguinte: sempre que o verificador lhe dissesse para bater os dedos, ela bateria dez vezes em vez de 14. A cada vez, avisei, provavelmente o verificador não concordaria, mas Sandy simplesmente responderia: "Obrigada por compartilhar. Sei que você pensa que bater nos protegerá, mas dez vezes está bom."

Na semana seguinte, Sandy reduziria as batidas de dez para oito — e nas semanas posteriores, para seis, quatro e duas. A cada vez, ela continuaria a agradecer e tranquilizar o verificador.

Claro, eu só precisava torcer para que nada acontecesse acidentalmente enquanto Sandy estivesse diminuindo as batidas. Felizmente, não houve incêndios em encostas ou tubarões em praias para encorajar o verificador a dizer "Não te disse?". E Sandy fez progressos constantes. Quando necessário, até mesmo no meio do horário escolar, ela focaria em sua respiração para acalmar-se, ou usaria o lugar especial imaginário que também desenvolvemos juntos. Um problema surgiu apenas quando Sandy passou do último número par, dois, para apenas uma batida, um número ímpar. O MAM parecia adorar a simetria, e passar para uma batida acabou sendo um passo mais difícil do que diminuir o número total delas. Essa etapa levou várias semanas.

A última fase envolveu Sandy negociar com o MAM a frequência dessas batidas únicas. Primeiro, ela permitiu ao verificador uma batida por hora, depois cinco por dia e assim por diante, até chegar a um. Então, uma tarde, ela chegou para sua sessão regular e me contou: "Sabe, acabo de perceber que não bati os dedos ontem."

OS CIRCUITOS DA DÚVIDA

Nunca descobrimos por que escrivaninhas — e não mesas de cozinha, balcões ou outras superfícies planas e retangulares — eram o foco do medo de Sandy. Será que ela se sentia "encurralada" por seu novo trabalho escolar desafiante? E os tubarões? Por ser um mergulhador, fui treinado para temer tubarões, mas, no caso de Sandy, foi necessária apenas a notícia de um ataque de tubarão para fazê-la temer até o próprio banheiro. Eles poderiam ser símbolos mentais dos garotos da escola que ficavam no pátio olhando para o novo corpo dela? Fiz com que Sandy tivesse tempo em nossas sessões para falar sobre sua carga acadêmica crescente, garotos e toda a cena social desafiadora do colégio. Mas desligar um verificador descontrolado, em geral, envolve mais do que descobrir a razão subjacente para o medo — e, às vezes, pode nem exigir que o descubramos. Há anos, quando pouco se sabia sobre os circuitos neurais envolvidos, os terapeutas dedicavam muito tempo a "chegar à raiz" dos sintomas. Como resultado, eles, por vezes, se encontravam perseguindo um objeto de medo após outro em pacientes com TOC; um medo sumia e outro o substituía. Trabalhar diretamente com os circuitos por trás do medo oferece uma via direta para sua moderação.

Os circuitos excessivamente ativos do TOC envolvem as mesmas áreas do córtex pré-frontal central que nos alertam quando cometemos um erro. Em circunstâncias comuns, tais como minha experiência com o antibiótico de Pablo, uma área pré-frontal ativa o córtex cingulado anterior de modo a criar uma sensação de angústia. Como discuti no Capítulo 7, o CCA conecta a emoção às funções corporais de maneira que a angústia afete nosso coração e nossos intestinos, nos dando uma sensação interna de medo que, por sua vez, nos estimula a encontrar o erro e a corrigi-lo.

No TOC, outra área mais profunda do cérebro, denominada núcleo caudado, também está extremamente ativa. O núcleo caudado nos ajuda a "mudar as marchas" para que possamos mudar a direção de nossos pensamentos ou o curso da ação, o que é essencial para consertar um erro. Porém, se essa ligação pré-frontal-caudado fica travada em uma posição "ligado", ele pode criar um ciclo interminável de preocupações e agitação. (As infecções por estreptococo são consideradas acionadores de TOC porque irritam o caudado.) Esse circuito fora de controle, por sua vez, pode ativar o sistema de alarme profundo do tronco encefálico. Os reflexos de sobrevivência do tronco encefálico, juntamente com o medo, retroalimentam as áreas corticais, estimulando-nos a procurar o perigo — estejam ou não de fato lá.

Na prática, estávamos fazendo uma engenharia reversa dos medos de Sandy. Um alarme é acionado no tronco encefálico e depois é recebido e amplificado pela amígdala geradora de medo. O sinal vai para o córtex: "Algo está errado, algo é perigoso! Faça alguma coisa!" Agora, o córtex se envolve e estreita o foco em um item específico — quinas de escrivaninhas, tubarões, tudo que pode dar ao estado de medo interno uma razão para existir ou que pode racionalizar o porquê de sentirmos medo, para início de conversa. Em seguida, o córtex planeja comportamentos internos (pensamentos obsessivos) ou externos (rituais compulsivos) para evitar que a ameaça (imaginada) nos atinja. Uma abordagem de visão mental integradora reconhece que o verificador está tentando nos proteger, nos dar alguma sensação de controle ou certeza em um mundo repleto de incertezas.

Uma postura positiva de colaboração é essencial nesse trabalho, ou a estratégia inteira desmorona. Essa é a razão de a visão mental ser uma ferramenta tão poderosa: ela nos ensina a ser curiosos, abertos e receptivos a tudo que surge em nossa mente. Ao aprender a observar e rotular, a dialogar e negociar, Sandy conseguiu monitorar seu mundo interno e modificar seus pensamentos e comportamentos. Ela podia ter uma compulsão e decidir não transformá-la em ação.

Os sintomas de Sandy diminuíram significativamente em quatro meses, e haviam quase desaparecido depois de seis. Ela parou a terapia, mas tem voltado periodicamente, o que tem sido divertido para nós dois. Agora, três anos depois, Sandy desenvolveu uma sabedoria bastante profunda sobre a natureza de sua mente e sobre ser uma pessoa no planeta. Ela não se preocupa mais em evitar as bordas de piscinas; está livre para mergulhar nelas. Ela me contou que, às vezes, ainda ouve um pensamento intenso que lhe diz que algo ruim pode acontecer, sobretudo quando está estressada. Quando isso acontece e ela se sente tentada a começar a bater, Sandy se envolve em um diálogo interior apaziguador — "Obrigada por se preocupar comigo, MAM, mas posso lidar com isso" — e, então, continua seu caminho, sem muita dificuldade. O verificador foi transformado de um opressivo carcereiro em uma "sentinela interna" amigável, que cuida dela. Esse é um recurso que ela carregará, desejo e espero, pelo resto da vida.

ACEITANDO AS INCERTEZAS

Conforme garanti à Sandy, não há nada inerentemente errado com nossos impulsos quando mapeiam o perigo, nos alertando e aos outros para o que pode nos machucar, assim como não há problema algum em fazer o que pudermos para nos manter salvos. Certamente, após a morte de Prince Junior, meu verificador encontrou uma razão para se tornar muito mais ativo, e a prática da medicina é uma lição contínua de abraçar a necessidade de verificar. No entanto, a experiência também nos ensina os limites de nosso controle. Mesmo que nos esforcemos ao máximo, acidentes acontecem. A vida é imprevisível. A integração temporal exige que abandonemos a ilusão da certeza para fazer o que pudermos para ficarmos seguros, mas, depois, liberarmos nossa mente da luta irracional por onisciência e onipotência.

A maravilhosa oração da serenidade usada nos Alcoólicos Anônimos evoca esse processo de liberação: "Deus, dai-me serenidade para aceitar as coisas que não posso mudar, coragem para mudar as que eu posso e sabedoria para distinguir entre elas." Serenidade, coragem e sabedoria estão no centro da integração temporal.

Uma grande amiga, Angela, uma mulher que é como uma irmã para mim, recentemente desenvolveu uma doença rara e que ameaça sua vida. Ela foi levada para um hospital da comunidade onde seu médico tinha privilégios na admissão, e foi atendida por todo tipo de especialista. Quando nos falamos ao telefone, perguntei se ela gostaria que eu encontrasse um pesquisador acadêmico que tivesse conhecimentos específicos sobre sua doença. Ela disse: "Procure, se isso o faz se sentir melhor." Claro, não dei essa sugestão com relação aos meus sentimentos, mas com relação ao tratamento "apropriado" para ela. E, na verdade, encontrei um pesquisador (que recentemente mudara-se para a UCLA) especializado precisamente no problema que ela enfrentava. Liguei para Angela novamente e disse que podíamos transferi-la para o hospital universitário para ela fazer o tratamento. Ela se recusou. Disse que se sentia confortável com sua equipe médica atual e que, por ela ser uma ex-alcoólatra, era importante se sentir conectada às pessoas familiares em quem já confiava. Ela me agradeceu pela consulta e desligou o telefone.

Pensei no que fazer: Angela soava racional, mas eu sabia que a doença poderia estar turvando seu raciocínio. No entanto, se fosse transferida e a cirurgia que parecia iminente não funcionasse, como eu me sentiria? Até onde deveria me intrometer, mesmo com a intenção de salvar sua vida? Liguei para a companheira dela para discutir os benefícios da mudança para um hospital universitário, e ela me disse que concordava com Angela — ela devia decidir onde se sentia mais confortável. Então, liguei para Angela novamente para dizer que entendia sua decisão e simplesmente perguntei como ela estava. Ela me pareceu muito forte — cheia de serenidade, coragem e sabedoria adquiridas em seus anos no AA.

Felizmente, a cirurgia foi bem-sucedida e Angela está se recuperando. Porém, reconheci a força com que a ameaça à vida fez manifestar meu impulso por controle. Queremos acreditar que a saúde e a juventude podem ser eternas; queremos negar a realidade da transitoriedade de nossas vidas. Às vezes, é bom não aceitar a primeira opinião médica que nos apresentam e buscar uma segunda, que possa nos oferecer um outro diagnóstico ou plano de tratamento. Entretanto, em outros momentos, as tentativas de controle são simplesmente um esforço para evitar a realidade da incerteza. Serenidade, coragem e sabedoria: essas características conscientes emergem quando reconhecemos o impulso da mente para a certeza e a permanência e depois focamos novamente nossa atenção na aceitação de nosso lugar na ordem das coisas.

O CONFORTO DE NOSSAS CONEXÕES

Quero fechar este capítulo contando a você sobre Tommy, um paciente de 12 anos que se tornou obcecado com a morte. Eu o atendera três anos antes, após a morte de um tio a quem ele era muito chegado. Aos 9 anos, Tommy lutava com a primeira perda de sua vida, e ela mudara a forma como ele via o mundo. Aceitar sua dor, os medos que tivera com relação a perder o tio e, depois, seu pesar após a morte dele o ajudaram a passar pela crise. Ao longo de seis meses de terapia, e com a ajuda dos pais, ele veio a se sentir seguro em sua família novamente e voltou a brincar com os amigos. Durante três anos desde então, sua mãe me contara, ele fora um garoto feliz e aparentemente despreocupado. Porém, agora, Tommy se convencera de que morreria de algum desastre natural antes de completar 16 anos. Mesmo quando não se preocupava com essa calamidade, me contou, pensava "o tempo inteiro" sobre o que significava ficar velho e morrer.

"Por que temos consciência de que iremos morrer?", perguntou, seus olhos penetrando nos meus. Senti sua angústia, e Tommy espontaneamente levantou a questão de seu tio. Após essa perda inicial, as crianças frequentemente revisitam seu pesar de maneiras diferentes em cada estágio do desenvolvimento. Uma vez que ele agora estava entrando na adolescência, eu sabia que as mudanças pré-frontais de Tommy lhe permitiam pensar sobre a morte do tio em um contexto mais amplo e mais abstrato e conectá-la com a própria mortalidade. Expliquei a Tommy como seu cérebro estava se desenvolvendo e que ele agora adquiria a capacidade pré-frontal — e o fardo que ela traz — para sentir a passagem do tempo e a realidade da morte. Dadas essas mudanças em seu cérebro e o novo sofrimento causado pelas preocupações existenciais incessantes, achei que era tempo de ensinar-lhe algumas habilidades da atenção plena.

Ele respondeu bem até mesmo em nossa primeira meditação. Disse: "Nunca me senti tão em paz, isso é incrível! Sinto como se nada estivesse errado, como se tudo fosse ficar bem. Isso é maravilhoso." Continuamos a praticar a meditação de atenção plena durante as sessões seguintes, e pedi para ele treinar em casa por dez minutos todas as manhãs. Apresentei a ele a imagem do oceano e o lugar pacífico por baixo da superfície. Eu esperava que o foco na respiração o levaria para aquelas profundezas internas tranquilas onde ele poderia ver suas preocupações com a morte como apenas ondas cerebrais na superfície de seu oceano mental, para que pudesse observá-las flutuando para dentro e para fora da consciência sem ficar tão apavorado com elas. Incentivei-o a simplesmente observar suas preocupações, pensamentos e medos e a não julgá-los — a não tentar afastá-los ou bani-los da consciência —, mas a aceitá-los como simples atividades mentais.

Perto do fim de uma sessão, Tommy me contou que fizera uma descoberta. "Percebi que se sou conhecido de alguém, como de minha família ou de meus amigos, então, quando morrer, não vou sumir. Ser conhecido faz eu me sentir tranquilo. Não me preocupo."

Sentamos em silêncio, refletindo juntos sobre essa percepção profunda. Com os olhos bem abertos, ele disse: "Se sou conhecido, não desaparecerei. E, quando morrer, simplesmente me tornarei uma parte de tudo."

Assenti com a cabeça.

— Meditarei sobre isso — Tommy disse.

— Meditarei sobre isso também — respondi. E, então, nossa sessão terminou.

Tommy e eu nos tornáramos companheiros de viagem nesse caminho da vida. Enquanto nos reunirmos uns com os outros, pai e filho, paciente e terapeuta, aluno e professor, leitor e escritor, nunca encontraremos um fim para nossas questões. Existe apenas o desafio contínuo de permanecermos abertos para o que possa surgir, dor e prazer, confusão e clareza, passo a passo ao longo de nossa jornada pelo tempo.

EPÍLOGO

Ampliando o ciclo: expandindo o "eu"

EM 1950, ALBERT EINSTEIN RECEBEU uma carta de um rabino que perdera uma de suas duas filhas em um acidente. Que conselho sábio ele podia dar, o rabino perguntou, para ajudar sua outra filha enquanto ela vivia o luto da irmã? Eis o que Einstein respondeu:

> O ser humano é parte de um todo, chamado por nós de "Universo", uma parte limitada no tempo e no espaço. Ele experimenta a si mesmo, seus pensamentos e sentimentos, como algo separado do resto, um tipo de ilusão ótica de sua consciência. Essa ilusão é um tipo de prisão para nós, que nos limita aos desejos pessoais e à afeição por algumas pessoas que nos são próximas. Nossa tarefa deve ser nos libertarmos dessa prisão ampliando nosso círculo de compaixão para abraçar todas as criaturas vivas e toda a natureza em sua beleza. Ninguém é capaz de atingir isso completamente, mas a luta por tal realização é, por si só, parte da libertação e fundamento para a segurança interna.

TRAZENDO VIDA PARA OS DOMÍNIOS DA INTEGRAÇÃO

Inicialmente, comecei a trabalhar com pessoas, jovens ou idosas, dentro de um quadro de promoção dos oito domínios da integração. Chegando à terapia com padrões de rigidez ou de caos em suas vidas, o indivíduo (ou o casal) e eu investigávamos como cada um deles ficou paralisado e identificávamos áreas nas quais a diferenciação ou a ligação estava bloqueada. À medida que nosso trabalho progredia, à medida que aqueles domínios eram fortalecidos e o triângulo de bem-estar era estabilizado, eu frequentemente observava o surgimento gradual de uma nova sensação de unicidade. De várias maneiras, meus pacientes expressavam sua consciência crescente de ser parte de um todo maior, de habitar um mundo maior daquele de antes de eles começarem a terapia. Em oposição direta à preocupação comum de que a psicoterapia e a contemplação são atividades "hedonistas", clarear a lente da visão mental na realidade conduz a um estado muito diferente de uma concentração e um envolvimento em si mesmo, ou a uma preocupação introspectiva. Em vez disso, parecia que o trabalho da visão mental levava diretamente a uma sensação profunda de retribuir aos outros, expandir o foco da preocupação e identificar um conjunto mais amplo de causas. Essa sensação de ser parte de um todo além de seus relacionamentos imediatos e mundos sociais levou diretamente ao "círculo de compaixão" mais abrangente sobre o qual Einstein escreveu.

Isso se manifestou de maneiras pequenas, como quando Tommy, de 12 anos, enfrentou suas preocupações sobre a morte. Enquanto trabalhamos juntos naquilo que chamei de "integração temporal", Tommy descobriu sozinho que se sentir conectado com os outros amenizava seus sentimentos de pavor e isolamento de forma que, "quando morrer, simplesmente me tornarei parte de tudo". Isso aconteceu de maneira mais significativa com Matthew, o solitário com o rodízio de romances frustrantes. Quando trabalhamos seus estados de vergonha e isolamento, Matthew passou a sentir o desejo de se envolver com algo além de si mesmo, e descobriu que trabalhar para salvar a enseada que delimita nossa comunidade lhe dá um propósito e o enche de paixão. Ele conseguiu mobilizar suas habilidades e conexões empresariais para preservar nossos recursos naturais, não apenas de maneiras que beneficiassem as pessoas vivas hoje e as que ele nem conhecia, mas assegurando a sustentabilidade das gerações futuras. Outros, como Peter e Denise, que se tornaram advogados um do outro através da integração interpessoal, passaram a fazer doações para instituições de caridade que apoiavam famílias devastadas por doenças. Certamente, isso teve um significado pessoal para eles, dadas as perdas trágicas na infância, mas seu círculo de preocupação imediato deu lugar a uma sensação maior de comprometimento.

Naquela época, eu não tinha uma forma simples de descrever essa observação — que quando uma pessoa se tornava mais integrada nos primeiros oito domínios, seu sentimento de identidade se expandia. As fronteiras do eu se escancaravam. Escolhi o termo *transpiração* para conotar a forma como respiramos através (*"trans"*) dos oito domínios de integração. A transpiração é como dissolvemos nossa sensação, por vezes, restritiva de um "eu" e nos tornamos parte de uma identidade expandida, um "nós" maior do que até mesmo nossos relacionamentos interpessoais. É assim que "integramos a integração".

É importante observar que atingir essa maneira de ser com respiração integrada não exige nada especial além do desenvolvimento das habilidades reflexivas básicas da visão mental. As pessoas que chegam à integração transpiracional começaram de lugares muito distintos e foram incentivadas a desenvolver os domínios da integração por muitas razões diferentes. Algumas enfrentavam um desafio imediato, um conflito que precisava de resolução urgente. Outras lidavam com a dor de uma perda antiga e não resolvida, um trauma ou derrota não superados. Não havia um caminho único que parecesse necessário além da chegada a uma sensação profunda e reflexiva da mente, à visão do mundo interno com mais acuidade e à promoção da integração através desses vários domínios.

Pelo tempo em que temos registros delas, as práticas contemplativas descreveram uma sensação semelhante da verdadeira interconectividade de todas as coisas. Porém, por grande parte de nossa história como espécie — e talvez, sobretudo, na sociedade moderna —, frequentemente vemos a nós mesmos como seres isolados, atores solitários em um palco pequeno com poucos e selecionados colegas. Os outros teatros não são importantes, e talvez até mesmo competem com nosso desempenho. Por que devemos ficar com uma definição tão restrita de nós mesmos?

EU CONTRA ELES

Hoje, podemos, de fato, rastrear cientificamente as dimensões neurais das nossas definições estreitas do "eu". Quando nossos circuitos de ressonância estão envolvidos, conseguimos sentir os sentimentos alheios e criar uma impressão cortical que nos deixa entender o que pode estar acontecendo na mente do outro — porque ela é como a nossa —, e a mente e o cérebro ligam o mecanismo da visão mental. Removemos a capa de nossa lente interna e damos uma olhada profunda no rosto do outro para ver a mente que está por trás da aparência. Porém, se não podemos nos identificar com nenhum outro, aqueles circuitos de ressonância se desligam. Vemos os outros como objetos, como "eles" em vez de "nós". Literalmente, não ativamos os circuitos que precisamos para ver a outra pessoa como tendo uma vida mental interna.

O desligamento dos circuitos de compaixão pode ser uma explicação para nossa história violenta como espécie. Sem visão mental, as pessoas se tornam objetos, em vez de sujeitos com mentes como as nossas, merecedoras de respeito e até de serem conhecidas. Sob ameaça, podemos distorcer o que vemos nos outros, projetar nossos próprios medos em suas intenções e imaginar que elas nos prejudicarão. Podemos, também, perceber malevolência onde ela não existe e, depois, retrocedermos para as reações de sobrevivência do tipo luta-fuga-congelamento de um estado mental ameaçado. Se o estado ameaçado cria dentro de nós uma resposta de "luta", então, tiramos o objeto de nosso caminho, caso seja possível.

O sentimento de ameaça domina nossas percepções. Às vezes, isso ocorre para nosso benefício, como quando "vi" aquela cobra a poucos passos à frente de meu filho em uma trilha montanhosa e, mais tarde, me conscientizei de ter sentido medo. Porém, em outros momentos, o mesmo mecanismo cerebral pode afetar significativamente a forma como nos comportamos com relação aos outros. Estudos com imagens demonstraram que quando nos mostram fotografias que sugerem perigo e ameaça, tais como uma arma apontada para nós ou uma fotografia detalhada de um acidente automobilístico, nossos cérebros ficam em alerta máximo. Mesmo quando as imagens são mostradas tão rapidamente que não conseguimos detectá-las conscientemente, essas demonstrações subliminares afetam nosso estado mental e comportamento. Tais estudos sobre a "importância da mortalidade" mostraram repetidas vezes que, com as pessoas "como nós", nos tornamos gentis e nos esforçamos mais para cuidar de seu bem-estar. Elas são vistas como membros do clã, habitantes de nossa caverna, e as protegemos dos perigos que somos condicionados subliminarmente a temer. Se, por outro lado, as pessoas "não são como nós", somos mais propensos a tratá-las com desdém e desconsideração — como se fossem inimigos em potencial e perpetradores do mau. Os banimos mais facilmente, criamos punições mais intensas, no caso de qualquer transgressão, e os julgamos com mais rigor.

Sem a consciência desses mecanismos mentais que fazem essa classificação "como nós" e "diferente de nós" em momentos de ameaça, nossa humanidade corre risco. Em nosso mundo global, de informações instantâneas e de alta tecnologia, não ter a visão mental para desligar esses alarmes rápidos e dominados pelo subcórtex pode ter sérias consequências.

Quando nos tornamos dominados pelo instinto de sobrevivência, perdemos algumas das nove funções pré-frontais centrais — como Barbara quando ela "perdeu sua alma", e ficamos propensos a não ter mais controle. Quando somos reativos, revertemos para comportamentos primitivos desprovidos de flexibilidade ou compaixão. Agimos impulsivamente, perdemos a capacidade de equilibrar nossas emoções e não exercemos um raciocínio moral. Tanto o comportamento individual quanto a política pública podem ser moldados por essas respostas neurais automáticas não examinadas. Em vez de sermos guiados pelo entendimento e pela preocupação misericordiosa, até por aqueles que nos ameaçam, nossa resposta desprovida de visão mental se tornará hostil e inflexível, e perderemos a bússola moral.

EXPANDINDO A IDENTIDADE

O estudo da psicologia positiva sugere que estar envolvido em algo maior do que o "eu" cria uma sensação de sentido e bem-estar — parte essencial da experiência de "felicidade". Quando gastamos dinheiro com outros, por exemplo, nos sentimos mais contentes do que quando gastamos conosco. Esse é um tipo de bem-estar enraizado no sentido, na conexão e na tranquilidade — chamado *eudaimonia* pelos antigos gregos e, em tempos modernos, talvez seja chamado de felicidade "interior" ou "verdadeira". Ironicamente, ser feliz exige a expansão de nossas preocupações individuais estreitamente definidas. Somos projetados para ser um "nós" — e entrar em um estado de satisfação maior, talvez uma forma mais natural de ser, quando nos conectamos de formas significativas com outros. Um organismo vivo liga suas partes diferenciadas — e sem essa integração, ele sofre e morre.

A ciência mostrou que o bem-estar e a verdadeira felicidade se originam na definição de nossos "eus" como parte de um todo interconectado — conectando com outros e conosco mesmos de formas autênticas que quebrem as fronteiras isoladoras de um "eu" separado. Tais conexões podem ser criadas pelo desenvolvimento da lente límpida da visão mental, que nos permite rastrear o fluxo de energia e informação dentro de nós e ao nosso redor. Aprimorar nossa capacidade de sentir esse fluxo nos ajuda a expandir o "eu" além das fronteiras de nosso corpo e revela a verdade fundamental de que somos, de fato, parte de um mundo interconectado. Nosso "organismo vivo" é a comunidade estendida dos seres vivos.

Essa proposta não é uma tarefa fácil. Dissolver percepções mentais fixadas criadas juntamente com padrões de disparos cerebrais e reforçadas pelas relações dentro de nossas práticas culturais não é tarefa simples. Nossos relacionamentos marcam nossos primeiros padrões perceptuais, aprofundando as formas como passamos a ver o mundo e a acreditar em nossa narrativa interior. Sem uma educação interna que nos ensine a parar para refletir, podemos ficar propensos a viver no piloto automático e a sucumbir às influências culturais e corticais que nos empurram para o isolamento.

Precisamos examinar diretamente as formas nas quais nossos processos corticais criam as influências de cima para baixo a partir de experiências anteriores que nublam nossa visão. Parte de nosso desafio de conseguir atingir o bem-estar, em nós mesmos e talvez em nosso mundo, é desenvolver visão mental suficiente para dissolver essas definições restritivas de nós mesmos, para que possamos crescer e atingir graus mais elevados de integração em nossa vida pessoal e coletiva.

VENDO COM CLAREZA

Se a mente cria restrições automáticas em nossa sensação de "eu" a ponto de tendermos a nos ver como separados uns dos outros, como agiremos como indivíduos e como sociedade para ampliar nossos círculos de compaixão e dissolver esses processos automáticos de cima para baixo? A estratégia eficaz parece ser ajudarmos uns aos outros a ver a mente com clareza.

Ver a mente com clareza não apenas catalisa as diversas dimensões da integração como também promove bem-estar físico, psicológico e interpessoal, além de nos ajudar a dissolver a ilusão ótica de separação. Desenvolvemos mais compaixão por nós mesmos e nossos entes queridos, mas também alargamos nosso círculo de compaixão para incluir outros aspectos do mundo além das preocupações imediatas. Essa consciência transpiracional nos dá a sensação de ser parte de um mundo maior. As separações e diferenças físicas se tornam menos importantes quando vemos que nossas ações causam um impacto na rede interconectada das criaturas vivas, da qual somos apenas uma fração. As separações e distâncias temporais também se tornam menos autodefinidoras quando nos vemos como um elo fundamental entre aquilo que veio antes e aquilo que existirá muito depois desses corpos terem partido. Essa é a essência da transpiração.

Através da integração, nos vemos com uma identidade expandida. Quando abraçamos a realidade dessa interconexão, ser respeitoso e preocupado com o mundo maior transforma radicalmente nossa maneira de viver. Quando sentimos a importância de cuidar uns dos outros e do planeta, podemos ver que, além de gerar sentido e felicidade, a transpiração e integração resultantes podem ser essenciais para nossa sobrevivência.

Do ponto de vista físico e genético, nossos cérebros podem não ter evoluído muito nos últimos 40 mil anos, mas nossas mentes, sim. Um bebê nascido hoje seria bastante parecido com um nascido há 10 mil anos atrás. Porém, se fôssemos capazes de comparar a estrutura neural intrincada de um cérebro adulto na sociedade moderna com a de um cérebro adulto de 40 mil anos atrás, descobriríamos imensas diferenças. Com experiências moldadas pela cultura e que são marcadamente contrastantes, o cérebro maduro em cada ambiente teria respondido ao fluxo de energia e informações com conexões neurais surpreendentemente diferentes.

A mente usa o cérebro para se criar. Quando os padrões de fluxo de energia e informação são passados de forma intercultural e intergeracional, é a mente que está moldando o crescimento do cérebro dentro das sociedades humanas em constante evolução. A boa notícia sobre essa perspectiva da ciência é que podemos fazer uso de uma atitude intencional em nossa vida moderna para realmente mudar o curso da evolução cultural em uma direção positiva. Ao aprimorarmos a visão mental em nós mesmos e uns nos outros, poderemos alimentar essa sabedoria interior em nossos filhos e torná-la uma forma de ser no mundo. Podemos escolher promover a natureza da mente para beneficiar cada um de nós neste momento e as gerações futuras que andarão nesta Terra, respirarão este ar e viverão esta vida que chamamos de humana.

AGRADECIMENTOS

ESTE PROJETO FOI DESENVOLVIDO AO longo de toda a minha vida, e muitas, muitas pessoas tomaram parte na jornada que levaram às ideias deste livro. A partir dos primeiros dias da faculdade de medicina, meus pacientes serviram como principal motivação para eu formar os princípios que subjazem à visão mental. Tem sido um privilégio imenso ser convidado a entrar em suas vidas, a compartilhar a dor e a confusão de suas lutas, a clareza e a alegria de seus triunfos. Através da oportunidade de me tornar parte de seus esforços para entender e transformar suas vidas — para viajar com eles em uma expedição a fim de transformar a angústia e o desespero em resiliência e poder — tenho recebido insights tanto pessoais quanto profissionais de formas que jamais sonhei serem possíveis. Esses insights são a fonte motivacional direta deste livro — e é a sabedoria reunida das lutas de meus pacientes que deu voz à noção de visão mental.

Tenho muito apreço por meus professores por sua orientação durante o período de residência e de pesquisa em psiquiatria: Drs. Gene Beresin, Leston Havens, David Herzog e o falecido Tom Whitfield na faculdade de medicina; Drs. Gordon Strauss, Joel Yager e os falecidos Denny Cantwell e Robert Stoller durante a residência médica; e Drs. Robert Bjork, Chris Heinicke, Eric Hesse, Mary Main e Marion Sigman durante o período de pesquisa.

Agradeço a meus colegas clínicos pelo apoio ao longo de mais de trinta anos desde que comecei minha formação médica. Os alunos e colegas do Mindsight Institute também foram uma fonte maravilhosa de discussões animadas à medida que o campo da neurobiologia interpessoal surgia. Muitos deles leram as primeiras versões do manuscrito, e agradeço-lhes por suas sugestões e questões ao longo dos anos. Especialmente úteis foram Bonnie Badenoch, Eric Bergemann, Tina e Scott Bryson, Lynn Cutler, Erica Ellis, Donna Emmanuel, Stephanie Hamilton, Joan Rosenberg e Aubrey Siegel. Agradeço também a meus estagiários, Gabe Eckhouse, Deanie Eichenstein e Ellen Streit, juntamente com Beth Pearson, Tom Pitoniak e Kate Norris, da Random House, por sua imersão criteriosa na edição final do manuscrito. Brian McLendon e Carolyn Schwartz também foram partes importantes dos esforços da Random House para levar este livro aos olhos do público.

A Global Association for Interpersonal Neurobiology Studies tem sido um grande foro para pessoas com ideias semelhantes que compartilham a noção de que ver a mente pode ampliar nossas vidas individual e coletiva. Comecei minha carreira no mundo acadêmico e estou feliz, como clínico, em manter um pé plantado nas pesquisas científicas na Foundation for Psychocultural Research/UCLA Center for Culture, Brain, and Development (CBD) e na Mindful Awareness Research Center (MARC). Os indivíduos associados a esses dois centros universitários fornecem o embasamento intelectual que um sintetizador trabalhando no mundo subjetivo da psicoterapia requer para continuar a ser desafiado e estimulado a pensar com rigor. Agradeço a Sue Smalley, Diana Winston e Susan Kaiser Greenland, na MARC; e Mirella Dapretto, Patricia Greenfield, Eli Ochs, Alan Fiske, Marco Iacoboni e Allan Schumann, na CBD. Quero também agradecer a todos os escritores que contribuíram para as séries de neurobiologia interpessoal nas quais tentamos construir pontes entre a pesquisa, a prática clínica e a educação — sobretudo Lou Cozolino e Allan Schore, que também foram amigos e colegas desde os primeiros dias deste esforço para sintetizar ciência e psicoterapia. No Lifespan Learning Institute, sou grato a Marion Solomon e Bonnie Goldstein, por seu apoio e camaradagem ilimitados. Gostaria também de expressar minha gratidão às fundações Atlas, Attias e Kirlin Family, por seu apoio.

Os colegas e amigos foram instrumentais em meu crescimento pessoal e intelectual e forneceram reflexões inestimáveis sobre este trabalho à medida que ele se desenvolvia. Diane Ackerman, Dan Goleman, Jon Kabat-Zinn, Jack Kornfield, Regina Pally e Rich Simon se tornaram irmãos de coração, e agradeço por sua amizade e apoio em muitos momentos desafiadores. Desejo também lembrar meu querido amigo e colega John O'Donohue, que deixou este mundo cedo demais, mas cujos livros magníficos e amor à vida continuam me inspirando todos os dias.

Meus dois filhos me deram apoio incalculável; seu bom humor e os debates animados me mantiveram alerta e me ensinaram a nunca aceitar qualquer coisa como certa. Como aqueles que têm filhos adolescentes talvez saibam, é impossível se tornar complacente com quem você é quando confrontado com a honestidade adolescente.

Minha mulher, Caroline Welch, é uma fonte de sabedoria e motivação e uma inspiração em minha vida. Caroline leu todas as versões do manuscrito durante sua elaboração, e suas contribuições foram parte essencial da criação deste livro. Sou profundamente grato a ela por nosso relacionamento.

Eu gostaria de fazer uma grande reverência de agradecimento a meu agente literário e amigo, Doug Abrams, que compartilha a dedicação de trazer ideias para o mundo capazes de, uma página de cada vez, movê-lo um passo, por menor que seja, em uma direção positiva. Minha vida é maior por causa de nossa conexão. Quando iniciamos este projeto, procurávamos uma editora que pudesse compartilhar essa visão. Encontrar Toni Burbank, na Bantam, foi um sonho que se tornou realidade. Ao longo dos anos desde que nos conhecemos, Toni tem mantido sua reputação como uma brilhante e incentivadora editora e ganhadora de prêmios. Tive sorte de ela não estar apenas interessada em adquirir o projeto, mas de também querer ser parte ativa em sua edição. Nosso relacionamento cresceu à medida que meditávamos sobre as páginas de cada capítulo, e aprendi em primeira mão que ela não é apenas extremamente inteligente e um gênio com as palavras — ela também é engraçada e divertida. Agradeço sua dedicação ao projeto e admiro sua capacidade de usar a visão mental para manter a experiência do leitor em foco enquanto lutamos com os detalhes da ciência e o fluxo das narrativas. Beth Rashbaum também foi extremamente útil e um elemento importante de nossa equipe. Seu entusiasmo, sugestões criteriosas e perspectiva ampla levaram à inclusão de muitos toques finais vitais. Não poderia agradecer suficientemente a Beth, Toni e Doug por serem companheiros nesta jornada para dar vida à visão mental.

APÊNDICE

EIS 12 CONCEITOS BÁSICOS, TERMOS e ideias relacionados que formam uma base para nossa abordagem da visão mental, da integração e do bem-estar.

1. O *triângulo do bem-estar* revela três aspectos de nossas vidas. Os *relacionamentos*, a *mente* e o *cérebro* formam os três vértices, que se influenciam mutuamente, do triângulo do bem-estar. Os *relacionamentos* são a maneira como compartilhamos energia e informação quando nos conectamos e comunicamos uns com os outros. *Cérebro* se refere ao mecanismo físico através do qual a energia e a informação fluem. *Mente* é um processo que regula o fluxo de energia e informação. Em vez de dividir a vida em três partes separadas, o triângulo, de fato, representa três dimensões de um sistema de energia e fluxo de informação.

2. *Visão mental* é um processo que nos permite monitorar e modificar o fluxo de energia e informação dentro do triângulo do bem-estar. O aspecto *monitorador* da visão mental envolve sentir esse fluxo dentro de nós mesmos — percebendo-o em nosso sistema nervoso, o qual estamos chamando de cérebro — e dentro dos outros, através dos relacionamentos, os quais envolvem o compartilhamento do fluxo de energia e informações através de vários meios de comunicação. Podemos, então, *modificar* esse fluxo através da consciência e da intenção, aspectos fundamentais da

333

mente, moldando diretamente os caminhos que o fluxo de energia e informação toma em nossa vida.

3. Um *sistema* é constituído de partes individuais que interagem umas com as outras. No caso dos sistemas humanos, essas interações, frequentemente, envolvem o *fluxo de energia e informação*. A energia é a propriedade física que nos possibilita fazer algo; a informação é a representação de algo diferente de si próprio. Palavras e ideias são exemplos de unidades de informação que usamos para nos comunicarmos uns com os outros. Os relacionamentos envolvem nossa conexão com outras pessoas em pares, famílias, grupos, escolas, comunidades e sociedades.

4. Dizemos que o *bem-estar* ocorre quando um sistema está integrado. *A integração envolve a ligação de partes diferenciadas de um sistema.* A diferenciação dos componentes permite às partes se tornarem individualizadas, assumindo funções especializadas e retendo um certo grau de soberania. A ligação das partes envolve a conexão funcional dos componentes diferenciados uns dos outros. Promover a integração envolve aprimorar tanto a diferenciação quanto a ligação. A visão mental pode ser usada para criar integração, intencionalmente, em nossas vidas.

5. Quando um sistema está aberto a influências externas e é passível de se tornar caótico, ele é denominado um sistema dinâmico, não linear, complexo. Quando esse tipo de sistema está integrado, ele se movimenta de uma forma mais flexível e adaptativa. Podemos lembrar as características de um fluxo do sistema integrado com o acrônimo FACES: *flexível, adaptável, coerente, energizado e seguro.*

6. O *rio da integração* se refere ao movimento de um sistema no qual o fluxo FACES integrado é o canal central e possui a qualidade da harmonia. Nos lados do fluxo do rio estão as duas margens — o caos e a rigidez. Podemos detectar quando um sistema não está integrado quando ele não está em um estado de harmonia e bem-estar, por causa de características caóticas ou rígidas. Explosões recorrentes de raiva ou terror e uma sensação de paralisia

ou vazio na vida são exemplos desses estados caóticos e rígidos fora do rio da integração.

7. Nesse modelo, oito *domínios de integração* podem ser utilizados para promover o bem-estar. Eles incluem a *integração da consciência, horizontal, vertical, memória, narrativa, estado, interpessoal e temporal.* Uma vez que a mente é um processo incorporado e relacional que regula o fluxo de energia e informação, podemos usar o foco intencional da consciência para dirigir esse fluxo para a integração tanto do cérebro quanto dos relacionamentos. À medida que esses domínios de integração são estimulados, um nono domínio, a *integração transpiracional*, pode começar a emergir, e nela podemos sentir que somos parte de um todo muito maior e interconectado.

8. A integração nos relacionamentos envolve a comunicação sintonizada entre as pessoas que são respeitadas por suas diferenças e, depois, ligadas para se tornarem um "nós." A integração no cérebro — aquilo que estamos usando como um termo para o sistema nervoso periférico distribuído pelo corpo inteiro — envolve a ligação de áreas neurais diferenciadas e separadas e de suas funções especializadas umas com as outras. O foco da atenção encaminha o fluxo da energia e da informação através de circuitos neurais específicos. Dessa forma, podemos dizer que *a mente usa o cérebro para se criar.* A atenção ativa circuitos neurais específicos e estabelece a base para mudar as conexões entre os neurônios disparadores por meio de um processo fundamental chamado *neuroplasticidade.* A função da mente — a regulagem do fluxo de energia e informação — pode, verdadeiramente, mudar a estrutura do cérebro. A visão mental nos permite criar a integração neural.

9. Um exemplo de integração neural é revelado nas funções que emergem de uma área extremamente integradora chamada *córtex pré-frontal central.* Envolvendo partes específicas da região pré-frontal localizadas atrás da testa (incluindo cingulado anterior, orbitofrontal e as zonas pré-frontais medial e ventrolateral), as fibras integradoras pré-frontais centrais ligam todo o córtex,

a área límbica, o tronco encefálico, o próprio corpo e até sistemas sociais uns aos outros. As nove *funções pré-frontais centrais* que surgem dessa integração neural multidimensional incluem: 1) regulagem corporal; 2) comunicação sintonizada; 3) equilíbrio emocional; 4) modulação do medo; 5) flexibilidade de resposta; 6) insight; 7) empatia; 8) moralidade e 9) intuição. Essas funções encabeçariam a lista da descrição de bem-estar de muitas pessoas. Elas também são o resultado e o processo comprovados das habilidades reflexivas de olhar para dentro, e os primeiros oito itens dessa lista são resultados comprovados de relacionamentos seguros e cheios de amor entre pais e filhos. Essa lista mostra como a integração promove o bem-estar.

10. A visão mental não emana apenas do córtex pré-frontal central. A prática reflexiva de focar atenção interna na própria mente com *abertura, observação e objetividade* — os elementos essenciais da *lente da visão mental* fortalecida —, provavelmente, promove o crescimento dessas fibras pré-frontais centrais integradoras. Usamos o acrônimo *EsCAN* para denotar como *Estimulamos e Criamos a Ativação Neural*. Essa é a base da neuroplasticidade, ou seja, de como as experiências — incluindo o foco de nossa atenção — transformam a estrutura cerebral. A visão mental mapeia o cérebro para obter a integração, tornando possível promover intencionalmente a ligação e a diferenciação dentro dos diversos domínios da integração.

11. *Janela da tolerância* se refere a uma faixa de níveis toleráveis de alerta, dentro da qual podemos atingir e permanecer em um fluxo FACES integrado e viver em harmonia. Janelas largas criam resiliência em nossas vidas. Se uma janela é estreita, torna-se mais provável que o fluxo de energia e informações ultrapasse seus limites e a vida se torne caótica ou rígida. Os estados integrados dentro da janela da tolerância são nossas experiências subjetivas de viver com uma sensação de calma e no fluxo harmônico do rio da integração. À medida que SISPamos a mente — rastreando *Sensações, Imagens, Sentimentos* e *Pensamentos* que dominam nosso

mundo interno — podemos *monitorar* o fluxo de energia e informação a cada momento dentro da janela da tolerância e *modificar* nosso estado interno para permanecermos integrados e em um fluxo FACES. Por fim, podemos usar esse monitoramento e a modificação para alterar não apenas nosso *estado* atual, mas também nossas características de longo prazo, que revelam como nossas janelas para vários sentimentos ou situações podem ser alargadas através de mudanças nos circuitos regulatórios dinâmicos de nosso cérebro.

12. A *roda da consciência* é uma metáfora visual da mente. Podemos permanecer no *centro* aberto e receptivo da roda para sentir qualquer atividade mental surgindo da *borda* sem sermos arrebatados por ela. Um eixo fortalecido nos permite alargar a janela da tolerância à medida que nos tornamos mais observadores, objetivos e abertos e, portanto, conseguimos atingir mais resiliência em nossa vida. A visão mental controla essa capacidade importante para permanecer receptivo e ser capaz de monitorar o mundo interno com mais clareza e profundidade. Estamos, então, em uma posição para modificar nosso mundo interno e interpessoal à medida que aprimoramos a integração e levamos nossa vida na direção de mais compaixão, bem-estar e saúde.

NOTAS

SERVI COMO EDITOR DE SÉRIES de criação para mais de uma dezena de livros didáticos na Norton Series Professional sobre Neurobiologia Interpessoal (IPNB, na sigla em inglês), que fornece referências científicas extensivas e discussões de aplicações práticas desse novo e instigante campo. Esses textos contêm literalmente milhares de referências científicas relativas a essa visão da mente, do cérebro, dos relacionamentos e de outros tópicos relevantes para a *visão mental*. O campo da IPNB foi apresentado pela primeira vez em *The Developing Mind* (Nova York: Guilford, 1999), de Daniel J. Siegel, e suas aplicações aos pais são exploradas em *Parenting from the Inside Out* (Nova York: Tarcher/Putman, 2003), de Daniel J. Siegel e Mary Hartzell. Os outros livros já publicados na série IPNB incluem: *The Neuroscience of Psychotherapy* (Louis Cozolino, 2002), *Healing Trauma* (ed. Marion Solomon e Daniel J. Siegel, 2003), *Affect Dysregulation and Disorders of the Self* e *Affect Regulation and the Repair of the Self* (Allan N. Schore, 2003), *The Present Moment in Psychotherapy and Everyday Life* (Daniel N. Stern, 2004), *The Neuroscience of Social Relationships* (Louis Cozolino, 2005), *Trauma and the Body* (Pat Ogden, Yekuni Minton e Clare Pain, 2006), *The Haunted Self* (Onno van der Hart, Ellert S. Nijenhuis e Kathy Steele, 2007), *The Mindful Brain* (Daniel J. Siegel, 2007), *The Neurobehavioral and Social Emotional Development of Infants and Children* (Ed Tronick, 2008), *Being a Brain-Wise Therapist* (Bonnie Badenoch, 2008), *The Healthy Aging Brain* (Louis Cozolino, 2008),

Early Intervention, and Relationship-Based Therapies: A Neurorelational Framework for Interdisciplinary Practice (Connie Lillas e Janeice Turnbull, 2009), *The Healing Power of Emotion* (ed. Diana Fosha, Daniel J. Siegel e Marion Solomon, 2009), *A Glossary of Affect Regulation* (ed. Allan e Judith Schore, no prelo) e *The Mindful Therapist: A Clinician's Guide to Mindsight and Neural Integration* (Daniel J. Siegel, no prelo).

Para obter mais informações, contate a Global Association for Interpersonal Neurobiology Studies (GAINS) em Mindgains.org e por intermédio de inúmeros programas educacionais que também podem ser encontrados na página MindsightInstitute.com.

INTRODUÇÃO: MERGULHANDO NO OCEANO INTERNO

Ter inteligência social e emocional: ver Daniel Goleman, *Inteligência emocional* (tradução: Marcos Santarrita. Rio de Janeiro: Objetiva, 1996) e suas discussões relacionadas ao tópico em *Inteligência social. O poder oculto das relações humanas* (Rio de Janeiro: Ed. Campus, 2006). A capacidade para a visão mental pode ser vista como uma base dessas formas de inteligência inter e intrapessoais.

Porém, mesmo se tal apoio inicial tiver faltado: o conceito da *visão mental* e suas implicações clínicas agora possuem apoio empírico de estudos de processos semelhantes denotados pelos termos científicos, tais como *teoria da mente, mentalês, leitura mental, consciência psicológica, consciência mental, função reflexiva* e *mentalização*. Há uma revisão fascinante de alguns desses estudos científicos em *Understanding Other Minds,* Bertram Malle e Sara Hodges, eds. (Nova York: Guilford, 2005). Igualmente importante é o trabalho de Jon Allen, Peter Fonagy e Allan Bateman, que exploraram a mentalização tanto no apego quanto nos transtornos de personalidade. Eles demonstraram empiricamente que a mentalização não é um impedimento para um apego seguro e que é capaz de ser ensinada na idade adulta. Ver Jon G. Allen, Peter Fonagy e Allan W. Bateman, *Mentalizing in Clinical Practice* (Arlington, Va.: APPI, 2008).

Cunhei o termo visão mental: usei pela primeira vez esse termo em *The Developing Mind*.

Aquilo foi chamado de sexto sentido: embora alguns usos populares do termo *sexto sentido* se referirem à capacidade de ver os mortos (como no filme homônimo) ou outras visões fantásticas, no século XVIII Charles Bell e, mais tarde, William James, aparentemente o usaram para se referir à nossa capacidade de perceber o estado interno do corpo. (Ver Pat Ogden, Kekuni Minton e Claire Pain, *Trauma and the Body*. [New York: Norton, 2007]) Mais recentemente, Steve Porges se referiu a esse sexto sentido em crianças no boletim *Zero to Three* de outubro/novembro de 1993. O "sexto" sentido como um termo faz sentido quando percebemos nosso interior (os primeiros cinco trazem o mundo externo para o foco). O sexto sentido, portanto, incluiria equilíbrio e propriocepção — conhecer sua posição no espaço —, assim como a sensação de fome e sede e os sinais dados pelos músculos, dentes e pelos sensores da dor na pele. Até mesmo os toques sensuais são uma parte desses dados interiores. Ter uma sensação visceral — os sentimentos de suas vísceras, tais como o coração, os pulmões e os intestinos — também seria incluída aqui, denominada por alguns de "enterocepção". Tomados em conjunto, conhecer o mundo interno pode ser chamado "interocepção". A camada da coluna cervical denominada lâmina carrega esses dados internos para as várias partes do cérebro no crânio. Então, estamos em condições de nomear a visão mental de nosso "sétimo sentido".

Como focamos nossa atenção: essa afirmação é oriunda de novas pesquisas excitantes no campo da neuroplasticidade. Duas fontes especialmente acessíveis são Sharon Begley, *Train your Mind, Change your Brain* (Nova York: Ballantine, 2007), e Norman Doidge, *The Brain That Changes Itself* (Nova York: Penguin, 2007).

Atingir e manter a integração: ver *The Developing Mind* e *The Mindful Brain* para obter discussões mais detalhadas sobre a integração.

Estudos científicos apoiam essa ideia: na última década e meia surgiram vários estudos científicos formais que examinaram como a maneira de olharmos para dentro, ou de "refletirmos", pode ter impactos significativos em nosso bem-estar. A consciência emocional é um desses conceitos, conforme investigado por Daniel Goleman em *Inteligência emocional*. Ver também Allen, Fonagy e Bateman, *Mentalization in Clinical Practice*. Jean Decety e Yoshiya Moriguchi fornecem uma discussão criteriosa e abrangente das formas nas quais a porção empática da visão mental está debilitada na esquizofrenia, nos transtornos de personalidade limítrofe e nos transtornos de personalidade narcisista, transtorno de personalidade antissocial, transtornos no espectro do autismo e estados gerais de alexitimia (pessoas com dificuldade de identificar e expressar seus sentimentos). Ver Jean Decety e Yoshiya Moriguchi, "The Empathic Brain and Its Dysfunction in Psychiatric Populations: Implications for Intervention Across Different Clinical Conditions", em *Biopsychosocial Medicine* (2007): 1:22. Publicado online em 2007.

As pesquisas também mostram com clareza: ver o trabalho do Consortium for Academic, Social, and Emotional Learning (Casel. org). Mark Greenberg delineia em vários textos as habilidades reflexivas no cerne de como a aprendizagem social e emocional promove o desenvolvimento da "função executiva" — uma forma de alocação dos recursos cognitivos que depende da função pré-frontal. Esse trabalho é aplicado ao programa educacional de professores do Garrison Institute, chamado CARE: Curriculum for Awareness and Resilience in Education.

Aqueles com autismo e condições neurológicas afins: é crucial levar em consideração que a visão mental pode ser debilitada nos transtornos herdados — assim como bloqueada em seu desenvolvimento com experiências subótimas. O ensaio de Decety e Moriguchi, "The Empathic Brain", apresenta uma visão geral sobre essa questão. Trabalhos relacionados são resumidos em Simon Baron Cohen, *Mindblindness: An Essay on Autism and Theory of Mind* (Cambridge, Mass.: MIT Press, 1997), e Mirella Dapretto et al., "Neural Mechanisms of Empathy in Humans: A Relay from Neural Systems for Imitation to Limbic Areas", em *Proceedings of the Natio-*

nal Academy of Sciences 100, n° 9 (2003): 5497-5502. Marco Iacoboni resume seu trabalho em *Mirroring People* (Nova York: Farrar, Straus, and Giroux, 2008) e explora essa área dos neurônios espelho e do autismo. Ver também as seguintes investigações sobre autismo e seus potenciais correlacionados: Justin Williams et al., "Imitation, Mirror Neurons and Autism", em *Neuroscience and Biobehavioral Review* 25 (2001): 287— 95; Uta Frith, *Autism: Explaining the Enigma* (Nova York: Blackwell, 2003); Uta Frith e Christopher D. Frith, "Development and Neurophysiology of Mentalizing", em *Philosophical Transactions of the Royal Society,* Series B: *Biological Sciences* 358 (2003): 459-73; Simon Baron-Cohen, "Theory of Mind and Autism: A Fifteen-Year Review", em *Understanding Other Minds: Perspectives from Developmental Neuroscience,* ed. Simon Baron-Cohen, Helen Tager-Flusberg e Donald Cohen (Nova York: Oxford University Press, 1994); Ami Klin, Robert Schultz e Donald Cohen, "Theory of Mind in Action: Developmental Perspectives on Social Neuroscience", ibid.

Hoje, os neurocientistas estão identificando: ver as publicações de IPNB por Schore (2003), Cozolino (2005), Tronick (2008) e Lillas e Turnbull (2009); e ver Siegel (1999, *The Developing Mind*).

Se os pais são indiferentes, distantes ou confusos: ver o resumo desse trabalho em L. Alan Sroufe, Byron Egeland, Elizabeth A. Carlson e W. Andrew Collins, *The Development of the Person* (Nova York: Guilford, 2005); Siegel, *The Developing Mind.*

A boa notícia é que: ver as publicações IPNB de Schore (2003) e Tronick (2008); e ver Siegel, *The Developing Mind.*

Vemos aqui a prova viva: a literatura existente sobre a neuroplasticidade está resumida em Eric R. Kandel, *In Search of Memory: The Emergence of a New Science of Mind* (Nova York: Norton, 2007). Os conceitos da neuroplasticidade são apresentados em Kandel e revisados de maneira acessível em Sharon Begley, *Train Your Mind, Change Your Brain* (em livro de bolso como *The Plastic Mind*) (Nova York: Random House, 2007); Norman Doidge, *The Brain That Changes*

Itself; e Sandra Blakeslee e Matthew Blakeslee, *The Body Has a Mind of Its Own* (Nova York: Random House, 2007). Para obter uma análise de áreas relacionadas à neurociência, ver o texto básico *Principles of Neural Science*, 4ª ed., revisada, Eric R. Kandel, James H. Schwartz, Thomas M. Jessell, eds. (Nova York: McGraw-Hill, 2000). Observe também que *neurociência* e *ciência neurológica* são sinônimos, como são *neuroplasticidade* e *plasticidade neurológica.*

CAPÍTULO 1: UM CÉREBRO QUEBRADO, UMA ALMA PERDIDA

Após uma lesão, o cérebro pode recuperar: ver Kandel, *In Search of Memory;* Doidge, *The Brain That Changes Itself;* Begley, *Train Your Mind, Change Your Brain.*

Neuroplasticidade é o termo usado: Kandel, Schwartz e Jessel, eds., *Principles of Neural Science;* Begley, *Train Your Mind, Change Your Brain;* Doidge, *The Brain That Changes Itself.*

Ela também liga regiões cerebrais amplamente separadas: para ler uma discussão abrangente sobre as pesquisas sobre as áreas do córtex pré-frontal central, ver Apêndice IIIC em Siegel, *The Mindful Brain.*

Fiquei intrigado com aquela desconexão: ver Stanley B. Klein, "The Cognitive Neuroscience of Knowing One's Self", Michael S. Gazzaniga, ed., *The Cognitive Neurosciences,* 3ª ed. (Cambridge, Mass.: MIT Press, 2004); Decety e Moriguchi, "The Empathic Brain"; e Bernard Beitman e Jyotsna Nair, eds., *Self-Awareness Deficits in Psychiatric Patients* (Nova York: Norton, 2004). Para obter uma elaboração maior sobre a natureza da consciência onisciente, ver Sterling C. Johnson et al., "Neural Correlates of Self- Reflection", *Brain* 125 (2002): 1808-14. Ver também Troels W. Kjaer, Markus Nowak e Hans C. Lou, "Reflective Self-Awareness and Conscious States: PET Evidence for a Common Midline Parietofrontal Core", em *NeuroImage* 17 (2002): 1080-86; Kai Vogeley e Gereon Fink, "Neural Correlates of First-Person Perspective", *Trends in Cognitive Sciences* 7 (2003): 38-42.

Nos anos seguintes, após ter levado os exames radiológicos do cérebro de Barbara: ver Siegel, *The Mindful Brain,* para uma discussão abrangente da região pré-frontal e de suas funções. Ver também Antonio R. Damasio, *O erro de Descartes* (São Paulo: Cia. das Letras, 1996), que investiga o caso de Phineas Gage, na década de 1800, e a lesão acidental dessa região do cérebro. Para ler mais discussões sobre o papel dessa área do cérebro, ver Kevin S. LaBar et al., "Dynamic Perception of Facial Affect and Identity in the Human Brain", em *Cerebral Cortex* 13 (2003): 1023—33; Andrea D. Rowe et al., "'Theory of Mind' Impairments and Their Relationship to Executive Functioning Following Frontal Lobe Excisions", em *Brain* 124 (2001): 600-16; e Simone G. Shamay-Tsoory et al., "Characterisation of Empathy Deficits Following Prefrontal Brain Damage: The Role of the Right Ventromedial Prefrontal Cortex", em *Journal of Cognitive Neuroscience* 15 (2003): 324-37.

Chamada de experiência do "rosto impassível": ver o trabalho inovador de Ed Tronick. A compilação mais recente e importante de suas contribuições está na série de livros da IPNB, *The Neurobehavioral and Social Emotional Development of Infants and Children* (2008).

Pensando o cérebro: o cérebro na palma da mão: o "cérebro na palma da mão" foi apresentado pela primeira vez em *The Developing Mind* e publicado pela primeira vez em *Parenting from the Inside Out.* Aí estão elaborados os textos básicos sobre neuroanatomia e função que você pode explorar em mais detalhes em uma gama ampla de textos didáticos e atlas ilustrados sobre o cérebro, tais como Kandel, Schwartz e Jessel, eds., *Principles of Neural Science;* V. S. Ramachandran, *Encyclopedia of the Human Brain* (San Diego: Academic Press, 2002); e Gerald Edelman e Jean-Pierre Changeux, *The Brain* (Nova York: Transaction, 2001). Para ler uma aplicação da neurociência em ambientes profissionais, ver David Rock, *Your Brain at Work* (Nova York: Harper Business, 2009).

A isso podemos chamar "integração bilateral" ou "horizontal": a integração, em geral, é destacada em Siegel, *The Developing Mind.*

Esses "domínios" da integração são discutidos em Siegel, *The Mindful Brain*, e serão detalhados na Parte 2. Para obter uma análise da ciência da lateralidade, ver Richard J. Davidson e Kenneth Hugdahl, *Brain Asymmetry* (Cambridge, Mass.: MIT Press, 1996).

Porém, seja qual for a resposta escolhida: a síntese do modo reativo *versus* modo receptivo pode ser encontrada em Steven Porges, "Reciprocal Influences Between Body and Brain in the Perception and Expression of Affect: A Polyvagal Perspective", Fosha, Siegel e Solomon, eds., *The Healing Power of Emotion*. Ver também Steven W. Porges, "Love: An Emergent Property of the Mammalian Autonomic Nervous System", *Psychoneuroendocrinology* 23, n.º 8 (1998): 837-61.

O sistema límbico também é crucial: ver Jaak Panksapp, *Affective Neuroscience* (Nova York: Oxford University Press, 1998), e "Brain Emotional Systems and Qualities of Mental Life: From Animal Models of Affect to Implications for Psychotherapeutics", em Fosha, Siegel e Solomon, eds., *The Healing Power of Emotions.*

CAPÍTULO 2: O CREPE DA IRA

Deixe-me explicar brevemente minha crise: repito, quaisquer referências ao córtex pré-frontal central e suas funções podem ser exploradas com mais profundidade em Siegel, *The Mindful Brain,* sobretudo no Apêndice IIIC. O "córtex pré-frontal central" inclui o cingulado anterior, o orbitofrontal, e as áreas medial e cortical pré-frontal ventrolateral. A porção anterior da ínsula pode ser considerada uma parte da região pré-frontal ventrolateral.

Recebe informações que partem de todas as partes internas do corpo: ver estudos sobre a interocepção e a ínsula: Hugo D. Critchley, "The Human Cortex Responds to Interoceptive Challenge", em *Proceedings of the National Academy of Sciences* 101, n.º 17 (2004): 6333-34; Hugo Critchley et al., "Neural Systems Supporting Interoceptive Awareness", em *Nature Neuroscience* 7 (2004): 189-95; e A. D. (Bud) Craig, "Interoception: The Sense of the Physiological

Condition of the Body", em *Currrent Opinion in Neurobiology* 13, nº 4 (2003): 500-5. Para ter um gostinho dessa ciência da interocepção e de nossa experiência subjetiva, eis uma citação fascinante extraída do resumo desse artigo: "A representação interoceptiva primária na ínsula posterior dorsal produz sentimentos muito resolvidos oriundos do corpo que incluem dor, temperatura, coceira, toque sensual, sensações musculares e viscerais, atividade vasomotora, fome, sede e 'fome por ar'. Nos humanos, uma metarrepresentação da atividade interoceptiva primária é produzida na ínsula direita, que parece fornecer a base para a imagem subjetiva do eu material como uma entidade sentimental (consciente), isto é, uma consciência emocional."

Como um neurocientista disse uma vez: uma exposição no Los Angeles County Museum of Science em meados da década de 1990 atribuiu essa citação a John Eccles. No entanto, não conseguimos localizar a fonte definitiva.

Os pesquisadores descobriram que as primeiras experiências: o campo da epigenética revela como as primeiras experiências moldam diretamente a forma como os genes são regulados. A *epigenética* se refere à maneira pela qual a experiência produz disparos neurais, os quais, por sua vez, seletivamente "ligam" e "desligam" determinados genes por meio de mudanças nos controles químicos no núcleo das células dos neurônios. O resultado final é uma alteração na forma como os neurônios crescem em regiões específicas do cérebro — criando mudanças estruturais duradouras após uma experiência. O trabalho recente de Michael mostra que nas pessoas expostas a estresse severo no início da infância, genes específicos são ativados, os quais continuam a moldar o crescimento neurológico por toda a vida da criança até à idade adulta. Esse estudo examina o tecido cerebral dos suicidas, comparando aqueles que sofreram algum tipo de abuso na infância com os que não passaram por essa experiência. O abuso pareceu afetar a produção de um receptor conhecido por estar ligado à resposta ao estresse. Foi encontrado um número reduzido desse receptor (cortisol) glicocorticoide — uma mudança, que se acredita, diminua o controle da resposta ao estresse. Esse número reduzido de receptores tornaria a vida interna da pessoa abusada na infância mais estressante. Essa descoberta apoia o ponto de vista de que os fatores experienciais alteram diretamente a expressão genética — o importante processo da epigenética. Ver Patrick O. McGowan et al., "Epigenetic Regulation of the Glucocorticoid Receptor in Human Brain Associates with Childhood Abuse", em *Nature Neuroscience* 12 (2009): 342-48. Para ler sobre os efeitos positivos, ver Michael J. Meaney, "Maternal Care, Gene Expression, and the Transmission of Individual Differences in Stress Reactivity Across Generations", em *Annual Review of Neuroscience* 24 (2001): 1161-92.

Oxitocina, que é liberada: ver Thomas R. Insel e Larry J. Young, "The Neurobiology of Attachment", *Nature Reviews: Neuroscience* 2 (2001): 129-36; e Sue Carter, "Neuroendocrine Perspectives on Social Attachment and Love", em *Psychoneuroimmunology* 23, nº 8 (novembro de 1998): 779-818. Para ler uma discussão de como as primeiras experiências moldam o sistema da oxitocina, ver Alison B. Wismer Fries et al., "Early Experience in Humans Is Associated with Changes in Neuropeptides Critical for Regulating Social Behavior", em *Proceedings of the National Academy of Sciences* 102, nº 47 (2005): 17237-240.

CAPÍTULO 3: ABANDONANDO A CÚPULA DO ÉTER

A medicina também progredira: exemplos incluem o programa em medicina narrativa da Columbia University, o currículo de prática consciente da University of Rochester, o programa Harvard de ensino de empatia para estudantes de medicina e um programa de ensino da UCLA para os alunos do primeiro ano sobre a consciência da relação médico-paciente.

Eis a definição: Embora o aspecto essencial da mente seja sua função regulatória, naturalmente nossa experiência mental é cheia de camadas de processos internos, tais como a sensação subjetiva de viver e nossa experiência da consciência. De várias maneiras, os padrões de energia e o fluxo de informações nos habilitam a saber, perceber e sentir a qualidade singular do que significa estar vivo.

Informação é tudo que simboliza: essa é uma visão padrão da "ciência cognitiva" do processo de informação. Ver, por exemplo, Gazzaniga, ed., *The Cognitive Neurosciences,* e Daniel J. Siegel, "Perception and Cognition", em Benjamin Sadock e Virginia Sadock, eds., *Kaplan & Sadock's Comprehensive Textbook of Psychiatry,* vol. 1, 6ª ed. (Nova York: Lippincott Williams & Wilkins, 1995). Ver também Evan Thompson, *Mind in Life: Biology, Phenomenology and the Sciences of Mind* (Cambridge, Mass.: Harvard University Press, 2007).

"Neurobiologia interpessoal": este campo examina os resultados paralelos encontrados pelas disciplinas independentes para revelar seus princípios comuns. Descobriu-se que esse processo tem um nome, que E. O. Wilson descreveu no livro *Consilience — the Unity of Knowledge* (Nova York: Vintage, 1998). Nesse ponto de vista, a "consiliência" nos habilita a ampliar as fronteiras de nosso conhecimento ao ir além das restrições usuais de tentativas isoladas dos campos acadêmicos de descrever a realidade. A neurobiologia interpessoal é uma visão coincidente que tenta encontrar essas descobertas paralelas por várias formas de conhecimento — partindo da ciência, das artes e das práticas contemplativas e espirituais. Dessa forma, a neurobiologia interpessoal não é um ramo da neurociência — ela não é o mesmo, por exemplo, que a neurociência social. Ao contrário, esse campo é um fórum aberto para todas as formas de conhecimento poderem colaborar de maneira a aprofundar e expandir nosso entendimento da realidade, da mente humana e do bem-estar.

Em meados da década de 1990: ver Iacoboni, *Mirroring People*; Laurie Carr et al., "Neural Mechanisms of Empathy in Humans: A Relay from Neural Systems for Imitation to Limbic Areas", em *Proceedings of the National Academy of Sciences* 100, nº 9 (2004): 5497-502. Os papéis dos neurônios espelho e da ínsula são discutidos com relação à consciência atenciosa em Siegel, *The Mindful Brain*. Marco Iacoboni e eu apresentamos uma discussão de um dia inteiro sobre as implicações clínicas dos neurônios espelho em 2005. Ver também Jennifer H. Pfeifer et al., "Mirroring Others' Emotions Relates to Empathy and Interpersonal Competence in Children", *NeuroImage* 39, nº 4 (fevereiro de 2008): 2076-85.

Para ver uma elaboração da questão complexa e importante do papel dos neurônios espelho "disfuncionais" no autismo e transtornos afins, é importante notar que *disfuncional* implica literalmente que eles não estão funcionando "normalmente", e que isso pode ter muitas causas. Se as crianças não encontram interações cara a cara seguras ou interessantes, elas podem "desligar" as funções dos neurônios espelho. Em outras palavras, esse sistema de neurônios espelho pode estar intacto sem estar envolvido. Assim, apresenta-se uma perspectiva alternativa à visão de que o sistema de recompensa pelo uso da percepção social é diminuído nos autistas e possuidores de transtornos afins. No trabalho de Susan Bookheimer, por exemplo, a atividade diminuída na área ventral tegmental relacionada à recompensa juntamente com os disparos orbitofrontais diminuídos foram interpretados como a fonte da redução da recompensa por atender ao estímulo social. Isso poderia ser uma descoberta que apoiasse a hipótese de os neurônios espelho estarem intactos, mas o impulso motivacional para se envolver socialmente com os outros está marcadamente diminuído. Bookheimer relatou essas descobertas no FPR-UCLA (Center for Culture, Brain, and Development) em uma palestra intitulada "Brain Imaging of Reward Processing and Its Relation to Social Cognition", em 11 de fevereiro de 2009. Em "Motivation Modulates the Activity of the Human Mirror-Neuron System", *Cerebral Cortex* 17, nº 8 (2007): 1979—86, Yawei Cheng, Andrew N. Meltzoff, e Jean Decety apoiam essa noção de que o sistema de neurônios espelho é influenciado pelos estados motivacionais.

Uma vez, organizei um encontro de reflexão interdisciplinar: graças à fundação Attias Family, os neurocientistas, antropólogos, psicólogos do desenvolvimento e os que estudam psicopatologias conseguiram se reunir por três dias e discutir esse assunto.

"Circuitos de ressonância": esse conceito está descrito em detalhes no Apêndice IIIC de Siegel, *The Mindful Brain*.

A ínsula traz o estado ressoante: ver a discussão de Iacoboni sobre o papel da ínsula na empatia em *Mirroring People*, e Carr et al., "Neural Mechanisms of Empathy".

Como, então, discernimos: Iacoboni, *Mirroring People*, descreve um conjunto de neurônios que ele denomina "superneurônios", os quais determinam o momento de disparo dos neurônios espelho. Eles estão localizados, em geral, nas áreas pré-frontais centrais (mais a área pré-motora suplementar conectada) e, juntamente com o aumento da informação oriunda de nossos corpos para o córtex via uma região chamada lobo quadrado, nos deixa saber quando a mente que sentimos é a nossa — ou a de outra pessoa. Esses superneurônios espelho também podem evitar que imitemos ou ressoemos os outros quando essa ação ou sentimento não é apropriado — eles podem criar o fundamento para a forma como nos distinguimos dos outros, na visão de Iacoboni. Talvez esses neurônios espelho estivessem superativos no estado mental dentro da cúpula do éter, evitando que ressoássemos uns aos outros, nos fazendo sentir desconectados e anestesiados. Essa questão precisa ser mais explorada.

CAPÍTULO 4: O CORO DA COMPLEXIDADE

A psicologia positiva ofereceu: ver Martin Seligman, *Authentic Happiness* (Nova York: Free Press, 2002); Martin E. P. Seligman et al., "Positive Psychology Progress: Empirical Validation of Interventions", *American Psychologist* 60, nº 5 (2005): 410-21; Sonja Lyubomirsky, *The How of Happiness* (Nova York: Penguin, 2007).

E é fascinante para mim: ver a discussão em Daniel J. Levitan, *This Is Your Brain on Music* (Nova York: Penguin, 2006).

Considere, por exemplo, os vários campos científicos: ver Siegel, *The Developing Mind,* e Daniel J. Siegel, "Emotion as Integration", em Fosha, Siegel e Solomon, eds. *The Healing Power of Emotion.*

Mergulhando novamente na literatura científica: para ler uma discussão mais detalhada das visões de sistemas das teorias da complexidade e do caos, ver, por exemplo, J. A. Scott Kelso, *Dynamic Patterns: The Self-Organization of Brain and Behavior* (Cambridge, Mass.: MIT Press, 1995); David Bohm, *Wholeness and the Implicate Order* (Londres: Routledge, 1980); John Holte, ed., *Chaos: The New Science* (Lanham, Md.: University Press of America/ The Nobel Conferences, 1990); Stuart Kauffman, *Reinventing the Sacred* (Nova York: Basic Books, 2008) e *At Home in the Universe: Self-Organization and Complexity* (Oxford: Oxford University Press, 1995). Outros textos úteis são Ivan Soltesz, *Diversity in the Neuronal Machine: Order and Variability* em *Interneuronal Microcircuits* (Oxford: Oxford University Press, 2006); e Paul Thagard, *Coherence in Thought and Action* (Cambridge, Mass.: MIT Press, 2000). O papel da integração na criação da consciência é explorado em detalhes em Gerald M. Edelman e Giulio Tononi, *A Universe of Consciousness: How Matter Becomes Imagination* (Nova York: Basic Books, 2001).

Um sistema que tende à complexividade: ver Kauffman, *Reinventing the Sacred* e *At Home in the Universe;* Edelman e Tononi, *A Universe of Consciousness;* Bohm, *Wholeness and the Implicate Order.* Para ler uma discussão sobre integração e sincronia na função e no desenvolvimento do sistema nervoso, ver Marc D. Lewis, "Self-Organizing Individual Differences in Brain Development", em *Developmental Review* 25, nos 3-4 (2005): 252-77. Ver também Ulman Lindenberger, Sho Chen Li, Walter R. Gruber e Viktor Muller, "Brains Swinging in Concert: Cortical Phase Synchronization While Playing Guitar", (BioMedCentral) Neuroscience 10, artigo 22 (2009); e ver Evan Thompson e Francisco J. Varela, "Radical Embodiment; Neural Dynamics and Consciousness", *Trends in Cognitive Neuroscience* 5, nº 10 (2001): 418-25. Para ler uma discussão científica e filosófica ampla, ver Pier Luigi: Luisi, *Mind and Life* (Nova York: Columbia University Press, 2004) — sobretudo as apresentações de Luisi, Michel Bitbol e Arthur Zajonc. Eu gostaria de destacar três cientistas e outros colegas de faculdade, incluindo Eshel Ben-Jacob, Fritjof Capra, Nicholas Humphrey e Stuart Kauffman, por estimularem e apoiarem discussões relativas à integração e à auto-organização em sistemas complexos. Essas discussões ocorreram no Fetzer Institute/Roma 3 International Conference on Science and Spirituality, em Cortona, Itália, em junho de 2009. Uma percepção que surgiu dessas conversas esclarecedoras foi que o conceito de integração essencial como a ligação das partes diferenciadas foi válido na auto-organização adaptável, mas o verdadeiro termo *integração* não foi, em geral, usado na matemática ou na física porque, nesses campos, ele significa "soma" (e.g., a integração de 3 e 5 é 8). Na linguagem cotidiana simples, no entanto, podemos usar apropriadamente *integração*. A integração cria mais do que a soma de suas partes quando elementos diferenciados estão ligados uns aos outros e a complexidade aumenta como resultado da auto-organização adaptável.

Será que a saúde mental era: ao olhar para os correlatos neurais da saúde mental, ainda não dispomos de estudos publicados que examinam, por exemplo, a sincronia neural temporal e espacial medida usando várias técnicas de imagens do cérebro que estariam correlacionadas com a integração. Se os futuros estudos forem capazes de utilizar a tecnologia para acessar as assinaturas neurais da mente saudável, talvez possamos ver se eles eram fatores significativos associados à ausência de transtorno mental e à presença de bem-estar mental. Estaríamos procurando formas de atividade neural que nos ajudariam a dar uma olhada no funcionamento mental e a representar o resultado da proposta de que a integração neurológica, uma mente coerente e os relacionamentos empáticos são elementos mutuamente apoiadores, interativos e fundamentais de nosso triângulo de bem-estar.

CAPÍTULO 5: UMA MENTE MONTANHA-RUSSA

Essa atenção focada nos permite: o estudo da própria consciência é uma tarefa imensa e fascinante. Para ler uma visão geral de várias pesquisas, ver "Toward a Science of Consciousness", *Journal of Consciousness Studies,* de uma conferência de abril de 2008, realizada no Center for Consciousness Studies da University of Arizona, em Tucson. Ver também Edelman e Tononi, *A Universe of Consciousness;* Antonio Damasio, *The Feeling of What Happens: The Body and Emotion in the Making of Consciousness* (Nova York: Harcourt, 1999); V. S. Ramachandran, *A Brief Tour of Human Consciousness: From Impostor Poodles to Purple Numbers* (Nova York: Pearson Education, 2004).

O termo humor *se refere:* em um debate fascinante com Richard Davidson na Tanner Lecture Series na Universidade de Utah, em fevereiro de 2009, exploramos a natureza da "emoção" e as formas nas quais nossas regiões subcorticais mais antigas do ponto de vista evolucionário funcionam juntamente com nosso córtex para criar o que Davidson define como um "estado mental de valência emocional positiva ou de aproximação". Essa definição funcional útil da emoção nos possibilita ver que a avaliação — a determinação de que algo é bom, neutro ou ruim — molda nosso estado mental inteiro. Davidson considera importante perceber que a emoção é um processo abrangente, não apenas algo criado em uma região ou que apenas influencia uma parte isolada do sistema nervoso. Para ler mais sobre regulagem emocional, podemos examinar a função pré-frontal para obter mais conhecimentos de como essa região envia fibras inibidoras para baixo, através da área chamada fascículo do cíngulo [substância branca que liga partes do sistema límbico às partes frontais, tais como o córtex orbitofrontal], para regiões inferiores. Usando novas "imagens de tensores de difusão por ressonância magnética" em seu laboratório, em Madison, Wisconsin, Davidson e seus colegas demonstraram que essa região é uma parte de como viemos a utilizar a função pré-frontal para regular os disparos subcorticais. As pesquisas sobre atenção plena podem revelar como o treinamento da mente na atenção focada e no monitoramento aberto pode promover a estabilização dos estados emocionais e o fortalecimento da capacidade para regular afetos por meio da utilização dessas funções pré-frontais. R. Davidson, comunicação pessoal, em maio de 2009.

Em um livro didático de psiquiatria: ver Benjamin Sadock e Virginia Sadock, *Kaplan & Sadock's Synopsis of Psychiatry.*

Adultos e adolescentes com mania: ver Kay Jamison, *An Unquiet Mind* (Nova York: Random House, 1995).

Uma teoria atual é que as pessoas com transtorno bipolar: ver Hilary Blumberg et al., "Significance of Adolescent Neurodevelopment for the Neural Circuitry of Bipolar Disorder", *Annals of the New York Academy of Sciences* 1021 (2004): 376-83.

O tratamento padrão para o transtorno bipolar: os estudos de como as medicações podem promover a neuroplasticidade incluem Paul Carlson et al., "Neural Circuitry and Neuroplasticity in Mood Disorders: Insights for Novel Therapeutic Targets", *NeuroRX* 3, nº 1 (2006): 22-41P; Daniela Tardito et al., "Signaling Pathways Regulating Gene Expression, Neuroplasticity, and Neurotrophic Mechanisms in the Action of Antidepressants: A Critical Overview", *Pharmacological Reviews* 58 (2006):115-34.

Na verdade, um dos primeiros estudos: ver Lewis R. Baxter et al., "Caudate Glucose Metabolic Rate Changes with Both Drug and Behavior Therapy for Obsessive-Compulsive Disorder", *Archives of General Psychiatry* 49, nº 9 (1992): 272-80.

Além disso, em um estudo piloto: ver Lidia Zylowska et al., "Mindfulness Meditation Training in Adults and Adolescents with ADHD: A Feasibility Study", *Journal of Attention Disorders* 11, nº 6 (2007): 737-46.

A neuroplasticidade é viável: ver a revisão abrangente da literatura em Begley, *Train Your Mind, Change Your Brain,* e Doidge, *The Brain That Changes Itself.*

Por exemplo, as pesquisas também mostraram: ver Merav Ahissar e Shaul Hochstein, "Attentional Control of Early Perceptual Learning", *Proceedings of the National Academy of Sciences* 90 (1993):

5718-22. Ver também Aaron R. Seitz e Takeo Watanabe, "Psychophysics: Is Subliminal Learning Really Passive?", *Nature* 422 (2003): 36, e Geoffrey M. Ghose, "Learning in Mammalian Sensory Cortex", *Current Opinion in Neurobiology* 14 (2004): 513-18.

Outras evidências da remodelação do cérebro: ver Thomas Elbert et al., "Increased Cortical Representation of the Fingers of the Left Hand in String Players", *Science* 270 (1995): 305-7.

Outros estudos mostraram que o hipocampo: ver Eleanor A. Maguire et al., "Navigation-Related Structural Change in the Hippocampi of Taxi Drivers", *Proceedings of the National Academy of Sciences* 97, nº 8 (2000): 4398-4403.

Em resumo, eis o que a pesquisa clínica moderna: ver Siegel, *The Mindful Brain*, e Amishi P. Jha, Jason Krompinger e Michael J. Baime, "Mindfulness Training Modifies Subsystems of Attention", *Cognitive, Affective, and Behavioral Neuroscience* 7, nº 2 (2007): 109-19.

Conforme definida por pesquisadores: ver Jon Kabat-Zinn, *Coming to Our Senses* (Nova York: Hyperion, 2004); Shauna Shapiro et al., "Mechanisms of Mindfulness", *Journal of Clinical Psychology* 62, nº 3 (2006): 373-86; Susan L. Smalley e Diana Winston, *Fully Present: The Science, Art and Practice of Mindfulness* (Nova York: DaCapo Press). Para ler outra perspectiva sobre a atenção plena, ver Ellen J. Langer, *The Power of Mindful Learning* (Nova York: DaCapo Press, 1997), e *Counterclockwise: Mindful Healing and the Power of Possibility* (Nova York: Ballantine, 2009).

Logo após eu ter tido essa percepção: ver Sara W. Lazar et al., "Meditation Experience Is Associated with Increased Cortical Thickness", *Neuroreport* 16, nº 17 (2005): 1893-97, e Marc D. Lewis e Rebecca M. Todd, "The Self-Regulating Brain: Cortical-Subcortical Feedback and the Development of Intelligent Action", *Cognitive Development* 22, nº 4 (2007): 406-30.

O próprio cérebro adolescente: ver Nitin Gogtay et al., "Dynamic Mapping of Human Cortical Development During Childhood Through Early Adulthood", *Proceedings of the National Academy of*

Sciences 101, nº 21 (2004): 8174-79, e Elizabeth A. Sowell et al., "Adolescent Brain and Cognitive Changes", em Martin Fisher et al., eds., *Handbook of Adolescent Medicine* (Elk Grove Village, Ill.: American Academy of Pediatrics).

Uma base para promover a neuroplasticidade: ver Doidge, *The Brain That Changes Itself*; Begley, *Train Your Mind, Change Your Brain*; Louis Cozolino, *The Healthy Aging Brain* (Nova York: Norton, 2008).

Com a prática, um estado atento: a atenção plena pode ser vista como envolvendo dois aspectos diferentes do funcionamento mental. Um é um traço — uma característica duradoura de como nossas mentes funcionam que podemos chamar de parte de nosso "modo de ser" ou "personalidade". Ver Ruth A. Baer et al., "Using Self-Report Assessment Methods to Explore Facets of Mindfulness", *Assessment* 13, nº 1 (2006): 27-45. Podemos também falar de um "estado" de atenção plena, ou um estado de consciência atenta. Ver Norman A. S. Farb et al., "Attending to the Present: Mindfulness Meditation Reveals Distinct Neural Modes of Self- Reference", *Journal of Social, Cognitive, and Affective Neuroscience* 2, nº 4 (2007): 248-58; Daniel J. Siegel, "Mindfulness Training and Neural Integration: Differentiation of Distinct Streams of Awareness and the Cultivation of Well-Being", *Journal of Social, Cognitive, and Affective Neuroscience* 2, nº 4 (2007): 259-63. Para ler uma aplicação da consciência atenta ao treinamento de crianças, ver Susan Kaiser Greenland, *The Mindful Child* (Nova York: Free Press, no prelo); para ler um resumo, ver Shauna Shapiro e Linda Carlson, *The Art and Science of Mindfulness* (Washington, D.C.: APA Press, 2009). Ver também Jack Kornfield, *The Wise Heart* (Nova York: Bantam, 2007).

Uma imagem em minha mente: a "roda da consciência" foi publicada pela primeira vez em Siegel, *The Mindful Brain*.

Eis uma transcrição: ofereci essa meditação pela primeira vez em um ambiente público na conferência "Mind and Moment", em 2006, em São Francisco, com Diane Ackerman, Jon Kabat-Zinn e o falecido John O'Donohue.

"A faculdade de trazer de volta, voluntariamente": ver William James, *Principles of Psychology* (Cambridge, Mass.: Harvard University Press, 1981), 401. Sobre a atenção plena, ver Kirk Warren Brown, Richard M. Ryan e J. David Creswell, "Mindfulness: Theoretical Foundations and Evidence for its Salutary Effects", *Psychological Inquiry* 18, nº 4 (2007): 211-37; Shapiro e Carlson, *The Art and Science of Mindfulness*; Kabat-Zinn, *Coming to Our Senses*. Ver também A. Jha, J. Krompinger, e M. J. Blaine, "Mindfulness Training Modifies Subsystems of Attention", *Cognitive, Affective Behavioral Neuroscience* 7 (2007): 109-19.

O que mudara: ver o trabalho fascinante de Fred Gage sobre o crescimento do hipocampo com a atividade física voluntária, mas não forçada, em Henriette van Praag et al., "Exercise Enhances Learning and Hippocampal Neurogenesis in Aged Mice", *Journal of Neuroscience* 25, n° 38 (2005): 8680-85.

CAPÍTULO 6: A METADE OCULTA DO CÉREBRO

Uma grande quantidade de pesquisas sugere: ver Siegel, *The Developing Mind,* e Erik Hesse et al., "Unresolved States Regarding Loss and Abuse Can Have 'Second Generation Effects,' " em Solomon e Siegel, eds., *Healing Trauma.*

Talvez o fato de ter sido criado: ver os trabalhos sobre genética da personalidade em Lawrence A. Pervin e Oliver P. John, eds., *Handbook of Personality: Theory and Research,* 2ª ed. (Nova York: Guilford, 2001), sobretudo Robert Plomin e Avshalom Caspi, "Behavioral Genetics and Personality", 251-76.

Para entender Stuart: ver Siegel, *The Developing Mind,* para ler um debate profundo sobre apego e lateralidade cerebral. Para ler debates sobre as diferenças entre os cérebros direito e esquerdo, ver Eran Zaidel e Marco Iacoboni, eds., *The Parallel Brain: The Cognitive Neuroscience of the Corpus Callosum* (Cambridge, Mass.: MIT Press, 2003); Sally P. Springer e Georg Deutsch, *Left Brain, Right Brain: Perspectives from Cognitive Neuroscience* (Nova York: Freeman, 1997);

e Chris McManus, *Right Hand, Left Hand* (Cambridge, Mass.: Harvard University Press, 2002).

Como dever de casa, dei-lhe um livro: ver Betty Edwards, *Drawing on the Right Side of the Brain* (Nova York: Tarcher/Penguin, 1979).

E, de fato, estudos realizados: ver David Creswell et al., "Neural Correlates of Dispositional Mindfulness During Affect Labeling", *Psychosomatic Medicine* 69 (2007): 560-65.

O foco nas sensações corporais: ver Orin Devinsky, "Right Cerebral Hemisphere Dominance for a Sense of Corporeal and Emotional Self", *Epilepsy and Behavior* 1 (2000): 60-73.

CAPÍTULO 7: CORTADA DO PESCOÇO PARA BAIXO

Sr. Duffy "vivia . . .": James Joyce, *Dubliners* (Nova York: Signet, 1993).

Quando perguntei se ela conseguia sentir: algumas pessoas sugerem que a consciência do coração é um sinal de capacidade interoceptiva. Ver Antoine Bechara e Nasir Naqvi, "Listening to Your Heart: Interoceptive Awareness as a Gateway to Feeling", *Nature Neuroscience* 7 (2004): 102-3.

As pesquisas mostram repetidamente: ver Ran R. Hassin, James S. Uleman e John A. Bargh, eds., *The New Unconscious* (Oxford: Oxford University Press, 2006), assim como os estudos sobre memória implícita, aos quais voltarei no capítulo seguinte.

Colegas meus na UCLA: ver Naomi Eisenberger e Matt Lieberman, "Why Rejection Hurts: A Common Neural Alarm System for Physical and Social Pain", *Trends in Cognitive Sciences* 8, nº 7 (2004): 294-300.

Na verdade, quanto mais conseguimos sentir: ver A. D. (Bud) Craig, "How Do You Feel—Now? The Anterior Insula and Human Awareness", *Nature Reviews: Neuroscience* 10, nº 1 (2009): 59-70; Hugo D. Critchley, "The Human Cortex Responds to an Interoceptive Challenge", *Proceedings of National Academy of Science* 101, nº 17 (2004): 6333-34; Olga Pollatos, Klaus Gramann e Rainer Schandry, "Neural Systems Connecting Interoceptive Awareness and Feelings", *Human Brain Mapping* 28, nº 1 (2007): 9-18; Hugo D. Critchley, "Neural Mechanisms of Autonomic, Affective, and Cognitive Integration", *Journal of Comparative Neurology* 493 (2005): 154-66; Hugo D. Critchley et al., "Neural Systems Supporting Interoceptive Awareness", *Nature Neuroscience* 7 (2004): 189-95; A. D. (Bud) Craig, "How Do You Feel? Interoception: The Sense of the Physiological Condition of the Body", *Nature Reviews: Neuroscience* 3 (2002): 655-66; Tania Singer et al., "Empathy for Pain Involves the Affective but not Sensory Components of Pain", *Science* 303 (2004): 1157-62; A. D. (Bud) Craig, "Human Feelings: Why Are Some More Aware than Others?", *Trends in Cognitive Sciences* 8, nº 6 (2004): 239-41.

A ínsula e o CCA: a ínsula anterior e outra área da região pré-frontal central, o cingulado anterior, compartilham uma forma única de célula, o "neurônio von Economo", conhecido também como célula fusiforme. São células longas e extremamente interconectadas que são encontradas apenas nos circuitos de ressonância. Uma teoria é que essas células podem criar comunicações rápidas entre áreas distintas do ponto de vista físico, tais como entre a ínsula anterior e o cingulado. As células fusiformes são mais numerosas em pessoas maduras e, portanto, são progressivamente menos numerosas em crianças, gorilas e chimpanzés. Em outros macacos e na maioria dos outros mamíferos, elas não existem. Esses padrões de população de células fusiformes se alinham com a distribuição da capacidade para o autorreconhecimento, levando algumas pesquisas a sugerir que essas células incomuns podem exercer um papel importante na autoconsciência. Dois mamíferos não primatas também possuem a capacidade para se reconhecerem em um espelho (o padrão de "teste do espelho"): elefantes e golfinhos. Descobriu-se que eles também possuem células fusiformes. Com nossa ínsula rica em células fusiformes extremamente integradoras e o cingulado anterior, podemos criar uma consciência de nosso estado emocional que nos permite monitorar nosso mundo interno. Com as funções dos neurônios espelho, também criamos uma consciência da experiência interna dos outros. Além disso, a conexão entre ínsula e cingulado permite ainda outra habilidade. O cingulado anterior trabalha intimamente ligado a outros aspectos do córtex pré-frontal central para modificar nossos estados internos. Se as pessoas encontram uma forma de bloquear o fluxo para a ínsula anterior e o cingulado anterior, elas eliminarão não apenas a consciência, mas também a capacidade de moldar seu estado emocional. Elas não conseguirão monitorar e modificar seu mundo interno com o córtex.

O tronco encefálico também trabalha: ver o trabalho de Porges, que descreve a teoria polivagal. Aqui, os ramos diferentes do nervo vago e os simpáticos do sistema nervoso autônomo participam da resposta do tronco encefálico à ameaça. Ele cunhou um termo, *neurocepção,* que denota a forma como avaliamos uma situação quanto à ameaça que ela oferece e depois ativamos a resposta de luta-fuga-congelamento caso nos encontremos em perigo. Se achamos que estamos seguros, ligamos o sistema "engajamento social" e nos tornamos receptivos aos outros. Porges chama a isso de "amor sem medo". Inspirado em seu trabalho, descrevi um processo paralelo (em *The Mindful Brain*) no qual a sintonia interna cria um estado de segurança e depois liga nosso sistema de autoengajamento — nos tornamos abertos a nós mesmos, prontos para nos tornarmos nosso melhor amigo. Ver Porges, "Reciprocal Influences Between Body and Brain in the Perception and Expression of Affect".

Se forcarmos apenas nas emoções facilmente nomeadas: ver Paul Ekman e Erika Rosenberg, *What the Face Reveals: Basic and Applied Studies of Spontaneous Expression Using the Facial Action Coding System (FACS),* 2ª ed. (Oxford: Oxford University Press, 2005).

A emoção básica é a música mental sutil: ver Siegel, *The Developing Mind,* para obter uma discussão do conceito da emoção básica.

Somente mais tarde: ver os estudos sobre repressão e funcionamento cerebral de Michael Anderson. Michael Anderson et al.,

"Neural Systems Underlying the Suppression of Unwanted Memories", *Science* 9, n° 303 (2004): 232-35.

O núcleo da base: ver A. A. Miasnikov, J. C. Chen e N. M. Weinberger, "Behavioral Memory Induced by Stimulation of the Nucleus Basalis: Effects of Contingency Reversal", *Neurobiology of Learning and Memory* 91, n° 3 (2009): 298-309, e A. A. Miasnikov et al., "Motivationally Neutral Stimulation of the Nucleus Basalis Induces Specific Behavioral Memory", *Neurobiology of Learning and Memory* 90, nº 1 (2008): 125-37.

Embora as pesquisas sugiram que: ver os dados abrangentes em Heartmath.com; e ver Bechara e Naqvi, "Listening to Your Heart".

Essa técnica é usada: ver Ogden, Pain e Minton, *Trauma and the Body,* e Peter Levine, *Waking the Tiger* (Berkeley, Calif.: North Atlantic, 1997).

Outras ainda envolvem a estimulação bilateral: Dessensibilização e Reprocessamento através de Movimentos Oculares (ou EMDR, na sigla em inglês) é uma abordagem à terapia que envolve um protocolo que possibilita que várias sensações, imagens e pensamentos sejam usados em conjunto com estimulação bilateral para facilitar a mudança. *EMDR* de Francine Shapiro, 2ª ed. (Nova York: Guilford, 2001) e seu volume editado por ela, *EMDR as an Integrative Psychotherapy Approach: Experts of Diverse Orientations Explore the Paradigm Prism* (Washington, D.C.: APA Press, 2002), são boas revisões sobre o assunto.

CAPÍTULO 8: PRISIONEIROS DO PASSADO

Nossos caminhos se juntaram: ver Solomon e Siegel, eds., *Healing Trauma.*

Eu aprendera sobre a capacidade: ver Solomon e Siegel, eds., *Healing Trauma,* e Van der Hart, Nigenhuis e Steele, *The Haunted Self.*

Nos anos após meu encontro: para ler um resumo, ver Bessel van der Kolk, "Posttraumatic Stress Disorder and the Nature of Trauma", em Solomon e Siegel, eds., *Healing Trauma,* 168-95.

Compromete sua capacidade de lidar com a vida: ver Ogden, Pain e Minton, *Trauma and the Body*.

A memória é a forma como uma experiência: ver Daniel J. Siegel, "Memory: An Overview with Emphasis on the Developmental, Interpersonal, and Neurobiological Aspects", *Journal of the American Academy of Child and Adolescent Psychiatry* 40 (2000): 997-1011.

A ativação dos genes e a produção de proteínas: ver Doidge, *The Brain That Changes Itself*, e Begley, *Train Your Mind, Change Your Brain*.

Também podem engrossar a cobertura de mielina isolante: a mielina é uma capa de proteína que serve como isolante e permite o fluxo de iônios — o equivalente de uma corrente elétrica — aumentar sua velocidade em cem vezes. A região em que as sinapses estão no córtex não possui mielina e é cinzenta, mas quando a mielina cobre o longo comprimento dos axônios, ela é esbranquiçada e, portanto, essa região de axônios é chamada de substância branca. Para ler sobre esse tópico geral, favor ver os resumos de Doug Field, "White Matter Matters", *Scientific American*, março de 2008, 54-61, e "Myelination: An Overlooked Mechanism of Synaptic Plasticity?", *Neuroscientist* 11, nº 6 (2005): 528-531. Com relação à pesquisa sobre capacidades e crescimento de mielina, favor ver E. M. Miller's "Intelligence and Brain Myelination: A Hypothesis", *Personality and Individual Differences* 17 (1994): 803-32. Ver também o estudo de F. Ullen e seus colegas de prática de piano em "Extensive Piano Practicing Has Regionally Specific Effects on White Matter Development", *Neuroscience* 8 (2005): 1148-50.

Os neurônios que disparam juntos permanecem unidos: essa frase é, em geral, atribuída a Donald Hebb, um médico e psicólogo canadense cujo livro de 1949, *The Organization of Behavior: A Neuropsychological Theory*, postula essa noção de que os neurônios que disparam simultaneamente de uma vez são mais propensos a dispararem juntos no futuro. Essa ligação associativa subjaz o termo "sinapse hebbiana", que se refere à conectividade aumentada entre neurônios que dispararam anteriormente. Norman Doidge atribui o verdadeiro batismo à Carla Shatz, mas observa que, na verdade, Sigmund Freud em 1888 fez sugestões semelhantes (as quais ele denominou "lei da associação por simultaneidade"). Quase todas as pesquisas sobre memória confirmaram que as intuições e proposições de Hebb e de Freud estavam corretas. Por exemplo, Eric Kandel, um psiquiatra, explorou essa noção na lesma marinha e descobriu a base para a aprendizagem — e depois, em 2000, ele recebeu o Nobel por suas relevantes contribuições. Ver Kandel, em *Search of Memory*.

Eis um fato importante sobre a recuperação da memória: ver, por exemplo, Daniel Schacter, *Searching for Memory: The Brain, the Mind, and the Past* (Nova York: Basic Books, 1996), e Larry Squire e Daniel Schacter, *Neuropsychology of Memory,* 3ª ed. (Nova York: Guilford, 2003); Kandel, *In Search of Memory*.

Se você tivesse sido um voluntário: sobre a "experiência de audição dicótica", ver Lutz Jancke et al., "Focused Attention in a Simple Listening Task: An FMRI Experiment", *Cognitive Brain Research* 16, nº 2 (2003): 257-66.

A atenção direta faz uso: ver o trabalho de Daniel Schacter, em Squire e Daniel Schacter, eds., *Neuropsychology of Memory*.

Embora esses modelos mentais implícitos: sobre esquemas, ver Darcia Narvaez e Tonia Bock, "Moral Schemas e Tacit Judgment, or How the Defining Issues Test Is Supported by Cognitive Science", *Journal of Moral Education* 31, n° 3 (2002): 297-314. Ver também Phillip Johnson Laird, "Inference and Mental Models", em Stephen Newstead e Jonathan Evans, eds., *Perspectives on Thinking and Reasoning* (Mahwah, N.J.: Erlbaum, 1994); William A. Cunningham e Phillip David Zelazo, "Attitudes and Evaluations: A Social Cognitive Neuroscience Perspective", *Trends in Cognitive Sciences* 11, n° 3 (2007): 97-104.

A memória explícita começa a surgir: ver Carolyn K. Rovee-Collier, Harlene Hayne e Michael Colombo, *The Development of Implicit and Explicit Memory* (Amsterdã e Filadélfia: John Benjamins, 2001).

A *raiva também tem a capacidade de desligar*: com o estresse excessivo, o hormônio cortisol leva à inibição da função normal e do crescimento do hipocampo. Ver Robert M. Sapolsky, "Glucocorticoids and Hippocampal Atrophy in Neuropsychiatric Disorders", *Archives of General Psychiatry* 57 (2000): 925-35. Ver Larry R. Squire e Stuart Zola-Morgan, "The Medial Temporal Lobe Memory System", *Science* 253 (1991): 1380-86, para obter um resumo geral do hipocampo desde os primeiros estudos, e Squire e Schacter, ed., *Neuropsychology of Memory*. Outro conjunto de estudos ainda não publicados revela que as crianças criadas durante os primeiros anos de suas vidas em ambientes institucionais, tais como orfanatos, têm vários resultados que se acredita serem oriundos do estresse excessivo devido àquele ambiente rígido e imprevisível, às vezes até mesmo negligente. Esses resultados incluem uma amígdala maior — e, por vezes, um hipocampo menor. O grau de expansão da amígdala corresponde à quantidade de confusão emocional que essas crianças experimentariam quando lhes fossem mostradas fotografias de rostos com valência emocional negativa. Vale mencionar também que aquela amígdala engrandecida também foi associada a um foco menor na região ocular da face. Dessa forma, uma cascata de estresse ligada ao desenvolvimento podia ser vista se desdobrando dessa maneira: estresse ambiental → maior crescimento da amígdala → maior reatividade emocional para expressões faciais emocionais negativas *e* menor percepção das características faciais. Foi proposto que o resultado dessa situação infeliz era dificuldades com a) regulagem emocional, b) auto-organização em ambientes sociais e c) experiência de visualização perceptual de rostos diminuída. Vale notar também que quando crianças não institucionalizadas viam rostos, elas usavam suas regiões corticais (inclusive o córtex temporal superior e o giro fusiforme, o qual está envolvido com a especialização), enquanto que aquelas criadas em instituições não ativavam essas regiões superiores, mas, ao contrário, estimulavam as áreas da amígdala e outras, subcorticais. Todas essas descobertas sugerem que a forma como as crianças recordarão as experiências — tanto implícitas quanto explícitas — será moldada pelos primeiros anos de vida. Esses resultados foram apresentados por Nim Tottenhan, Ph.D., em uma palestra intitulada "Neuro-Behavioral Development Following Early Life Stress" no colóquio da Foundation for Psychocultural Research — UCLA Center for Culture, Brain, and Development, em 25 de fevereiro de 2009.

Quando li essas pesquisas: a primeira apresentação que fiz sobre o papel do hipocampo no trauma foi no encontro da American College of Psychiatrists, em São Francisco, em 1992, o qual tinha conferências sobre o tema "Memórias: verdadeiras, falsas e ausentes". As ideias daquele seminário foram publicadas como "Memory, Trauma, and Psychotherapy: A Cognitive Science View", *Journal of Psychotherapy Practice and Research* 4, nº 2 (1995): 93-122. Essa visão foi elaborada em Siegel, *The Developing Mind*; Marian Sigman e Daniel J. Siegel, "The Interface Between the Psychobiological and Cognitive Models of Attachment", *Behavioral and Brain Sciences* 15, nº 3 (1992): 523; Theodore Gaensbauer et al., "Traumatic Loss in a One-Year-Old Girl", *Journal of Child and Adolescent Psychiatry* 34, nº 4 (1995); Daniel J. Siegel, "Dissociation, Psychotherapy, and the Cognitive Sciences", em James L. Spira, ed., *Treating Dissociative Identity Disorder* (São Francisco: Jossey-Bass, 1995), 39-79; "Cognition, Memory, and Dissociation", em Dorothy O. Lewis e Frank W. Putnam, eds., *Child and Adolescent Psychiatric Clinics of North America on Dissociative Disorders* (Filadélfia: W. B. Saunders, 1996); e Daniel J. Siegel, "Toward an Interpersonal Neurobiology of the Developing Mind: Attachment, 'Mindsight,' and Neural Integration", *Infant Mental Health Journal* 22 (2001): 67-94.

Níveis altos de adrenalina agem: ver Bennet M. Elzinga e James D. Brenner, "Are the Neural Substrates of Memory the Final Common Pathway in Posttraumatic Stress Disorder (PTSD)?", *Journal of Affective Disorders* 70, nº 1 (2002): 1-17.

Os fenômenos do sono, tais como pesadelos: ver Thomas A. Mellman et al., "REM Sleep and the Early Development of Posttraumatic

Stress Disorder", *American Journal of Psychiatry* 159 (2002): 1696-1701; Giora Pillar, Atul Malhotra e Peretz Lavie, "Post-Traumatic Stress Disorder and Sleep — What a Nightmare!", *Sleep Medicine Reviews* 4, nº 2 (2000): 183-200.

Quando as famílias não oferecem: ver Siegel e Hartzell, *Parenting from the Inside Out,* para ler uma abordagem prática e entender as primeiras experiências de vida.

Meu antigo professor de memória: Robert Bjork fez grandes contribuições para o entendimento da aprendizagem. Ver seu artigo "Memory and Metamemory: Considerations in the Training of Human Beings", em Janet Metcalfe e Arthur P. Shimamura, eds., *Metacognition: Knowing About Knowing* (Cambridge, Mass.: MIT Press, 1994), 185-205.

CAPÍTULO 9: ENTENDENDO NOSSAS VIDAS

Somente anos mais tarde: ver Sroufe, Egeland e Carlson, *The Development of the Person.* Ver também Eisenberger e Lieberman, "Why Rejection Hurts", Critchley et al., "Neural Systems", e Bechara e Naqvi, "Listening to Your Heart".

Para mim, a explicação residia: ver Jude Cassidy e Phil Shaver, eds., *Handbook of Attachment* (Nova York: Guilford, 1999). Para ler a discussão posterior sobre o paradigma de apego em crianças (a situação estranha) e em adultos (entrevista sobre apego no adulto), ver as seções relevantes deste trabalho e Sroufe, Egeland e Carlson, *The Development of the Person.*

Cerca de dois terços das crianças: essas estatísticas são para a população norte-americana. As estatísticas podem variar entre culturas estudadas e em função das datas em que as pesquisas são realizadas. Novas descobertas podem mudar, e estudar populações de alto risco, tais como as que vivem na pobreza, com vício de drogas, ou com outros desafios à saúde mental, podem revelar graus muito diferentes de apego não seguro. Os antropólogos também sugeriram que evitemos "patologizar" os sujeitos; apego "inseguro" pode ser depreciativo para uma criança. Em outras palavras, o "problema" não é que a criança seja uma pessoa "insegura", mas, ao contrário, o relacionamento foi subótimo e, portanto, não seguro.

Outros 10% a 15%: outro termo para esse agrupamento é apego *resistente,* nele a criança resiste ser consolada na situação estranha.

Na verdade, estudos confirmaram: ver Robert Plomin et al., *Behavioral Genetics,* 4ª ed. (Nova York: Worth, 2000).

Um dos principais pesquisadores: isso foi uma oferta espontânea de Robert Plomin na reunião anual da American Psychiatric Association, Nova York, maio de 2004. Uma discussão sobre a questão da genética e do apego pode ser encontrada nesses artigos: Kathryn A. Becker-Blease et al., "A Genetic Analysis of Individual Differences in Dissociative Behaviors in Childhood and Adolescence", *Journal of Child Psychology and Psychiatry* 45, nº 3 (2004): 522-32, e Caroline L. Bokhorst et al., "The Importance of Shared Environment in Mother—Infant Attachment Security: A Behavioral Genetic Study", *Child Development* 74, nº 6 (novembro/dezembro 2003): 1769-82. Adiante, encontram-se duas discussões ponderadas sobre como o ambiente da criança exerce um papel imenso na determinação do resultado do apego. Vale notar que nesse primeiro ensaio encontra-se a descoberta de que a contribuição genética para a absorção — ou "dissociação normal" — pode ser alta e a exposição dessa criança à indisponibilidade psicológica ou ao terror pode induzir à dissociação patológica. Um artigo importante relacionado a esse assunto é a descoberta de que crianças com uma variante genética de seu circuito de dopamina podem ter respostas mais intensas a eventos avassaladores. Aqui estão as referências: Marian J. Bakermans-Kranenburg e Marinus H. van Ijzendoorn, "Research Review: Genetic Vulnerability or Differential Susceptibility in Child Development: The Case of Attachment", *Journal of Child Psychology and Psychiatry* 48, nº 12 (2007): 1160-73; Krisztina Lakatos et al., "Further Evidence for the Role of the Dopamine D4 Receptor (DRD4) Gene in Attachment Disorganization: Interaction of the Exon III 48-bp Repeat and the 521 C/T Promoter Polymorphisms", *Molecular Psychiatry* 7, nº 1 (2002): 27-31.

Além disso, pesquisas realizadas com crianças adotadas: ver Mary Dozier et al., "Attachment for Infants in Foster Care: The Role of Caregiver State of Mind", *Child Development* 72 (2001): 1467-77.

Porém, qualquer um que duvide da influência: para ler uma perspectiva contrária e um lembrete de que não apenas os colegas e os genes são importantes, mas também os pais não determinam todo o desenvolvimento, ver Judith Rich Harris, *The Nurture Assumption* (Nova York: Free Press, 1998). Ver também o posfácio daquele livro por Steven Pinker, assim como sua posição com relação à ênfase exagerada do pensamento moderno sobre a influência dos pais sobre as crianças, em *How the Mind Works* (Nova York: Norton, 1997). Embora a genética seja importante na determinação do temperamento, este e a genética não são influências predominantes sobre as categorias de apego, mas a experiência com os cuidadores é. Ver Brian Vaughn e Kelly Bost, "Attachment and Temperament", em Cassidy e Shaver, eds., *Handbook of Attachment,* 198-225; Marian Bakermans-Kranenburg et al., "The Importance of Shared Environment in Mother-Infant Security", *Child Development* 74, nº 6 (2003): 1769-82.

A ferramenta de pesquisa: ver Hesse et al., "Unresolved States", em Howard Steele e Miriam Steele, eds., *Clinical Applications of the Adult Attachment Interview* (Nova York: Guilford, 2008), e Mary Main, "The Adult Attachment Interview: Fear, Attention, Safety, and Discourse Processes", *Journal of the American Psychoanalytic Association* 48 (2000): 1055-96.

Os pacientes com narrativas coerentes: a medida de pesquisa formal de um processo paralelo à visão mental é chamada de *mentalização,* conhecida também como *função reflexiva.* Esse processo tem antecessores na literatura acadêmica com nomes como *teoria da mente, consciência psicológica, mente-consciência* e *mentalês.* Ver Allen, Fonagy e Bateman, *Mentalizing in Clinical Practice.*

Como base para nossa discussão: no sumário de Siegel, *The Developing Mind,* 70.

Os pesquisadores do apego monitoraram: esses estudos podem ser encontrados no *Handbook of Attachment.* Ver também R. Chris Fraley, Keith E. Davis e Philip R. Shaver, "Dismissing-Avoidance and the Defensive Organization of Emotion, Cognition, and Behavior", em Jeffrey A. Simpson e William Rholes, eds., *Attachment Theory and Close Relationships* (Nova York: Guilford, 1997), 249-79; Mary Dozier et al., "The Challenge of Treatment for Clients with Dismissing States of Mind", *Attachment and Human Development* 3, nº 1 (2001): 62-76.

Quando a mesma pessoa: essa é a formulação elaborada por Mary Main e Erik Hesse do paradoxo biológico que lida com o "medo sem solução". Ver Hesse et al., "Unresolved States".

Há estudos que sugerem: ver James Pennebaker, "Telling Stories: The Health Benefits of Narrative", *Literature and Medicine* 19, nº 1 (2000): 3-18, e *Opening Up: The Healing Power of Expressing Emotions* (Nova York: Guilford, 1997).

Porém, elas também podem surgir: ver Siegel e Hartzell, *Parenting from the Inside Out* para ler sobre aplicações dessas ideias de desenvolvimento da segurança aprendida.

CAPÍTULO 10: NOSSOS MÚLTIPLOS "EUS"

Os estados de vergonha são comuns: ver Schore, *Affect Dysregulation and Disorders of the Self.*

É aqui que podemos começar: ver Porges, "Influências recíprocas".

Na extremidade do espectro: para ler uma discussão sobre a dissociação em todos os seus componentes normais e adaptativos, conforme destacado neste capítulo, ver Paul Dell e John O'Neil, eds., *Dissociation and the Dissociative Disorders: DSM-V and Beyond* (Londres: Routledge, 2009), incluindo o capítulo escrito por Lissa Dutra et al., "The Relational Context of Dissociative Phenomena", 83-92. Ver também A. A. T. Simone Reinders et al., "Psychobiological Characteristics of Dissociative Identity Disorder: A Symptom Provocation Study", *Biological Psychiatry* 60, nº 7 (2006): 730-40.

O início da adolescência é repleto: ver Susan Harter, *The Construction of the Self: A Developmental Perspective* (Nova York: Guilford, 1999).

Em termos cerebrais, um estado é composto: ver o capítulo sobre "estados mentais" em Siegel, *The Developing Mind.*

Muitos autoestados são organizados: ver Panksapp, *Affective Neuroscience* e "Brain Emotional Systems". Panksapp sugeriu que temos muitos impulsos organizados no subcórtex e, de alguma forma, motivados para operar independentes, tais como jogar, dominar, alocar recursos, reproduzir e cuidar de alguém ou alguma coisa. Para ler uma perspectiva oposta que enfatiza a importância do córtex na experiência da emoção, ver Richard J. Davidson, "Seven Sins in the Study of Emotion: Correctives from Affective Neuroscience", *Brain and Cognition* 52, nº 1 (2003): 129-32.

Para entender como os estados mentais: para ler uma crítica de nosso córtex com seis camadas, ver Jeffrey Hawkins e Sandra Blakeslee, *On Intelligence* (Nova York: Times Books, 2004).

Mostrei a ele como se segurar: agradeço a Pat Ogden por ter me mostrado essa técnica.

Alguns pesquisadores chamam esse centro: ver Siegel, *The Mindful Brain,* para ler uma discussão completa sobre essa noção de um "eu ipseitioso" e um ponto de vista da ciência contemplativa desse centro em nosso mundo interno. Ver também Antoine Lutz, John D. Dunne e Richard J. Davidson, "Meditation and the Neuroscience of Consciousness: An Introduction", em Philip D. Zelazo, Morris Moscovitch e Evan Thompson, eds., *The Cambridge Handbook of Consciousness* (Cambridge, U.K.: Cambridge University Press, 2007), 499-554.

CAPÍTULO 11: A NEUROBIOLOGIA DO "NÓS"

Até mesmo seu desempenho como pianista de jazz: curiosamente, a improvisação do jazz exige que áreas pré-frontais centrais estejam ativamente envolvidas, em contraste com o desempenho de música clássica. Ver Charles J. Limb e Allen R. Braun, "Neural Substrates of Spontaneous Musical Performance: An FMRI Study of Jazz Improvisation", *PLoS ONE* 3 n° 2 (2008): e1679; doi: 10.1371/journal. pone.0001679.

Sua mãe também fora emocionalmente embotada: ver Geraldine Dawson et al., "Preschool Outcomes of Children of Depressed Mothers: Role of Maternal Behavior, Contextual Risk, and Children's Brain Activity", *Child Development* 74, n° 4 (2003): 1158-75.

É como se ela vivesse em uma eterna experiência de "rosto impassível": ver Tronick, *The Neurobehavioral and Social Emotional Development of Infants and Children.*

"Bordas de crescimento": agradeço a David Daniels por ter me apresentado ao termo.

Nosso sistema de neurônio espelho "aprende": essa noção essencial surgiu no trabalho de Iacoboni e foi construída a partir de uma gama de estudos que se originaram na Itália com o trabalho de Giacomo Rizolatti e Vittorio Gallese. Ver Vittorio Gallese e Alvin Goldman, "Mirror Neurons and the Simulation Theory of Mindreading", *Trends in Cognitive Sciences* 2 (1998): 493-501; Giacomo Rizolatti e Michael A. Arbib, "Language Within Our Grasp", *Trends in Neuroscience* 21 (1998): 188-194; Vittorio Gallese, "Intentional Attunement: A Neurophysiological Perspective on Social Cognition and Its Disruption in Autism", *Brain Research* 1079 (2006): 15-24.

A amígdala do sistema límbico dispara mais rapidamente em resposta a rostos raivosos: ver P. Vrtička et al., "Individual Attachment Style Modulates Human Amygdala and Striatum Activation During Social Appraisal", *PLoS ONE* 3, n° 8 (2008): e 2868; doi: 10.1371/journal.pone.0002868. Esse corpo estriado tem um papel essencial na criação de impulsos motivacionais e sua ativação foi reduzida entre aqueles com histórias de evitação frente ao rosto sorridente — enquanto a amígdala foi aumentada na ativação em resposta a rostos hostis para aqueles com histórias de ambivalência.

CAPÍTULO 12: TEMPO E MARÉS

O cérebro adolescente muda: ver Sowell, Siegel e Siegel, "Adolescent Brain and Cognitive Changes"; Sarah-Jayne Blakemore, "The Social Brain in Adolescence", *Nature Reviews: Neuroscience* 9 (2008): 267-77; Gogtay et al., "Dynamic Mapping of Human Cortical Development".

Sabemos, agora, que alguns de nossos companheiros mamíferos: ver G. A. Bradshaw et al., "Elephant Breakdown", *Nature* 433 (2005): 807.

Uma ampla variedade de experiências cognitivas: ver o trabalho de Jennifer Freyd sobre representações dinâmicas: "Dynamic Mental Representations", *Psychological Review* 94 (1987): 427-38; "Five Hunches About Perceptual Processes and Dynamic Representations", em David E. Meyer e Sylvan Kornblum, eds., *Attention and Performance XIV: Synergies in Experimental Psychology, Artificial Intelligence, and Cognitive Neuroscience* (Cambridge, Mass.: MIT Press, 1993), 99-119.

O TOC pode surgir de repente: ver Susan E. Swedo, Henrietta L. Leonard e Judith L. Rapoport, "The Pediatric Autoimmune Neuropsychiatric Disorders Associated with Streptococcal Infection (PANDAS) Subgroup: Separating Fact from Fiction", *Pediatrics* 113, nº 4 (2004): 907-11.

Alguns médicos que diagnosticam TOC: os inibidores de recaptação de serotonina, ou ISRSs, são uma classe comum de medicamentos usados para tratar TOC. Neste artigo, você verá a visão compartilhada de que medicamentos não devem ser um tratamento de primeira instância, sobretudo em crianças ou adolescentes. Ver I. Heyman, D. Mataix-Cols e N. A. Fineberg, "Obsessive-Compulsive Disorder", *British Medical Journal* 333 (2006): 424-29. Para ler mais pesquisas sobre TOC, ver S. P. Whiteside, J. D. Port e J. S. Abramowitz, "A Meta-Analysis of Functional Neuroimaging in Obsessive-Compulsive Disorder", *Psychiatry Research* 132 (2004): 69-79; K. Richard Ridderinkhof et al., "The Role of the Medial

Frontal Cortex in Cognitive Control", *Science* 306, nº 5695 (2004): 443-47; James Woolley et al., "Brain Activation in Paediatric Obsessive-Compulsive Disorder During Tasks of Inhibitory Control", *British Journal of Psychiatry* 192 (2008): 25-31.

As pesquisas com adultos mostraram: um dos primeiros estudos para demonstrar mudanças de longo prazo no alívio de sintomas e na função cerebral foi realizado na UCLA e usou estratégias cognitivo-comportamentais, discussões sobre o cérebro e a atenção plena como um dos componentes do tratamento com adultos. Ver Baxter et al., "Caudate Glucose Metabolic Rate Changes".

EPÍLOGO

Em 1950, Albert Einstein: essa carta foi citada anos mais tarde em *The New York Times* (29 de março de 1972) e no *New York Post* (28 de novembro de 1972). Agradeço a Jon Kabat-Zinn por me apresentar a esses trabalhos; ver seu livro *Full Catastrophe Living* (Nova York: Delta, 1990), 166.

Pelo tempo em que temos registros: ver Jeffrey Moses, *Oneness: Great Principles Shared by All Religions,* edição revisada e ampliada (Nova York: Random House, 2002).

Hoje, podemos, de fato, rastrear: numerosas abordagens nos ajudam a elucidar a natureza do eu e as funções neurais. Ver Jason P. Mitchell, Mahzarin R. Banaji, e C. Neil Macrae, "The Link Between Social Cognition and Self-Referential Thought in the Medial Prefrontal Cortex", *Journal of Cognitive Neuroscience* 17, nº 8 (2005): 1306-15; Decety e Moriguchi, "The Empathic Brain and Its Dysfunction".

Porém, se não podemos nos identificar: ver Mitchell, Banaji e Macrae, "The Link Between Social Cognition and Self-Referential Thought"; Lucina Q. Uddin, Marco Iacoboni, Claudia Lange e Julian Paul Keenan, "The Self and Social Cognition: The Role of Cortical Midline Structures and Mirror Neurons", *Trends in Cognitive Sciences* 11 (2007): 153-157; Matthew D. Lieberman, "Social Cognitive

Neuroscience: A Review of Core Processes", *Annual Review of Psychology* 58 (2007): 259-89; Vittorio Gallese, Christian Keysers e Giacomo Rizzolatti, "A Unifying View of the Basis of Social Cognition", *Trends in Cognitive Sciences* 8, nº 9 (2004): 396-403.

Estudos com imagens demonstraram: Ahmad R. Hariri et al., "The Amygdala Response to Emotional Stimuli: A Comparison of Faces and Scenes", *NeuroImage* 17, nº 1 (2002): 317-23, e Yi Jiang e Sheng He, "Cortical Responses to Invisible Faces: Dissociating Subsystems for Facial-Information Processing", *Current Biology* 16, n° 2 (2006): 2023-29.

Tais estudos sobre a "importância da mortalidade": ver Holly McGregor et al., "Terror Management and Aggression: Evidence That Mortality Salience Motivates Aggression Against Worldview-Threatening Others", *Journal of Personality and Social Psychology* 74, nº 3 (1998): 590-605; Susan T. Fiske, "Social Cognition and the Normality of Prejudgment", em John Dovidio, Peter Glick e Laurie Rudman, eds., *On the Nature of Prejudice* (Malden, Mass.: Wiley Blackwell, 2005); Mario Mikulincer e Victor Florian, "Exploring Individual Differences in Reactions to Mortality Salience: Does Attachment Style Regulate Terror Management Mechanisms?", *Journal of Personality and Social Psychology* 79, n° 2 (2000): 260-73; Joshua Hart, Phillip R. Shaver e Jamie L. Goldenberg, "Attachment, Self-Esteem, Worldviews, and Terror Management: Evidence for a Tripartite Security System", *Journal of Personality and Social Psychology* 88, nº 6 (2005): 999-1013. Ver também Samuel Bowles, "Group Competition, Reproductive Leveling and the Evolution of Human Altruism", *Science* 314, nº 5805 (2006): 1569-72. Ver também Charles R. Efferson, Rafael Lalive e Ernst Fehr, "The Coevolution of Cultural Groups and In-Group Favoritism," *Science* 32, n° 5897 (2008): 1844-49; Susan T. Fiske, "What We Know About Bias and Intergroup Conflict, the Problem of the Century", *Current Directions in Psychological Science* 11, nº 4 (2002): 123-28.

O estudo da psicologia positiva: os estudos revelam que mesmo ganhar na loteria não o faz mais feliz. Ao contrário da crença popular, o que pensamos que nos faz felizes e o que realmente nos faz não são iguais. Ver Seligman, *Authentic Happiness*; Daniel Gilbert, *Stumbling on Happiness* (Nova York: Random House, 2006); e Lyubomirsky, *The How of Happiness*; Elizabeth W. Dunn, Lara Baknin e Michael I. Norton, "Spending Money on Others Promotes Happiness", *Science* 319, nº 5870 (2008): 1687-88. Ver também Dacher Keltner, *Born to Be Good* (Nova York: W. W. Norton, 2009).

Do ponto de vista físico e genético, nossos cérebros: essas referências exploram como fatores sociais exercem um papel significativo na evolução de nosso cérebro — no tamanho e na complexidade. Com nosso potencial geneticamente compartilhado, nossas experiências culturais influenciam diretamente nossos cérebros individuais. Ver David Lewis-Williams, *The Mind in the Cave* (Londres: Thames & Hudson, 2002); Steven Mithen, *The Prehistory of the Mind* (Londres: Thames & Hudson, 1996); Donald Merlin, *A Mind So Rare* (Nova York: Norton, 2001). Para ler uma discussão sobre a evolução cognitiva, ver também Michael Tomasello, *The Cultural Origins of Human Cognition* (Cambridge, Mass.: Harvard University Press, 1999). Ver também Michael Balter, "Brain Evolution Studies Go Micro", *Science* 315 (2007): 1208-11; R. I. M. Dunbar e Suzanne Shultz, "Evolution in the Social Brain", *Science* 317, nº 5843 (2007): 1344-47.

Este livro foi impresso no
Sistema Digital Instant Duplex da Divisão Gráfica da
DISTRIBUIDORA RECORD DE SERVIÇOS DE IMPRENSA S.A.
Rua Argentina, 171 - Rio de Janeiro/RJ - Tel.: **(21)** 2585-2000